热贡「蔡孜德裕」的历史文化研究

周毛先◎著

上海古籍出版社

本书得到

西北民族大学甘肃省一流特色发展学科－中国语言文学一级学科建设资金资助

西北民族大学民族学省级一流学科建设项目资助

西北民族大学中华民族共同体研究中心著作出版资助项目资助

目　录

绪 论

一、国内外研究现状

早期文献如《松巴佛教史》(ཆོས་འབྱུང་དཔག་བསམ་ལྗོན་བཟང་། chos vbyung dpag bsam ljon bzang)、《安多政教史》(མདོ་སྨད་ཆོས་འབྱུང་། mdo smad chos vbyung)、《先祖言教》手抄版(དེབ་ཐེར་མེས་པོའི་ཞལ་ལུང་། deb ther mes povi zhal lung)、《热贡族谱》(རེབ་གོང་རུས་མཛོད། reb gong rus mdzod)、《夏嘎巴传》木刻版(ཞབས་དཀར་པའི་རྣམ་ཐར། zhabs dkar pavi rnam thar)、《夏日嘎旦尖措文集》木刻版(ཤར་སྐལ་ལྡན་རྒྱ་མཚོའི་གསུང་འབུམ། shar skal ldan rgya mtshovi gsung abum)等记载了包括"蔡孜德裕"在内的热贡地区佛教、寺院发展情况，热贡著名活佛、堪布、高僧传记，以及在热贡的历史人群活动。汉文文献如《河州志》《循化志》《那彦成青海奏议》《秦边纪略》《西宁府新志》中也对热贡地区的历史人群活动、行政管辖、历史状况作了零散的记载。20世纪80—90年代，相关学者对热贡地区的民族历史、民族语言等方面进行了调查工作。如芈一之先生于1985年对"蔡孜德裕(四寨子)"的调查《青海土族社会历史调查》之《同仁四寨子(五屯)土族历史考察》，李克郁先生的《土族(蒙古尔)源流考》(1992)等。也有一些文化工作者和学者开始关注热贡民间文化现象，1990年收集整理了《黄南民间歌谣》《黄南民间故事》《黄南民间谚语》《黄南民间舞蹈》等一系列民间文化丛书。此外，热贡艺术馆整理出版了《热贡艺术》画册(1990)、《热贡艺术志》(1992)，舒勇先生主编了《热贡藏传佛教艺术》(1994)等。但这一时期主要以工具资料类为主，学术研究类成果相对较少。21世纪以来，随着"热贡艺术(རེབ་གོང་ཐང་ཁ། reb gong thang kha)""鲁如(གླུ་རོལ། glu rol)""乌秃(གཏོ། gto)"等项目被纳入"国家级非物质文化遗产名录"之后，研究"热贡文化"的成果逐渐增多。而"蔡孜德裕"的文化成为学界研究"热贡文化"的焦点。现将研究状况综述如下：

1. 有关“蔡孜德裕”的族源研究

“蔡孜德裕”的族源问题一直以来是学术界争论不休的一个话题。就研究状况而言，共有以下几种说法：以吕建福、周伟洲为主的研究土族的学者，将“蔡孜德裕”与土族的族源归结为吐谷浑后裔。而以李克郁为代表的学者持蒙古后裔说。还有一些学者依据《循化志》所载的“屯兵之初，内地拔往，非番人也”，认为是从内地四川、山西来的汉人。此外，一些藏族学者认为是霍尔人，也有一些本地学者从历史记忆、文化遗俗、心理认同感等方面论证“蔡孜德裕”为吐蕃时期来屯垦戍边的吐蕃士兵。

“吐谷浑后裔”说：吕建福、桑吉仁谦的《土族的融合与形成》(2008)认为，土族的“神箭崇拜”源于吐谷浑第九代王阿柴的“折箭遗训”，而“蔡孜德裕”妇女头戴的镶满珊瑚、玛瑙珠子的“布特”和“梅隆”(据说是箭袋，发梢上吊的银质“梅隆”边上盘着一根花枝叫射箭的弓)与“神箭”有渊源关系。程起俊在《土族是吐谷浑民族文化的传人》(2009)中指出吐谷浑是年都乎“乌秃”舞的承前启后者，即羌人崇虎演绎为“乌秃”舞——经吐谷浑人继承加工——后由土族继承再加工成为今日的“乌秃”舞。

“蒙古后裔”说：较早来河湟的俄国旅行家H. M.普尔瓦斯基提到，他遇到的达勒达人较接近蒙古人。另一位旅行家T. H.波塔宁称保安人为西荣郭勒蒙古人，或安多定居的蒙古人。李克郁《李克郁土族历史与语言文字研究文集》(2008)认为由河州土人或东乡土人，即信仰伊斯兰教的蒙古人和桑塔人发展形成。保安土人的一部分，即信仰伊斯兰教的蒙古人和中亚回回而成的今保安族。保安土人的另一部分(除东徙积石山以外的“四寨子”人)是信仰藏传佛教的蒙古人、沙陀人、畏兀儿人发展形成今日土族。《dolda(达勒达)辨析》(2008)中提出同仁的“四寨子”人被称作“达尔达”或“多尔斗”，实为鞑靼的讹音。“鞑靼”或“达达”，泛指北方草原上操蒙古语的部落或部族的统称。马成俊的《神秘的热贡文化》(2003)认为包括“蔡孜德裕”在内的土族为以蒙元时期入居河湟地区的蒙古人为主，吸收汉、藏诸民族成分文化因素而形成的一个共同体。菅志翔、马艾《四寨子的族群演变——一项族群社会学的历史研究》(2006)认为“四寨子”是元、明不同时期迁来的移民。最早的移民一种是蒙古军人，代表王朝权力，出于最高层；另外一种是中央王朝派驻保安地方的军户以及自发迁移过来的农民，处于蒙古后裔的影响之下。从14世纪70年代到18 世纪20年代的三个半世纪中，内地的移民在语言、结构、婚姻、认同四个方面同化到蒙古人后裔中去了，并一致认同为“我们是朝廷的人”。而兰州大学武沐教授的研究成果《“保安人”与“保安族”关系探讨》(2014)认为保安四屯属河州调往归德的守御千户所，亦是一个(蒙古为主的)多民族的群体。

“汉族屯军后裔”说：史丁的《保安四屯》(1993)对热贡“蔡孜德裕”作了简要的介绍，他认为明代“保安四屯”是内地汉族组成的卫所官兵，在雍正、乾隆时期，随着隆务寺的势力膨胀，加速了藏化的过程。赵顺禄先生认为“蔡孜德裕”的成分并不复杂，内地汉族军屯经过了蒙古化、藏化的过程。《青海土族社会历史调查》之《同仁四寨子(五屯[1])土族历史考察》(2009)对“蔡孜德裕”的族源作了较为详尽的考察。芈一之先生提及桑格雄(吾屯)来源有两种说法：(1)来自四川，证据是桑格雄(吾屯)语中带有四川汉语语音；(2)来自山西，证据是桑格雄(吾屯)语中有部分山西语音。而年都乎等屯的来源有五种说法：(1)来自互助；(2)来自民和三川；(3)与霍尔有密切关系；(4)来自内地；(5)来自蒙古。而宋挺生先生则认为：同仁计、脱、吴、李四屯是明初洪武年间开立的四个屯田百户所，隶河州卫中左千户所。立屯之始的屯旗军是平定关陇后留戍其地分拨下屯的从征战士，来自内地的汉人，大体上亦可肯定。

“吐蕃后裔”说：中国藏学研究中心的久美桑珠研究员在《热贡桑格雄部落研究》(2005)中也引用了嘉扎格西《热贡族谱》中的资料，认为十八大“嚓”中的董嚓氏达儿董尖参(达儿加)和绰嚓将军交嘎达儿加父子授命来到安多戍边，其后裔于1028年驻扎于热贡桑格雄。达尔董尖参的九子之中驻扎热贡的桑格尖参、华达儿桑格、南觉儿桑格分别娶了姓侯的三个江南的汉族姑娘，据老人说这三个实为汉化的木雅(མི་ཉག mu nyag 西夏)族。也因为如此姻亲关系，木雅王(西夏王)曾将称之为三个桑格的神匠请到木雅宫殿，让画匠们在东宫寝殿画了九条威龙，皇上亲笔题词。本土高僧更登东智的研究成果《热贡郭么日夺底的历史》(2015)称“蔡孜德裕”为吐蕃时期从卫藏乌茹多日岱(དབུ་རུ་དོར་ཏེ། dbu ru dor te)来热贡守戍的吐蕃军队后裔，引用大量的吐蕃时期的文化遗存为佐证。

---

〔1〕 桑格雄在汉语中有“吴屯”“吾屯”“五屯”等不同写法，为了方便阅读本文均用现如今绘制在地图上的“吾屯”来表述。有的学者也用“五屯”来指称桑格雄、郭麻日、尕撒日、年都乎、脱加沃果日等五个屯寨。

2.“蔡孜德裕”的语言研究

“蔡孜德裕”内部形成了两种不同语系的语言。“蔡孜德裕”中上下桑格雄和加仓玛所讲的“铎话”[1]为汉藏混合语，学术界也有“吾屯话”之称。而年都乎、郭麻日、尕撒日、沃果日等村民所讲的“铎话”为蒙藏混合语，被学术界称之为“土族语同仁方言”或“保安语同仁方言”。直至20世纪70年代之前，“蔡孜德裕”的“铎话”未被学术界所发掘。80年代，内蒙古大学蒙古语文研究所对国内蒙古语族语言做了一次大规模的调查，编写了“蒙古语族语言方言研究丛书”。此时，著名的语言学家陈乃雄相继发表了一系列研究成果。他的《吴屯话初探》(1982)、《五屯话音系》(1988)、《五屯话的动词形态》(1989)等论文对汉藏混合语的语音、语法、词汇进行了详细的描述与分析，并认为桑格雄(吾屯)人的语言是长期受藏语或保安语的强烈影响所致的一种混合语；席元麟的《五屯话中藏语借词的音变》(1987)通过分析桑格雄语中藏语借词的音变，认为少量操汉语的人为了适应与环居的藏族在政治、经济、文化等交流的需要，造成两种语言的融合，即非藏非汉的混合型五屯话。此外，陈乃雄的《同仁保安话概要》(1982)、《保安语及其方言土语》(1995)、《年都乎土语的“数”》(1981)，乐·色音额尔敦的《同仁保安语里的谐音合成词》(1982)等归纳、总结了蒙藏混合的“铎话”的语言特点，以及与保安语的异同。继陈乃雄之后南开大学的语言学家意西微萨·阿措的《倒话研究》(2005)、《汉藏语言在“倒话”中的混合及语言深度接触研究》(2006)，再次掀起了“蔡孜德裕”的“铎话”研究热潮。阿措先生认为桑格雄(吾屯)的汉藏混合语与倒话的内在结构有高度的同构性，是一种“汉语语音+汉语词汇+民族语(藏语)的语法”的结构类型，是汉藏语言深度接触所产生的语言混合现象。此外，席元麟的《同仁地区土族方言——年都乎等村方言调查》(1986)，王远新的《城镇边缘土族村庄的语言生活——青海同仁县年都乎村语言使用、语言态度调查》(2009)、《青海同仁土族的语言认同与民族认同》(2009)、《吴屯人的语言使用与语言态度》(2008)等对“蔡孜德裕”的“铎话”使用情况进行了调查，发现当地居民对藏语、藏文化的认同程度较高，而对“土语(铎话)”、土族的认同程度较低，行为倾向也消极。还有兰州大学

[1] 热贡藏人将“蔡孜德裕”称之为“铎日铎(ངོར་ངོ།)”，遂将“蔡孜德裕”人所穿的衣服被称为“铎拉ངོར་ལ།”，所讲的语言被称为“铎该ངོར་སྐད།”，汉语为“铎话”，“蔡孜德裕”人也依此沿用。

硕士研究生学位论文《五屯话的格和体态式研究》(2013),较为全面地描述了桑格雄(吾屯)话的音系、语法特点、体态、格以及语言接触与语言影响等问题。

近几十年,“蔡孜德裕”的“铎话”也引起了国外学者的关注。日本广岛大学的佐藤畅治先生发表了一系列研究保安语的论著:1996年发表的《关于保安语同仁方言格表示体系的问题》,还有《有关保安语同仁方言自动词主语的格表示》(1997)、《关于保安语同仁方言年都乎复数表示的问题》(1998)等。2001年又发表了《关于年都乎保安语的若干特征》,该文主要探讨了年都乎保安语的不同形态、格词尾和动词词尾等,并和天祝土族语、康家语的相关语法成分进行了比较。此外,堪萨斯大学的语言学家艾尔瑞(Arienne Dwyer)等对蒙藏混合的“铎话”进行过收集、整理、研究。但国外研究主要将其视为濒危语言收集整理、进行语法分析,因此倾向于描写语言学研究。

综观上述,20世纪90年代以前国内外学者对藏汉混合的“铎话(吾屯话)”和蒙藏混合的“铎话(保安语或土语)”研究还处于静态的描述与基础调查的起步阶段。进入21世纪以来,部分学者尝试运用语言接触理论对部分语言现象进行历时研究,但至今还未能对语言的发展演变作出系统的描述与解释。其语言的蒙藏混合或汉藏混合特征、规律、演变、藏语借词,以及其语言所反应的民族关系、族源、历史等有待于深入研究。

3.“蔡孜德裕”的宗教信仰与仪式研究

有关“蔡孜德裕”的信仰研究,汉语界的学者多半以民间信仰“乌秃”[1]“鲁如”为视角,而藏语界的学者主要集中在寺志的撰写中。近几年不少本地学者对“蔡孜德裕”的藏传佛教寺院进行了历史梳理。先后出版了《年都乎寺志》《郭麻日寺志》《尕撒日寺志》《桑格雄寺志》《沃果儿寺志》等寺志,主要对其历史与现状进行了较为系统的描述。

“乌秃”研究为热贡文化研究的热点。“乌秃”是以“蔡孜德裕”为主的热贡隆务河谷地带的村民举行的一年一度的岁末驱邪祛病仪式。对于“乌秃”起源研究,以乔永福为代表的学者认为,“乌秃”即楚人对“虎”的别称

〔1〕“乌秃”在当地有“乌秃”“欧都”“托”等说法,学界有些人认为“乌秃”源自古汉语对虎的别称“於菟”,所以用“於菟”表述。本文认为“乌秃”与苯教的“朵”有渊源,所以均用“乌秃”表述。

“於菟”，是一种崇虎的古舞。他在《年都乎“於菟舞”考析》中谈到：“於菟（乌秃）”属于楚风古舞，是楚人信巫崇虎的遗痕。由于同仁地区自秦汉以来多有戍边屯田，明初又有江南移民居此，“於菟（乌秃）”舞是随着历史的变迁从江南楚地流传而来。支持这种观点的有秦永章、马盛德先生，在他们的代表作《江河源头话“於菟”——青海同仁年都乎土族“於菟”舞考析》（2000）、《土族“於菟”古代舞蹈的遗存》（2003）中提到，“乌秃”为古代巴人的虎崇拜遗俗。以刘凯为代表的研究者认为“乌秃”为古代羌族文化的遗存。其代表作《跳“於菟”——古羌人崇虎图腾意识的活化石》（1993）中提到“乌朵”为青海古代羌人崇虎图腾意识的曲折反映。而马成俊的《神秘的热贡文化》（2003），周毛吉、华智海两位合著的《年都乎“於菟”巫风之我见》（2005）认为“乌秃”舞融合了多种文化元素，其形成的总体脉络应是在起初的狩猎舞中融入了萨满教、苯教、藏传佛教、道教等因素演绎而成，今天以“驱邪求福”为内容的仿兽舞，“乌秃”还表现出了文化的多元性，是多民族文化融合的产物。此外，“乌秃”仪式的民俗功能方面，研究成果较多的是唐仲山先生。他在《青海“於菟”巫风调查报告》（2003）、《“於菟”仪式的民俗学解读》（2008）、《仪式、仪式过程及民俗物的关系——基于象征理论的“於菟”仪式解析》（2008）等论文中，对“乌秃”仪式的过程、功能、内涵作了较为全面的分析与论述；索端智的《仪式与象征：年都乎岁末傩疫活动的人类学研究》（2004）从人类学的视角对年都乎的“乌秃”仪式的结构、意义、象征、功能作了详细的解读。马光星、赵清阳、徐秀福等的《人神狂欢——黄河上游民间傩》（2003）对“乌秃”现象进行了分析解读；杨菊的《土族“於菟”祭祀与希腊酒神崇拜比较研究》（2010）、李加才让的《安多热贡地区的民间宗教活动——对年都乎的“於菟”节及其二郎神信仰的考察》（2009）等，从跨文化视野进行了比较研究。

“鲁如”，是包括“蔡孜德裕”在内的隆务河中游东西两岸的村民举行的一年一度的娱神求吉的祭祀仪式。热贡的“鲁如”也引起了学术界的关注。有关“鲁如”的研究包括总体概述、起源历史、文化内涵、歌舞艺术、社会功能等方面。唐仲山的《与神共舞：生灵与神灵之绝唱——热贡“六月歌舞”》（2006）对热贡“鲁如（六月会）”的祭祀方式、祭祀特点以及其形成作了简单介绍。刘凯的《青海热贡六月傩祭》（1993）、星全成的《关于热贡鲁若的几个问题》（1992）、马海涛的《黄南同仁“六月会”的巫文化浅释》（2003）、张海云的《虔信与热情——热贡的六月会》（2004）等较全面地介绍了热贡“鲁如”

（六月会）的仪式过程、由来、神灵传说、法师的传承等方面的内容。此外，像先巴的《热贡"六月会"的宗教学解读》（2009）、刘夏蓓的《青海隆务河流域的"六月会"及其文化内涵》（1999）、张江华的《青海同仁藏族六月歌舞节历史内涵初探》（2001）等提出"六月会（鲁如）"活动蕴含着浓厚的苯教色彩；辛元戎的《古代军事文化的藏区遗存》（2003）将"六月会"的起源追溯到同仁地区早期的部落军事文化；甘措的《热贡鲁若风俗之历史分析及其他》（2003），珊措的《热贡鲁若中"玛泽"与藏族历史的渊源关系》（2003），还有王万平的《热贡六月会仪式的苦行与牺牲》（2006）从热贡地区多元文化交融的变迁史，提出热贡"六月会"受到西羌先民的原始信仰、北方游牧民族的萨满教、吐蕃的原始苯教，以及藏传佛教等的共同影响。

王康康、祁进玉的《热贡地区土族"六月会"祭祀活动的仪式分析——以同仁县尕沙日村为个案》（2010）、王康康的硕士论文《热贡六月会的社会功能研究——以年都乎乡尕沙日村为例》（2011）运用祭祀圈理论对尕撒日的"六月会"祭祀仪式过程以及祭祀仪式作了分析。尕藏卓玛的《热贡土族宗教民俗活动及其社会功能探析——以青海省同仁县年都乎村为例》（2014），孙林的《青海隆务河流域六月会中的宗教仪式与族群认同——以同仁县尕沙日与日合德村为例》（2012）等分析了"蔡孜德裕"的藏传佛教信仰、民俗活动及其社会功能。

4."蔡孜德裕"的艺术研究

关于"蔡孜德裕"的文化艺术研究，多半学者将目光焦聚于唐卡艺术。遐迩闻名的热贡艺术的发祥地就在以桑格雄为主的"蔡孜德裕（四寨子）"。马成俊主编的《神秘的热贡文化》（2003）、《热贡艺术》（2005）、《中国唐卡艺术集成・吾屯卷》（2007），唐仲山的《热贡艺术》（2010）等介绍了热贡艺术的起源、形成、发展、特色及影响等等，在热贡文化艺术的研究和认识上具有相应的参考价值。此外，有关热贡艺术的论文层出不穷。吕霞的《热贡艺术的历史渊源及发展分期》（2008）通过查阅典籍、访谈，对热贡艺术的发展分为传入期（1261年）、形成期（13—17世纪末）、成熟期（17世纪末—20世纪中叶）、多元期（1949年以来）等四个时期；李加才让的《安多热贡艺术的形成历史及其社会功能》（2010）以"桑格雄艺人"为中心，论述了热贡艺术的形成历史、演变，以及随着热贡唐卡艺术的繁荣与发展，桑格雄村民生产生活方式的变迁；索文清的《青海五屯藏族宗教绘画雕塑艺术概述》（1986）、道吉才让的《浅论热贡艺术特征——以五屯上寺为例》（2013）对桑格雄艺术的品类、题材和特点作了详细介绍；王小珺的《试论热贡唐卡的颜料选配与造型特色》(2011)对热贡唐卡的颜料的选择与配制、色彩的象征、唐卡的构图、神的造型特点、艺术意蕴、艺术价值等方面进行了较为翔实的分析。中央民族大学硕士陈乃华的学位论文《略论热贡唐卡艺术的文化展演及对周围族群多元文化的影响》(2004)对唐卡艺术的源流、形成与发展、工艺流程、唐卡艺术画师与唐卡的关系、唐卡艺术对周围族群多元文化的影响等作了较为系统全面的梳理与分析。

近几年也有学者将关注点转向其他民俗文化方面。譬如唐仲山的《同仁屯堡人端午节俗调查分析》(2005)，对郭麻日和加仓玛的端午习俗进行了较为细致的调查和分析。他认为纵观同仁屯堡人端午节“插白”、驱雹、插柳驱疫、净浴祛病、禁镰护青、踏青娱乐等诸般习俗，始终贯穿着祈丰收、保安康的趋吉心理和现实意味。其间隐含的农耕文化、游牧文化、民间信仰等内容交相叠加，并由时间、空间与人三者构成三维立体景观。在民族学、文化人类学、民俗学等学科研究上有其典型的意义。郭晓红的《青海黄南五屯地区土族民间群体歌舞艺术浅论》(2009)对歌舞艺术的种类，包括婚礼歌、情歌、安昭(阿谐)，以及民间歌舞艺术音乐舞蹈形态进行了简单概述。吕霞的《隆务河畔的土族服饰》(2002)对热贡“蔡孜德裕”的服饰文化进行了整理、分析。

综观上述，对于“蔡孜德裕”的研究倾向于语言、唐卡艺术、“乌秃”、“鲁如”、歌舞艺术等具体的客观文化表征上，且少有关注“蔡孜德裕”的内心世界与主观认同。以索端智、祁进玉为代表的学者突破了以往的僵局。索端智的《历史事实·社会记忆·族群认同——以青海黄南吾屯土族为个案的研究》(2006)以青海黄南桑格雄为个案，从考察族群认同变迁入手，就文化与族群性、文化变迁与认同变迁的关系进行分析，认为族群认同会随着文化的变迁而发生变迁。祁进玉的《五屯土族的族群认同》(2005)、《全球化与地方性：认同的全球化话语——基于同仁县“五屯”地区人类学田野调查的个案分析》(2008)以田野研究方法，结合历史史料和民间口述史，简略地描述“五屯”的现代认同与区分。尽管以上学者运用了人类学最新的族群理论对“蔡孜德裕”中的桑格雄(吾屯)人的族群性、文化、认同等进行了分析，但鲜有把“蔡孜德裕”作为一个文化整体来分析，从宏观层面总体把握。“蔡孜德裕”的社会历史与文化变迁，有待深入挖掘。本书正是迎合这样的问题来研究热贡“蔡孜德裕”的历史文化。

二、研究方法

本书采用人类学和历史学相结合的方法，以实地调查为主，辅以文献资料。同时，注重历时和共时研究相结合，梳理热贡“蔡孜德裕”的历史与文化。

（一）文献研究

1. 汉、藏史料

本书借用了大量的史料来整理“蔡孜德裕”的历史脉络。参阅的汉文史料有《旧唐书》《新唐书》《册府元龟》《明史》《明实录》《清史稿》《清实录》《（嘉靖）河州志》《秦边记略》《西宁府新志》《西宁府续志》《甘宁青史略》《青海志》《青海地志略》《循化志》等，其中《（嘉靖）河州志》与《秦边记略》中详细记载了明代与“四寨子”直接相关的内容，因成书年代较早、记录详细，可谓珍贵史料。《循化志》和《那颜奏议》等史料较为详细记述了清代“蔡孜德裕”屯田纳粮情况与四寨子总管王喇卜旦事件。此外，本书参阅了大量的藏文史料，如《松巴佛教史》（ཆོས་འབྱུང་དཔག་བསམ་ལྗོན་བཟང་། chos vbyung dpag bsam ljon bzang）、《安多政教史》（མདོ་སྨད་ཆོས་འབྱུང་། mdo smad chos vbyung）、《先祖言教》手抄版（དེབ་ཐེར་མེས་པོའི་ཞལ་ལུང་། deb ther mes povi zhal lung）、《热贡族谱》（རེབ་གོང་རུས་མཛོད། reb gong rus mdzod）、《夏嘎巴传》木刻版（ཞབས་དཀར་པའི་རྣམ་ཐར། zhabs dkar pavi rnam thar）、《夏日嘎旦尖措文集》木刻版（ཤར་སྐལ་ལྡན་རྒྱ་མཚོའི་གསུང་འབུམ། shar skal ldan rgya mtshovi gsung abum），以及《年都乎寺志》《尕撒日寺志》《桑格雄寺志》《脱加沃果日寺志》等志书。

藏文史料中嘉扎格西嘉木样智巴（རྒྱ་བཟའ་དགེ་བཤེས་འཇམ་དབྱངས་གྲགས་པ། rgya bzav dge bshes vjam dbyang grags pa）所著的《热贡族谱》（རེབ་གོང་རུས་མཛོད། reb gong rus mdzod）对研究“蔡孜德裕”的历史具有重要的参考价值。嘉扎格西嘉木样智巴1486年出生于多思麦热贡，20岁到卫藏拉章寺学习，27岁到色拉寺学习，是一个颇有建树的高僧，58岁时（1544年）受命于隆务囊索返回热贡，开始撰写以隆务囊索家族为主的热贡十二雪喀的族谱。据称，嘉扎格西利用十几年的时间，依据隆务兰采石刻上的族谱撰写了居住在热贡地区的一些族群的来源历史，洪波的族谱等，68岁时完成初稿。后来经过不同时代的高僧大德的修改补充，最终将一份交予隆务囊索，藏于隆务囊索档案馆中，另一份藏于隆务兰采寺中，是一部珍贵的史料。据称，20世纪50年代将其原文遗失，但有幸被称为兰采才罗的曾手抄了一份。2010年民族出版社出版的《热贡族谱》是在嘉扎格西所著的原文上引用了如阿忠图哇、大圆满法师曲阳多丹、年都乎洪波族谱等书籍中的资料，兰采才罗自己也附加一部分近代的资料编纂而成的，所以引用此书时要辩证区分。

2.《王廷仪记功碑》

"蔡孜德裕"总管所在的年都乎寺内，保存着一通明万历年间的残碑。该碑是为纪念王廷仪作为"蔡孜德裕（四寨子）"的首领，在驻防保安堡期间抚番有功而立的功德碑，故而学界称之为《王廷仪记功碑》。该碑虽然年久代远，风雨剥蚀，字迹漫漶，但有极高的史料价值，其残文如下：

陇西郡属河州卫境外，保安建堡设官增兵饷，得彼人王仪抚番立功授官实迹，特以碑志拜祭云：

盖闻西域之土羌戎之地，乃唐世以来开创，故得恢复中夏，而遂遐庆矣。自我太祖高皇帝龙飞，遣卫国公谥宁河武顺王邓公征昆仑，以达河海。抚夷以边马，忠靡□不贡□□□服。以是□□豢养之恩，而番族从兹孚信者何可胜计也。

夫保安者为三秦之咽喉，挟九边之鼎峙，其地东邻边多□□，西接讨来、归德，南邻捏工、莽剌，北抵果木黄河。然而番部□□□□□□□□□□□杰恣无时□□，以故是地无官守防，无军所恃。如彼中廷仪，向为屯首，即心怀赤忠，汉番皆并推誉。以是倡议率众，并咨各部院道，筑堡曰保安，设官曰防御，并于计、吴、脱、李四寨选士五百名，均之以月饷。河营协防兵一百名，加之以口粮。在斯地比昔称虽更□□往时有加焉。继而招中愆期，荷参台李公以廷仪抚番□□，创始□□□□□□□□蒙协守河州副总兵周公□□□□□□□□委之以该堡中军，则钤制汉番，而地方颇为得人。至如□□逼临虎穴，无资战守，遂捐集□□□□□□□□颂戴如此。在廷仪恩□驭之于番，□□□□□□□功之不可尽述，劳之不可尽泯。□□□□□□□□□廷仪高士愿隐逸不复所出，□番□□□□□俱接踵而至，再三恳求，欲为廷仪□□□□□□□□其地，向时廷仪勤于王事，□□□□□□□□来求，虽不能文，传以述其往迹，以示□□□□其功耶。故立石纂记云。

钦差总督陕三边军务兵部左侍郎叶

钦差巡抚陕西都察院兼左副都御史贾

钦差巡按陕西川湖等处监察御史李(都督李汶)
钦差整饬临巩兵备道兼陕西按察使刘
钦差协守陕西临河等处地方副总兵周
钦依保安筑堡防御兰州卫指挥佥事张继武
钦依保安堡防御守备兰州卫指挥佥事夏光裕
钦依保安堡防御守备河州卫指挥佥事脱九勒镌
河州副将营把总河州卫实授百户晚生何尚德顿首拜撰
本堡临造刊篆
粮房　薛英　邵希□　王天裕
督工防军　宋祥
总小旗　刘□□　马□□　马□□　□□□　□□□　郭玘　关□□　□□□ 刘□□　何七巴　张大牙　俞　棠　刘□□　马□□　马□□　□□□　□□□ □□□　□□□　张且把
上李寨总旗　马　束　李章他　李南木　李三□
南土木匠　巴不如牙　粟加牙
石匠　马巴落　马六禾
铁匠　吴屯王加保　李屯　□□□
□□□□八年八月朔日立石　画匠　梁大智

图1　藏于年都乎寺的大明记功碑

3. 封诰

据《同仁县志》，热贡隆务家族、阿哇日铁吾家族、文都千户家族收藏着以下几道明洪武、永乐年间的敕书。[1]

明朝皇帝敕封阿哇日头人的“圣旨”：

奉天承运，皇帝圣旨：朕君天下，凡四方慕义之士皆授之以官。尔阿卜束久居西土，乃能委身来附，朕用嘉之，今命尔为河州卫千夫长，俾尔子孙世袭，尔尚思尽乃心，谨遵纪律，扶安部众，庶副朕之委。今可夫武略将军、必里千户副千户，宜另阿卜束准此。

洪武六年八月 日　敕诰之宝

藏于文都千户家的明成祖赐给赏思的敕书：

奉天承运，皇帝制曰：俺汉人地面西边，西手里草地西番各族头目，与俺每近磨道。唯有必里阿卜束，自俺父皇太祖高皇帝得了西边，便来入贡，那意思甚好。有今俺即了大位子，恁阿卜束的儿子结束，不忘俺太祖高皇帝恩德，知天道，便差侄阿卜束来京进贡，十分至诚。俺见这好意思，就将必里千户所升起作卫。中书舍人便将俺的言语诰里面写得仔细回去，升他做明威将军、必里卫指挥佥事，世世子孙做勾当者。本族西番听管领着。若有不听管属者，将大法度治他，尔兵曹如敕勿怠。

永乐元年五月初五日 上钤敕命之宝

奉天承运，皇帝制曰：俺汉人地面西边，西手里草地西番各族头目，与俺每好生磨道。自我太祖高皇帝得了西边时，尔必里阿卜束便来入贡。及俺即了大位子，阿卜束的儿子结束，能知天道，便差人来京进贡。俺见这意思十分至诚，就将必里千户升起作卫，着他做明卫将军本卫指挥佥事。阿哈巴差人来谢恩进贡。告称他兄弟结束病故了，欲要袭他职事。恁中书舍人便将俺的言语诰里写得仔细回去，教他阿哈巴仍做明威将军、必里卫指挥佥事，世世子孙做勾当者，本族西番听管领着。若有不听管属的，将大法度治他，尔兵曹如敕毋怠。

永乐二年三月一日　敕诰之宝

---

〔1〕 同仁县志编纂委员会.同仁县志［M］.西安：三秦出版社，2001.

原藏于隆务寺明廷敕封必里族头目为百户的诰命：

奉天承运，皇帝敕曰：俺汉人地面西边，西手里草地西番各族头目，与俺每好生近磨道。我皇考太祖高皇帝统一了天下，那汉每好意思，多曾到有。自我即了大位，恁笼班不忘俺太祖皇帝恩德，知天道，向慕朝廷，俺见这好意思，与了名分。中书舍人便将俺的言语敕里写得仔细回去，着他做昭信校尉、必里卫指挥司百户，世世子孙做勾当者。本族西番听管领着。若有不听管属的，将大法度治他，尔兵曹如敕毋怠。

永乐四年三月十二日　　敕诰之宝

藏于噶尔则寺的雍正元年(1723年)，委任百户的正虎令牌：

约束族众，不得为非作贼；每年应纳粮石，包公应时赴河州仓完纳，不得延缓逾期，如遇都统、总镇及河州副将、归德、保安、起台守备过往，或差人往来所用乌拉人夫、马匹，即速应付。凡有大小事宜，必须禀知副将、守备，文官完结。

《循化志》称边都沟世袭土百户一员锁南，管理西乡七寨，户七百九十六户……此土司承袭最久，明永乐年间奉有敕书一道，铜牌一面，象牙图记一颗：

奉天承运，皇帝敕曰：俺汉人地面西边千里草地里，与俺每好生进么道。我父皇太祖高皇帝时，那汉每好意思，多曾到有。俺即了大位子，恁河州卫边多站头目赏思，故不忘俺父皇太祖高皇帝恩德，知天道，自来进贡，十分至诚。俺见恁这好意思，与了名分。中书舍人便将俺的言语敕里面写的仔细，教他回去做昭信校尉、河州卫边多站百户，世世子孙作勾当者。本族西番听管领著。若有不听管束的，将大法度治他。你兵曹，如敕毋怠。

永乐元年五月初五

4. 贺幛

民间保存的清光绪三十年(1904年)保安及热贡官员绅士的祝寿贺幛(见图2)：[1]

〔1〕 引自赵清阳记录整理、赵顺禄修编的内部资料《把总千户沧桑：夏吾才让自述》。

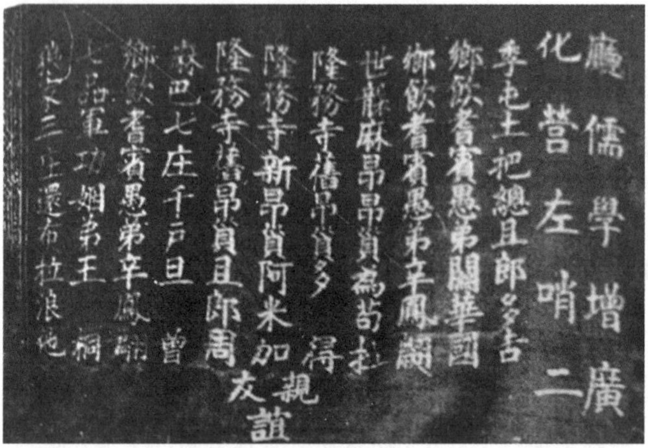

图2 贺幛(局部)

(二)田野调查

田野调查资料是本书主要依赖的第一手材料,主要通过大量的个人访谈、实地参与观察、口述等方法获取资料。自2012年起,笔者开始搜集相关资料,并陆续前往年都乎、桑格雄、尕撒日、郭麻日、沃果日等地进行实地田野调查,搜集到了一些第一手文献和田野资料。2014年6月、11月,深入“蔡孜德裕”进行个人访谈、与村民召开座谈会、发放问卷等工作。2014年9月赴大同、互助等土族聚居地调研;2014—2015年间相继对起台堡、归德堡、临夏(河州)、大河加等地进行实地调研。

三、相关概念的界定

1. 热贡藏族部落组织

雪喀(ཤོག་ཁ། shog kha) 或作ཤོག་ཁག shog khag,简作ཤོག shog,其义为部落、集团、派系等。汉语中译有族、村、庄、寨、部,音译有学卡、秀卡、伙卡、休卡、休化、雪华等;藏语里的雪喀可大可小,既可为一个部落里的几个小雪喀,也可为几个部落联合起来为一个雪喀。在热贡俗有“热贡雪华吉尼之说(热贡十二部族)”。口语中作“雪华(གཤོག་དཔའ། gshog dpav)”或“雪巴(གཤོག་པ། gshog pa)”,文字记作“雪喀(ཤོག་ཁ། shog kha)或雪珂合(ཤོག་ཁག shog khag)”。雪华或雪巴在藏语中意为“鸟翼”,因此热贡的雪华可能与蒙古语的翼相同。陈庆英先生认为藏语里的ཤོག shog与蒙语中的hosiou(旧译作“和硕”）几乎音义相同，在蒙语中的含义是旗、翼。据说隆务囊措率领其部属打仗，隆务囊索排在中间，左右两侧是隆务德登和麻巴德登，鸟有两翼可展翅飞翔，隆务囊索有十二翼，正可谓“如虎添翼，百战百胜”，当时很有可能取“雪巴（གཤོག་པ། gshog pa）”之本意“翼”组织起来的部落联盟，表达了统治者的一种美好愿望。因此热贡的雪华或雪喀与藏区其他组织形式略有不同，纯属政治需要把几个无氏族血缘关系的部落联合加盟起来，临时组织成一个政治部落联盟集团。雪喀下面包括几个德哇，德哇下面又包括几个措哇，措哇下面又包括几个帕玉曷。

德哇（སྡེ་པ། sde pa） 简作“德（སྡེ། sde）”，“德”有品类、群体、集团、组、部等意。“德哇”有酋长、部落主、第巴等意，古代指统治一个地区的首领，德哇也有“部”之意。也就是说一个德（སྡེ། sde）是一个德哇（སྡེ་བ། sde ba）统治下的群体，民间常说“我们是一个德哇（སྡེ་བ། sde ba）的”，也就是说我们是一个部落首领的属下或部落。汉语义译为族、村、庄、寨、部等，音译有岱、德、德哇、德巴等；通常把包含若干个氏族并具有一定独立性的地缘组织叫做小部落。在农区，一般一个德哇就是一个小部落，安多地区称之为“德哇”，汉语译作庄，如隆务庄、囊拉庄等等；阿坝、若尔盖地区则译作寨，如甲共厄巴寨、然木多玛寨等。牧区一般称作“措哇”，如拉仓措哇、甘加措哇等；藏北有的部落称作“雪喀琼哇”“如哇”。

措巴（ཚོ་པ། tsho pa） “措哇（ཚོ་བ། tsho ba）”，简作“措（ཚོ། tsho）”，其义与雪喀（ཤོག་ཁ། shog kha）相同，有部落、部族之义。汉语义译同前，音译有措巴、措哇、措瓦、错等；一个部落有一个部落长，藏语称之为“洪波”。在藏区措哇可大可小，有时一个措哇包括好几个德哇，有时一个德哇下有又几个措哇。“蔡孜德裕”的每个德哇都由几个措哇组成。

仓（ཚང་། tshang） 其本义为“འཛོག་སའམ་སྡོད་སའི་ནང་ཁྱིམ། vjog savam sdod savi nang khyim”，即家、寓所、巢穴等意。义译有族、部落，音译通常作“仓”；“仓”一般指一个氏族。“仓”也可大可小，小至一个家族，大至一个氏族。如孙家仓、王家仓等。“蔡孜德裕”中有时将措哇称之为“仓”，与措哇略同。

哈玉合（ཧ་གཡོག ha g · yog） 或作帕玉合（ཕ་གཡོག pha g · yog），这一组织中的不少人具有相近或相同的血缘关系。安多藏语里“哈（ཧ། ha）”与“帕pha（ཕ།）”为口语与书面语之别，都为“父”之意。“玉合（གཡོག g · yog）”为属下之意，“哈玉合”意指同一父亲的后裔，同在这一组织的人不能通婚。从这种意义上可将这一组织窃称为宗族，而将其负责人称作族长。哈玉合是在措哇与仓之下规模上更小、血缘上更为亲近的人。这一组织内的群体在婚、丧事宜中起重要作用,是主要负责人。

琼盖亚(ཁྱིམ་བགོས་ཡ། **khyim bgos ya**) 指从一个家庭中分出去的门户,也称家户。在丧礼、念活经等事项中有固定的责任与义务。在嫁娶仪式、共享财产时有份额。

2. 寺院的属民

部落与寺院之间有着千丝万缕的联系,为解决寺院的供养问题,部落头人与成员经过协商,将部分土地或连同土地上的人民一起奉献给寺院的事经常发生,于是寺院对这些土地和人有了所有权。

嗒哇(མཐའ་བ། **mthav ba**) 住在寺院附近并供寺院驱役的小部称“嗒哇”,一般译为塔哇部落或寺院部落。

曲德(ཆོས་སྡེ། **chos sde**) 属于寺院的部落,或与寺院具有供施关系的部落称之为“曲德”。

拉德(ལྷ་སྡེ། **lha sde**) 由寺院派头人管理的部落叫“拉德”,有神庄、神民、僧众之意,其任务是放牧寺院的牲畜,耕种寺院的土地,给寺院上税纳粮。

弥德(མི་སྡེ། **mi sde**) 仍由该部头人管制的则叫“弥德”,为政民,通俗一点说是俗众。

年都乎土千/把总所属“蔡孜德裕”的宁玛派寺院也先后改宗为格鲁派,成为隆务寺的属寺,与隆务寺发生供施关系。

第一章 热贡与“蔡孜德裕”：自然地理与人文环境

第一节 赛莫炯：格曲流域的热贡

一、大小热贡：格曲流域地缘情境

黄河从青海巴颜喀拉山发源后，流经青海南部，到川西北为岷山所阻而西折，经过甘南又迂回青海境内，形成了一个大湾，美丽富饶的热贡位于黄河第一湾之右旋弯曲之南岸。“热贡”系藏语“རེབ་གོང་། reb gong”之音译，是藏语对今青海省黄南州同仁县境域的称呼。热贡有“རེབ་གོང་། reb gong”“རེབ་ཀོང་། reb kong”“རེ་སྐོང་། re skong”等写法。“热贡”这个地名最早出现于敦煌莫高窟出土的古藏文文献P.T. 0328 中“རེབ་ཀོང་མདོ་བཙན་དང་གནངས་བཙན། reb kong mdo btsan dang gnangs btsan ”[1]的人名，在另一残卷中有“རེབ་ཀོང་མདོ་བཞེར་གྱིས། reb gong mdo bzher gis”这样的署名。可见“热贡（རེབ་ཀོང་། reb gong）”作为一个地名早在吐蕃时期已存在。也有人认为“热贡”与汉文史料中的“榆谷”“一公”“移公”“揑贡”等相符，至于是否为现在意义的热贡这个境域仍有分歧。

何谓“热贡”？对其词义的解释正所谓仁者见仁，有人认为热贡是由“རུས་ཀོང་། rus kong（姓贡或贡氏）”演变而来的，理由是热贡最早的土著民可能来源于西藏贡布地方的贡氏家族，随姓氏演变成地名；也有认为热贡为“རེ་སྐོང་། re skong”，即“梦想成真”之意，这种解释可能源于远离家乡的高僧大德寄托于家乡的一种美好愿望。现在较为权威的说法为，由于热贡坐落于热贡朵（རེབ་གོང་མདོ། reb gong mdo）之塞加（བསེ་རྒྱ། bse rgya）、纳加（ནག་རྒྱ། nag rgya）、

[1] 详见http：//otdo.aa.tufs.ac.jp/search/kwic.cgi，原文为“བན་དེ་ཆེན་པོ་དཔལ་གྱི་ཡོན་ཏན་གི་ཞ་སྔར། རེབ་ཀོང་མདོ་བཙན་དང་གནངས་བཙན་ལེགས་ཀྱི་མཆིད་གསོལ་པའ། ཆེན་པོ་དགུང་མཚུངས་པའི་ཞ་སྔ་ནས། རིང་མོ་ཞིག་ཏུ་ཡང་ཞལ་མ་མཐོང་ན་ཐུགས་བདེ་བར་སྨོན་ཏེ་མཆིད་ཡི་གེ་ལས་གསོལ་ཞིང་མཆིས་ན་འདུལ་པའི་འདབ་ལས་བཀའ་སྐྱལ་བར་ཅི་གནང་།དེ་ལྟར་གནང་གིས།”。

卡加(ཁ་རྒྱ། kha rgya)或玉萨(གཡུ་ཚ། g · yu tsha)、西果日(ཕྱིས་སྐོར། phyis skor)等热萨四部落(རེབ་ཚ་ཚོ་བཞི། reb tsha tsho bzhi)之上部,俗称“རེབ་གོང་། reb gong”,民间也流传着这样的说法:“རེབ་གོང་མ་ཆགས་རེབ་ཚ(རེབ་ས)་ཆགས། reb gong ma chags reb tsha chags(先有热萨,后有热贡)”。

从地理范围来说,热贡传统上有大小之分。狭义的热贡仅指今青海省黄南州同仁县境域。广义的热贡所辖范围较广,除现在的黄南州境域外,还包括今循化,及原属循化厅的甘肃夏河、贵德、同德、贵南等地部分地区。藏学家吴均先生认为1949年前的热贡十二雪喀的游牧地及所属寺院,其范围超出隆务河流域,热贡包括两汉时期的大小榆谷。[1]直至1929年建县前,热贡仍包括今尖扎、泽库、同仁三县及贵德部分地区。[2]其地理范围与格曲(དགུ་ཆུ། dgu chu)相仿。藏族传统上认为格曲(九曲)是由上部的朵绒鸭绒德绒(སྟོད་དུ་ཀ་རོང་ཡ་རོང་བདེ་རོང་གསུམ། stod du ka rong ya rong bde rong gsum),中部的措绒瓦绒赛绒(བར་དུ་མཚོ་རོང་བ་རོང་བསེ་རོང་གསུམ། bar du mcho rong ba rong bse rong gsum),下部的忒绒馁绒葛绒(སྨད་དུ་ཐོའུ་རོང་ནོའུ་རོང་དགུ་རོང་། smad du thovu rong novu rong dgu rong)等九个绒(རོང་དགུ། rong dgu)之河流汇集于热贡葛绒多(དགུ་རོང་མདོ། dgu rong mdo)后流入黄河。格曲自南至北,分为上、中、下三区,其中枢之地是位于热布查三沟(རེབ་ཚ་ལུང་བ། reb tsha lung ba)之上的热贡赛莫炯(རེབ་གོང་གསེར་མོ་ལྗོངས། reb gong gser mo ljongs)。[3]至于以上九条来自九个绒(农区)的河流,除葛绒(དགུ་རོང་། dgu rong)的位置明确外,其余无从考证。现代人将其缩为葛绒所在的隆务河流域,其实格曲的范围超出现代意义的小热贡(同仁),小热贡所在隆务河流域其实只是格曲的中枢之地。兰州大学的刘满先生认为,九曲(格曲)是一片很大的土地,它包括有今青海河南蒙古族自治县、同仁县、贵南县、泽库县和甘肃夏河县五县的全部,还包括今甘肃碌曲县的西部和青海同仁县的南部等,其地理范围与大热贡的范围相仿。

传统上的“热贡(རེབ་ཀོང་།)”应类似于“(黄河)渡口以上”这样一个较大的、笼统的地理概念,随着行政隶属关系的变化,大热贡的地理范围缩小到现今同仁县境域。

---

〔1〕 བྲག་དགོན་པ་དཀོན་མཆོག་བསྟན་པ་རབ་རྒྱས་ཀྱིས་མཛད་པའི་མདོ་སྨད་ཆོས་འབྱུང་། 智贡巴 · 贡去乎丹巴饶布杰.安多政教史[M].兰州:甘肃民族出版社,1982:3.

〔2〕 同仁县志编纂委员会.同仁县志[M].西安:三秦出版社,2001.

〔3〕 བྲག་དགོན་པ་དཀོན་མཆོག་བསྟན་པ་རབ་རྒྱས་ཀྱིས་མཛད་པའི་མདོ་སྨད་ཆོས་འབྱུང་། 智贡巴 · 贡去乎丹巴饶布杰著.安多政教史[M].兰州:甘肃民族出版社,1982:303.

现代意义热贡的地理范围，据《安多政教史》，包括“སྟོད་ཀྱི་སྐྱ་གའི་ཉག་ག་མན་ཆད་དང་སྨད་ཀྱི་གསེར་ཁའི་ཉག་ག་ཡན་ཆད་ལ་རེབ་གོང་གསེར་མོ་ལྗོངས་ཟེར། stod kyi skya gavi nyag ga man chad dang smad kyi gser khavi nyag ga yan chad la reb gong gser mo ljongs zer 自上部的加噶豁口以下到下部的塞卡豁口以上”。[1]其地理位置介于东经101°38′—102°27″，北纬35°01′—35°47″，平均海拔2 506米。地形起伏连绵，山峦重叠。高矗的蔡葛夏琼山（སེ་ཀུ་བྱ་ཁྱུང་། se ku bya khyung）和阿尼德合隆山（ཨ་མྱེས་སྟག་ལུང་། a myes stag lung）由南向北延伸，隆务格曲纵贯全境南北，流经县境46.6公里，形成称之为曲玛（ཆུ་མ། chu ma）的中部低洼河谷地和日玛（རི་མ། ri ma）的两面隆起的山地。地势南高北低，最高海拔4 767米，最低海拔为2 160米，沿河谷逐级上升构成一个天然阶梯，为高原亚干旱气候区，属凉温冷温半干旱气候，降水略缺。根据不同的地理环境其农业形式依次为高寒山地的林业和畜牧业、中浅山地带的旱作农业和河谷地带的灌溉农业。总面积3 275平方公里，耕地面积7 566.7公顷，可利用草场面积30万公顷，森林面积1.28万公顷，是一个以农业为主，农牧结合的小块农业区。改革开放以后取“同登仁义”之意命为“同仁”，辖2个镇，10个乡，72个行政村，4个社区，其中农业乡4个，纯牧业乡3个，共12 688户，64 617人；属黄南藏族自治州，藏族占总人口的73%。[2]隆务格曲两岸气候湿温，土壤肥沃，林木丛生，畜牧业和农业比较发达，有“热贡赛莫炯（金色谷地）”的美称。

二、扎尕日、格日纳、康伽：热贡地区历史人群活动

早在新石器时代晚期，人类已经在热贡繁衍生息，成为黄河上游原始农业文明的组成部分。热贡境内发现的古文化遗址111处，其中主要分布于隆务河中、下游地区的隆务（རོང་བོ། rong bo）、脱加沃果日（ཐོ་ཀྱཱ་བོད་སྐོར། tho kyA bod skor）、年都乎（གཉན་ཐོག gnyan thog）、郭麻日（སྒོ་དམར། sgo dmar）、麻巴（སྨད་པ། smad pa）等地的马家窑文化[3]遗址25处（马家窑类型16处、半山类型4处、马

---

〔1〕 བྲག་དགོན་པ་དཀོན་མཆོག་བསྟན་པ་རབ་རྒྱས་ཀྱིས་མཛད་པའི་མདོ་སྨད་ཆོས་འབྱུང་། 智贡巴·贡去乎丹巴饶布杰.安多政教史［M］.兰州：甘肃民族出版社，1982：341.

〔2〕 同仁县志编纂委员会.同仁县志［M］.西安：三秦出版社，2001.

〔3〕 马家窑文化是黄河上游新石器时代晚期文化。因最早发现于马家窑遗址而得名，年代约为公元前3300年—前2100年 。马家窑遗址位于甘肃省临洮县洮河西岸的马家窑村麻峪沟口，1924年，瑞典地质学家兼考古学家安特生在甘肃临洮马家窑村发现一处远古文化遗址，定名为仰韶文化马家窑期，在当地发掘了大量的上古时期代表华夏文化的彩陶器皿。

场类型5处）和齐家文化类型[1]的遗址11处。卡约文化[2]遗址75处，其分布范围扩大到曲库乎、扎毛、双朋西、黄乃亥等地。[3]有文献记载以来包括热贡在内的黄河河曲属西羌地。早在两汉时期便为烧当羌、先零羌等居地，由于土地肥美，又近塞内，汉人屡次攻伐。西晋时期吐谷浑进入，进行进一步扩张，热贡属吐谷浑管辖范围内。唐初吐蕃吞并吐谷浑，与汉唐争夺河湟地区，安史之乱后吐蕃东进入贺兰山、天水一带，热贡在内的青海在吐蕃管辖范围内。及至宋代这里又成为唃厮啰政权、西夏的辖区。1253年，蒙古军队在河州设置吐蕃等处宣慰使司都元帅府，热贡属于必里万户府，为河州都元帅仲哇帕巴隆徐、仲哇南卡桑格等的统治区，热贡的阿哇日囊索为其后裔。明洪武年间，改必里万户为必里千户，后升格为必里卫指挥佥事。明万历以后热贡地区由土默特蒙古控制。明末清初和硕特蒙古占据青海，热贡各部归蒙古统治。清雍正平定洛桑丹津叛乱后热贡归循化厅管辖。除历史上朝代更替外，其冷暖适中的气候条件和宜农宜牧、攻守咸宜的地理位置促成了各种族群的交流与融合。在形容热贡的民族分布格局与渊源时民间流传着这样的一个俗语：“སྦྲ་རོག་རོག་ཅན་གྱི་ཁྲི་སྡེ། sbra rog rog can gyi khri sde（黑帐万户）གུར་དཀར་པོ་ཅན་གྱི་ཁྲི་སྡེ། gur dkar po can gyi khri sde（白帐/蒙古包万户）ཁང་སྐྱ་ལེབ་ཅན་གྱི་ཁྲི་སྡེ། khang skya leb can gyi khri sde（土房万户）སྨད་རྒྱ་ནག་ནས་མཆེད་པའི་སྟོང་སྡེ། smad rgya nag nas mched pavi stong sde（来自内地的千户）བྱང་ཧོར་ནས་མཆེད་པའི་སྟོང་སྡེ། byang hor nas mched pavi stong sde（来自北霍儿的千户庄）གཙང་ལ་སྟོད་ནས་ཆད་པའི་ལྷ་བཟོའི་སྡེ། gtsang la stod nas chad pavi lha bzovi sde（来自上部藏地的画匠千户庄）”，生动形象地展现了历史上热贡地区的族群格局。由于热贡历代人才辈出，大德高僧德高望重，也有“热贡柔巴炯卫钟锲（རེབ་གོང་རིག་པ་འབྱུང་བའི་གྲོང་ཁྱེར། reb gong rig pa vbyung bavi grong khyer热贡智源之乡地）”之称。

---

〔1〕 齐家文化是以甘肃为中心的新石器时代晚期文化，并且已经进入铜石并用阶段，其名称来自其主要遗址甘肃广河县齐家坪遗址。齐家坪遗址于1924 由考古学家安特生所发现。时间跨度约为公元前2200年—前1600年，是黄河上游地区一支具有特殊价值的考古学文化，也是华夏文明的重要来源。主要分布于甘肃东部向西至张掖、青海湖一带东西近千公里范围内，地跨甘肃、宁夏、青海、内蒙古等4省区。

〔2〕 卡约文化是中国西北地区的青铜时代文化。因发现于青海湟中卡约村而得名。年代约当公元前900—前600年。主要分布在甘肃省境内黄河沿岸及其支流湟水流域。居民以从事农业为主。工具多石器，有斧、刀、锤等，但已出现铜质的镰、刀、斧、锥和镞。陶器是手制的，典型器物为双耳罐、双大耳罐、四耳罐和瓮等。

〔3〕 同仁县志编纂委员会.同仁县志［M］.西安：三秦出版社，2001.

三、雪喀组织：传统的内十二族、外十八族

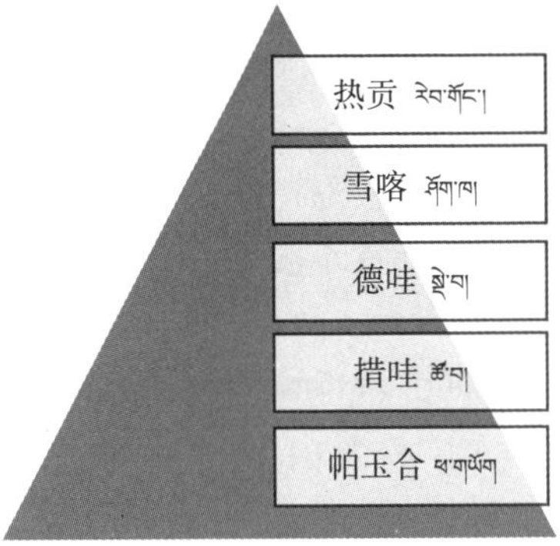

图3 热贡部落社会组织图

部落组织为藏族传统的社会组织形式，藏族的部落并非恩格斯所说的原始部落联盟的延伸，而是在封建制度下重新组合形成的一级社会行政单位。一个部落底下有好几个大大小小的部落组成，可以描述为陈庆英先生所述的金字塔结构或者树状结构。在藏族部落组织的平面结构上，还存在若干独具特色的类别形式。存有中间层次的部落组织，有以亲疏观念将属部划类的习惯，如“内部落”与“外部落”的区分；直属部落、亲属部落、附属部落、基本部落的区分。[1]由于历史原因，热贡的部落制度形成了自成体系的独特的类型。热贡俗称“雪喀吉尼（ཤོག་ཁ་བཅུ་གཉིས། shog kha bcu knyis）”，在汉文史料中称“十二族”。热贡的雪喀相当于由几个没有血缘关系的地缘性部落联结成一个大的部落联盟组织。在热贡一个雪喀下有几个德哇（སྡེ་བ། sde ba 庄），每个德哇又由几个“措哇（ཚོ་བ། tsho ba部落）”组成，有的“措哇”下又有几个“马拉合措哇（མ་ལག་ཚོ་བ། ma lag tsho ba 小部落）”。马拉合措哇下又有几个帕玉合（ཕ་གཡོག pha g · yog 宗族）。十二雪喀由历代夏日仓与隆务囊索管辖。

随着隆务寺的扩建，隆务寺政教合一体制的兴盛，寺僧日益增多，属民渐增，形成了以隆务寺为中心的内十二雪喀（ནང་ཤོག་བཅུ་གཉིས། nang shog bcu gnyis）、外十八雪喀（ཕྱི་ཤོག་བཅོ་བརྒྱད། phyi shog bco brgyad）、法期二十一雪喀（སྨོན་ཤོག་ཉེར་གཅིག smon shog nyer gcig）。

（一）内十二雪喀（ནང་ཤོག་བཅུ་གཉིས། nang shog bcu gnyis）

据《安多政教史》，热贡十二雪喀分别为：隆务囊索（རོང་བོ་ནང་སོ། rong bo nang so）、年都乎百户（གཉན་ཐོག་བེ་ཧུ། gnyan thog be hu）、银扎木百户（འཇམ་བེ་ཧུ། vjam be hu）、赛百户（བསེ་བེ་ཧུ། bse be hu）、曲麻喇嘛兼头人（ཆུ་མའི་བླ་དཔོན། chu mavi bla dpon）、黄乃亥百户（ཧོར་ནག་བེ་ཧུ། hor nag be hu）、朗加头人（གླིང་རྒྱའི་དཔོན་པོ། gling rgyavi dpon po）、加吾百户（རྒྱལ་པོ་བེ་ཧུ། rgyal po be hu）、霍日头人（ཧོར་དཔོན་པོ། hor dpon po）、多哇

〔1〕 陈庆英．藏族部落制度研究［M］．中国藏学出版社，1990.

头人（མདོ་བའི་དཔོན་པོ། mdo bavi dpon po）的属民隆务七庄（རོང་བོ་སྡེ་བདུན། rong bo sde bdun）、四寨子（ཁྲེ་ཙེ་བཞི། khre tse bzhi）、麻巴七庄（སྨད་པ་སྡེ་བདུན། smad pa sde bdun）、赛三沟（བསེ་ལུང་བ་གསུམ། bse lung ba gsum）、赛川地浅山脑山三部（བསེ་རི་ཆུ་བར་གསུམ། bse ri chu bar gsum）、霍日年藏上下两部（ཧོར་སྙན་བཟང་སྟེང་འོག་གཉིས། hor snyan bzang steng vog gnyis）、朗加三庄（གླིང་རྒྱའི་སྡེ་བ་གསུམ། gling rgyavi sde ba gsum）、加吾郎仓（རྒྱལ་པོ་རླངས་ཚང་། rgyal po rlangs tshang）、吉卡三部（སྐྱི་ཁ་གསུམ། skyi kha gsum）、霍日大六部（ཧོར་ཚོ་ཆེན་དྲུག hor tsho chen drug）、隆务夏吾乃日（རོང་བོ་ཤ་བི་ནིར། rong bo sha bi nir）、曲库四部（ཆུ་ཁོག་ཤོག་བཞི། chu khog shog bzhi）等，被称为热贡十二雪喀。[1]

雪喀为由于政治的需要临时组织的无血缘关系的地缘性部落联盟组织，所以随着政治需要与权力的变化，雪喀的统属关系也有所变动，后来又将十二雪喀调整为“双朋西、娘达、双处、措都为一雪喀（ཞོ་འོང་ལ་དཔྱི་དང་ཉང་དར་གྲོང་བྱང་ཆུབ་ཚོ་འདུ་སོགས་ཤོག་ཁ་གཅིག zho vong la dpyi dang nyang dar grong byang chub tsho vdu sogs shog kha gcig），四寨子和加仓玛、霍日加为一雪喀（ཁྲེ་ཙེ་བཞི་དང་རྒྱ་ཚང་མ་ཧོར་རྒྱ་བཅས་གཅིག khre tse bzhi dang rgya tshang ma hor rgya bcas gcig），朗加三庄加麻巴七庄为一大雪喀（གླིང་རྒྱ་སྡེ་བ་གསུམ་དང་སྨད་པ་སྡེ་བདུན་ཤོག་ཁ་གཅིག gling rgya sde ba gsum dang smad pa sde bdun shog kha gcig），夏卜浪、兰莱、次柔化却为一雪喀（ཤ་སྤྲང་བློན་ཆེ་སུ་རུག་དཔའ་མཆོག་རྣམས་གཅིག sha sprang blon che su rug dpav mchog rnams gcig），黄乃亥、朱安龙、智噶日为一雪喀（ཧོར་ནག་མགྲོན་ལུང་བྲག་དཀར་སོགས་སྐོར་གཅིག hor nag mgron lung brag dkar sogs skor gcig），加吾、郎仓、吉卡为一雪喀（རྒྱལ་པོ་རླངས་ཚང་སྐྱི་ཁ་གསུམ་སྐོར་གཅིག rgyal po rlangs tshang skyi kha gsum skor gcig），隆务七庄、霍日农牧为一雪喀（རོང་བོ་སྡེ་བདུན་རོང་འབྲོག་བཅས་སྐོར་གཅིག rong bo bde bdun rong vbrog bcas skor gcig），赛三沟和曲库四部为一雪喀（བསེ་ལུང་བ་གསུམ་དང་ཆུ་ཁོག་ཤོག་བཞི་སྐོར་གཅིག bse lung ba gsum dang chu khog shog bzhi skor gcig）十八庄为一雪喀（སྒྲུབ་སྡེ་བཅོ་བརྒྱད་སྐོར་གཅིག sgrub sde bco brgyad skor gcig），霍日错那、佳加、旺加、木塞为一雪喀（ཧོར་སོ་ནག་སྐྱ་རྒྱ་བོན་རྒྱ་མག་སར་བཅས་ཤོག་ཁ་བཅུ་གཉིས་སུ་ཕྱེ་སྲོལ་དར་རོ། ། hor so nag skya rgya bon rgya mag sar bcas shog ka bcu gnyis su phye srol dar ro）”，[2]共热贡十二雪喀（部族）。

1949年前热贡境内十二雪喀及其从属部落：

---

〔1〕 བྲག་དགོན་པ་དཀོན་མཆོག་བསྟན་པ་རབ་རྒྱས་ཀྱིས་མཛད་པའི་མདོ་སྨད་ཆོས་འབྱུང་། 智观巴·贡却乎丹巴绕吉.安多政教史［M］.兰州：甘肃民族出版社，1982：342.
智观巴·贡却乎丹巴绕吉著，吴均等译.安多政教史［M］.兰州：甘肃民族出版社，1989：332.

〔2〕 འཇིགས་མེད་ཐེག་མཆོག་གིས་བརྩམས་པའི་རོང་བོ་དགོན་ཆེན་གྱི་གདན་རབས། 吉迈特却.隆务寺志［M］.西宁：青海民族出版社，1988：754.

རེབ་གོང་སོག་ཁ་བཅུ་གཉིས། 热贡十二雪喀

སོག་ཁ། 雪喀	སྡེ་བ། 德哇
རོང་བོ་སྡེ་བདུན། 隆务德登	རོང་བོ། ས་དཀྱིལ། ཞིས་པ། མཚོ་བཞི། སོག་རི། འཇའ་མོ། ཞེ་བྱ། 隆务、四合吉、唯哇、措玉、苏乎日、加毛、铁吾
སྨད་པ་སྡེ་བདུན། 麻巴德登	ལྷ་ཁང་། འཇམས། རི་ཙ། ཁྱུང་པོ། སྟོང་སྐམ། ཧ་ར་པ་ཐུ། ཝོད་སྐོར། དཀར་རྩེ་གདོང་། ཞྭ་དཀར་ལུང་། སེ་རྒྱ། ནག་རྒྱ། ཁ་རྒྱ། རེབ་ས། 拉康、银扎木、日杂、群吾、东干木、哈拉巴图、沃果日、尕泽东、什哈龙、赛加、那合加、卡加、热萨
ཁྲི་ཚེ་སྡེ་བཞི། 蔡孜德裕	གཉན་ཐོག སེང་གེ་གཤོང་། ཀ་སར། སྒོ་དམར། 年都乎、桑格雄、尕撒日、郭麻日
རྒྱལ་པོ། 加吾	ཤེ་དྲི། ས་གོར། ངོ་མོ། རྒྱལ་པོ་སྒང་། སྟོང་དེ། རྩེ་ཅ། ཧ་ལུང་། གྲང་རི། སྨན་འཚོང་། ཀླུ་ཆུ། སྐྱི་ཚང་། 斜治、撒果日、俄毛、加吾岗、东伟、齐加、哈龙、章日、曼丛、鲁曲、吉仓
ཧོར་ནག 黄乃亥	རྩ་གོང་མ། རྩ་ཞོལ་མ། སྟོང་ཆེ། ཁྱུང་པོ། ཨ་བོགས། འོལ་མོ། རང་འཐག ཟག་དཀར། འགྲོན་ལུང་། ཤ་ཟང་། 日贡玛、日修玛、当且、群吾、阿武乎、吾莫、热达、智噶日、朱安龙、夏卜浪
བསེ་ལུང་པ། 塞隆哇	ལྕང་སྐྱ། ལྗང་ལུང་། ཀོའུ་སྡེ། 江什加、江龙、古德
དོར་རི་ཉིན་ཡ་ལུང་། 多日宁牙浪	ཨ་གྲོང་། ཉིན། ཨ་རོལ། སེ་བཟལ། རྒྱ་མོ། སྙིང་ལོ། ཟ་གོ། ཡ་ལུང་། མཁར་གོང་། ཨ་མགྲོན། ཨ་ལི། 阿庄、宁、阿如、赛杂、加毛、娘洛、祝、牙浪、卡贡、安忠、阿利
གླིང་རྒྱ། 郎家	ཡར་རྩ། མར་རྩ། རྩ་གོང་མ། རྩ་ཞོལ་མ། ས་སོ་མ། འཇའ་མོ་ཐང་། 麻日、牙日、日贡玛、日修玛、萨索玛、加毛塘
མདོ་བ། 多哇	གློ་རོང་བོ། ཁ་ཀྱ། སྒྲོ་ཡུ་ལེ། ཆུ་མའི་སྣ། གཙན་སྡེ་གཞོང་དེ། 隆务、卡加、卓叶勒、曲里那、坚德、东伟
ཧོར་བཙན་མོ། 霍日赞毛	ཧོར། བཙན་མོ། ཀླུ་ཚང་། མགོ་དགེ། ཁ་སོག མག་གསར། 霍日、赞毛、鲁仓、果日干、卡苏乎、木合沙
ཆུ་ཁོག 曲库乎	མདོ་བ། བཙན་མོ། མགོན་ཤུལ། དབྱི་ས། མག་གསར། སྐྱ་ཀྱ། བོན་རྒྱ། བོན་ལོག 多哇、赞莫、官秀、西卜沙、莫合嚓、加家、万加、万路乎
སྣན་ཚོས། 兰采	སྣན་ཚོས་ཉིན། སྣན་ཚོས་སྲིབ། སྤེན་དཀར་ཐང་། ནག་གསར། དམེ་ཚང་། 兰采宁、兰采什、邦尕塘、纳萨、噶日、麦仓

图4　热贡十二雪喀及其从属部落

说到热贡十二雪喀的分布格局时有这样的民间俗语：

ལུང་ཆེན་སུམ་མདོ་རོང་གིས་བཟུང་། སྤང་རི་ནགས་རི་སློན་གྱིས་བཟུང་། སྟོད་ལུང་ཉིན་ལུང་སོག་པོས་བཟུང་། དེ་ལ་རོང་སློན་སོག་གསུམ་ཟེར། བསེ་ལུང་ན་གཞུང་ཧོར་གྱིས་བཟུང་། དགུ་ཆུའི་ཉིན་ལུང་བསེ་ཡིས་བཟུང་། བྲག་དམར་ནགས་ལོགས་རྒྱལ་གྱིས་བཟུང་། དེ་ལ་བསེ་རྒྱལ་ཧོར་གསུམ་ཟེར། ཆུ་གཉིས་མདོ་ལ་བཙན་མོ་ཆགས། ལུང་ཆེན་གཞུང་ལ་ཀོའུ་སྡེ་ཆགས། གསེར་ཆུ་མདོ་ལ་གླིང་རྒྱ་ཆགས། དེ་ལ་བཙན་ཀོའུ་གླིང་གསུམ་ཟེར། ལུང་ཆེན་མདོ་ནས་འཇམ་སོགས་བསྡད། དགུ་ཆུའི་འགྲམ་ནས་རེ་སྟག་བསྡད། ལྷོ་རིའི་རི་ན་རྒྱ་བྲག་བསྡད། དེ་ལ་འཇམ་རག་རྒྱ་གསུམ་ཟེར།

译：热贡的大沟三岔口被隆氏占据，深山森林被兰氏占据，沟上侧和沟阳面被蒙古占据，俗称“隆、兰、蒙”三部。赛沟平地被霍日占据，格曲阳面被塞氏占据，红崖林被加氏占据，俗称“赛、加、霍”三部。两水之岔赞毛驻、大沟平地古德驻、塞曲岔口朗加驻，此三者俗称“赞、古、朗”三部。大沟口银扎木驻、格曲边上热得合驻、南山脚下加扎合驻，俗称“银扎木、热、加”三部。[1]

此俗语生动形象地描述了热贡地区族源的多元性以及其均衡的分布状况。族源上不但有藏族古老的姓氏，如“赛、兰（论）、赞、朗”等，也出现了“霍日、索波（蒙古）”等部族，说明了在不同的历史时期进入了不同的人群，活动、生息、繁衍。

（二）外十八雪喀（ཕྱི་ཤོག་བཅོ་བརྒྱད། phyi shog bco brgyad）

热贡地区所谓内外雪喀的划分，是根据是否为隆务囊索直属部落来区分的，虽外十八族属于夏日仓的教民，但并不统属隆务囊索管辖。外十八族分别为：

（1）麻日囊五族（མར་ནང་ཚོ་ལྔ། mar nang tsho lnga）、热萨四族（རེབ་ས་ཚོ་བཞི། reb sa tsho bzhi）、岗察（རྐང་ཚ། rkang tsha）。（2）尕楞（ཀ་རིང་། ka ring）。（3）文都三沟（བིས་མདོ་ལུང་བ་གསུམ། bis mdo lung ba gsum）。（4）道帏（རྡོ་སྦིས། rdo sbis）。（5）霍日仓四部（ཧོར་གཙང་ཤོག་བཞི། hor gtsang shog bzhi）。（6）上下卡加、隆务（ཁ་རྒྱ་སྟོད་སྨད་རོང་བོ་སོགས། kha rgya stod smad rong bo sogs）。（7）德尔隆霍日卡加（གཏེར་ལུང་ཧོར་ཁ་གྱ་སོགས། gter lung hor kha gya sogs）。（8）合作二十一族（གཙོས་ཚོ་བ་ཉེར་གཅིག gtsos tsho ba nyer gcig）、多合儿（རྡོ་དཀར། rdo dkar）、热布杂（རེབ་ས་སོགས། reb sa sogs）。（9）博拉阿木去乎、吉拉（འབོ་ར་ཨ་མཆོག་སྐྱི་ལ་གཉིས། vbo ra

〔1〕 གླིང་རྒྱ་བ་བླ་མ་ཚེ་རིང་གིས་བརྩམས་པའི་རེབ་གོང་གསེར་མོ་ལྗོངས་ཀྱི་ཆོས་སྲིད་བྱུང་བ་བརྗོད་པ་འདོད་འབྱུང་གཏེར་གྱི་བུམ་བཟང་།
腊玛才让.热贡政教史［M］.香港：香港天马有限公司，2002：15.

A mchog skyi la gnyis)。(10) 大武、麦仓十二族(རྟ་བོ་དམེ་ཚང་ཚོ་བ་བཅུ་གཉིས། rta bo dme tshang tsho ba bcu gnyis)、嘉扎俄擦(རྒྱ་བཟའ་སྔགས་ས། rgya bzav sngags sa)。(11) 阿忠十部(ཨ་གྲོང་ཤོག་བཅུ། A grong shog bcu)、桑六族(གཙང་ཚོ་དྲུག gtsang tsho drug)。(12) 桑卡十一(གཙང་ཁ་བཅུ་གཅིག gtsang kha bcu gcig) 。(13) 黄河两岸夏卜浪十二族(རྨ་ཕར་ཚུར་གྱི་ཤ་སྦྲང་ཚོ་བ་བཅུ་གཉིས། rma phar tshur gyi sha sbrang tsho ba bcu gnyis)。(14) 宗秀、弯秀、德秀、塔秀(བཟུང་ཤུལ། བན་ཤུལ། བདུད་ཤུལ། ཐར་ཤུལ་སོགས། bzung shul/ban shul/bdud shul/thar shul sogs)。(15) 蒙古十一箭(སོག་པོ་མདའ་བཅུ་གཅིག sog po mdav bcu gcig)。(16) 青海湖周围的宁隆、十二措哇、汪什代海(མཚོ་སྔོན་ཕྱོགས་ཀྱི་ཉིན་ལུང་། ཚོ་བ་བཅུ་གཉིས་དང་བོང་སྟག་སོགས། mtsho sngon phyogs kyi nyin lung /tsho ba bcu gnyis dang bong stag sogs)。(17) 阿柔、达玉、岗查(ཨ་རིག་མདའ་བཞི་དང་རྐང་ཚ། A rig mdav bzhi dang rkang tsha)。(18) 赤噶三沟、囊拉(ཁྲི་ཀ་ལུང་པ་གསུམ་དང་སྣང་ར་སོགས། khri ka lung pa gsum dang snang ra sogs)等外十八

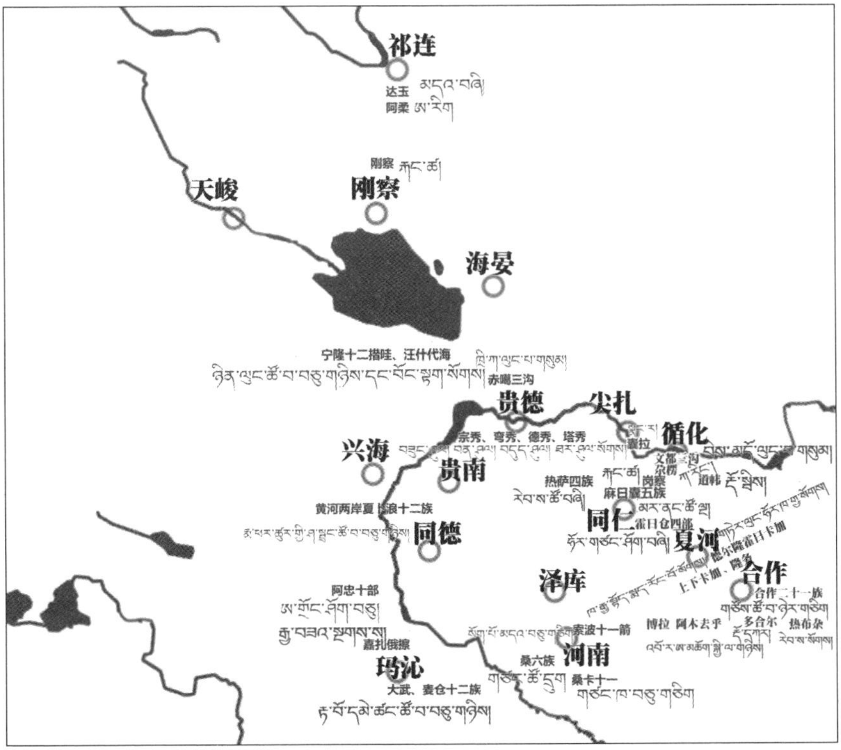

图5　热贡外十八雪喀示意图

雪喀。[1]

（三）法期二十一盟雪（སྨོན་ཤོག་ཉེར་གཅིག smon shog nyer gcig）

盟雪（སྨོན་ཤོག smon shog）是为了供养隆务寺的正月祈愿大法会（རོང་བོ་སྨོན་ལམ་ཆེན་མོ། rong bo smon lam chen mo）而组成的部落联盟，属夏日仓（ཤར་ཚང་། shar tshang）的教民，纯属宗教上的供施关系。这种供施关系始于公元1732年，由二世夏日仓活佛阿旺赤烈嘉措与隆务囊索阿旺罗桑协商后，于每年农历正月十一至十七日举行祈愿大法会，届时所有开支均由盟雪二十一部族的施主轮流承担。上述热贡十二雪喀中的让卓五族（རོང་འབྲོག་ཚོ་ལྔ། rong vbrog tsho lnga）、"蔡孜德裕"（ཁྲེ་ཙེ་བཞི་བོ། khre tse bzhi bo）在正月祈愿大法会期间方可在自己所在部落寺院内举行，不需要负责隆务寺的供养。娘达日忠双处措都吉加吾（ཉང་དར་གྲོང་བྱང་ཆུབ་ཚོ་འདུ་སྐྱི་རྒྱལ་པོ། nyang dar grong byang chub tsho vdu skyi rgyal po）要分成两个雪喀分别轮流承担让卓五族的寺院格党寺（སྒོས་སྟེང་། sgos steng）的正月法会供养。卓龙（མགྲོན་ལུང་། mgron lung）和智噶日（བྲག་དཀར། brag dkar）需负责"蔡孜德裕"之郭麻日（སྒོ་དམར། sgo dmar）的祈愿大法会的开支。夏卜浪（ཤ་སྤྲང་། sha sprang）和兰采（བློན་ཆེ། blon che）分为两个盟雪。曲库四族（ཆུ་ཁོག་ཤོག་བཞི། chu khog shog bzhi）和霍日农牧（ཧོར་རོང་འབྲོག hor rong vbrog）分为两个盟雪，依次将热贡十二部族内调为十三盟雪，在此基础上外加外十八族之合作二十一族（གཙོས་ཚོ་བ་ཉེར་གཅིག gtsos tsho ba nyer gcig）、藏神民（གཙང་ལྷ་སྡེ། gtsang lha sde）、上贡（དགོན་གོང་མ། dgon gong ma）、黄河两岸的夏卜浪（རྨ་ཕར་ཚུར་གྱི་ཤ་སྦྲང་། rma phar tshur gyi sha sbrang）、隆务夏吴那白帐黑帐（རོང་བོ་ཤ་བི་ནར་སྦྲ་དཀར་ནག rong bo sha bi nar sbra dkar nag）、霍日四郎六部措（ཧོར་གླིང་བཞི་ཚོ་དྲུག hor gling bzhi tsho drug）、大武等黑帐三部（རྟ་བོ་སོགས་སྦྲ་ནག་ཁ་གསུམ། rta bo sogs sbra nag kha gsum）、宁隆十二部（ཉིན་ལུང་ཚོ་བ་བཅུ་གཉིས། nyin lung tsho ba bcu gnyis）等八个雪喀形成祈愿大法会施主盟雪二十一族。[2]

---

〔1〕 འཇིགས་མེད་ཐེག་མཆོག་གིས་བརྩམས་པའི་རོང་བོ་དགོན་ཆེན་གྱི་གདན་རབས། 吉迈特却.隆务寺志[M].西宁：青海民族出版社，1988：755.

〔2〕 ཨ་ཁུ་རི་ཁྲོད་པ་བློ་བཟང་མཁྱེན་རབ་ཀྱིས་བརྩམས་པའི་མདོ་སྨད་རེ་སྐོང་ཆོས་འབྱུང་། ལག་བྲིས་མ། ཤོག་གྲངས 14 པར་གསལ། 罗桑清热.安多热贡政教史[M].手抄本，第14页.

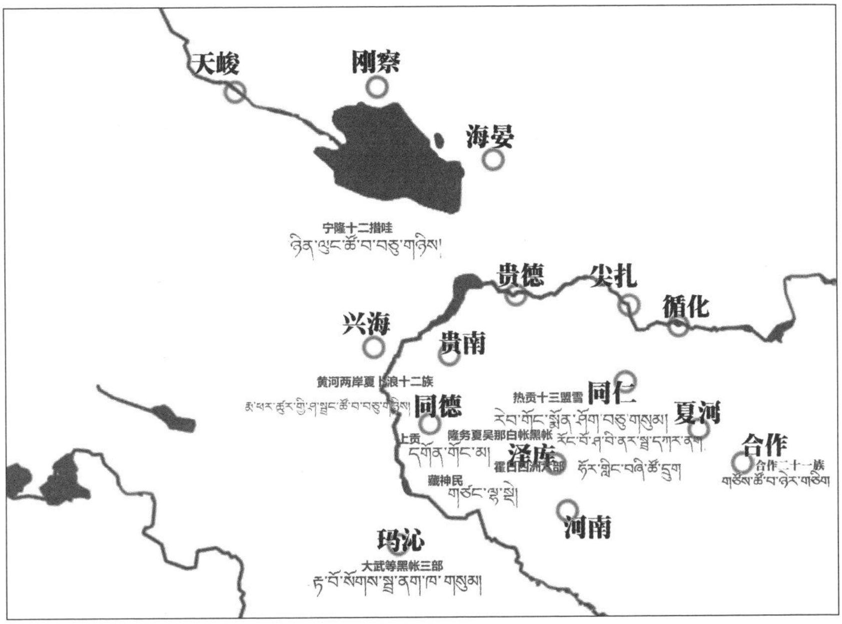

图6　负责隆务寺祈愿大法会的二十一盟雪示意图

第二节　“蔡孜德裕”：格曲谷地的“四寨子”

一、“保安”的建制沿革与“蔡孜德裕”的形成

隆务格曲中、下游两岸脱加沃果日、年都乎、郭麻日等地发现了大量的马家窑文化和齐家文化遗址，说明早在新石器时代晚期和青铜器时代，就有人类繁衍生息在这些区域。有文献记载以来“蔡孜德裕”所在的隆务格曲流域为西羌居地，汉时为烧当、迷唐、钟存等羌所据，西晋时吐谷浑的势力进入。唐时吐蕃灭吐谷浑，与唐对峙。吐蕃在保安境内置雕窠城（今铁城山），唐玄宗开元年间被唐哥舒翰攻破，唐在今热贡境内置振威军。安史之乱后，唐军东撤，吐蕃乘势东进，成为吐蕃戍地之一。宋时为唃厮啰、西夏辖地。元朝建立后，安多藏区则由设于河州的吐蕃等处宣慰使司管辖。热贡在内的黄河南部的河曲地区设置必里万户府，万户府下设千户所若干，设万户长、万户、千户等官职，万户以下官员委任当地藏族部落头人充任。阿瓦日囊索

(ཨ་བུར་ནང་སོ། A bur nang tso)的祖先为必里万户府长官。元朝在今脱加(保安)设驿站,属河州至归德的纳邻七站之一。洪武三年(1370年),征虏左副将军邓愈克河州,元吐蕃等处宣慰使司何索南普华(བསོད་ནམས་འཕགས་པ། bsod nams vphags pa),镇西武靖王卜纳剌等降明。袭元制在脱加(保安)设立驿站,属山后七站之一。洪武十一年十一月陕西土鲁干保安驿丞宗失加及刺哥、美吉站黑鞑靼叛,掠驿马而去。守御千户李德率兵追及,斩之。永乐九年(1411年)陕西都指挥使刘钊,奏调河州中左千户一所,贵德居住守备,仍隶河州卫。明万历二年(1574年)重建保安堡,设官置兵,由当地酋豪王廷仪(疑为赐姓)经咨各部院道,率众建堡,并从年都乎(计寨)、桑格雄(吴寨)、郭麻日(上李寨)/尕撒日(下李寨)、脱加(脱寨)等四寨选土兵五百名防御,均之以月饷。河营派协防兵一百名,加之以口粮。藏语的“蔡孜裕(ཁྲེ་ཚེ་བཞི། khre tse bzhi)”,汉语的“四寨子”自此形成。“四寨子(蔡孜裕)”亦属贵德所。明万历十二年(1584年),土默特蒙古火落赤部进入捏工川,虽经郑洛攻打,部族受创,郑洛撤兵后,火落赤仍回原牧。明万历十九年(1591年)十月,尚书郑洛、陕西巡抚叶斐熊奏准,保安堡添守备,防御二员,庶缓急有资,唇齿自固。明万历二十年(1592年)总兵官尤继先统兵西征,军资由番站递送,但番疲于役废弃驿站,道路为之不通。历代守备不敢到任,避居内地。明万历三十三年(1605年)八月,复设三岔等驿站。清顺治二年(1645年)兵制仍袭明制,保安营设都司一员,把总二员,归陕西河州镇标营辖,仍沿用“四寨子(蔡孜裕)”土兵充任保安戍守之职。顺治九年(1652年)固始汗第五子伊勒都奇之次子博硕克图济农王率部众南移,成为黄河南部的实际统治者。顺治十三年(1656年)裁河州营游击,改设河州协副将以下等官,贵德堡、保安堡、起台堡守备各一员。但作为军事建置中任职的屯首、千总,代表朝廷行事的王廷仪后裔王喇布旦,在地方颇有威信,挟持守备、把持地方。历任守备退居双城,不敢到营汛就职,守备仅为虚名。雍正二年(1724年),年羹尧借平定罗卜藏丹津事件,提请革除保安堡土兵,提议“悉另行招募,不得仍以土兵充当”。雍正七年(1729年)岳钟琪派兵进剿四寨子(蔡孜裕),生擒“四寨子”首领千总王喇布旦,革除保安堡的土兵,在原额120名之外增兵80名,皆于内地募补。土兵既不食饷,又当纳粮。[1]雍正八年(1730年),立循化营,保安堡守备归该营节制。十二月,丁巳,上下隆卜、阿巴喇等族及保安四屯(蔡孜

〔1〕(清)龚景瀚.《循化志》卷四《族寨工屯》[M].西宁:青海人民出版社,1981:97.

裕/四寨子）均与新附番民一样按每户纳粮一斗起科。雍正十年（1732年）由二世夏日仓活佛阿旺赤烈嘉措与隆务囊索阿旺罗桑协商后，于每年正月十一日至十五日启建正月神变祈愿法会。乾隆五年（1740年）隆务大寺的二世夏日仓转世灵童更登赤烈热吉诞生于年都乎官人家里，大约此后"蔡孜裕（四寨子）"相继融入隆务寺的政教合一系统，成为热贡十二雪喀之一的"蔡孜德裕（ཁྲི་ཙེ་སྡེ་བཞི། khre tse sde bzhi）"雪喀。同年，改保安守御所为保安营，守备升格为都司佥书，设都司一员，把总二员，经制外委二员，额外外委二员，士兵增至500名，皆于内地招募。乾隆二十七年（1762年）移住河州同治于循化，置循化厅，今同仁县境隶之，七月接管四屯番民九百九十户地，总管四屯的土把总为王银洛。[1]乾隆二十九年（1764年）向属河州兼循化、保安等营改隶西宁镇统辖。咸丰十年（1860年）循化、化隆等地撒拉族、回族发动反清事件，保安堡中信仰伊斯兰教的教民随之。同治元年（1862年），保安的穆斯林与脱加沃果日发生冲突，年都乎土把总未能妥善处理，遂脱加沃果日联合麻巴（སྨད་པ། smad pa）部落将保安等地的穆斯林逐出。自此，脱加沃果日归附为银扎木洪波完玛南加（འཇམ་དབོན་པོ་པད་མ་རྣམ་རྒྱལ། vjam dbon po pad ma rnam rgyal）所属"麻巴德登（སྨད་པ་སྡེ་བདུན། smad pa sde bdun）"雪喀，脱离年都乎土把总所属"四寨子"，热贡"蔡孜德裕（四寨子）成为年都乎、桑格雄、郭麻日、尕撒日等四寨。同治三年（1864年）循化街子撒拉和保安穆斯林汇合，夜袭循化城，焚掠殆尽。同治十年（1871年）撒拉、回族起事，营兵外调，营置不存。翌年，复置保安营，守兵285名，至二十九年（1903年）实有兵额229名。民国二年（1913年）全国裁汰清代绿营兵，保安营裁撤。民国十八年（1929年）元月青海省政府正式成立，四月从循化县析置同仁设治局，取"同登仁义"之意。七月改县，治隆务。民国二十七年（1938年）在同仁县隆务（རོང་པོ། rong po）、保安两地推行保甲制度，编镇2，保4，甲30。民国三十三年（1944年）二月，国民党同仁县党部在隆务、保安两地成立两个区分部。民国三十八年（1949年）九月二十二日同仁县人民政府成立。1950年，隆务、保安、四寨子三区辖113个自然村。1956年撤区扩乡，全县计19个乡1个镇（隆务镇）。1958年全县19个乡、1个区撤并成11个"政社合一"的人民公社。1984年人民公社体制改革，实行政社分开，建立乡政府。全县改设为12个乡1个镇。截至2011

〔1〕（清）龚景瀚.《循化志》卷四《族寨工屯》[M].西宁：青海人民出版社，1981：164.

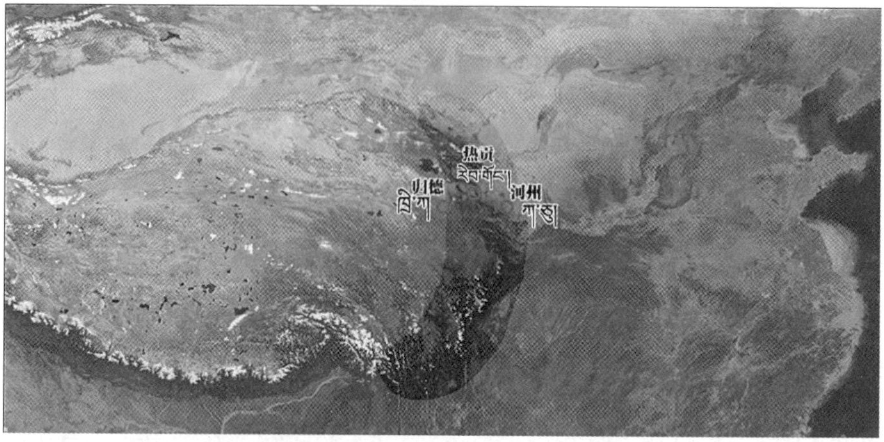

图7　汉藏边界地带与入藏路线中的建置示意图

年，同仁县辖2个镇，9个乡，72个行政村。“蔡孜德裕”中的脱加沃果日隶属保安镇，上下桑格雄、加仓玛隶属隆务镇，年都乎、郭麻日、尕撒日隶属年都乎乡，成为7个行政村。

二、现实文本中的“蔡孜德裕”与其分布

“蔡孜德裕（ཁྲེ་ཙེ་སྡེ་བཞི། khre tse sde bzhi）”是对坐落于隆务格曲谷地的四个寨子（实际上现已分为7个行政村）的称呼。汉语可译为“寨子四部”，是热贡十二雪喀之一。“蔡孜德裕”中“蔡孜（ཁྲེ་ཙེ། khre tse）”可能源于汉语的“寨子”，与明时建立的堡寨有关。《王廷仪碑》中称从吴（桑格雄）、脱（脱加）、计（年都乎）、李（郭麻日、尕撒日）等四寨中选士兵500名在脱加（保安）建堡置兵。清朝史料中将这四个村寨称之为“四寨子族（部落）”或“保安四屯”，明《边政考》中称“保安站族”。汉文史料中的“四寨子”或“保安四屯”中包括已迁走的保安穆斯林（保安族）部分。本书所述“蔡孜德裕（四寨子）”为留居热贡并信仰藏传佛教的“寨子四部”。现实意义上的“蔡孜德裕”现已分化成七个行政村，包括上、下桑格雄（སེང་གེ་གཤོང་ཡ་མགོ་མ་མགོ། seng ge gshong ya mgo ma mgo）、加仓玛（རྒྱ་ཚང་མ། rgya tshang ma）、年都乎（གཉན་ཐོག gnyan thog）、郭麻日（སྒོ་དམར། sgo dmar）、尕撒日（རྐ་སར། rka sar）和脱加沃果儿（ཐོ་ཀྱཱ་བོད་སྐོར། tho kyA bod skor）等村。“蔡孜德裕”依次坐落于隆务河中游东西两岸谷地，自北至南，河东有沃果日、上下桑格雄、加仓玛村，河西有尕撒日、郭麻

日、年都乎村。依山傍水，气候温和，地势平坦，占据着热贡低洼谷地最肥沃的土地。最高海拔3586米，最低海拔2246米。气候属于高原大陆性半干旱性气候，冬季寒冷漫长，夏季温和适宜，秋季多雨，最高温度17℃，最低温度−7℃，平均气温6.27℃，降水为402.2毫米，无霜期一般120天左右。[1]气候温暖，土壤肥沃，以农为主。农作物主要以小麦和油菜为主，辅以豌豆、大豆、洋芋、白菜等蔬菜。其地产的金黄果为热贡特产。川流不息的隆务格曲与其两岸金灿灿的谷地给予了人们无限的能源与灵气。历代人才辈出，高僧大德、艺术匠人层出不穷，是热贡艺术的发祥地。其雕塑艺术、堆绣艺术、唐卡艺术，声名远扬，被誉为“藏画之乡”。生计方式主要以农业为主，手工业为辅。图8所示为现实中的“蔡孜德裕”及其分布。

图8　热贡“蔡孜德裕”分布示意图[2]

〔1〕　同仁县志编纂委员会.同仁县志［M］.西安：三秦出版社，2001：94.
〔2〕　此图由兰州大学2014级博士研究生巨浪绘制。

（一）河东四庄：沃果日与上下桑格雄、加仓玛

1. 沃果日（བོད་སྐོར། bod skor）

坐落于隆务格曲东岸的沃果日村位于同仁县热贡北部。沃果日寺坐北朝南，沃果日村依寺而落，位于北纬35°36′30″，东经102°3′9″，距离县城驻地隆务镇15公里，距离青海省省会西宁174公里，距离古河州临夏州105公里。东临双朋西乡，南接尕泽东村，西濒隆务河，北靠麻巴乡，地处阿尼曼日山（ཨ་མྱེས་སྨན་རི། A myes sman ri）和烟墩山（ཨ་མྱེས་ཡེ་མཐོང་། A myes ye mthong）之间，地势东南高、西北低。

沃果日（བོད་སྐོར། bod skor），又称脱加沃果日（ཐོ་ཀྱཱ་བོད་སྐོར། tho kyA bod skor），是藏语对现保安下庄的称呼。保安上庄被称之为脱加嘉德（ཐོ་ཀྱཱ་རྒྱ་སྡེ། tho kyA rgya sde 脱家汉寨），而下庄则称之为脱加沃果日（ཐོ་ཀྱཱ་བོད་སྐོར། tho kyA bod skor 脱家藏族）。脱加与今保安对称，至于何谓"脱加""沃果日"，这给学者们提供了更多想象发挥的空间：有人释"脱加"为"ཐོ་རྒྱ། tho rgya"，意为住在高处的汉人，也有人认为"脱加"是由于坐落于喇嘛山（བན་དེ་སྒང་། ban de sgang）或拉托托日山（ལྷ་ཐོ་ཐོ་རི། lha tho tho ri）山根而得名。"沃果日"意为"藏族群体"，"脱加沃果日"从字面上意指脱加之藏族群体，但也有人认为是因被藏族包围，故称沃果日。这些解释都有些牵强附会。脱加为现在的保安，也就是明清时期的保安站、保安堡、保安营所在地。据《循化志》卷二《城池》载"（保安堡）按城之建不知何时，闻其初乃脱屯之堡也，民初设官置兵，脱屯之人始散出城外"，[1]可见保安堡在脱屯堡的基础上建立的。王廷仪碑中也有"河州卫指挥佥事脱九勒絜"[2]其人，嘉靖《河州志》卷二《人物志・国朝武功六》载：脱展，本州麻失里人"累有军功，由蒙古千户所百户升本卫指挥佥事"。[3]据此推断脱加很有可能由头人的姓氏命名，即"脱家"。又载"脱屯之人散居城外"，据沃果日的老人说，沃果日原先住在烟墩山（ཨ་མྱེས་ཡེ་མཐོང་། A myes ye mthong）根的东噶尔滩（དུང་དཀར་ཐང་། dung dkar thang），现在的保安营房的遗

〔1〕（清）龚景瀚.《循化志》卷二《城池》[M].西宁：青海人民出版社，1981：90.

〔2〕《王廷仪记功碑》，现存于年都乎庄寺庙内。见（明）吴祯所著嘉靖《河州志》卷二《人物志》之六十四页，甘肃省图书馆馆藏。

〔3〕嘉靖《河州志》卷二《人物志・国朝武功》。

址为沃果日弥勒殿的旧址。[1]《循化厅志》载直至雍正七年保安堡里番、回杂处仅一百余家。[2]不仅保安堡里有番、回混居，保安堡附近还有撒儿塔大庄。革除土兵以后又从内地招募200名屯兵，后又增500名。这样一来保安（脱加）一带既有信仰伊斯兰的屯户，也有信仰藏传佛教的群体，还有来自内地的汉族屯户，所以很有可能为了与其他群体区分，写成藏文的“བོད་སྐོར bod skor”，即属于藏部众或茂族群体。但沃果日（口语奥国）这个地名似乎自古以来就存在（详见76页）。沃果人以沃果松巴仓（བོད་སྐོར་སུམ་པ་ཚང་། bod skor sum pa tshang）自称，“松巴（སུམ་པ་། sum pa）”应为能够代表其族群身份的称谓。

沃果日村内与村西一带出土了大量马家窑类型的泥质红陶、彩陶、灰陶和类砂陶片，可辨器型有盆、钵、壶、罐、瓶等。另出土了加工精致的陶环、石环残件、人工石片、盘状器及动物骨骼。村西的西山墓群出土的彩陶壶、彩陶罐残片、绳纹粗陶碗，据专家鉴定属于半山类型和马场类型、卡约文化共存的遗址。说明了至晚四五千年前，这里的人类以河谷台地农业为主要的经济型类型，这里优越的环境、气候有利于农业经济的发展。按《王廷仪记功碑》所载“夫保安者为三秦之咽喉，挟九边之鼎峙，其地东邻边多□□，西接讨来、归德，南邻捏工、莽剌，北抵果木黄河”，保安（脱加）是通往西宁、甘肃、临夏、河南蒙旗等地的关隘，介于保安上庄和下庄（沃果日）的剌麦塘的路段为古时关卡，至今仍有“工卡阿芒（关卡口）”之称。早在吐蕃时期吐蕃在今铁城山（མཁར་ལྕགས། mkhar lcags）建有“雕窠城”，元朝驻军防备，明朝洪武年间这里便成了热贡地区一个军政据点。明初设保安站，隶属贵德千户所，万历年间改为保安堡，派有守备驻防。清朝改为保安营，置保安都司衙门，隶属循化府番厅，其含义为“永保安宁”。

沃果日俗有“沃果日措哇格（བོད་སྐོར་ཚོ་བ་དགུ། bod skor tsho ba dgu）”之称，用铎话[3]（土语）称作“伊松措哇（əisoŋ tsowa）”，有九个氏族部落组成。包括：松家仓（སུམ་ཀྱཱ་ཚང་། sum kyA tshang）、王吉仓（བང་རྒྱུད་ཚང་། bang rgyud tshang）、康

〔1〕 采访人：笔者。时间：2014年7月20日。受访人：ZHXCR，男，73岁。地点：沃果日ZHXCR家中。语言：铎话。翻译：笔者。

〔2〕（清）龚景瀚.《循化志》卷三《营汛》[M].西宁：青海人民出版社，1981：104.

〔3〕“蔡孜德裕”中一部分人讲蒙藏混合语，另一部分人讲汉藏混合语。而热贡地区的藏人将两种语言统称为“铎该（རྡོར་སྐད། dor skad）”，即铎话。因为“蔡孜德裕”人被称为“铎日铎（རྡོར་དོ། dor do）”，所以将其语言称之为“铎该”，服饰称之为“铎拉（རྡོར་ལྭ། dor lwa）”。

吉仓(ཁང་རྒྱུད་ཚང་། khang rgyud tshang)、杨吉仓(ཡང་རྒྱུད་ཚང་། yang rgyud tshang)、巴彦王吉仓(པ་ཡང་བང་རྒྱུད་ཚང་། pa yang bang rgyud tshang)、唐王吉仓(ཐང་བང་རྒྱུད་ཚང་། thang bang rgyud tshang)、尤吉仓(ཡུའུ་ཅུ་ཚང་། yuvu cu tshang)、什哈龙(བྱ་དཀར་ལུང་། bya dkar lung)。其中松家仓为沃果日最早的定居者,也是最大的措哇,俗有“父百子千(ཕ་བརྒྱ་བུ་སྟོང་། pha brgya bu stong)”之称。松家仓又分为巴彦仓(པ་ཡང་ཚང་། pa yang tshang)、曲增仓(ཆོས་འཛིན་ཚང་། chos vdzin tshang)、洪果日仓(དཔོན་སྐོར་ཚང་། dpon skor tshang)、耿家仓(ཀུན་ཀྱཱ་ཚང་། kun kyA tshang)。王吉仓是继松家仓之后较大的措哇,应为势族,民间有“见到王吉仓的牛也要让路”之说。而康吉、杨吉仓据说以前只有七八户,现有30余户。尤吉仓应为沃果日的“油坊人”,“尤吉”意为“油坊”,民间有“不能娶独生女为妻,不能卖尤吉仓的牛”之说。据此尤吉仓早期可能为专门负责油坊的人群。沃果日原属热贡十二雪喀之“蔡孜德裕”雪喀,于咸丰年间投靠银扎木红保后归属“麻巴德登(麻巴七庄)”雪喀。据《循化志》载,乾隆五十六年脱屯244户,耕地485段,纳粮24.4石。沃果日按现在的行政划分属于保安镇,分为四个大队。据保安镇派出所户籍科所登记的农村户口,沃果日村现有200户,共738 人,其中男265人,女426人。[1]

沃果日人操铎话(蒙藏混合语)、藏语双语者,以藏语文为文字交际符号。

2. 桑格雄(སེང་གེ་གཤོང་། sang ge gshong)

桑格雄位于隆务镇北10公里处的阿尼易火塞(ཨ་མྱེས་གཡུ་ཧོ་རྩེ། A myes g · yu ho rtse)山脚下,桑格雄古城坐东朝西七庄,介于北纬35°33′39″,东经102°3′5″,东靠加吾乡,南连隆务德登,西邻郭麻日、年都乎村,北抵保安镇。“桑格”汉译为“狮子”,“雄”为“盆地”,据说桑格雄坐落于热贡赛莫炯之形似狮子横卧之崖(བྲག་སེང་གེ་གནམ་འཕྱོ། brag sang ge gnam vphyo)前方盆地,故而得名。

桑格雄分亚果(ཡ་མགོ། ya mgo 上庄)、麻果(མ་མགོ། ma mgo下庄)、加仓玛(རྒྱ་ཚང་མ། rgya tshang ma)三个村庄。加仓玛、亚果、麻果三个村庄沿着隆务河东岸自南至北依次坐落。桑格雄传统上有德卡阿加(དུད་ཁ་ལྔ་བརྒྱ། dud kha lnga brgya五百户)或吉阔日阿(བཅུ་སྐོར་ལྔ། bcu skor lnga 五个十户)之说。据说霍日加(ཧོར་རྒྱ།)也属于桑格雄。据《循化志》载,乾隆五十六年吾屯(桑格雄)248户,耕地498段,纳粮24.78石。据1958年的人口统计,共有1596人,其中男782,女813人。

---

〔1〕 此数据由保安镇派出所户籍科提供,与保安镇政府及同仁县农牧局所提供的数据有所差距。本文均采用户籍科所登录的现有农庄人口信息登记为主。

桑格雄亚果由浑措哇（དཔོན་ཚོ་བ། dpon tsho ba）、伊措哇（ཡས་ཚོ་བ། yas tsho ba），宗措哇（ཙོང་ཚོ་བ། tsong tsho ba）、大燕措哇（ད་ཡན་ཚོ་བ། da yan tsho ba）或热阿措哇（ར་ཚང་། ra tshang）四个大措哇构成。洪措哇仓又分洪果日仓（དཔོན་སྐོར་ཚང་། dpon skor tshang）、热永仓（རུ་ཡོང་ཚང་། ru yong tshang）、万果日仓（བན་སྐོར་ཚང་། ban skor tshang）等三个小措哇。据隆务镇政府提供最新统计数据，桑格雄亚果共267户，1327人，其中男730人，女597人。

桑格雄麻果由噶拉德哇（མགར་ར་སྡེ་བ། mgar ra sde ba）、侯加德哇（ཧུག་ཀྱཱ་སྡེ་བ། hug kyA sde ba）、卡囊德哇（མཁར་ནང་སྡེ་བ། mkhar nang sde ba）、李加德哇（ལི་ཀྱཱ་སྡེ་བ། li kyA sde ba）等四个小德哇组成。噶拉德哇（铁匠村）又分十八家仓、马加仓（རྨ་ཀྱཱ་ཚང་། rma kyA tshang）、康加仓（ཁང་ཀྱཱ་ཚང་། khang kyA tshang）、咆将仓（ཕོ་ཅང་ཚང་། pho cang tshang）等几个措哇。卡囊德哇分凉加仓（ལིའང་ཀྱཱ་ཚང་། livang kyA tshang）、慕加仓（རྨུ་ཀྱཱ་ཚང་། rmu kyA tshang）、董加仓（ལྡོང་ཀྱཱ་ཚང་། ldong kyA tshang）、李加仓（ལི་ཀྱཱ་ཚང་། li kyA tshang）、文加仓等措哇（བུན་ཀྱཱ་ཚང་། bun kyA tshang）。李加德哇分卡扎仓（ཁ་ཏྲ་ཚང་། kha tra tshang）、狄阿宗仓（ད་ཡ་རྫོང་ཚང་། da ya rdzong tshang）、洪吉仓（དཔོན་རྒྱུད་ཚང་། dpon rgyud tshang）等措哇组成。[1]桑格雄麻果现有325户，1826人，其中男1004人，女822人。

加仓玛由拉仓（ར་ཚང་། ra tshang）和杂若仓（གཟའ་རོ་ཚང་། gzav ro tshang）两个措哇组成，共215户，1118人，其中男615人，女503人。

桑格雄亚果、麻果、加仓玛三个村庄的铎话有别于“蔡孜德裕”中其他四个村庄，兼藏、汉混合而形成独具特色的“桑格雄话（吾屯话）”。以藏语语法为基础，兼大量的汉语词汇和藏语词汇，及少量的蒙藏混合语。对内讲桑格雄话，对外以藏语、藏文为交流工具。

桑格雄有卡约时期的投茂遗址、马家窑遗址，以及明清时期的桑格雄（吾屯）古堡寨、桑格雄（吾屯）上下寺、桑格雄（吾屯）古塔遗址、塌山寺院遗址等古文化遗址与名胜古迹。

（二）河西三庄：年都乎、郭麻日、尕撒日

1. 年都乎（གཉན་ཐོག gnyan thog）

“蔡孜德裕”的总管所在地年都乎位于隆务镇北部5公里处的隆务格

〔1〕 桑格雄的社会组织形式是采访桑格雄麻果的多杰老人，亚果的扎西，加仓玛的久协老人所得。

曲西岸，年都乎古城坐西朝东，距保安关口13公里，东临隆务河，南近隆务七庄，西接曲麻村，北连郭麻日村。其地理位置介于北纬35°3′58″，东经102°01′24，海拔2506米。年都乎在汉文文献中记作“季屯”或“计屯”。关于年都乎的地名来源有几种说法：一说年都乎坐落于周围布满泉眼的赛雄朵（གསེར་གཞོང་མདོ། gser gzhong mdo）之上而得名。又说该部落与隆务寺发生冲突，有一道士施展法术，猛降暴雨洪水冲走了隆务寺，因此隆务寺僧众将其之为“年都乎གཉན་ཐོག gnyan thog”，霹雳神道之意，后来该村被称为年都乎。

年都乎由年都乎拉卡（གཉན་ཐོག་ལ་ཁ། gnyan thog la kha）、西拉（ཕྱིས་ར། phyis ra）或恰伊、尚工麻（ཧྲང་གོང་མ། hrang gong ma）、尚秀麻（ཧྲང་ཞོལ་མ། hrang zhol ma）四个小德哇，分八个措哇构成。包括俗称尚论西（ཞང་བློན་བཞི། zhing blon bzhi）的王加仓（བང་རྒྱ་ཚང་། bang rgya tshang）、苏合加仓（སོག་རྒྱ་ཚང་། sog rgya tshang）、宗喀仓（ཙོང་ཁ་ཚང་། tsong kha tshang）、玛西末合（མ་གཞི་དམག ma gzhi dmag）、香扎仓（ཤིང་བཟའ་ཚང་། shing bzav tshang）、金基末合（ཅིན་ཅི་དམག cin ci dmag）、银基末合（ཡིན་ཅི་དམག yin ci dmag）、霍日加仓（ཧོར་རྒྱ་ཚང་། hor rgya tshang）等八个措哇。王加仓有个叫内桑仓（ཉེ་སྲིང་ཚང་། nye sring tshang）的小措哇；据称是年都乎土把总的世系宗族。苏合家仓也有一个叫落加仓（ལོ་བརྒྱ་ཚང་། lo brgya tshang）的小措哇，宗喀仓也有拉哇仓（ལྷ་བ་ཚང་། lha ba tshang）的小措哇，历代拉哇需从拉哇仓选举。香扎仓又分姜意仓（གྱང་བཞི་ཚང་། gyang bzhi tshang）和霍日仓（ཧོར་ཚང་། hor tshang）两个小措哇。据《循化志》载，乾隆五十六年季屯252户，耕地560段，纳粮25.2石。现如今年都乎为年都乎乡所在地，分八个生产队。据年都乎乡派出所户籍科统计共635户，2081人，其中男1024人，女1057人。

年都乎境内发现属于第四纪新生代的恐龙化石，属于卡约文化类型的尕拉遗址、俄博台遗址、年都乎后台遗址、同仁县水电厂遗址、水土保持站遗址、县政府菜园遗址、县苗圃遗址（甲、乙、丙），马家窑类型的年都乎遗址（甲）和属于马场类型的年都乎遗址（乙），明清时期的年都乎大明石碑、年都乎古堡和年都乎寺院等古文化遗存。热贡三世夏日仓根顿赤烈热卜吉、拉卜楞寺三世嘉木样久美尖措、年都乎噶举巴、堪钦洛桑隆多嘉措和其化身达瓦桑布、年都乎土把总等诞生于年都乎德哇。

2. 郭麻日（སྒོ་དམར། sgo dmar）

郭麻日坐落于隆务格曲西岸，其东与桑格雄相邻，南与年都乎村相连，西依黄乃亥乡的阿尼曼日山，北抵尕撒日村。介于北纬35°34′11.59″，东经

102°02′24.43″，郭麻日村坐西朝东，与隆务格曲桑格雄对望。郭麻日在汉文文献中与尕撒日一同称作“上、下李屯”。据老人称，郭麻日和尕撒日最初为两兄弟，随着人口增长尕撒日迁去现在的驻地繁衍生息。郭麻日俗称董岱（སྟོང་སྡེ། stong sde 千户），有“百父千子（ཕ་བརྒྱ་བུ་སྟོང་། pha rgya bu stong）”之说。据《循化志》载，乾隆五十六年上下李屯共246户，耕地540段，纳粮24.6石。

关于郭麻日的名称来源有两种说法。其一，“སྒོ་དམར། sgo dmar”，即红门。相传霍尔金卡尔王在离郭麻日村2公里处的隆务格曲西岸上建有一土城堡（现今仍有其遗迹），城门用红铜镶嵌，后来该军队解散后，郭麻日居民将此城门移置到今郭麻日古城上，因此得名。其二，“མགོ་དམར། mgo dmar”，即头裹红巾。相传木雅（西夏）盖兹王之孙李公（ལུའི་གོང་། luvi gong）所率领军队以头裹红巾为标志，因此，其军队和所居村庄均称为郭麻日（མགོ་དམར། mgo dmar）。

郭麻日由香勒仓（ཤིང་ལི་ཚང་། shing li tshang）、乌让措哇（Gəraŋ tsova）、德让措哇（dεraŋ tsova）等三大措哇组成。香勒仓又分宗哥仓（ཙོང་ཁ་ཚང་། tsong ka tshang）、香勒尼芒仓（ཤིང་ལི་མྱི་མང་ཚང་། shing li myi mang tshang）两个措哇，其中宗哥仓是最大的措哇，有帕加吾董（百父千子）之称。乌让措哇分加瓦仓（ཀྱ་བ་ཚང་། kya ba tshang）、李公仓（གླུ་ཀོང་ཚང་། glu kong tshang）、刺万仓（སུ་བན་ཚང་། su ban tshang）等三个小措哇，其中加瓦李公仓为郭麻日最早的定居者。德让措哇分大马吉仓（hgo matɕa caŋ）、小马吉仓（bədi matɕa caŋ）、万加仓（wan tɕa caŋ）、伊松仓（eisoŋ caŋ）等。郭麻日属年都乎乡，据年都乎乡派出所户籍科提供的资料，共464户，1433人，其中男732人，女701人。

郭麻日有古文化遗址多处，属于卡约文化类型的郭羌遗址、电厂遗址、郭麻日曜城（马家窑、卡约），属于半山类型的科什藏遗址、马场类型的吾羌遗址、属于马家窑类型的向阳古城遗址，属于齐家文化类型的旦太遗址、福来石盖遗址、尕加日遗址、尕则遗址、郭麻日遗址（甲、乙、丙），以及明清时期所建的郭麻日寺和郭麻日古寨堡等。此外，霍日金嘎日王的城堡遗址、魂树、马场遗迹仍有迹可循。夏日嘎旦尖措的徒弟夏当瓦洛桑尖措、郭麻日洛桑曲达日、时轮学院的阿旺扎西、郭麻日喇嘛的转世等德高望重的高僧大德均出生于此地。

3. 尕撒日（ཀ་སར། rka sar）

沿着郭麻日村自南至北1公里处便是尕撒日村。尕撒日村介于 北纬35°36′47″，东经102°02′52″，东临隆务格曲，南连郭麻日村，西接黄乃亥乡，北抵麻巴七庄。坐西朝东，与沃果日村隔河相望。尕撒日为藏语“ཀ་སར།（rka sar)”，即新渠之意。据说郭麻日与尕撒日在农业灌溉问题上屡次相冲，尕撒日先民在境内开了一道新渠，故而命名。

尕撒日由亚果措哇（ཡ་སྐོར་ཚོ་བ། ya skor tsho ba）、杨家措哇（ཡང་ཀྱཱ་ཚོ་བ། yang kyA tsho ba）、郭日斗措哇（མགོར་འདུག་ཚོ་བ། mgor vdug tsho ba）等三个大措哇组成。亚果措哇又分拉哇仓（ལྷ་བ་ཚང་། lha ba tshang）、康家仓（ཁང་ཀྱཱ་ཚང་། khang kyA tshang）、松家仓（སུམ་ཀྱཱ་ཚང་། sum kyA tshang）、耿家仓（ཀུན་ཀྱཱ་ཚང་། kun kyA tshang）等小措哇。杨家措哇分洪果日仓（དཔོན་སྐོར་ཚང་། dpon skor tshang）、千木果日仓（འཆམ་སྐོར་ཚང་། vcham skor tshang）、杨清仓（ཡང་ཁྱིམ་ཚང་། yang khyim tshang）等小措哇。尕撒日属年都乎乡，据年都乎乡派出所户籍科提供的资料，共186户，765人，其中男391人，女374人。

尕撒日同属郭麻日、年都乎、沃果日操铎话、藏语双语者，对内铎话、对外以藏语、藏文为交际工具。尕撒日历代高僧辈出，志异果拉然巴普巴瓦格里的转世尕撒日画师，依班禅大师的旨意登上隆务闻思学院宝座的拉然巴关却嘉措，嘎乡拉然巴卓玛，瞿昙寺阿巴亚的化身等高僧大德层出不穷。尕撒日境内出土属于卡约、马场类型的尕撒日遗址，清代的尕撒日寺院等历史文化遗迹。此外属于半山齐家的朝阳遗址、属于马家窑类型的向阳遗址古属郭麻日、尕撒日。

第二章　热贡的守成者：汉藏文本中的历史与历史记忆

第一节　守边者：汉藏文本中的历史叙述

一、保安与保安四屯：汉文文献中的“蔡孜德裕（四寨子）”

“蔡孜德裕”，即“四寨子”，其形成与保安堡的建立有一定的关系。据现存大明祭碑《王廷仪记功碑》载：

以故是地无官守防，无军所恃。如彼中迁义，向为屯首，即心怀赤忠，汉番皆并推誉。以是倡议率众，并咨各部院道，筑堡曰保安，设官曰防御，并于计、吴、脱、李四寨选士五百名，均之以月饷。河营协防兵一百名，加之以口粮。[1]

保安堡是在地方酋豪王廷仪的倡议下率众修建，并于计（年都乎）、吴（桑格雄）、脱（脱加）、李（郭麻日、尕撒日）四个寨子选士兵五百名，民间也有保安堡是“蔡孜德裕（四寨子）”各筑一面墙的传说，自此留居于热贡的年都乎、桑格雄、脱加、郭麻日/尕撒日等四寨之土人成为了保安堡的士兵，在总管王廷仪的率领下担任守戍热贡之职，与明廷发生联系。“ཁྲེ་ཙེ་བཞི། khre tse bzhi 四寨子”，即保安堡的“四个堡寨”自此形成。那么保安堡何时修建？那要从“保安站”和“保安堡”一名谈起。[2]

---

〔1〕 同仁县志编纂委员会.同仁县志［M］.西安：三秦出版社，2001.

〔2〕 有关保安站和保安堡的明代史料来源参阅了兰州大学武沐教授所撰论文《“保安人”与“保安族”关系探讨》。

（一）保安站

“保安”一词在汉文史料中最早以驿站的名称出现于洪武年间，《明太祖实录》卷一二二洪武十一年（1378年）十一月丙申载：

陕西土鲁干保安驿丞宗失加及剌哥、美吉站黑鞑靼叛，掠驿马而去。守御千户李德率兵追及，斩之。[1]

此时保安为驿站，其驿丞为“宗失加”。嘉靖《河州志》（1546年）卷一《地里志》记载：

归德州，州（河州）西鄙七百里，七站方至，即古归德州。洪武初年，征西将军沐英平纳邻七站……

又载：

七站：三岔、讨来、边多、保安、清水，每站马八匹，军五名，俱在积石关外，长宁、银川在关内。归德地方多水田，花果蔬禾、鸟兽鱼畜，不异中华。[2]

据此，保安应为元时所设的从河州通往归德的纳邻七站之一（明称“山后七站”），七站中三岔、讨来、边多、保安、清水具在积石关外，长宁、银川在关内，每站马八匹，军五名。《明兴野记》又载：

（洪武四年）二月（1371年），以西安卫指挥使司改为陕西都指挥使司。遣本司使濮英诣各卫及沿边卫所归并军士。是月，韦正遣人招抚山后好来、阿仁、剌哥、美吉、朵的、云都、亦思麻因等七站人民。并下缺军总旗仲与等七人，委监站掌印，以土官为副，共牧人民。以归德州土官王伦奴为千户，设西番、达达二百户所，具奏。上准设，给以诰敕。[3]

---

〔1〕《明太祖实录》卷一二二，洪武十一年十一月丙申，甘肃省图书馆馆藏。

〔2〕嘉靖《河州志》卷一《地里志》之十七页。

〔3〕陈学霖.《史林漫识》附录（三）俞本《明兴野记》（《纪事录》）[M].中国友谊出版社，2001.

综上，保安站实为元时设立的自河州通往归德的七个驿站之一，属吐蕃等处宣慰司都元帅府管辖。洪武初年征西将军沐英平纳邻七站，洪武四年，招抚七站人民，设监官，又设土官。其规模马八匹，军五名。不久又叛。《明兴野记》载：

（洪武十一年）六月（1378年），归德州西番、土人汝奴叛遁亦咂地方。宋国公冯胜遣人于韦正处索马，正不与，胜憾之，于上前谮曰："韦正不以国法为重，不善治西番，致有叛。"敕遣中书舍人徐光祖赍御札谕正，赦其死，降为归德州守御千户，以陕西都指挥叶升代镇河州……

十一月，剌哥站土官剌哥率合族酋长，以牛、羊、马匹、羊毛至河州易粮。升见头畜无数，欲尽得之，诡文密奏西番侵河州。上允其奏，悉收诛之。升拘番货牛、羊、马匹，尽入私家，其余六站番民，闻之皆遁去，朵甘思、乌思藏之路自此亦梗，不复通往来矣。[1]

《明太祖实录》卷一二二洪武十一年（1378年）十一月丙申载：

陕西土鲁干保安驿丞宗失加及剌哥、美吉站黑鞑靼叛，掠驿马而去。守御千户李德率兵追及，斩之。[2]

《明太祖实录》卷一二二洪武十二年（1379年）二月丙寅载：

征西将军沐英等兵至洮州故城，番寇三副使阿卜商、河汪顺、朵罗只等率众遁去，我军追击之，获积石州叛逃土官阿昌，七站土官失那等，斩之。[3]

洪武十一年，归德、临洮、积石州、七站土官与西番叛乱，七站土官掠马而去，守御千户李德率兵追及，保安驿丞宗失加斩之；洪武十二年，征西将军沐英等领兵将积石州土官阿昌、七站土官失那等斩之。当时，去朵甘思、乌思藏

〔1〕陈学霖.《史林漫识》附录（三）俞本《明兴野记》（《纪事录》）[M].中国友谊出版社，2001.
〔2〕《明太祖实录》卷一二二，洪武十一年十一月丙申。
〔3〕《明太祖实录》卷一二二，洪武十二年二月丙寅。

之路封闭,不复通往来矣。

永乐年间复设驿站。嘉靖《河州志》卷二之《国朝忠节》载:

何铭,字德新,索南之子,本卫指挥同知,洪武三十五年,钦陞陕西都指挥同知,永乐四年命往乌思藏摆立站驿,至今道路赖以通焉。九年征甘肃追虏至沙金卡尔对敌而亡。[1]

何铭于永乐四年前往乌思藏摆立站驿。永乐五年道路赖以疏通。《明太宗实录》卷六五永乐五年三月丁卯载:

川卜千户所、必里、朵甘、陇达王(三)卫、川藏等族,复置驿站,以通西域之使。令洮州、河州、西宁三卫,以官军马匹给之。[2]

民间收藏着永乐元年赐封山后七站之一边多站头目的一道敕书,详见绪论之《封诰》。永乐四年刘钊奏调河州卫一所在归德守御。《明太宗实录》卷一二〇永乐九(四)年(1406年)冬十月辛卯载:

镇守河州卫都指挥刘昭言:“河州归德千户所去卫七百余里,东距川卜千户所,西距必里卫番族,南距朵土、川藏,北距黄河罕东卫界。旧于河州卫七所拨军二百守御。浮食寓居,不敷调遣。宜全调一所,选精锐二百守城,八百屯种及运入番买马茶。”从之。[3]

嘉靖《河州志》也记载了刘钊奏调河州中左千户所之事:

永乐四年,都指挥使刘钊奏调(河州卫)中左千户一所归德居住守备,仍隶河州卫,委指挥一员守备。成化四年添设巡按御史,招番易马,每年易调一千七百有奇。必里卫掌牌指挥二员,头目二名,掌牌千户五员,头目五名;

〔1〕 嘉靖《河州志》卷二《人物志》之六十四页。
〔2〕《明太宗实录》卷六五,永乐五年三月丁卯。
〔3〕《明太宗实录》卷一二〇,永乐九(四)年冬十月辛卯。

掌牌百户十四员，头目十四名，镇抚一员。[1]

民间也收藏有永乐四年陇卜家族的笼班被授予必里卫指挥司百户之职的一道圣旨，详见绪论之“封诰”。

《边政考》(1547年)记载河州卫所属九十四堡寨，其中列有归德守御千户所所在地的堡寨：

河州至归德守御千户所八百里。河州卫堡寨九十有四……撒拉站二百里，清水站二百九十里，讨来站三百七十里，保安站五百二十里。骂沟六百二十里，三岔站七百里，李百户寨八百里，缺百户寨五百七十里，季百户寨七百里，周百户寨八百五十里，王百户寨九百里，吴百户寨九百五十里。[2]

河州卫至归德守御千户所八百里。保安站距离河州卫五百二十里，而李(800里)、季(700里)、周(850里)、王(900里)、吴(950里)百户寨均在归德，唯有缺百户寨(570里)与保安站(520里)相近。因此，归德守御千户所的百户屯寨均在归德。在保安一带只有一个缺百户寨。《河州志》卷一之《屯寨》(1546年)也载：

每所十屯寨计六十屯寨在州境内，中左千户所所十屯寨在归德。[3]

那么嘉靖河州所载“保安站”的规模又如何呢？再次引用嘉靖《河州志》卷一《地里志·七站》记载：

七站：三岔、讨来、边多、保安、清水，每站马八匹，军五名，俱在积石关外；长宁、银川在关内。[4]

每站除马八匹，军五名外，还应有头目(百户)一员。据说文都千户家现藏有

〔1〕 嘉靖《河州志》卷一《地里志》之十六页。
〔2〕 (明)张雨. 嘉靖《边政考》卷三《洮岷河圈·河州卫》[M].《西北史地文献》影印西北少数民族研究中心馆藏明嘉靖刻本，370.
〔3〕 嘉靖《河州志》卷一《地里志》之二十三页。
〔4〕 嘉靖《河州志》卷一《地里志》之三十三页。

授边多站百户的敕令如下：

奉天承运，皇帝敕曰：俺汉人地面西边千里草地里，与俺每好生进么道。我父皇太祖高皇帝时，那汉每好意思，多曾到有。俺即了大位子，恁河州卫边多站头目赏思，故不忘俺父皇太祖高皇帝恩德，知天道，自来进贡，十分至诚。俺见恁这好意思，与了名分。中书舍人便将俺的言语敕里面写的仔细，教他回去做昭信校尉、河州卫边多站百户，世世子孙作勾当者。本族西番听管领著。若有不听管束的，将大法度治他。你兵曹，如敕毋怠。

永乐元年五月初五

据上《边政考》所载的河州所属堡寨中也有与保安站相近的一个缺百户寨，恰与边多站头目授百户之职相吻。

综上，直至嘉靖时期“保安”仍为驿站的形式存在，而且其规模仍为马八匹，军五名，头目（百户）一名。那么保安站一带居住的又是什么人呢？据史料记载，明初保安站一带除土番外，还居住着黑鞑靼等部。至于黑鞑靼和土番的人口在《边政考》中有所记载，嘉靖二十六年（1547年）统计：

河州属番有：龙卜族，男妇五百名，纳马；保安站族，男妇一千名口，纳马；引创詹木族，男妇二百名，纳马；黑鞑子族，男妇千名口，纳马……[1]

据《边政考》嘉靖二十六年将保安站族列为河州番族，而且是纳马的（并未提及纳粮、屯田之事），与龙卜族，引创詹木族、黑鞑靼族并论，属归纳马族份。龙卜族是现隆务部落，永乐四年陇卜家族的笼班被授予必里卫指挥司百户之职；引创木族为现银扎木部落，民间俗有银扎木洪波之称；保安站族很可能就是现在的脱加，嘉靖年间河州卫所属九十四堡寨中保安站附近有缺百户寨，万历年间的保安堡也是在脱屯的基础上修建的，修建保安堡之后脱屯人散出城外。至于黑鞑靼，即有可能为现在的“霍尔那族（ཧོར་ནག hor nag）”，也有可能“蔡孜德裕”中的蒙古部分（铎日铎或多达纳布，即黑多达）。

---

〔1〕（明）张雨．嘉靖《边政考》卷九《西羌族口·河州番录》[M].《西北史地文献》影印西北少数民族研究中心馆藏明嘉靖刻本，467.

（二）保安堡

万历年间续修的《大明会典》中没有记载保安站。《大明会典》卷一四六《驿传二・水马驿下》载：

河州驿站有："长宁驿、凤林驿、银川驿、和政驿、定羌驿。"[1]

唯独不见保安驿。嘉靖朝以来西海蒙古屡屡犯境，保安站可能废弃。据现存的大明石碑《王廷仪记功碑》的记载：

以故是地无官守防，无军所恃。如彼中迁义向为屯首，即心怀赤忠，汉番皆并推誉。以是倡议率众，并咨各部院道，筑堡曰保安，设官曰防御，并于计、吴、脱、李四寨选士五百名，均之以月饷。河营协防兵一百名，加之以口粮。[2]

保安堡是在"无官守防，无军所恃"的情况下，王廷仪率众修建。当时明廷可能无从顾及派兵守防，所以地方酋号王廷仪只能从计（年都乎）、吴（桑格雄）、脱（脱加）、李（郭麻日、尕撒日）四个部落选士五百名，设官置兵来防御西蒙古，河营派了协防兵一百名。这里的计、吴、脱、李可能以部落首领的姓氏来命名。至于建堡年代，史料未详。《循化志》卷二《城池》在谈到保安建城时云：

明初"于河州边外地，立保安、起台二堡"。

又载：

按城之建不知何时，闻其初乃脱屯之堡也，明初设官置兵，脱屯之人始散出城外。[3]

---

〔1〕（明）《大明会典・驿传二・水马驿下》卷一四六，引自：武沐、贾陈亮."保安人"与"保安族"关系探讨[J].中国民族学，2014（1）.

〔2〕《王廷仪记功碑》，现存于年都乎庄寺庙内。

〔3〕（清）龚景瀚.《循化志》卷四《族寨工屯》[M].西宁：青海人民出版社，1981：162.

据此，保安堡是脱屯的基础上修建的。据说1958年在拆除保安城南门时，发现城门上方有砖铭一块，刻有“重建保安”四字，记时为“万历二年吉月（1574年7月）”，同时还发现载有筑墙时各负责人姓名的木牌。[1]保安站废弃后，于万历二年在王廷仪的倡议下率众修建堡寨，并设官置兵，即“筑堡曰保安”，可能承袭了“保安站”的汉语名称，所以有“重建保安”四个字。自此，热贡的年都乎、桑格雄、脱加、郭麻日尕撒日人以土兵的身份操守保安一带的安危，简称“计、吴、李、脱”四寨子。起台堡也于万历中修筑。

明朝中后期，西海蒙古屡次扰边，《国榷》卷七五神宗万历十八年六月丁亥载：

顺义王奢力克为西虏火落赤所购，以三千骑渡河，至临洮，声欲东寇保安、撒拉，西犯洮、岷、松、茂诸边。遂屯莽剌、涅工二川。

所以在《明神宗实录》卷二四一万历十九年（1591年）十月己未中提到在归德、保安、归德添设守备，加强防御一事：

兵部覆尚书郑雒、巡抚叶梦熊修内安边条议：“一置将官。洮州当虏冲要地，宜于临洮适中处设参将一员，景古城设守备一员，归德、保安站（堡）复添守备、防御二员。庶缓急有资，唇齿自固。一留班军。旧例临、河之卒往戍甘凉，今洮、河危急，视甘凉殆甚。合将临、兰、河、岷四卫共兵三千二百二十五名，议留本地戍守。一募冲锋，一增年例，一修器械，一严番族，一议援兵。”上令如议，着实举行。[2]

《明神宗实录》万历三十三年（1605年）的一条记载中明确提到“保安堡防御夏光裕”：

先是，陕西河州境外属番挫哈、郎家二族构衅仇杀，因而率众截路，抢夺公差。保安堡防御夏光裕差通官王廷仪，归德守备宋希尧差千总史载功讲喻。不伏，声言抢掠河州。参将姚德明匿不以报。及希尧被告缘事该道

〔1〕 武沐、贾陈亮.“保安人”与“保安族”关系探讨［J］.中国民族学，2014（1）.
〔2〕《明神宗实录》卷二四一，万历十九年十月己未，甘肃省图书馆馆藏。

右布政荆州俊，议委指挥李朝栋署管载功同千总马助国、中军张燧领兵迎接，路经挫哈，各番邀载功讲事，且肆阴载，因而互相射打，射死中军张燧，及杀伤官军，掳去军马、器械破众。继而德明调兵议剿，各番乃悔罪认罚，献首恶板麻束等三名，并送还原掳军马、器械等物。督抚李汶等前后疏闻，下兵部覆议，州俊、德明姑免究，希尧、载功、助国、光裕及该管通官毕希进通行提问。板麻束等审实处决，游示番巢。杀伤官军张燧等，勘覆议恤。诏从之。[1]

此时，保安堡防御为“夏光裕”，其通官为“王廷仪”。与《王廷仪记功碑》吻合。此碑文落款签名中有防御一员，守备二员。“钦依保安筑堡防御兰州卫指挥佥事张继武，钦依保安堡防御守备兰州卫指挥佥事夏光裕，钦依保安堡防御守备河州卫指挥佥事脱九勒镌等。”[2]但此时正处于叛乱时期，各番杀伤官军。于是三十六年给获功千总夏光裕等，死事、中伤军丁升赏、抚恤。《明神宗实录》万历三十六年四月癸酉载：

录陕西竹巴朵川等处地方，三十年九月获功千总夏光裕等，死事中伤军丁苏官等。各升赏、优恤有差。[3]

三十八年八月，参政荆州俊多方筹策，查照原设驿站地如三岔等站，仍旧服立，每站各设番官一员，军五名各马八名。《循化志》载：

河州至归德明，初设站者六，曰三岔，曰窎沟、讨来、保安、边都、清水，每站设番官一员，如内地驿丞例，各给印信站马，应付往来公使，非图借力于番也，明荒服同轨之义，联远人携二之心。先是，万历二十年总兵官尤继先统兵西征，以军装资累番站递送，自是番疲于役，并废其驿，而道路为之不通。三十八年八月参政荆州俊多方筹策，查照原设驿站地如三岔等站，仍旧服立，每站各设番官一员，军五名各马八名，番亦无梗化者。[4]

---

〔1〕《明神宗实录》卷四一六，万历三十三年十二月甲寅，甘肃省图书馆馆藏。
〔2〕《王廷仪记功碑》，现存与年都乎庄寺庙内。
〔3〕《明神宗实录》卷四一六，万历三十六年四月癸酉，甘肃省图书馆馆藏。
〔4〕（清）龚景瀚.《循化志》卷三《驿站》[M].西宁：青海人民出版社，1981：133.

王廷仪纪功碑也应该是此时所立。碑文下方落款为万历□□八年八月，应为万历三十八年八月，也应是复设驿站之日。

清袭明制设守备，唇齿自固。《秦边纪略》(1691年)卷一《河州卫》记载：

二十四关之东则河州内地，关之西则小河套，即九曲之地，亦曰河曲。盖黄河曲折榜岸之总名也。起台堡在卫西二百里，保安堡在卫西六百七十里，归德堡在卫西一千二百里，三堡皆在河曲也。各堡仅一守备，其兵民俱非汉人，乃土人也。三堡之兵分地探侦，此旧制也。[1]

实际上明末清初历任守备隐居内地，不敢赴任。《循化志》所载《循化厅卷》之“建制沿革”描述了这段事迹：

保安盖属贵德所(疑沿元之旧，见该志第22页)，设守备专司操守不兼屯政，与起台同。起台守备明末寄居双城堡。[2]

又载：

按起台堡守备康熙中尚居双城堡。保安之兵以土番充，骄悍不受制，守备不敢至堡，往往逗留内地，有名无实羁縻。唯撒拉向化二族中马如故，至康熙末乃停。[3]

在明末清初，保安(热贡)实际上处于酋豪一手操持的自治状态，朝廷对其鞭长莫及。此情境下，雍正年间，实行改土归流，削弱地方酋豪势力。《循化志》所载《河州卷》曰：

(雍正)七年，陕西总督岳奏：窃查西宁镇属河州保安堡地方孤处口外，四面环番，向设守备一员，兵一百二十名驻守查安。设官兵原为弹压番族，自应招募兵方于营伍有益，乃从前奉行未善，即以番族部落充募，以致土千总王喇夫旦，得

[1] (清)梁份.《秦边纪略》卷一《河州卫》[M].甘肃省图书馆馆藏,38.
[2] (清)龚景瀚.《循化志》卷二《城池》[M].西宁：青海人民出版社,1981：90.
[3] (清)龚景瀚.《循化志》卷一《建制沿革》[M].西宁：青海人民出版社,1981：24.

挟其所恃，将关支兵饷一切差操皆操纵自恃，不由守备经理。而所募番兵亦复效尤尾大不调，因而王喇夫旦骄贪日恣、渐肆狂逞。臣奏请发兵进剿。[1]

七年，陕西总督岳上奏进剿“蔡孜德裕（四寨子）”，要求革除土兵。同年派兵进剿。《循化志》所载《循化厅卷》曰：

雍正初年（应为雍正七年），土千户王喇夫旦渐肆猖獗，经总督岳提调河州副将冒大同参将马步兵进剿抵其巢穴，生擒王喇夫旦，始将土兵革除，于原额一百二十名之外，皆于内地募补。土兵即不食饷，又当纳粮。[2]

雍正七年革除保安堡的土兵，另从内地招募200人，“蔡孜德裕（四寨子）”人自此开始纳粮。《大清世宗宪皇帝实录》载：

朕查陕西临洮府属之保安堡番民归化多年。按照田亩起科，共额征粮八百一十五石五斗。因该堡向日，止设番兵一百二十名，即以应纳之额粮，抵作应支之兵食。伊等知种地而不完赋，知充伍而不领粮，相沿已久。嗣因番兵差操未便，于是另募内地民兵二百名以备防汛，即将额征之番粮，充作兵丁之月饷。其旧设番兵，悉行开除，惟是保安一堡，与新附上下龙布阿步喇等番族，界址相接。新附番族，俱按户科粮，每户止纳青稞一斗。而保安则按田起科，以不及千户之番民、岁山戊示岁征粮八百余石，未免多寡悬殊，非朕一视同仁之意。著将保安堡番粮亦照新附番民之例，每户纳粮一斗，征收在仓，留为积贮。其现募之兵丁二百名、所需粮料，俱照例给予折色。以示朕加恩番民之至意。[3]

“即以应纳之额粮，抵作应支之兵食。伊等知种地而不完赋，知充伍而不领粮，相沿已久。”说明雍正以前“蔡孜德裕（四寨子）”人只当兵不纳粮。自雍正八年始，“蔡孜德裕（四寨子）”土人与新附番民一样开始纳粮，以额征之番粮，充新募内地兵丁之月饷。但征收工作并不顺利。《循化志》中也记载了守备袁登的一则奏文：

---

〔1〕（清）龚景瀚.《循化志》卷一《建制沿革》[M]. 西宁：青海人民出版社，1981：26.
〔2〕（清）龚景瀚.《循化志》卷四《族寨工屯》[M]. 西宁：青海人民出版社，1981：24.
〔3〕《大清世宗宪皇帝实录》卷一一一，甘肃省图书馆馆藏。

又详查，征催钱粮必实有可催之户口，然后有上纳之粮石。今保安旧制兵一百二十名，即以屯番充当，有兵之名无兵之实。每年应纳粮石，虽云归德上仓，而其实番民只知有饷之可领，不知有粮之可上。因余粮抵饷，莫征亦莫支也。前以王喇夫旦悖恶，奉督宪岳奏明剿抚革退番兵，又于原额之外增八十名俱于内地募补，则此兵非番民可比，有一兵必有一兵之粮饷，方可以资城守。今以保安屯番应征之粮石毫无实际，而今职自行守催以坐支兵丁饷银。查番民从未应纳粮石又无花名地图册籍，惟是以兵惟粮。今去其兵而粮属乌有矣。穷苦无聊之徒，尚不能自糊其口，一旦今征粮八百一十五石五斗输纳上仓，势必不能，纵极力严追，亦不能以彼之皮骨准作粮石，此职所深知灼见者，不得不据实呈详。[1]

据此，虽有保安番粮由归德千户所征收之说，实际上是番民自种自食，没有上仓之俗。撤出保安土兵后，从“蔡孜德裕（四寨子）”番民手中又征不到粮食，而新募内地兵又无粮饷，致使保安守备十分为难，这时似乎理解了“旧制招募土兵”之由，即不用发粮饷。至乾隆二十七年（1762年）河厅移住循化始奉文归厅征收（保安番粮），七月接管“四屯（蔡孜德裕）”番民九百九十户，地二千八十三段，纳银（粮）九十九石遵行至清末（自此始以“保安四屯”相称）。乾隆五十五年（1790年）时有总管四屯土把总王银洛其人。[2]

综上，明初承袭元制，设河州至归德七个驿站，但驿站时通时废弃。自万历二年王廷仪率众修筑“保安堡”之后，“蔡孜德裕”的番民成为防守保安之职的土兵（六月的“鲁如”仪式上凡15岁以上50岁以下的男士均要跳“鲁如”，实际上应为军事操练），自此，“蔡孜德裕”与保安堡、明廷有了密切联系。万历中期为最鼎盛时期，明廷加派守备、防御等官员，而万历后期，随着西蒙古势力的扩张，又及衰也。于万历三十八年八月又复设（立《王廷仪记功碑》）。在此借用《循化志》所引的一段记载来总结明时驿站的盛衰：

河州至归德明初设站者六，曰三岔、曰窎沟、讨来、保安、边都、清水，每站设番官一员如内地驿丞例，各给印信站马，应付往来共使，非图借力于番也。明荒同轨之义联远人携二之心先是，万历二十年总兵官尤继先统兵西征，以

〔1〕（清）龚景瀚.《循化志》卷四《族寨工屯》[M].西宁：青海人民出版社，1981：166.
〔2〕（清）龚景瀚.《循化志》卷四《族寨工屯》[M].西宁：青海人民出版社，1981：164.

军装资累番站递送，自是番疲于役，并废其驿而道路为之不通。三十八年八月参政荆州俊多方筹策，查照原设驿站地如三岔等站，仍旧服立，每站各设番官一员，军五名各马八名，番亦无梗化者。[1]

清袭明制，设守备，但有名无实，及衰也。正如《秦边纪略》所载：“当明初兴……夷不敢居河曲，则设官置戍于三堡，不过远为侦候耳。及其衰也，亦卜剌据青海、而火落赤、真相遂分据捏工川、莽剌川，骚动河州，迄无宁岁，何有于三堡。三堡获于瓦全辛矣。”[2]基本上是处于土千总自治的状况，历任守备避居内地。雍正年间实施改土归流制度，革除保安番兵后，“蔡孜德裕”之人变成了真正意义的给保安堡纳粮的“保安四屯”屯民了。

图9　《边政考》《秦边纪略》所标河州卫至归德所的七个驿站

图10　《秦边纪略》所标洮岷河图中的归德千户所及百户寨

〔1〕（清）龚景瀚.《循化志》卷三《驿站》引自《河州志》[M].西宁：青海人民出版社，1981：133.

〔2〕（清）梁份.秦边纪略[M].西宁：青海人民出版社，1987：40.

（三）族源历史

从上述汉文史料的整理来看，有关《循化志》（1792年）卷四《族寨工屯》所载之“蔡孜德裕（保安四屯）”的来源叙述“似误矣”。该志载：

明初立河州卫，分兵屯田。永乐四年（1406年）都指挥使刘钊，奏调中左千户一所，贵德居住守备，仍隶河州卫，保安其所属也。贵德共十屯，而保安有其四。河州志所载境外归德所共一百二十五丁屯地共二百八十顷一十四亩五分一厘二毫，实征粮一千三百八十八石，保安四屯即在其内考……[1]

屯兵之初，皆自内地发往，非番人也。故今有曰吴屯者，其先盖江南人也，余亦有河州人，历年既久，衣服、言语渐染夷风，其人自认为土人，而官亦目为之番民矣。[2]

又载：

四屯，实内地民人，久居番地，染其习俗，竟指为番人，似误矣。[3]

从《循化志》可以看出“蔡孜德裕”之人自认为土人，官目视为番人，但作者认为是内地民人，而旧居番地染夷风、番俗。至于为何会出现这样的困惑，《秦边纪略》给出了明确的答案。《秦边纪略》（1691年）卷一《河州卫》记载：

二十四关之东则河州内地，关之西则小河套，即九曲之地，亦曰河曲。盖黄河曲折榜岸之总名也。起台堡在卫西二百里，保安堡在卫西六百七十里，归德堡在卫西一千二百里，三堡皆在河曲也。各堡仅一守备，其兵民俱非汉人，乃土人也。三堡之兵分地探侦，此旧制也。[4]

---

〔1〕（清）龚景瀚.《循化志》卷四《族寨工屯》[M].西宁：青海人民出版社，1981：162.
〔2〕（清）龚景瀚.《循化志》卷四《族寨工屯》[M].西宁：青海人民出版社，1981：163.
〔3〕（清）龚景瀚.《循化志》卷四《族寨工屯》[M].西宁：青海人民出版社，1981：302.
〔4〕（清）梁份.《秦边纪略》卷一《河州卫》[M].甘肃省图书馆馆藏，38.

又载：

卫，今设副戎一。又起台堡、保安堡、归德堡守备三。土人或云：其先世夷人，居中土已久，服食男女与中国无别，且久与汉人联姻，与汉人言则操汉音，又能通羌夷语，其实心为汉，非羌夷所可及云……保安堡守备一员，马步兵一百二十八名。其地产金、褐子、氆氇。堡皆土人。据捏工川一百五十里。今其兵皆土人，无一汉人者，饷则众共分之，粮即所应输者抵之。[1]

据上述汉文史料的整理，明清两朝记载"保安站族"或"四寨子"的史料，均无提到"内地民人、汉人"，而以"土番、番民、土人"相称。也没有史料明确记载"蔡孜德裕"为"永乐四年从河州拨往"的记载。就算"蔡孜德裕"属明代从河州拨往的千户所，也不一定是汉族。

河州在二十四关之东属内地。就河州其地而言，河州古为西羌之地，后属吐谷浑、吐蕃、西夏属地，多为番地，元时为蒙古王公的属地，设有吐蕃等处宣慰司都元帅府。明时邓愈攻河州之后，设河州卫。而河州卫就其官军而言，暂且不谈论河州土司何锁南家族，就连河州调往归德的守御千户所也为土人。嘉靖《河州志》卷二《人物志·国朝武功六》载：

何铭，字德新，索南之子，本卫指挥同知。脱展，本州麻失里人，累有军功，由蒙古千户所百户升本卫指挥佥事。

长福，本州木叶里人。父长吉帖木天顺年间，任本卫中左所副千户，福善骑射，勇悍过人，屡因军功，历升陕西都司都指挥佥事，寻充游击将军。[2]

据兰州大学武沐教授考证，长吉帖木父子所在的河州卫中左所是永乐四年由河州调往归德居住守御的中左千户所，共有10屯寨。[3]河州派往保安堡的守备也为番名（可能为夷人）。

---

〔1〕（清）梁份.《秦边纪略》卷一《河州卫》[M].甘肃省图书馆馆藏，35.

〔2〕嘉靖《河州志》卷二《人物志》，甘肃省图书馆馆藏。

〔3〕武沐、贾陈亮."保安人"与"保安族"关系探讨[J].中国民族学，2014(1).

> 按营卷，明末流贼猖獗，因无联络营汛，守备脱凡移住口内之双城堡。[1]

《王廷仪记功碑》中也有“钦依保安堡防御守备河州卫指挥佥事脱九勒镌”[2]的落款名。“脱凡、脱九勒镌”均为番夷名。

就其所募兵丁而言，也为土兵，据《皇明九边考》卷十载：

> 河州卫，马步官军舍馀招募土兵义勇九千八百一员名。岷州卫马步官军舍馀招募土兵五千九百员名。[3]

不管是何时迁入热贡，由于“居中土已久，服食男女与中国无别，且久与汉人联姻，与汉人言则操汉音，又能通羌夷语，其实心为汉，非羌夷所可及云”，具有明显的汉化倾向，以致误解。若是王廷仪及“蔡孜德裕”人为内地汉人，《王廷仪记功碑》却不会出现“廷仪高士愿隐逸不复所出，□番□□□□□俱接踵而至廷仪高师。……虽不能文，传以述其往迹，以示□□□□其功耶。”之所以给王廷仪记功立碑，一是由于在明朝“抚夷以边马”政策中王廷仪“恩□驭之于番”；另一个重要原因是“廷仪高士愿隐逸不复所出”，可见，廷仪高师曾被视为忧患，愿“隐逸不复所出”，也足以说明其身份。在西蒙古屡犯边地之时，扶夷策略得以见效，议及其众未曾恣事，所以记功立碑。至于“蔡孜德裕”的来源与族属结合藏文史料和民间祖先传说，方可探究。

二、吐蕃、松巴、木雅/霍尔：藏文文献中的“蔡孜德裕”

（一）郭麻日（སྒོ་དམར་རམ་མགོ་དམར། sgo dmar vam mgo dmar）

木雅（西夏）盖兹王后裔说：大圆满法师曲杨多夫旦（ཆོས་དབྱིངས་སྟོབས་ལྡན། chos dbying stobs ldan 18世纪）所载郭麻日宗谱中称“郭麻日为木雅盖兹

---

〔1〕（清）龚景瀚.《循化志》卷一《建制沿革》[M].西宁：青海人民出版社，1981：23.

〔2〕《王廷仪记功碑》，现存于年都乎庄寺庙内。

〔3〕（明）魏焕.皇明九边考[M].西北史地文献第四卷.西北少数民族研究中心馆藏，430—431.

王（མི་ཉག་ཀའི་ཙི་རྒྱལ་པོ། mi nyag kvi tsi rgyal po）的后裔。盖兹王逝后，大丞篡位，盖兹王之孙李公（ལུའི་ཀོང་། luvi kong 吕光？）率领40余万士兵攻陷凉州（ལིའང་ཀྲུའུ། livang kruvu），成为24金卡尔[1]（ཅེའུ་མཁར། cevu mkhar 军镇？）之主，不久又陷，军队散处各地，每处都有建容纳百人的金卡尔之俗。因其以头裹红巾为标志，故其军队名号和所居村庄均称郭麻日（མགོ་དམར། mgo dmar 红头）。李公后裔李昭孟（ལུའི་ཀྲོ་མིན། luvi kro min）和霍日女赵松梦（ཀྲོ་སུང་མིན། kro sung min）生有李松兆（ལུའི་སུང་ཀྲོ། luvi sung kro）、松李蒙（སུང་ལི་མིན། sung li min）、李蒙卜（ལུའི་མིན་པོ། luvi min po）三子，李松兆娶了一个藏族女子，在于阗（ལི་ཡུལ། li yul）建城堡驻扎，俗称郭麻日金卡尔，后迁至凉州（ལེང་ཀྲོའུ། leng krovu）附近驻扎。松李蒙与一霍日女结婚迁址南方宋金喀日（སུང་ཅེའི་མཁར། sung cevi mkhar）。次子松李蒙与霍日女季慈凯（ཅི་སུ་ཁེ། ci su khe）带家眷军队至丹斗阳斗寺（ཏན་ཏིག་ཡང་ཏིག tan tig yang tig 今化隆）西北驻扎。其子郭建华（གོ་ཅན་དཔའ། go can dpav）率其众到青海方向的乌海（བག་ཧ་ཅུ་བོ། bag ha cu bo）北部驻扎。李蒙卜的八个儿子中的第三个儿子金华老爷（ཅིན་དཔའ་ལོ་ཡིས། cin dpav lo yis）率其九子至黄河南木雅境地之东乡卡岗（ཏུང་ཞང་ཁ་སྒང་། tung zhang kha sgang）驻扎。其中第八个儿子与回族女结婚，其后裔变成汉蒙（རྒྱ་སོག rgya sog）。其第五子孙老爷（སུན་ལོ་ཡིས། sun lo yis）与藏妃钟吉的第三子李三兆（ལུའི་སུན་ཀྲོ luvi sun kro）之长子赵佳罗（ཀྲོ་རྒྱལ་ལོ། kro rgyal lo），生有两子，分别叫李金巴尖措（ལུའི་སྤྱིན་པ་རྒྱ་མཚོ། luvi spyin pa rgya mtsho）和孙多矢吉尖参（སུན་རྡོ་རྗེ་རྒྱལ་མཚན། sun rdo rje rgyal mtshan）。李金巴尖措和藏妃杨毛才让（གཡང་མོ་ཚེ་རིང་། g · yang mo tse ring）生有日郎杰（རི་བླངས་རྒྱལ། ri blangs rgyal）和李萌布（ལུའི་མིན་པོ། luvi min po），日郎杰的后裔李兆兰（ལུའི་ཀྲོ་ལན། luvi kro lan）被李元昊（ལི་ཡོན་ཧོ། li yon ho）册封为木雅（西夏）戍边将军，派到热贡地区戍边，修筑被称为郭麻日金卡尔

---

〔1〕《先祖言教》里提到：“（唐景龙四年，710年）金城公主（ཀིམས་ཤང་ཀུང་ཅོ kims sharg kung cu）进藏时札义唐庚和杨伟汉（杨矩）的二位官员护送入藏，带来百工技艺队和音乐队等，皇上将木雅地区（黄河九曲）也陪送公主（公主汤沐邑），从而吐蕃对木雅（党项故地）管制三十年。唐代宗在执政期间（七年），其间领主与舅氏内部不和，因此，藏军攻打唐军，占领相庚（ཤིང་ཀུན shing kun），从而二十四个集镇（ཅིའུ་མཁར་ཉི་ཤུ་རྩ་བཞི civa mkhar nyi sha rtsha bzhi）归附于吐蕃。肃宗（ཧྲང་ཙུང་）之子代宗（ཐུས་ཙོང་ thus tsong）即位，但他逃跑，吐蕃军队立汉臣贵和（ཀུའུ་ཧི kuru hi 李承宏 764）为王，不久，被替宗杀害，重当国王，共历17年”。该志书中提到唐中期二十四个集镇（军镇？ 42个藩镇？ 方镇？）归附于吐蕃，这个二十四集镇应该是木雅（西夏）地。

的容纳百人的金卡尔（军镇？军堡？），并令从热贡藏族村庄娶妻生子，子孙繁衍成为千户大庄。"[1]

霍尔人说：兰莱嘉扎格西所著的《热贡族谱》（1544年）第九章中称郭麻日属北霍尔（བྱང་ཧོར། byang hor），与成吉思汗同种的霍日盖吉（གའི་ཆི། gavi chi）有两个儿子，长子为霍日盖土干（གའི་ཐུ་གན། gavi thu gan），幼子为盖启干（གའི་ཆི་གན། gavi chi gan），从盖土干数第八代为成吉思汗。幼子盖启干自幼流落南方，后加入了内附唐朝的李思恭（党项）的队伍，他的两个儿子也分别担任了中上职位。盖启干娶了一个汉族女生有三子，盖土干娶了一个木雅（党项）女子，其子盖兹干加入了父亲的军队，后来成为李元昊叛宋时的得力大将，他也娶了一个木雅女子，其众子中名为盖宋兆（གའི་སུང་ཀྲོ། gavi sung kro）的承袭了父亲的职位成为木雅国（西夏）的名将。盖宋兆幼子盖兆梦（གའི་ཀྲོ་མིན། gavi kro min）成为木雅国的戍边大将，虽屡次立功，由于并非与党项同种，未得更好的待遇，因此盖兆梦率其众北徙与霍尔人联姻，大将盖兆梦与霍尔季开思（ཅི་ཁེ་སི། ci khe si）生了盖孟布（གའི་མིན་པོ། gavi min po）、盖日郎（གའི་རི་ལེང་། gavi ri leng）、盖朝兰（གའི་ཀྲོན་ལན། gavi kron lan）三兄弟，后这三兄弟越过木雅国各自发展，每处建有一城堡叫霍尔金卡尔（ཧོར་ཅེའུ་མཁར། hor cevu mkhar）。之后其长子盖孟布与霍尔女杰思达所生长子盖江根23岁时加入了成吉思汗的军队谋得将军职位，成为宋、辽、金鼎立时的猛将，而且成为消灭托噶黄霍尔王瑟德（ཐོད་དཀར་རྒྱ་སེར་གྱི་རྒྱལ་པོ་སུལ་ཏེ thod dkar rgya ser gyi rgyal po）、凯让王易乐德（ཁེ་རིང་གི་རྒྱལ་པོ་ཡུལ་ཏེ khe ring gi rgyal po yul te）、尼曼巴达干王（ནའི་མན་པ་ཏ་གིན་གི་རྒྱལ་པོ navi man pa ta gin gi rgyal po）的主力军之一。盖江根与霍尔女杰斯兰所生第四子江干密绕郝（ཇིང་གན་མི་རོ་ཧོ། jing gan mi ro ho）承袭父职成为蒙古（ཧོར་སོག hor sog）有名的大将军巴达尔江干米绕郝（པ་ཏ་ཇིང་གན་མི་རོ་ཧོ། pa ta jing gan mi ro ho）。成吉思汗收复木雅（西夏）时成为歼灭木雅王多杰华兰（རྡོ་རྗེ་དཔལ་ལམ། rdo rje dpal lam）及木雅王国的主要人物，其名将霍尔巴达尔江干米绕郝在木雅境内威震四方。盖江根与霍尔女杰将父职交给第四子江干米绕郝后借由身子不适，向成吉思汗要求其子孙安营的封地，后霍尔王成吉思汗将黄河南部热贡赛莫炯封为其驻地，盖江根率其家属与一百个士兵来到格曲西北筑一容纳其众的城堡，俗称霍尔金卡尔（ཧོར་ཅེའུ་མཁར། hor cevu

[1] 引自རྒྱ་བཟའ་དགེ་བཤེས་འཇམ་དབྱངས་གྲགས་པས་མཛད་པའི་རེབ་གོང་ཙུས་འཛོད་ལྷ་བ་མཁའ་ཁྱབ་ཕྱོགས་བྲལ། 嘉扎·格西嘉木样智巴.热贡族谱[M].北京：民族出版社，2010：657–659.

mkhar)。[1]

综上所述，两种史料记载虽有所出入但并非天各一方，相通之处为时间上约为西夏时期或成吉思汗灭夏后被派到热贡戍边并修筑金卡尔（军镇？），族源上有木雅（西夏党项）后裔或归附木雅的霍尔人，其军队以头裹红巾为标志，总之与西夏李姓有着密切的联系。鉴于以下几个原因，笔者认为这段史料有几分可靠性。

其一，明代汉文史料中，将郭麻日称之为“李屯”，明代屯寨名一般由其屯首名而命名，可见其首领为李姓。郭麻日德哇的几个措哇中最早迁居者为加瓦李公（吕光？李公？）仓，且四寨中唯有李寨分上、下李寨，足以说明李寨人数众多，俗称千户庄。其二，郭麻日（མགོ་དམར mgo dmar）这个名称的来源，据称，与《格萨尔王传》中的一段历史叙述密切相关。即，岭国大将丹玛与霍日国大将辛巴米饶孜（ཤན་པ་རྨེ་རུ་ཚེ། shan pa rme ru rtshe）激战时，辛巴被丹玛揭去头盖骨后返回霍尔，噶尔曲达日（མགར་ཆོས་དར། mgar chos dar）的儿子给他治好了，并在其被揭去的头盖骨处镶嵌了红铜，自此该部落称之为“མགོ་དམར། mgo dmar”，即红头部落。据说1958年前郭麻日寺内仍收藏着辛巴的头盔。[2]说明郭麻日与霍尔大将辛巴米饶孜有联系，但值得一提的是，丹玛一箭揭去了其头盖骨后，本欲将其致死，但丹玛的坐骑劝说辛巴米茹孜以前在天堂/神地（ལྷ་ཡི་ཡུལ། lha yu yul）与格萨尔有因缘成为同胞兄弟（སྐུ་མཆེད། sku mched），遂饶了他一死。这说明，辛巴米绕孜与格萨尔（盖兹王？）有一定的因缘联系，或兄弟，或同族。与史料记载基本吻合。其三，八十年代调查时，郭麻日人自称是成吉思汗军队后裔，成吉思汗灭夏前后，可能归附于成吉思汗麾下，所以自称或被称为“霍尔”。

（二）年都乎（གཉན་ཐོག gnyan thog）

霍日大将道尔达那波赤裤军团后裔说：嘉扎格西所著《热贡族谱》中称，据《年都乎洪波的族谱》记载，年都乎为信仰道教的霍尔大臣道尔达那

---

〔1〕 རྒྱ་བཟའ་དགེ་བཤེས་འཇམ་དབྱངས་གྲགས་པས་མཛད་པའི་རེབ་གོང་རུས་མཛོད་ལྷ་བ་མཁའ་ཁྱབ་ཕྱོགས་བྲལ། 嘉扎·格西嘉木样智巴.热贡族谱［M］.北京：民族出版社，2010：661–663.

〔2〕 གཙོད་པ་དོན་གྲུབ་ཀྱིས་བརྩམས་པའི་རྨ་འབྲིའི་འབྱུང་ཡུལ་གྱི་གླིང་གེ་སར་རྒྱལ་པོའི་ཤུལ་རྗེས་ཀྱི་ངག་རྒྱུན་ངོ་མཚར་ཕྲེང་མཛེས། 角巴东主.格萨尔遗迹传说［M］.西宁：青海民族出版社，1989.

波赤裤（དོར་རྟ་ནག་པོ་སྨད་ཆ་དམར་པོ། dor rta nag po smad cha dmar po）的后裔。霍尔王忽必烈（ཧོར་སེ་ཆེན་རྒྱལ་པོ། hor se chen rgyal po 忽必烈，其实应为元太宗孛儿只斤·窝阔台）的儿子阔端（གོ་ཏན། go tan）有三大猛将，上部霍尔戴黑帽者（སྟོད་ཧོར་ཞྭ་ནག་གྱོན་པ་གྱ་གྱུ་མང་། stod hor zhA nag gyon pa gya gyu mang）事多，下部霍尔黑骑穿红裤者威猛（སྨད་ཧོར་དོར་རྟ་ནག་པོ་སྨད་ཆ་དམར་པོ་མཐུ་ནུས་ལྡན། smad hor dor rta nag po smad cha dmar po mthu nus ldan），北部霍尔穿短袖者好箭手（བྱང་ཧོར་སྐུ་ལ་ཕུ་ཐུང་གྱོན་པ་ལ་མདའ་རྩལ་ཆེ། byang hor sku la phu thung gyon pa la mdav rtshal che）。其中称之为道尔达那波赤裤的，[1]实名朵儿比蒂（དོར་བྷི་ཏས། dor bhi tas），他受过道教法术训练，法力无边，具有呼风唤雨，刀口纵火，引水上空的巨能，且常利用霹雷战术战胜了无数敌人，因其率领的士兵均着红裤，俗有霍尔猛兵赤裤者（ཧོར་གཉན་པོ་སྨད་ཆ་དམར་པོ་ཅན། hor gnyan po smad cha dmar po can）之称。他驻扎在黄河南部名为萨藏直角岗（ས་བཟང་གྲུ་སྤྱོད་སྒང་། sa bzang gru spyod sgang）或（ས་བཟང་གྲུ་གཏོང་སྐང་། sa bzang gru ktong skang）萨藏直动岗的地方，娶了一位名为岭妃塔儿多吉（གླིང་བཟའ་ཐར་མདོ་སྐྱིད། gling bzav thar mdo skyid）的姑娘，繁衍生息，他们居住的村庄叫年波红色下身者（གཉན་པོ་སྨད་ཆ་དམར་པོ་ཅན། gnyan po dman cha dmar po can）。后来讹化为年波拉玛日土葛（གཉན་པོ་ལྭ་དམར་ཐོགས། gnyan po lwa dmar thogs），简化为年都乎（གཉན་ཐོགས། gnyan thogs）。藏历第四饶迥四十四铁狗年生了一个儿子取名为年波蒙可汗（གཉན་པོ་མུང་ཁེ་གན། gnyan po mung khe gan）。蒙可汗听从父亲的指令娶了名为季慈凯（ཅི་སུ་ཁེ། ci su khe）的霍尔女和名为嘎达儿吉（ཀ་དར་སྐྱིད། ka dar skyid）的藏妃，藏妃无子，而霍尔妃生了五个声名显赫通晓八种文字或文化的儿子，分别为朵儿帝（དོར་ཏས། tor tas）、郭乐思（གོལ་སུ། gol su）、也斯克（ཡེ་སུ་ཁེ། ye su khe）、吴四海（བུ་སུ་ཧེ། bu su he）和奥奇高武麦特眉棱（ཨོ་ཆི་གོ་བུ་མེ་ཐུ་མེ་ལུན། ao chi go bu me thu me lun）。其幼子奥奇高武麦特眉棱于藏历第五饶迥四十三土鸡年（1309年）23岁时从萨藏直角岗迁至赛迁涌（གསེར་ཆེན་གཞུང་། gser chen gzhung）附近的腊日（ལྭ་རི། lwa ri）和格日（དགུ་རི། dgu ri）交界处（现为甘南州甘加一带），筑一城堡，后称之为年都乎大城（གཉན་ཐོགས་མཁར་མོ་ཆེ། gnyan thogs mkhar mo che），他们之前居住的遗迹称之为年都乎直卡（གཉན་ཐོགས་ས་གྲུ་ཀ། gnyan thogs sa gru ka）或年都乎遗址（གཉན་ཐོགས་སྤོར་ཤུལ། gnyan thogs spor shul）。于藏

---

〔1〕 1239年，阔端遣部将道尔达答剌罕率兵南进乌思藏，击败反抗各部，直抵尼婆罗边界地区，掌握吐蕃地区政治大势，不久致书招降萨迦班智达。

历第五饶迴五十五铁鸡年（1321年）奥奇高武麦特眉棱（ཨོ་ཆི་གོ་བུ་མེ་ཐུ་མེ་ལུན། Ao chi go bu me thu me lun）到汉地拜见第五代霍尔王盖干（གེ་གན། ge gan），被授予“ཐོའོ་པ་ཙི། thovo pa tsi 土把孜（土把总）”[1]之职。一位善于风水的道士对土把孜预言说：“这里不是您繁衍生息的好地方，有个叫热贡赛莫炯的水草肥美，若到那里人财旺盛”，于是藏历第六饶迴二十六水龙年（1352年）又从腊日（甘南·甘加）年都乎大城迁至热贡赛莫炯，一部分留驻于甘加，后被称为年都乎牧区；一部分随“土把孜”来到塞曲（བསེ་ཆུ། bse chu）和格曲（དགུ་ཆུ། dgu chu）交界处，所驻地名仍为年都乎（གཉན་ཐོགས། gnyan thogs），仍袭土把孜的职位。[2]

历史上确实有道尔达那波此人。据《西藏王臣记》《青史》《孙巴佛教史》载，早在1227年，窝阔台汗即位之初，将西夏故地册给阔端作为封地。1239年，阔端遣部将道尔达答刺罕率兵南进乌思藏，击败反抗各部，直抵尼婆罗边界地区，掌握吐蕃地区政治大势，不久致书招降萨迦班智达，与萨迦班智达在凉州会晤。年都乎民间也称他们先辈们随一个大将军去过拉萨，并将阿尼玛卿迎请到年都乎，成为他们的守护神。

此外，《先祖言教》《安多政教史》中称，计（季、齐）家，杨家、康家都是蒙古后裔。

（三）桑格雄（སེང་གེ་གཤོང་། seng ge gshong）

吐蕃董氏后裔说：嘉扎格西的《热贡族谱》中将桑格雄（吾屯）的起源追溯到吐蕃第四十一代赞布赤热巴巾（ཁྲི་རལ་པ་ཅན། khri ral pa can）的大将丹巴悉多（བསྟན་པ་ཕྱག་རྡོར། bstan pa phyag rdor）和交嘎达儿加（གཅོད་དགའ་དར་རྒྱལ། gcod dgav dar rgyal）父子，属噶（དགའ། dgav）、董（ལྡོང་། ldong）、智（འབྲུ། vbru）三大姓氏中的董嚓（ལྡོང་ཚ། ldong tsha）家族。汉藏争战之际，董氏十八大“嚓（ཚ། tsha）”之姜嚓（སྐྱིང་ཚ། skying tsha）将军达儿董尖参（丹巴悉多）和绰嚓（ཁྲོ་ཚ། khro tsha）将军交嘎达儿加父子被派到汉藏边界攻占汉地。这些将军将汉军逼到黑山（ནག་རིས་སྒང་། nag ris sgang），取胜后回到卡瓦拉向米砸日（ཁ་བ་ར་བྱང་མའི་རྫ་རི།

---

〔1〕 这里的“土把孜”应为“土把总”，但“土把总”是清代册封的，雍正七年（1729年）前应为“土千总”。人们习惯用“年都乎土把总”相称。

〔2〕 རྒྱ་བཟའ་དགེ་བཤེས་འཇམ་དབྱངས་གྲགས་པས་མཛད་པའི་རེབ་གོང་ཞུས་འཇོད་ལྷ་བ་མཁའ་ཕྱོགས་བྲལ། 嘉扎·格西嘉木样智巴.热贡族谱［M］.北京：民族出版社，2010：635-637.

kha ba kla byang mavi rzha ri）驻扎戍守汉藏边界的黄河渡口。在汉藏边界的黄河渡口（རྨ་ཆུའི་རབ་སོ་བྱེ་མའི་རབ་ཁ། rma chuvi rab so bye mavi rab kha）作为据点，在赛庆咋格（གསེར་ཆེན་ཛ་འགག gser chen rzha vgag）的地方筑堡名为"尼玛马龙（ཉི་མ་མ་ལོང་མཁར། nyi ma ma long mkhar 未到时候城堡）"，后变音为"尼玛龙堡（ཉི་མ་ལོང་མཁར། nyi ma long mkhar）"。[1]这个城堡后边的山被称之为"腊日（ལྭ་རི། lwa ri）"和"格日（དགུ་རི། dgu ri）"。而这个卡瓦卡向玛的山名后来改用其将军的名字呼为达尔加拉（དར་རྒྱལ་ལད། dar rgyal lad）或达尔加石头城（དར་རྒྱལ་རྡོ་མཁར། dar rgyal rdo mkhar），该将军被供奉为山神。由于交嘎达日吉在征战中受伤后接到赞布的敕令返回卫藏。其后裔到巴布（བལ་བོ། bal bo）等地拜名师学习手艺，成为知名的雕塑家、画师，于藏历第一饶迥土龙年（1028年）其后裔之中人称三个桑格的神匠来到热贡桑格雄。后来留守于大力加山的后裔也来到热贡合成为桑格雄亚果麻果两个德哇。亚果是从卫藏来的，麻果吉阔日阿（མ་མགོ་བཅུ་སྐོར་ལྔ། ma mhgo bcu skor lnga）由于长期在安多汉藏边界戍边，与汉族姑娘通婚，语言变异。后来三个桑格的后裔和留守在大力加山的后裔发展成为现在的桑格雄亚果麻果，且以三个桑格而命名为桑格雄。此段历史详述在隆务囊索的各村族谱中。[2]

（四）脱加沃果日（ཐོ་ཀྱཱ་བོད་སྐོར། tho kyA bod skor）

吐蕃布嚷氏后裔说：《热贡族谱》中称沃果日为藏族六大姓氏中称之为上部·九大知尕尔（སྟོད་ཀྱི་འབྲས་དཀར་མཆེད་དགུ། stod kyi vbras dkar mched dgu）、巴布巴夭巴斯等三（བལ་བོ་དང་བལ་ཡོ་བལ་སྲིད་གསུམ། bal bo dang bal yo bal srid gsum）、麻东巴东炯东等六（མ་སྟོང་བལ་སྟོང་ཅོན་སྡོང་དྲུག ma stong bal stong con sdong drug）、玛日巴和向琼布让等九（མར་བ་དང་ཞང་ཆུང་པུ་རིངས་དགུ། mar ba dang zhang chung pu rings dgu）之布嚷氏中号称布嚷赞智合（པུ་རིངས་བཙན་གྲགས་ཐུགས་རྗེ། bu rings btsan grags thugs rje）的知名人士，噶当派大师布顿仁青塞勒的亲传弟子，于藏历第二饶迥第七年水鸡年（1093年）朗塘瓦仁波切（གླིང་ཐང་བ་རིན་པོ་ཆེ། gling thang ba rin po

---

〔1〕 至于这个"尼玛玛隆城堡"的名称由来有这样一个传说。据说吐蕃军队在甘加腊日和格日地方筑堡戍守时，由于没有收到赞布命令，遂没能返回。人们常常问到"你们这些军队什么时候回卫藏"时就回答说"还未到时候"，所以后来这个城堡被称为"尼玛玛隆城堡（未到时候城堡）"详见嘉扎格西《热贡族谱》第702页。

〔2〕 རྒྱ་བཟའ་དགེ་བཤེས་འཇམ་དབྱངས་གྲགས་པས་མཛད་པའི་རེབ་གོང་རུས་འཛོད་ལྷ་བ་མཁའ་ཁྱབ་ཕྱོགས་བྲལ། 嘉扎·格西嘉木样智巴.热贡族谱［M］.北京：民族出版社，2010：694−704.

che)修建朗塘寺时带领其五个儿子去拜访朗塘瓦仁波切。仁波切对布嚷赞智合预言说："名为赞智合的听我言，多思麦北边(མདོ་སྨད་བྱང་གི་ར་བ་ན། mdo smad byang gi ra ba na)，九条河流交界处，有个布满邦玛嘎尔布(སྦེན་མ་དཀར་པོ། sben ma dkar po银露梅)、白海螺泉眼(དུང་དཀར་ཆུ་མིག dung dkar chu mig)的地方，你将会繁衍子孙，成为三个民族的头人"。于是布嚷赞智合率其子孙于藏历第二饶迴第八木狗年(1094年)从卫藏来到康区，在此落户数年后布嚷赞智合梦见骑有120个白狮子的队伍跟他说："这里并非你的驻地，你继续往东方走，你的因缘在多思麦地方。"布嚷赞智合及其家眷又往东走到嘉绒(རྒྱལ་རོང་ rgyal rong)时，其子见到嘉绒丰富的地产，不愿继续走，于是驻扎落户于此。但是父子相继做梦梦见360个将士降临怒言："不遵守上师预言和护法神旨意的弟子布嚷赞智合你，若不去多思麦将会受到上师的惩罚、护法神的恶咒"。于是布嚷赞智合63岁时，即藏历第二饶迴四十火马年(1126年)从嘉绒经过康区，几经曲折寻找九曲汇集之地，于布嚷赞智合85岁时，藏历第三饶迴第二土龙年(1148年)顺从神和喇嘛的旨意到达了九曲之东、烟墩山之西、罢赛智合董让莫(སྦ་རྩེ་བྲག་གདུང་རིང་མོ sba rtse brag gdung ring mo)之北，邦嘎尔森林南侧，名为东嘎尔曲目隆(白螺泉眼沟)的地方落根生存，自此热贡就有了来自卫藏的沃果儿德哇。[1]

第二节　祖先传说：来源问题的本土阐释

一、沃果日松巴仓：来自阿里三围的戍边者

藏族有句俗语：

བསྐལ་བ་སྟོང་གི་མི་མེད་ཀྱང་། བསྐལ་བ་སྟོང་གི་ཚིག་ཡོད། རྒྱུས་ཡིག་ཐོག་དང་བོད་ངག་ཐོག

译：没有千年之人，却有千年之说，汉族以文字记载，藏族以口耳相传。

传说是藏族典型的记事方式。对于沃果日的来源相对一致的传说则为阿尼

〔1〕 རྒྱ་བཟའ་དགེ་བཤེས་འཇམ་དབྱངས་གྲགས་པས་མཛད་པའི་རེབ་གོང་ཙུས་འཛོད་ལྟ་བ་མཁའ་ཁྱབ་སྒྲོགས་སྒྲལ། 嘉扎·格西嘉木样智巴.热贡族谱[M].藏于夏日仓宫殿内.

松巴的后裔。

相传赞布赤热巴坚主政后期，来自上藏阿里三围（སྟོད་མངའ་རིས་སྐོར་གསུམ། stod mngav ris skor gsum）之松巴（སུམ་པ། sum pa）地方的阿尼松巴及其家眷来到热贡脱加这个地方戍边。听老人说阿尼松巴从卫藏来到来热贡时途经嘉绒（རྒྱལ་རོང་། rg · yal rong）地区，在嘉绒地区居住60余年，在嘉绒有其部分子孙留居后又来到热贡东噶日滩驻扎（“鲁如”时男士所戴的手帕夹发的头饰与嘉绒妇女戴的头饰相同，服饰也近似）。[1]

因此松巴仓为脱加的原住民，同时也是脱加沃果日的始祖，虽然沃果日由九个措哇组成，但民间仍以“沃果日松巴仓”称呼。松巴（སུམ་པ། sum pa）为藏族十八大姓氏之一，而且吐蕃时期的“四茹”中“སུམ་པའི་རུ། sum pavi ru松巴茹”为汉藏交界征战、屯垦戍边的主要军事力量。显然这是由部族名转为祖先名，又以祖先名转为地名的一种命名方式。沃果日由九个措哇组成，也有“བོད་སྐོར་ཚོ་བ་དགུ་བོ། bod skor tsho ba dgu bo”之称。分别为松家仓、王加仓、康加仓、杨加仓、尤家仓、耿家仓（后并到松家仓）、巴彦王加仓、唐王加、什哈龙等九个措哇。其中松家仓为最初定居者，也是最大的措哇，松家仓又分嚓曾藏（ས་འཛིན་ཚང་། sa vdzin tshang持地家族）、洪果日仓（དཔོན་སྐོར་ཚང་། dpon skor tshang官宦家族）、巴彦仓（པ་ཡང་ཚང་། pa yang tshang富人家族）、曲曾仓（ཆོས་འཛིན་ཚང་། chos vdzin tshang持佛（法主）家族）之分。其次是王家仓，也分巴彦王加、唐王加。王加仓可能为王族成员，虽然松家仓为最大的部族，也是最早的定居者，但身为王族其权利可能大于其他，民间有“见到王加（家）仓的牛也要让路”之说。其势力与松家仓相当，“鲁如”时就有王加仓和松家仓爬旗杆比赛之俗，说明两股势力在历史的场合中有过争夺主权之争。什哈龙（现为藏族）据说是在附近山上为沃果日放牧的一支，又说当年为争夺地盘，去守戍的一支，临走时向沃果日要走一个护法神。总之什哈龙是从沃果日迁走的一支，至今“鲁如”、祈愿大法会时必须到沃果日一同举行。

另有一则流传于哈拉巴图的传说：

---

〔1〕采访人：笔者；时间：2014年8月8日；受访人：GZ，男，56岁；地点：沃果日GZ家中；语言：铎话；翻译：笔者。

沃果日、哈拉图（ཧྭ་ར་ཐར། hwa ra thar）、尕泽东（དཀར་རྩེ་གདོང་། dkar rtse gdong）三个村庄的先民为三兄弟，或三父子。吐蕃三圣者（ཆོས་རྒྱལ་མེས་དབོན་རྣམ་གསུམ། chos rgyal mes dbon rnam gsum）时期，吐蕃军队在达力加山之达日加拉措湖（དར་རྒྱལ་བླ་མཚོ། dar rgyal bla mtso）战败唐军后，三兄弟来到热贡，见到此处土地肥沃，宜牧宜农，三兄弟留居此地娶妻生子繁衍子孙，“鲁如”之军舞、神舞、龙舞也始于此。[1]

这三个村庄是在隆务河东谷地自南向北依次坐落，尕泽东位于铁城山脚下，其北连沃果日，沃果日之北为哈拉巴图。尕泽东与哈拉巴图现为操藏语者，藏族，而沃果日被认定为土族，操藏语和蒙藏混合语。每年“鲁如”这三个村庄都要一同举行，21日和22日三个村在尕泽东或哈拉巴图两个村庄轮流举行，其先后顺序抽签决定，24日为最隆重的一日，规定在沃果日举行，据说沃果日是三个村庄之长或之父，在临“鲁如”结束之际有“三兄弟分地界”仪式，犁地分界时便说：

འདི་བོད་སྐོར་སུམ་པ་ཚང་གི་ས་ཡིན། འདི་དཀར་རྩེ་གདོང་འབབ་རྒྱ་ཚང་གི་ས་ཡིན། འདི་ཧྭ་ར་ཐར་ཞྭ་མེད་ཚང་གི་ས་ཡིན།གྲོ་ཡི་སྐལ། ནས་ཀྱི་སྐལ། ……

译：这是沃果日松巴仓之地，这是哈拉巴图夏美仓之地，这是尕泽东巴加仓之地，麦子的份、青稞的份……

据哈拉巴图的老人说，以前“鲁如”结束之际，哈拉巴图的洪波念吉祥颂词：

ཡ། དེ་རིང་བཀྲ་ཤིས་བདེ་ལེགས་ཀྱི་ཉི་མ་བཟང་པོ། ཚེ་བསོད་དཔལ་འབྱོར་རྒྱས་པའི་སྐར་མ་བཟང་པོ།……

ཡ། སྟོ་རྒྱུད་འཛམ་བུ་གླིང་གི་ས་ཆ། སྤྱན་རས་གཟིགས་ཀྱི་གདུལ་ཞིང་། ཡབ་རྗེ་བླ་མའི་སྐྱབས་འོག་ནང་སོའི་ལྷ་སྡེ། ཧྭ་ར་པ་ཐུ། བོད་སྐོར། དཀར་རྩེ་གདོང་བཅས་སྡེ་གསུམ་པོ་ཅི་འདྲ་ཞིག་ཡིན་ཟེར་ན། དགུང་ན་སྟོ་སྤྲིན་ཐིབ་ཅིང་གཡུ་འབྲུག་སྒྲོན་མོ་གྲགས་ས། ས་ལ་ལྗོན་ཤིང་སྐྱེས་ནས་ལོ་ཡག་སྟེ་མ་འཁྲུངས་ས། བར་དུ་སྤྲང་ཆར་འབབ་ཅིང་ཁྱུ་བྱུག་སྒྲོན་མོ་གྲགས་ས། ཧྭ་ར་པ་ཐུ་ཞྭ་མེ་ཚང་། བོད་སྐོར་སུམ་པ་ཚང་། དཀར་རྩེ་གདོང་འབབ་རྒྱ་ཚང་ཟེར་བའི་བུ་གསུམ་པོ་གང་ནས་ཡོང་ནས་ཟེར་ན། བོད་ཀྱི་ཆོས་རྒྱལ་མེས་དབོན་རྣམ་གསུམ་གྱི་དུས་སུ། དར་རྒྱལ་བླ་མཚོའི་ཁ་ནས་བོད་ཀྱི་དམག་ལ་རྒྱལ་ཁ་ཐོབ་སྟེ། སྤུན་གསུམ་གནས་འདིར་ཡོང་ནས་ས་དཔྱད་གཙུག་ལག་གི་མེ་ལོང་ལ་བལྟས་པས། ཤར་ན་རྫམ་ལྷས་གཏེར་སྒོ་ཕྱེ་བ་ལྟ་བུ། ལྷོ་ན་ཐང་ཤིང་ནགས

[1] མཁར་རྩེ་རྒྱལ་གྱིས་བརྩམས་པའི་འཇིག་རྟེན་མཆོད་བསྟོད། 热贡・卡尔泽杰.世间礼赞：安多热贡地区民间祭祀“六月会”历史文化内涵研究［M］.北京：中国藏学出版社，2009：378.

ཚལ་རྒྱས་པ། ཉུབ་ན་གཡུང་དྲུང་རིས་སུ་འཁྱིལ་བ། མདུན་ན་ལྷ་ཆབ་སྔོན་མོ་རང་འཁྱིལ། དཀར་ཕྱོགས་ཡུལ་ལྷའི་གནས་ས། ཀྱོ་གསལ་ཉི་འོད་འཁྱིལ་ས། རོང་སྣེ་འབྲོག་སྣེ་འབྲེལ་ས། འབྲུ་དྲུག་ལྷང་སྨྱུག་སྐྱེས་སས་དཔྱིད་བཟང་དགུ་འཛོམས་པ་དེ་འདྲ་ཞིག་ཡིན་པ་ཤེས་ནས། སྤུན་གསུམ་པོས་ས་བཟུང་སྟེ་ལྷ་རྩེད་ཀླུ་རྩེད་དམག་རྩེད་སོགས་ཀྱི་རོལ་རྩེ་སྤེལ་དེ་ནས་དར་རྒྱ་བྱུང་།

译：啊！今天是吉祥如意的好日子，长寿富足的好星辰。啊！南瞻部洲的地方，观世音的道场，圣噶丹嘉措护佑下的囊索的神民，哈拉巴图、沃果儿、尕泽东三个部落如何形成的呢？天上云朵汇聚，龙声阵阵的地方，地下植被茂密，粮食丰收的地方，中间春雨淅淅，布谷鸟鸣的地方，被称为哈拉巴图夏美仓、沃果日松巴仓、尕泽东巴加仓的这三子的来历，吐蕃祖孙三法王时，在达日加圣湖边吐蕃军队战胜后，三兄弟来到这个地方，观风水宝镜，东如财神宝库之门打开，南边松树枝叶繁茂，西如雍仲旋转，前如青龙卧姿；地域神居住的地方，温暖的地方，农牧相接的地方，五谷成熟的地方，发现这个风水宝地之后，三兄弟就在这里跳起神舞、龙舞、军舞，六月会从此发展而来。[1]

说起这三兄弟的来历，吐蕃三法王（ཆོས་རྒྱལ་མེས་དབོན་རྣམ་གསུམ། chos rgyal mes dbon rnam gsum）时期，吐蕃军队在达力加山之达日加拉措湖战败唐军后，三兄弟来到此地。这三兄弟以达日加垒孙为（སྐྱེས་ལྷ། skyes lha）籍贯神，以阿尼烟墩与卡日吉合（མཁར་ལྗགས། mkhar ljags铁城山）为神山或山神的社会记忆，以传说、仪式的方式被人们记忆，传承，通过仪式告诉人们不要忘了自己的祖先和根源。

二、年波麦恰麻日波尖：为皇帝戍边的霍尔人

对于年都乎祖先来源的传说，不管是20世纪80年代的调查还是现如今的调查，说法较一致。多数人认为其祖先为霍尔人，是霍尔大将道尔达那波的后裔。芈一之先生的调查中提到，年都乎老人说：

我们是从东方“尖卜落”或“卡陇”来的，是皇帝派我们来这里守边的，别人是归我们管的云云。这里是皇家的土地，是霍尔加的土地，好好的拔草

〔1〕 མཁར་རྩེ་རྒྱལ་གྱིས་བརྩམས་པའི་འཇིག་རྟེན་མཆོད་བསྟོད། 热贡 · 卡尔 · 泽杰.世间礼赞：安多热贡地区民间祭祀 “六月会” 历史文化内涵研究［M］.北京：中国藏学出版社，2009：378.

拔干净云云。[1]

在笔者的实地调查中，多半的年都乎人也自称自己的祖先为霍尔人：

听说我们是成吉思汗的大将道尔达那波的后裔，我们是霍尔人。好像是从甘加（甘肃省甘南州甘加乡）那边来的，甘加有（གཉན་ཐོག་འབྲོག gnyan thog vbrog）年都乎牧区。王家仓是年都乎土把孜（土把总）的措哇，是我们的洪波（头人）。年都乎拉卡有个霍尔措哇和姜意措哇，据说他们是霍尔。他们跟着蒙古军队去过拉萨，因拉萨的路途遥远，路上食材短缺，又要过河水，死了很多人。姜意措哇的人在去拉萨的路上晚上夜宿时将姜意（木碗）放在地上，由于晚上太过寒冷被冻住了，粘在地上，第二天启程时未能取上，所以用手挖冰冻姜意（木碗）回来，后来就叫姜意措哇。[2]

我们年都乎的人是霍尔，听说我们原先住在现在的年都乎电厂那里，后来才搬到现在的住址。据说以前我们跟着一个木洪（将军）去了拉萨（为什么去不知道），回来的时候从拉萨迎来了阿尼玛卿神，阿尼玛卿神不愿意回来，所以骗着阿尼玛卿神说那边有金山、银山，一路给他唱家乡的歌，所以“邦”的那天会给阿尼玛卿唱歌迎请。阿尼玛卿来到年都乎后为了不让他思念家乡，“鲁如”时候装扮卓巴（འབྲོག་པ vbrog pa 牧民）表演，取悦阿尼玛卿，因为阿尼玛卿喜欢“卓巴（牧民）”。[3]

不管这个仪式是否为取悦阿尼玛卿，“鲁如”仪式中年都乎拉卡确实有一项表演项目，即几个人装扮成牧民的样子，穿皮袄，喝奶茶、吃酸奶，学牧民说话，做事。一说是为了表示和牧民的友好交易，演绎牧民（卓巴）和农民（绒巴）进行交易的场景。还有一说是为了取悦阿尼玛卿，装扮成牧民。总之，年都乎的祖先历史记忆为霍尔人，但与西藏发生联系（去过西藏，且从西藏迎请阿尼玛卿山神），而且西藏也有年都乎的地名。这个可能与霍尔王阔端派其

---

〔1〕 芈一之.《青海土族社会历史调查》之《同仁四寨子土族历史调查》[M].北京：民族出版社，2009：160.

〔2〕 采访人：笔者；时间：2015年1月19日；受访人：CCH，男，83岁；地点：年都乎拉卡CCH家中；语言：铎话；翻译：笔者。

〔3〕 采访人：笔者；时间：2015年1月19日；受访人：JY，男，63岁；地点：年都乎JY家中；语言：铎话；翻译：笔者。

大将霍尔道尔达那波去西藏迎请八思巴有关。

三、来自卫藏阿里的吐蕃戍边者：藏父汉母的桑格雄

（一）本族传说：来自卫藏藏父与河州汉母的后裔

对于桑格雄的祖先来源传说，像老一辈的芈一之等学者所记录的传说中也有一些人认为其祖先是“四川来的”或“河州来的”，但笔者去实地调查时，现在多半人一致认为，上下桑格雄的祖先是吐蕃时期的戍边军队后裔，只是娶了汉族妇女后其语言变成了现在的汉藏混合语。桑格雄麻果的DJ老人说：

据说我们的祖先是松赞干布时期，从上藏阿里（སྟོད་མངའ་རིས། stod mngav ris）地方到汉藏边界来戍边的。吐蕃时期汉藏在达力加山交战，吐蕃战胜后就留守在大力加山以东的汉界（似河州），由于长期在汉地戍边，未能回去，遂娶了汉族姑娘，语言也慢慢变异，到热贡的时候基本上汉化了，只是服饰方面保留着一些古藏语，如啪啦（བལ་ལྭ། bal lwa）、苏华等。桑格雄麻果称之为“吉阔日纳窝བཅུ་སྐོར་ལྔ་བོ། bcu skor lnga bo”，“吉阔日”是吐蕃时期的一个军事编制，桑格雄有五个吉阔日。而且人死后火葬后将骨灰埋入土坑，上立形似马蹄形封土，封土上立一个旗幡，代表军队的标志，还要放三个白石，白石代表盟誓石，这些都是吐蕃时期的习俗。我们的山神阿尼达日加是祖先从达力加山（今甘肃临夏州和青海循化县交接处山脉）带来，是我们的杰拉，出生地的神。阿尼达日加在汉藏交接的达力加山牺牲后变成了那里的山神。[1]

桑格雄亚果的老人说：

我们血统上是拉萨人，我们的护法神也是从萨迦带来的，从上部阿里地方来的。听说我们拉萨的一个将军战胜唐军后到西安谈判，娶了个西安的女子。我们亚果（上庄）、麻果（下庄）根子上是一样的，加仓玛是后来归附到麻

---

〔1〕 采访人：笔者；时间：2014年8月14日；受访人：DJ，男，75岁；地点：桑格雄麻果DJ家中；语言：安多藏语；翻译：笔者。

果的，但也有一些后来迁来的热永（རུ་ཡོང་། ru yong）。据说，亚果说是交嘎达日杰的后裔，麻果人是达日董加参的后裔。这位将军有三个儿子娶了三个不同的民族的女人，娶了藏族、汉族、麻果的卡日囊（城内村）娶了回族。马加、侯加等几个措哇是去了内地又回来的。我们的语言里与父有关的服饰方面的词保留着古藏语，与母有关的饮食方面的词为汉语。[1]

热贡有三个大城：保安大城，吾屯大城，年都乎大城。桑格雄中卡日囊或大城为最早的落户者，以前有“一墙七十家”，现在有120余家，嘎啦（铁匠）30家，现有80余家，除去十八家，其他的康加、马加等只有几户，是后面迁来的。侯家德哇只有侯加一个队，他记事时只有十三家，现有三十几家。李加有两队，也有八十余家。李加德哇是最后来到桑格雄的，他们的地也是最不好的，加仓玛和李加德哇是后迁的说汉语的人。[2]

（二）流传于民和的传说：鲍家村的藏族祖先——“桑格雄”

调研队前往大河家镇（甘肃省临夏回族自治州积石山保安族东乡族撒拉族自治县）进行实地调研时，偶尔听到民和官亭镇（青海民和回族土族自治县）的鲍家村自认为其祖先是藏族，近几年过节时有穿藏服、学跳藏舞，有文化回归现象。于是调研队去了民和官亭镇的鲍家村进行实地调查，果不其然，鲍家村的LX先生说：

> 我们是从热贡鲍家（桑格雄）来的，桑格雄是我们的藏族祖先。我们的庙里还供着我们藏族祖先的画像。官亭镇的喇家村、鲍家村都是从热贡迁来的藏族，以前每年农历正月十五日穿藏服，到各村巡游，来表纪念祖先。[3]

调研队随同庙官进入鲍家村的神庙，门前立有“鲍家遗址”的石碑，庙宇略显破旧，尘土满屋。供台中间置有一座神轿，里面有一个嘛呢经轮，其前置一副

〔1〕 采访人：笔者；时间：2014年8月9日；受访人：CRJ，男，65岁；地点：桑格雄亚果XX家中；语言：安多藏语；翻译：笔者。

〔2〕 采访人：笔者；时间：2014年8月14日；受访人：DJ，男，75岁；地点：桑格雄麻果DJ家中；语言：安多藏语；翻译：笔者。

〔3〕 采访人：笔者；时间：2014年8月27日；受访人：LX，男，58岁；地点：民和鲍家庄庙内；语言：汉语；翻译：笔者。

佛塔画像，顶上有一幅千手观音画像；其左侧有一座内供小铜钟的神轿，其右侧有一副唐卡，据庙官说是他们鲍家村的藏族祖先，从同仁的桑格雄(加仓玛的人也称桑格雄麻果为包/鲍家)迁来的。唐卡上画有一副着藏袍的夫妇在草原上用餐的场景，旁边有马、狗等牲畜，展现一幅草原游牧民族的生活场景(见图12)。

图11　民和官亭鲍家村庙

图12　民和官亭鲍家村供奉的藏族祖先——热贡桑格雄

庙官还拿出了两副积有层层厚土的唐卡，其中一幅残破不堪，但仍可辨底部藏文颂词与署名。另外一幅为身骑狮子坐骑、六臂持武器的唐卡，据说是他们的保护神。在笔者谈到"热贡的桑格雄也被认定为土族，跟你们一样，为什么说是藏族"时，LX先生说：

他们不是土族，跟我们(民和土族)不一样，是真正的藏族，民和的喇家村、鲍家村都是从同仁迁来的藏族，祖上是藏族。[1]

四、来自霍尔王的遗部或卫藏乌茹铎日代："郭麻日"与"尕撒日"两兄弟

郭麻日的祖先传说出现了两种说法。以前较为盛行的说法为"霍日ཧོར། hor"人。据芈一之先生的调查，郭麻日人自称他们的根子是霍尔。

〔1〕 采访人：笔者；时间：2014年8月27日；受访人：LX，男，58岁；地点：民和鲍家庄庙内；语言：汉语；翻译：笔者。

郭麻日的祖先和泽库县霍尔措玉四部落（现为藏族）的先人是兄弟俩，他们都是来自成吉思汗的军队，泽库县的霍尔瓦加保存着他们的历史。解放前郭麻日人和泽库县霍日措玉（四部落）保持着来往，如遇重大事情，互相派人联络。值得一提的是年都乎人和郭麻日人都不听《格萨尔传》，据称，如果听《格萨尔传》会触犯他们的护法神。[1]

但现如今在郭麻日盛行着这样一种说法，他们来自卫藏乌茹铎日代（དབུ་རུ་དོར་ཏེ། dbu ru dor te），奉赞布之命来热贡戍边。86岁的郭麻日JL老人非常确定地说：

我们是松赞干布时期从卫藏乌茹铎日代来戍边的，留居在这个地方，父是藏族、母是霍尔。脱加、桑格雄、年都乎是从郭麻日金卡日（ཅེའུ་མཁར། cevu mkhar）分出去的，金卡日有吉朗嘉布（གྱི་ལིང་རྒྱལ་པོ། gyi ling rgyal po），郭麻日金卡尔是军事中心，最早的统治者，有"上部古德（ཀོའུ་སྡེ། kovu sde）、中部四合吉（ས་དཀྱིལ། sa dkyil）未形成前，就有下部郭麻日（སྒོ་དམར། sgo dmar）"之说。脱加是军事咽喉，霍日纳和拉卡（ཧོར་ནག་ལ་ཁ། hor nag la kha）也是从金卡日派出去的，也有也通（烟墩），若有敌情，从脱加的铁城山放烟火，郭麻日上方的霍日呐合拉卡那边就能看见，霍日纳和拉卡放烟火，下面的金卡日就做军事防备。后来年都乎土把总得势后成了"蔡孜德裕"的首领。加瓦李公刺万仓为最早的就定居者，据说是从金卡日过来的，而宗喀措哇（ཙོང་ཁ་ཚོ་བ། tsong kha tsho ba）是最大的措哇，有帕加吾董（ཕ་བརྒྱ་བུ་སྟོང་། pha brgya bu stong）之称，从宗喀地区来的，也是早期定居的。[2]

老人还念诵了郭麻日颂词（བསྟོད་པ། bstod pa）。据说该颂词是从前老人们在庆典（སྟོན་མོ། ston mo）时所诵，以口耳相传。现在他老了，有的地方记不住，所以让他们家的阿卡（僧人）记了下来。以下为部分颂词内容：

---

〔1〕　芈一之.《青海土族社会历史调查》之《同仁四寨子土族历史调查》[M]. 北京：民族出版社，2009：154.

〔2〕　采访人：笔者；时间：2014年1月19日；受访人：JL，男，86岁；地点：郭麻日加洛JL家中；语言：铎话；翻译：笔者。

ཡ། ད་ང་སྒོ་དམར་སྟོང་སྡེ་བསྟོད་པ་རྣམ་གསུམ་རེ་བཤད་ན། ང་སྟོང་སྡེ་ཡོང་བ་སྟོད་ནས་ཡོང་ཟེར། སྟོད་གི་དོར་ཏེའི་སྡེ་ནས་ཡོང་ཟེར། ང་སྟོང་སྡེ་དོར་སྡེ་ནས་བྱུང་ཟེར། ང་ཡོང་བ་ཙོང་གའི་ཡུལ་འདིར་ཡོང་ཟེར། རྗེ་བཙན་པོའི་བཀའ་ལ་ཉན་ནས་ཡོང་ཟེར། རྒྱ་ནག་པོ་ཆམ་ལ་ཕབ་ནས་ཡོང་ཟེར། བོད་མགོ་ནག་གི་དབུ་འཕང་བསྟོད་ནས་ཡོང་ཟེར། ཡང་ཡོང་བ་ཙོང་ཁའི་ཕྱོགས་ནས་ཡོང་ཟེར། ……

译：啊！我为郭麻日千户庄献三句赞词：说起郭麻日千户庄之来历，来自上部多日岱，来自勇猛之猛部，来自六十猛部之中，来自乌茹千户部之中，来自上部多日岱部，我千户多日岱庄自此形成；我来到宗喀地区，是奉赞普命令而来；是为打败唐军而来；树着藏人声誉而来……[1]

第三节　他称、自称与宗族世系

一、他称：铎日铎、霍日、加蔡孜裕、土人、土番

热贡藏人将“蔡孜德裕”人称之为“铎日铎（དོར་དོ། dor do）”，但他们自己不承认是“铎日铎”，也不喜欢被称为“铎日铎”，看似略带“偏见”，而且在正式的藏文书籍或史料中也会用“霍日ཧོར། hor”指代，从不写“铎日铎”，说民族成分时也会说“霍日人”。民间也有“加蔡孜裕（རྒྱ་ཁྲེ་ཚེ་བཞི། rgya khre tse bzhi）”之称，其不同称谓，说明了历史发展过程中有过复杂的社会背景。

（一）“铎日铎”

至于什么是“铎日铎”？为什么叫“铎日铎”？笔者在一些藏族村落做了采访。其实多半人并不知“铎日铎”是什么意思，只是祖先们一直这样称呼，他们也这样随之。DJJ教授说：

通常认为，“铎日铎”是由“道尔达那波”演变而来的。但据老人说，之所以称“铎日铎”，是因为他们穿的裤子“དོར་མ། dor ma”是分叉的，与别的热贡藏人不一样，所以根据他们所穿的裤子“多日玛”而称“铎日铎”。从宗教信仰、风俗习惯、房屋结构都与藏族一样，甚至有的（藏族）消失的风俗习惯，

〔1〕 采访人：笔者；时间：2014年1月19日；受访人：JL，男，86岁；地点：郭麻日加洛JL家中；语言：铎话；翻译：笔者。

在“蔡孜德裕”中能够找到。在我们的意识里“蔡孜德裕”是藏族，不会认为是其他民族。虽然身份证上写的是“霍尔（土族）”，但我们不会以另一个民族对待。在热贡藏人心里不会认为他们是有别于藏族的其他民族。我们德哇里有好几个与“蔡孜德裕”通婚的，没有任何偏见。[1]

隆务寺高僧GDLZH说：

“蔡孜德裕”，若不看历史，凭直觉有点混合的感觉，感觉男人有点像藏族，女人有些不一样（桑格雄）。不管是不是真藏族（族源），在我的意识里是藏族。至于为何叫“铎日铎”不知道，在我们的意识里“铎日铎”人在生活（资源争取）上非常精明、生存能力强，好像各方面都脱颖而出，不知道是跟风俗有关、还是跟骨系有关，总之跟其他藏族相比，他们特别精明。就像卓巴（牧民）看绒巴（农民）一样。卓巴常说：“རྒྱ་རོང་བ་གཉིས་ཀ་ཞད་ཟེག རྒྱུད་པ་ནང་ན་ཤུག་ཅིག 汉人和绒巴，从骨子里就是弯的”。卓巴看绒巴，也觉得特别精、不老实。归根到底是卓巴自己懒惰，所以看绒巴精明。我们看“铎日铎”也较之其他人精明，所以用“铎日铎”来区分。[2]

双处的作家DJCD说：

“铎日铎”好像是族群名称，据说是由“道尔达那波（རྡོར་རྟ་ནག་པོ། dor rta nag po 黑鞑靼？）”演变而来的，而“加蔡孜（汉四寨）”是骂名。我觉得“铎日铎”不像是藏族（特别是年都乎），应该是“霍尔”，是索波（蒙古）血统。年都乎措哇里有索波，也有藏族措哇。桑格雄有可能跟藏族有关。他们（蔡孜德裕）的族源不好说，但习俗跟藏族一样。小时候听老人说脱加（保安）有木那喀日果（མི་ནག ‘ཉག ’ མཁར་སྒོ། mi nag ‘nyag’ mkhar sgo 西夏大城门），是不是跟这个有关。[3]

---

〔1〕采访人：笔者；时间：2015年7月28日；受访人：DJJ，男，57岁；地点：DJJ家中；语言：安多藏语；翻译：笔者。

〔2〕采访人：笔者；时间：2015年7月27日；受访人：阿卡GDLZH，男，46岁；地点：阿卡GDLZH家中；语言：安多藏语；翻译：笔者。

〔3〕采访人：笔者；时间：2015年7月 × 日；受访人：DJCD，男，36岁；地点：花之林茶餐厅；语言：安多藏语；翻译：笔者。

四合吉老人GZ说：

“铎日铎”是什么意思我也不好说，在我的概念中“铎日铎”并非指一个民族，而是指既像藏族，又不像藏族的人们。其实“蔡孜德裕”跟其他藏族一样，我们也不会将他们视为藏族以外的另一个民族，但与热贡的其他藏人略有不同，尤其是他们的语言、服饰，其余的也没什么不一样的，我们也相互通婚。[1]

当笔者问到“蔡孜德裕”老人，当地藏人为什么称“铎日铎”时：

采访人1：他们叫我们“铎日铎”是因为年都乎土把孜（土把总）是成吉思汗（阔端）大将道尔达那波赤裤的后裔，将“多日达”音变为“铎日铎”。[2]

采访人2：他们叫我们“铎日铎”是说我们“非藏非汉”，像若玛楼（ར་མ་ལུག ra ma lug 既不是羊也不是山羊），既不像藏族、又不像汉族，藏语里叫“加玛沃（རྒྱ་མ་བོད། rgya ma bod 不藏不汉）”。由于我们说的语言是蒙藏、汉藏混合语，但我们的文化、宗教等习俗又与藏族一样，所以叫“铎日铎”。[3]

采访人3：他们叫我们“铎日铎”是因为“蔡孜德裕”与隆务囊索相抗衡（铎日铎哇 དོར་དོ་བ། dor do ba），是从藏语的“དོར་དོ་བ། dor do ba”演化而来的，慢慢就称之为“铎日铎”。[4]

至于“铎日铎”的解释正所谓仁者见仁，智者见智，但是从以上访谈中可概括为，早期可能是某一群体的指称，也许可能与“鞑靼”“达尔达”等有关，因为脱加沃果日杨加措哇的山神叫“阿尼曼公（蒙古？）”，阿尼达日加降神宣神谕时常常会说：“达达（鞑靼）蒙古仓仓，这样的称呼有所闻而未所见，

〔1〕采访人：笔者；时间：2015年1月27日；受访人：GZ，男，68岁；地点：四合吉GZ家中；语言：安多藏语；翻译：笔者。

〔2〕采访人：笔者；时间：2015年1月19日；受访人：JY，男，63岁；地点：年都乎JY老人家中；语言：铎话；翻译：笔者。

〔3〕采访人：笔者；时间：2014年8月12日；受访人：NJ，男，66岁；地点：桑格雄亚果苯康前老人活动区；语言：安多藏语；翻译：笔者。

〔4〕采访人：笔者；时间：2014年1月21日；受访人：阿卡GD，男，48岁；地点：郭麻日阿卡GD居所；语言：铎话；翻译：笔者。

不过他将会一视同仁，毫无偏见云云”。此外，《边政考》中载有明初保安站一带除土番、保安站族外，还居住着黑鞑靼等部。因此，铎日铎可能早期特指某一群体，但这个群体与当地藏族产生鲜明的社会边界（譬如与隆务囊索相抗衡），这是区分“蔡孜德裕”为“铎日铎”的最大的缘由，因为热贡称之为“霍日”的部落很多，如霍日措玉（ཧོར་ཚོ་བཞི། hor tsho bzhi）、霍日纳合（ཧོར་ནག། hor nag）、霍日加（ཧོར་རྒྱ། hor rgya）、霍日桑（ཧོར་སྙན་བཟང་། hor snyan bzang）、霍日（ཧོར། hor）等，但是并没有将他们与当地藏族相区分，都成为藏族。但“蔡孜德裕”既被称之为“霍日”，又以“铎日铎”相区别。正如巴斯所言：“族群是由其本身组成成员认定的范畴，造成族群最主要是其‘边界’，而非语言、文化、血缘等‘内涵’；一个族群的边界，不一定是‘地理的边界’，而主要是‘社会边界’。在生态性的资源竞争中，一个群体通过强调特定的文化特征来限定我群的‘边界’以排斥他人。”[1]因此，在热贡被称为“霍日”的其他村落都属于隆务囊索管辖下，与隆务囊索并没有竞争及冲突，而同样被称为“霍日”的“蔡孜德裕”却在元、明、清时期代表统治阶层治理热贡，其特殊身份致使族群间产生了社会距离。当然，有些认为“铎日铎”为“不藏不汉”的观点，可能为现代人的理解。当王喇夫旦事件后，撤出“蔡孜德裕”土兵，“蔡孜德裕”完全融入到隆务寺的政教合一系统，族群间的社会距离变小，边界越来越模糊了，如今的热贡藏人认为“蔡孜德裕”是藏文化圈里的一个边缘群体（既像又不像），并不排斥他们作为藏族大家庭中的一员。不藏不汉更多的是已经接受藏族身份，但仍有些相异，这种异质大多指语言。因此，生态型的资源竞争所产生的排他性与归属性是决定族群的重要因素。

（二）加蔡孜裕（རྒྱ་ཁྲེ་ཙེ་བཞི། rgya khre tse bzhi）

“蔡孜德裕”也被热贡藏人称之为“加蔡孜裕”，即“汉四寨子”，很多人一听到这个词便认定“蔡孜德裕”之人为汉族、汉民。热贡藏人在谈及“蔡孜德裕”的民族成分时并不会说他们是汉族、汉民，而会说他们是“霍尔”“铎日铎”。之所以称之为“加蔡孜裕”，其一，“蔡孜德裕”在明、清时期代表统治阶层行事，象征着与隆务囊索相区别的朝廷指派人。特别是明朝时

---

〔1〕 Barth, Fredrik. *Ethnic Groups and Boundaries: The Social Organization of Culture Difference*［M］.Boston, MA: Little Brown, 1969.

期年都乎土把孜归降明廷，赋予朝廷官职（土千、把总），代表朝廷监管热贡及热贡土官隆务囊索，所以在当地老百姓的意识中认为是属于朝廷的属民，不属于隆务囊索的属民，在谈到“四寨子”这样一个组织时会说“汉四寨子”，即属“朝廷的四寨子”，“汉”代表朝廷。《安多政教史》中也谈到大明时期册封的四个囊索时会说“（རྒྱའི་དུས་ཀྱི་ནང་སོ་ཁག་བཞི། rgyavi dus kyi ngang tsho khag bzhi）”，[1]即汉时的四个囊索，这里的“汉”指的是“明朝”。还有将大明皇帝册封的官职被称之为“加托卜（རྒྱ་ཐོབ། rgya thob）”，达赖喇嘛册封的称之为“沃托卜（བོད་ཐོབ། bod thob）”，这里的“加”也指明廷。所以“加蔡孜裕”，最初的蕴意为“属于朝廷的四寨子”，因为热贡藏人从来都不会说加（汉）年都乎、加（汉）郭麻日等，将“加（汉）”冠以族群或部落名前。其二，据上述，“蔡孜德裕”的头人年都乎土把孜信仰过道教，“蔡孜德裕”内有过道教信仰遗迹，在热贡藏人看来有汉化趋向，故而称之。“蔡孜德裕”的汉化倾向是不容忽视的，当地藏族称桑格雄的女人“加毛（རྒྱ་མོ། rgya mo）”，意为汉族女人。这个《秦边纪略》中也有记载：“卫，今设副戎一。又起台堡、保安堡、归德堡守备三。土人或云：其先世夷人，居中土已久，服食男女与中国无别，且久与汉人联姻，与汉人言则操汉音，又能通羌夷语，其实心为汉，非羌夷所可及云……堡皆土人。距捏工川一百五十里。今其兵皆土人，无一汉人者，饷则众共分之，粮即所应输者抵之。”[2]再者，称之为“加 × ×”的，在藏区并不罕见。正如现代藏人将天祝的藏族称之为“加华锐（རྒྱ་དཔའ་རིས། rgya dpav ris）”，将河湟地区的卓仓人称之为“加卓仓（རྒྱ་གྲོ་ཚང་། rgya gro tshang）”“加卓尼（རྒྱ་ཅོ་ནེ། rgya co ne）”等，类似的称呼甚多，但不是因为他们是汉族而称之为“加”，而是因为他们的汉化而称为“加”。

（三）霍尔

历代藏文史料中将“蔡孜德裕”的头人、首领（年都乎）称之为“霍日（ཧོར། hor）× ×”，而且“蔡孜德裕”中一些人较之“铎日铎”较为认同这样的称呼，至少并不反感。谈到霍日，在藏文史料如《白史》《西藏王臣记》《安多政教史》等中指称蒙元以前讲阿尔泰语系的民族。元朝时期的

---

〔1〕 བྲག་དགོན་པ་དཀོན་མཆོག་བསྟན་པ་རབ་རྒྱས་ཀྱིས་མཛད་པའི་མདོ་སྨད་ཆོས་འབྱུང་།། 智观巴 · 贡却乎丹巴绕吉.安多政教史［M］.兰州：甘肃民族出版社，1982：348.

〔2〕（清）梁份.《秦边纪略》卷一《河州卫》［M］.甘肃省图书馆馆藏，35.

蒙古尽管在一些史料中也称之为“霍日”，但在安多藏语口语中通常以“索波（སོག་པོ། sog bo）”相区别，有较清晰的边界。热贡藏人将“蔡孜德裕”称之为“霍日”，并非与文献中蒙古时期的“霍日（蒙古）”相混。保安堡中信仰伊斯兰教的蒙古人被称为“脱加索加（ཐོ་རྒྱའི་སོག་རྒྱ། tho rgyavi sog rgya）保安的蒙古”，而把“蔡孜德裕”中讲蒙藏混合语的人们称之为“霍日”。因此，热贡藏人对“蔡孜德裕”中讲蒙古语族的人与蒙元时期的蒙古人（保安族）有较清晰的区分。“蔡孜德裕”中除年都乎驻扎热贡的时间约为元末明初外，其余的均为元朝以前（吐蕃、木雅或更早）。尤其是称之为千户（སྒོ་དམར་སྟོང་སྡེ། sgo dmar stong sde）的郭麻日，尤为更早。据《先祖言教》：“上部古德、中部四合吉未形成之前就有下部的郭麻日之说”，而上部古德和中部四合吉是吐蕃时期藏族四大姓氏中的“塞氏”后裔，他们落户热贡的时间也为元以前。据此，称之为千户的“郭麻日”应为更早的原住民，可称得上是土著。所称的“霍日”，并非指蒙元时期的蒙古，而是更早的北方民族，或有人认为称之为“多霍日（སྟོད་ཧོར། stod hor）”的西藏阿里地区的霍日人。热贡有很多称之为“霍日”的村落，如“霍日加”“霍日那”“霍日措许”，泽库有“霍日乡”，循化起台堡附近有称之为“霍龙卜（ཧོར་རོན་པོ། hor ron po）”“霍日庄（ཧོར་གྲོ་བ། hor gro ba）”的村庄，现均为藏族。唯独称之为“霍日”的“蔡孜德裕”仍讲蒙藏混合语，笔者认为这与元、明时期所建立的“驿站、堡寨”有关。蒙元时期称之为霍日道尔达那波的年都乎人来到热贡后，约明万历年间时将“蔡孜德裕”归于其麾下，修筑“保安堡”，设立“保安四寨子”。

（四）土人、土番、藏民

汉文史料中所载的保安站族或四寨子族、保安四屯皆被称之为“土人”“土番”。

《边政考》卷二《河州番》载：“保安站族，男妇一千名口，纳马。”《边政考》将保安站族男妇一千列为河州番族。《秦边纪略》卷一《河州卫》记载：“卫，今设副戎一。又起台堡、保安堡、归德堡守备三。土人或云：其先世夷人……今其兵皆土人，无一汉人者。”视为土人。《大清世宗宪皇帝实录》载：

> 朕查陕西临洮府属之保安堡番民归化多年。按照田亩起科，共额征粮八百一十五石五斗。因该堡向日，止设番兵一百二十名，即以应纳之额粮，抵

作应支之兵食……着将保安堡番粮亦照新附番民之例，每户纳粮一斗，征收在仓，留为积贮。其现募之兵丁二百名，所需粮料，俱照例给予折色。以示朕加恩番民之至意。[1]

《循化厅卷》旧册载：

乾隆二十七年河厅移住循化始奉文归厅征收，七月接管四屯番民九百九十户，地二千八十三段，纳粮九十九石，遵行至今。

乾隆二十九年，保安番民耕种熟地一百二十八倾一十六亩八分一厘一毫九丝。[2]

《秦边纪略》《清实录》等史料中，保安的堡的士兵均被称为"番兵""土兵""番民"。

二、自称：部落名

"蔡孜德裕"均以部落名自称。比如年都乎人会说我们是年都乎的，其他人也会说某某是年都乎人。沃果日人自称沃果日松巴仓；郭麻日、尕撒日自称郭麻日亚当（上部）、麻日麻当（下部）；桑格雄人自称是桑格雄的或欧（吴）家。传统上，藏区社会以部落组织为核心，部落认同与地域认同强于民族认同。安多人将西藏人以蕃巴（བོད་པ། bod pa）呼之，将康区人以康巴（ཁམས་པ། khams pa）呼之，而西藏、康区的人则将安多人以安多巴（ཨ་མདོ་པ། A mdo pa）称之。因此，就"蔡孜德裕"而言，部落认同强于民族认同，以部落名相称。在不同时期的迁徙过程中，迁徙地都以部落名命名。比如"蔡孜德裕"中称之为年都乎的部落，据《年都乎简志》载年都乎部落的迁徙路线为：控制黄河以北——甘南·甘加一带码头—— 热贡，因此，年都乎祖先先控制黄河以北地区（也许是他们所说来自卡陇由此而来，黄河以北互助一代的土人自称卡陇），后来六军团分散后来到甘加草原驻扎（八角城？），后迁至热贡。甘加仍有年都乎的部落，现称之为"གཉན་ཐོག་འབྲོག gnyan thog vbrog 年都乎

〔1〕《大清世宗宪皇帝实录》卷一○一，甘肃省图书馆馆藏。

〔2〕（清）龚景瀚.《循化志》卷四《族寨工屯》[M]. 西宁：青海人民出版社，1981：163–164.

牧区”，据说西藏也有年都乎的村落，河南县也有年都乎寺。据《甘南文史资料》，甘南的年都乎部落也是从热贡的年都乎迁来的，当时是拿着年都乎洪波颁发的敕书来到甘南。

像沃果日，热贡藏语口语为“奥国（འོ་ཀོ o:go）”，书面语则称“བོད་སྐོར། bod skor沃果日”，而民间有“奥国松巴仓（འོ་ཀོ་སུམ་པ་ཚང་། o:go tson ba tsang）”称之。对于沃果日的种种解释笔者觉得有点牵强附会，如将“沃果日”释为“转为藏族”，或“被藏族群体包围”之类的。或者是现在普遍认为的“沃果日”为“藏族群体”，也不排除后人意会附加的可能。因为在脱加（保安），明、清时期有保安穆斯林、藏族、汉族等群体，为了区分其中的藏族群体用“བོད་སྐོར། bod skor沃果日”称之。笔者更觉得“奥国（o:go）”为一个原始部落名称，而沃果日（བོད་སྐོར། bod skor）是后人对“奥国o：go”的附会，似为音转意。否则沃果日这个部落名应该是明、清时期穆斯林、汉族（清末）迁入之后形成的部落群体名称。但称之为“奥国（沃果日）”的村落在循化白庄乡采江有“奥国村”，互助县光辉寺的香火庄有“奥国”措哇，归德也有“奥国”村，甘肃靖远县也有“窝科”村（不知是否一同），似为一个部落名，除非这些部落都是从热贡沃果日迁徙，而且时间上应为明清，或者与脱加的沃果日没关系，否则解释不通。沃果日德哇的有些老人觉得青海循化白庄乡的“奥国”与热贡的“沃果日”有渊源。因为沃果日所供奉的杰拉（籍贯神）为阿尼达日加（ཨ་མྱེས་དར་རྒྱལ། A myes dar rgyal），而采江“奥国”又在大力加山（དར་རྒྱལ་རི། dar rgyal ri）脚下，他们的主神也为阿尼达日加，且采江奥国身处白庄乡最高的山顶，将整个白庄乡收眼于下，若有敌情可放烟火报信。据笔者实地调查，白庄乡的“奥国”的确有“ཀུ་ལི། ku li墩台”的城墙遗迹。据说采江“奥国”的庆宴颂词中提到：“我们在热贡有儿子，有‘奥国’部落，现在形成了九个措哇，在贵德有儿子，有‘奥国’部落”云云。[1]在敦煌文献《吐蕃大事纪年》中载：“自659—777年间噶尔东赞、坌达加（འབོན་ད་རྒྱལ། vbon da rgyal）、赤孙杰（ཁྲི་སུམ་རྗེ། khri sum rje）在朵思麻（མདོ་སྨད། mdo smad）之阿夏域（འ་ཞའི་ཡུལ། va zhavi yul）活动，而且于公元696年和公元714年曾两次提到阿夏地区的赐古晋之奥国（སིལ་གུ་ཅིན་གྱི་འོ་ཀོལ། /འོ་ཁོལ། sil gu cin gyi vo kol/vo khol）制定阿夏（吐谷浑）之法令。”[2]这个地名，不管是否与“蔡孜德裕”

〔1〕由脱加沃果日的夏吾他老人提供，据说是采江奥国的老人所说。

〔2〕黄布凡、马德译注．敦煌藏文吐蕃史文献译注［M］．甘肃教育出版社，2000.

中的沃果日有关，但至少在阿夏地方有奥国这个地名。纵观沃果日的历史与文化，与大力加（ད་རྒྱལ da rgyal）与大力加山（དར་རྒྱལ་ལད dar rgyal lad）有关，其来源与吐蕃大将坌达延（འབོན་ད་རྒྱལ། vbon da rgyal），汉藏边界（大力加山、冬日措那交战）有关，而且怀疑曾在大力加山一带驻扎过一段时间。其迁徙路线大致如下：作为吐蕃将领自（སུམ་པའི་ཡུལ། sum bavi yul）松巴地方——达力加山一带（交战）——热贡（戍守）。不管沃果日是为了区分其他民族而称之为“沃果日（藏族群体）”，还是以原始部落名称“奥国（ཨོ་ཀོལ།）”变成地名，其真正的族源应为“松巴仓（སུམ་པ་ཚང་། sum pa tshang）”，因为常常以奥果日松巴仓（བོད་སྐོར་སུམ་པ་ཚང་། bod skor sum pa tshang）来区分其身份。在当地还有称之为孙布欧勒（sunbəGəl）的松巴山，隆务峡一带也有松巴峡。

而像郭麻日自古以来有“父百子千”“郭麻日千户”之称。郭麻日与尕撒日自称两兄弟，所以以郭麻日亚当（ཡར་སྟེང་། yar steng）、玛日当（མར་སྟེང་། mar steng）呼之。郭麻日用藏语书写为“སྒོ་དམར། sgo dmar红门”，有人说是当年（ཇུན་གུར་རྒྱལ་པོ། jun gur rgyal po 吉囊王？）倒台后将其红色铜门拆来后安置于郭麻日城门，故而称之。但有些史料如《热贡族谱》，口传文学《རྨ་འབྲིའི་འབྱུང་ཡུལ་གྱི་གླིང་གེ་སར་རྒྱལ་པོའི་ཤུལ་རྟེན་གྱི་དག་རྒྱུན་ངོ་མཚར་ཕྲེང་མཛེས།》中所载的郭麻日应书写为“མགོ་དམར། mgo dmar红头部落”。尽管史料与口传资料称之为“郭麻日”的缘由不一样，但至少可以说明郭麻日的起源与“红头”相关。在《热贡族谱》中大圆满法师曲杨多夫旦所载郭麻日宗谱中称：“之所以称之为‘མགོ་དམར།’，是由于木雅盖兹王（མི་ཉག་ཀའི་ཙི་རྒྱལ་པོ། mi nyag kavi tsi rgyal po）逝世后，大丞篡位，盖兹王之孙李公（ལུའི་ཀོང་། luvi kong 吕光？）率领40余万士兵攻陷凉州（ལིའང་ཀྲུའུ། livng kruvu），为24金卡尔（ཅེའུ་མཁར། cevu mkhar 军镇？集镇？）之主，不久又陷，军队散处各地，每处都有建容纳白人的金卡尔之俗。其军队以头裹红巾为标志，因此他们的军队名号和所居村庄均称之为郭麻日（红头）”。其部队头裹红头巾而称之“郭麻日（红头）”。而《རྨ་འབྲིའི་འབྱུང་ཡུལ་གྱི་གླུང་གེ་སར་རྒྱལ་པའི་ཤུལ་རྟེན་གྱི་དག་རྒྱུན་ངོ་མཚར་ཕྲེང་མཛེས།》所载《格萨尔传》口传文学传说中将郭麻日称之为“红头”，是由于格萨尔大将丹玛与霍日将辛巴米饶孜（ཤན་པ་མེ་རུ་རྩེ། shan pa rme ru rtshe）激战后，被丹玛一箭射下后头颅被揭开，顿时昏厥坠马，丹玛走到跟前，本想用射在头颅上的令箭抽翻脑浆将其致死，但丹玛的坐骑（རྟ་འདོ་བ་དངོས་གྲུབ་ལྡེམ་པ། rta vdo ba dngos grub ldem pa）则劝说辛巴米茹孜以前在（ལྷ་ཡི་ཡུལ། lha yi yul）天堂/神地与格萨尔有因缘成为同胞兄弟（སྐུ་མཆེད། sku mched），遂饶他一死，丹玛拿着其头骨盖回到了岭地，而辛巴在噶尔曲达日（མགར་ཆོས་དར། mgar chos dar）之子精湛的医术下给治好了。辛巴的头骨山上镶以红铜，取代头盖骨，自此其部落称之为"མགོ་དམར། mgo dmar"，即红头部落。据说1958年前郭麻日寺内仍收藏着辛巴的头盔。[1]"收藏着辛巴米茹孜的头盔"一事在郭麻日人那里也得到证实，而且郭麻日忌讳听《格萨尔传》中辛巴米茹孜战败的那一段，因为他们的护法神为"瓦合才（བག་ཙེ། bag tse）"，而辛巴米茹孜为"瓦合才"的转世化身。据此，郭麻日也是部落名转为村落名，且看似郭麻日与霍日有联系。但是丹玛的坐骑称"霍尔将辛巴米饶与格萨尔在天堂是同胞兄弟"。所以，又与岭格萨尔有关系（疑为投靠到霍尔的岭国人）。这个部落历史悠久，更为确切一点的时间从记载河南亲王历史的藏文史料《先祖言教》中可得知，该志载：

བསེ་རྒྱལ་མཚན་བུ་བཞིའི་སྐབས་ཀྱི་ལོ་རྒྱུས་ལ་བལྟས་ན་ སྡེ་དུ་མ་སྣེ་ཐང་གི་མི་རྒྱུད་འདི་མ་ཡོང་སྔོན་ནས་ཡོད་འདུག སྟོད་ཀྱི་ཁོས་སྡེ་དང་བར་གྱི་ས་དཀྱིལ་མ་ཆགས་གོང་ལ་སྨད་ཀྱི་སྒོ་དམར་ཆགས་ཞེས་བཀོད་ཡོད་ལ། སྒོ་ཆེན་ཟངས་དམར་གྱིས་ཤན་པས་སྒོ་དམར་དུ་ཐོགས་ཚུལ་བྲིས་ཡོད།

译：看赛尖参四子时期的历史，泥塘后裔还未到热贡前已有几个德哇子，史料载有在热贡的上部古德（ཁོའུ་སྡེ། kovu sde）、中部四合吉（ས་དཀྱིལ། sa dkyil）未形成前，就有下部郭麻日之说。[2]

据说古德与四合吉的祖先赛尖参四子（བསེ་རྒྱལ་མཚན་བུ་བཞི། bse rgyal mtshan bu bzhi）是于公元641年文成公主进藏途径三年时，与噶日东赞所生私生子的噶托（ཀ་ཐོག ka thog）的后裔。噶托生有四子，称之为"ཁམས་ཀ་ཐོག་བུ་བཞི། khams ka thog bu bzi康区噶托四子"。其中的噶托多杰昂波（ཀ་ཐོག་རྡོ་རྗེ་དབང་པོ། ka thog rdo rje dbang po）于公元8世纪初从康区带来一些群落到热贡定居。照此，郭麻日迁入热贡的历史更早。

三、年都乎土千/把总："蔡孜德裕"总管族谱

民间或藏文的史志资料中，将总管"蔡孜德裕（四寨子）"的首领称之为

---

〔1〕 གཅོད་པ་དོན་གྲུབ་ཀྱིས་བརྩམས་པའི་རྒྱ་འབྲིའི་འབྲུང་ཡུལ་གྱི་གླིང་གེ་སར་རྒྱལ་པོའི་ཤུལ་རྟེན་གྱི་ངག་རྒྱུན་ངོ་མཚར་ཕྲེང་མཛེས། 角巴东主.格萨尔遗迹传说[M].青海民族出版社，1989.

〔2〕《先祖言教》藏文手抄版，第174页。（清）仲优・昂青嘉布著，香札・尕布藏确吉坚赞整理，多杰仁青译.先祖言教[M].西宁：青海人民出版社，2008：104.

“土把孜”,又因该总管在四寨之年都乎寨,故称作“年都乎土把孜”。藏语的“土把孜(ཐོའོ་པ་ཙི thovo pa tsi)”应为汉语的“土把总”。

纵观汉文史料,“四寨子”总管在明万历三十三年(1605年)被称为“通官”,[1]出现通官王迁仪;雍正七年(1729年),称“土千户”/“土千总”,出现土千户/土千总王喇夫旦;[2]乾隆五十五年(1790年)时总管四屯的首领称“土把总”,出现土把总王银洛其人。[3]直至清光绪三十年(1904年),仍称“土把总”,出现季屯土把总且郎多吉的署名。[4]故此,“土把总”这个名称应是清雍正七年(1729年),经总督岳提调河州副将冒大同参将马步兵进剿“四寨子”,生擒土千户(总)王喇夫旦,[5]革除土兵后,清廷赐予土千总王喇夫旦后裔的职位。自此,“四寨子”土兵也从军户变成屯户,[6]年都乎“土把总”仍袭旧制管理四屯屯户,直至清末。

总而言之,“土把总”这个职位应是清代册封的(应是清雍正七年之后),明时应为“土千总”。但人们习惯用“年都乎土把总”这个称谓。所以,一些藏文史志中称,元代、明代授予霍尔道尔达那波后裔/四寨子首领“土把总”职位是不够准确的。

《年都乎简志》与《热贡族谱》中所载的族谱,是根据年都乎土千/把总后裔收藏的土千/把总族谱编纂的。

---

〔1〕《明神宗实录》卷四一六,万历三十三年十二月甲寅,甘肃省图书馆馆藏。

〔2〕(清)龚景瀚.《循化志》卷四《族寨工屯》[M].西宁:青海人民出版社,1981:24.

〔3〕(清)龚景瀚.《循化志》卷四《族寨工屯》[M].西宁:青海人民出版社,1981:164.

〔4〕详见赵清阳记录整理,赵顺禄修编的内部资料《把总千户沧桑:夏吾才让自述》。

〔5〕《循化志》所载《循化厅卷》曰:“雍正初年(应为雍正七年),土千户王喇夫旦渐肆猖獗,经总督岳提调河州副将冒大同参将马步兵进剿抵其巢穴,生擒王喇夫旦,始将土兵革除,于原额一百二十名之外,皆于内地募补。土兵即不食饷,又当纳粮。”《循化志》所载《河州卷》曰:“(雍正)七年,陕西总督岳奏:窃查西宁镇属河州保安堡地方孤处口外,四面环番,向设守备一员,兵一百二十名驻守查安。设官兵原为弹压番族,自应招募兵方于营伍有益,乃从前奉行未善,即以番族部落充募,以致土千总王喇夫旦,得挟其所恃,将关支兵饷一切差操皆操纵自恃,不由守备经理。而所募番兵亦复效尤尾大不调,因而王喇夫旦骄贪日恣、渐肆狂逞。臣奏请发兵进剿。”

〔6〕(清)龚景瀚.《循化志》卷四《族寨工屯》[M].西宁:青海人民出版社,1981:24.

土千 / 把总	姓　　名	出生年代	任职年代
第一代	奥奇高武麦特眉棱（ཨོ་ཆི་གོ་བུ་མེ་ཐུ་མེ་ལུན།）	?—1408	1321年
第二代	高武麦特合孙程（གོ་བུ་མེད་ཐུ་ཧུ་སུན་ཁྲིན།）	1348—1416	1363年
第三代	智美元旦/杨尖多杰（དྲི་མེད་ཡོན་ཏན།/དབྱངས་ཅན་རྡོ་རྗེ།）	1387—1465	1411年
第四代	诺日旦扎西（ནོར་ལྷུན་བཀྲ་ཤིས།）	1417—1504	1449年
第五代	丹巴曲觉（བསྟན་པ་ཆོས་འབྱོར།）	1445—1532	1486年
第六代	喇夫旦多杰（རབ་བརྟན་རྡོ་རྗེ།）	1486—1560	1518年
第七代	马良义/桑格（མ་ལིང་ཡིས། / སེངྒེ།）	1511—1580	1546年
第八代	索南贡布（བསོད་ནམས་མགོན་པོ།）	1526—1588	1567年
第九代	释迦桑格/释迦元旦尖措（ཤཱཀྱ་སེངྒེའམ་ཤཱཀྱ་ཡོན་ཏན་རྒྱ་མཚོ།）	1551—1613	1587年
第十代	更噶扎西（ཀུན་དགའ་བཀྲ་ཤིས།）	1586—1654	1610年
第十一代	关却达日吉（དཀོན་མཆོག་དར་རྒྱས།）	1622—1700	1649年
第十二代	华青多杰（དཔལ་ཆེན་སྟོབས་རྒྱལ།）	1647—1702	1664年

该书中提到第十二代华青多杰后没有明确的文献记载，但在一些史料中零星出现过一些土把总的名称。藏文史料中，二世夏日仓呼毕勒罕阿旺赤烈嘉措（ངག་དབང་འཕྲིན་ལས་རྒྱ་མཚོ། ngag dbang vphrin las rgya mtso 1678—1739）时出现过年都乎土把总洛藏，四世一切知嘉木样·格桑图旦旺秀（སྐལ་བཟང་ཐུབ་བརྟན་དབང་ཕྱུག skal bzang thub brtan dbang phyug, 1856—1916）时出现过年都乎洪波才让扎西，后来也出现过年都乎土把总交巴王、土把总李本才让。汉文史料中，《那颜奏议》《循化志》《大清世宗宪皇帝实录》中，于雍正七年（1729年）出现过“四寨子”总管土千户王喇夫旦的人物，乾隆五十五年（1790年）时有总管四屯土把总王银洛其人。[1]直至清光绪三十年（1904

〔1〕（清）龚景瀚.《循化志》卷四《族寨工屯》[M]. 西宁：青海人民出版社，1981：164.

年）保安及热贡官员绅士的祝寿贺幛中仍有季屯土把总且郎多吉的署名。[1]末代年都乎洪波为夏吾才让。

未正式发行的内部刊物《把总千户沧桑：夏吾才让自述》，是根据民间流传的不太完整的年都乎土千/把总族谱整理的，详细如下：

土千/把总	姓　　名	任职年代
第一代	吐索伦（ཐུ་སོ་ལུན།）	年份不详
第二代	色明吐（སེ་མིན་ཐུ།）	年份不详
第三代	智美云丹（དྲི་མེད་ཡོན་ཏན།/དབྱངས་ཅན་རྡོ་རྗེ།）	年份不详
第四代	陈罗智本（ཁྲིན་བློ་གྲོས་འབུམ།）	年份不详
第五代	索南达杰（བསོད་ནམས་དར་རྒྱས།）	1427年
第六代	尖参多杰（རྒྱལ་མཚན་རྡོ་རྗེ།）	1476年
第七代	释迦桑格（ཤཱཀྱ་་སེངྒེ།）	1537年
第八代	更噶扎西（ཀུན་དགའ་བཀྲ་ཤིས།）	1558年
第九代	久美南加（འཇིགས་མེད་རྣམ་རྒྱལ།）	1607年

据1985年《青海土族社会历史调查》，从民间收集的近八代土千/把总的名单为：

土千/把总	姓　　名	任职年代
近一代	觉巴哇（ཇོ་པན་བ།）	年份不详
近二代	王喇夫旦（བང་རབ་བརྟན།）	年份不详
近三代	洪波乔夏（དཔོན་པོ་མཆོད་འབྲུག）	年份不详
近四代	洪波娘周（དཔོན་པོ་སྙིང་འབྲུག）	年份不详

〔1〕 详见赵清阳记录整理、赵顺禄修编的内部资料《把总千户沧桑：夏吾才让自述》。

续　表

土千 / 把总	姓　　名	任职年代
近五代	郭日干（གོར་ཀན།）	年份不详
近六代	才让当周（ཚེ་རིང་དོན་འགྲུབ།）	年份不详
近七代	楞本才让（ཀླུ་འབུམ་ཚེ་རིང་།）	
近八代	夏吾才郎（ཤ་བོ་ཚེ་རིང་།）	

综上，俗称霍尔道尔达那波后裔的年都乎土千/把总，除第一代、第二代为蒙古名字之外，第三代开始为藏语名字，故此，明时基本已藏化。

第四节　成守者：多元共融的热贡“蔡孜德裕”

汉文史料对“蔡孜德裕”的记载始于明朝时期，为保安站与保安站族的相关记录。但根据藏文献记载、民间传说以及自称与他称，“蔡孜德裕”很有可能为热贡土著居民（藏缅族群），只是元、明时期介入了一些蒙古的成分。由于成分的多元性与历史的复杂性，需要分不同阶段、分各个寨子叙述。

一、原住民：霍尔/木雅、孙巴、董擦

（一）前吐蕃时期

根据藏文史料和民间传说，“蔡孜德裕”中有土著居民的成分。先说说热贡隆务囊索之隆务家族的历史渊源。隆务家族始于元朝时期八思巴派遣的拉杰智纳哇（ལྷ་རྗེ་བྲག་སྣ་བ། lha rje brag sna ba），在修建隆务寺时与四合吉大外曷（ས་དཀྱིལ་ཏཱ་བེ་ཀི sa dkyil tA be ki 大百户？）建立供施关系，献予隆务寺的寺址“加唐（རྒྱལ་ཐང་། rgyal thang）”，隆务寺及隆务家族自此发展（有关拉杰智纳哇与隆务寺详见第四章）。而四合吉大外曷的历史可追溯至吐蕃时期，据说四合吉大外曷是赛尖参四子中赛（བསེ། bse）氏后裔。有关赛尖参四子的来源，

《先祖言教》(1848年)[1]载:

几年前热贡是个茂密的森林区,那时为德热哈向(བདུད་རི་ཧ་ཤང་། bdud ri hA shAng)的地域。到了公元6到7世纪时,来了一位唐朝的马夫,修建了马场和一些城墙。到公元8世纪初,泥塘(སྙེ་ཐང་། snye thang)的后裔控制了这个地区。这个泥塘的后裔据说文成公主进藏历经三年时间,期间在泥塘河处与噶日东赞(མགར་སྟོང་བཙན། mgar stong btsan)生了一子,为了防止外人发现,将其婴儿和一些金银放在一个小船上,上面挂着胜利憧(རྒྱལ་མཚན། rgyal mtshan),顺着泥塘河飘走,到了一个刻有“噶(ཀ ka)”字石头停留,被一对霍尔(ཧོར། hor)夫妇救起抚养,取名为“噶托(ཀ་ཐོག ka thog)”。他生有四子,人们称之谓“来自康区的噶托四子”。四子中称之为噶托多杰昂波(ཀ་ཐོག་རྡོ་རྗེ་དབང་པོ། ka thog rdo rje dbang bo)的从康区来到热贡落户,控制热贡。泥塘的后裔最初在古德(ཀོས་སྡེ། kos sde)地方驻扎,那里有茂密的森林,有千年的古树。当时人们为了留纪念,砍了四个神奇的邦玛(སྦེན་མ། sben ma柳树)柱子,在古德董加修建了称为“ཁང་བ་ཀ་བཞི་བ། khang ba ka bzhi四柱房屋”的房子。在四合吉大外曷(ཏ་བེ་ཀི tA be ki)的“合作(གཙོས། gtsos)”措哇也留了邦玛的柱子。噶托多杰昂波有四个儿子,分别为嘉布阿佳四子(རྒྱལ་པོའི་ཨ་སྐྱ་བུ་བཞི། rgyal povi A skya bu bzhi)、赛尖参四子(བསེ་རྒྱལ་མཚན་བུ་བཞི། sras rgyal mtsan bu bzhi)、霍日耿炯四子(ཧོར་ཀུན་འབྱུང་བུ་བཞི། hor kAn vbyung bu bzhi)、噶日仁青四子(མགར་རིན་ཆེན་བུ་བཞི། mgar rin chen bu bzhi),其中赛尖参子孙昌盛,后来热贡格曲的阳面都被其后裔占据,所以俗称“格曲的阳面被赛氏(བསེ། bse)占据”。赛氏后裔中出现了一个“大外曷”,被称为“四合吉大外曷”。后来四合吉大外曷成为隆务寺的施主,隆务家族从四合吉大外曷的地盘中获得了加唐(རྒྱ་ཐང་། rgya thang),成为隆务寺的基地。[2]

四合吉大外曷的祖先是被称之为霍尔(ཧོར 吐谷浑?)的夫妇抚养,并赋赛(བསེ། bse)姓[藏族四大姓氏中的赛氏,又称赛阿夏(བསེ་འ་ཞ། bse va zha),与汉文文

〔1〕《先祖言教》是记载河南蒙古的历史形成与脉络的一本著述,作者昂青嘉布,蒙古人,清代嘉庆道光年间河南亲王的秘书。

〔2〕《先祖言教》藏文手抄版,第172—173页。仲优·昂青嘉布著,香札·尕布藏确吉坚赞整理,多杰仁青译.先祖言教[M].西宁:青海人民出版社,2008:102−103.

献中的“吐谷浑”对等]。赛（བསེ། bse）氏是约公元八世纪左右来到热贡的，占据了格曲河阳面，隆务家族的隆务寺址是四合吉大外曷供给的，隆务家族也自此形成。而包括郭麻日的一些加霍日（རྒྱ་ཧོར། rgya hor）的村庄在此之前可能就已形成。《先祖言教》中载：

བསེ་རྒྱལ་མཚན་བུ་བཞིའི་སྐབས་ཀྱི་ལོ་རྒྱུས་ལ་བལྟས་ན་སྡེ་དུ་མ་སྙེ་ཐང་གི་མི་རྒྱུད་འདི་མ་ཡོང་སྔོན་ནས་ཡོད་འདྲ་སྡེ། སྟོད་ཀྱི་གོས་སྡེ་དང་བར་གྱི་ས་དཀྱིལ་མ་ཆགས་གོང་ལ་སྨད་ཀྱི་སྒོ་དམར་ཆགས་ཞེས་བཀོད་ཡོད་ལ། སྒོ་ཆེན་ཟངས་དམར་གྱིས་ཤན་པས་སྒོ་དམར་དུ་ཐོགས་ཚུལ་བྲིས་ཡོད།ཁྱད་པར་རེབ་ཚའི་གོང་དུ་སྡེ་དེ་རྣམ་ཆགས་པས་རེབ་གོང་ཞེས་པ་ཡིན། དེའི་ཕྱིས་སོག་ཨ་ཆས་རྟ་དམར་ཅན་གྱི་སྡེ་ཞིག་ཆད་ཡོང་བས་སོག་རུ་བྱུང་།དེ་སྐབས་ཀྱི་སྡེ་རྣམས་རིམ་གྱིས་ཆེར་འཕེལ་ཏེ་དགུ་ཆུ་སྟོད་དུ་ཀ་རོང་ཡ་རོང་བེ་རོང་གསུམ། བར་དུ་མཚོ་རོང་བ་རོང་བསེ་རོང་གསུམ། སྨད་དུ་ཐེའུ་རོང་ནོའུ་རོང་དགུ་རོང་གསུམ་སྟེ་རོང་བོ་སྡེ་དགུར་གྱེས་པ་ཡིན། རྒྱས་པར་རྫོང་སྔོན་ཚང་གིས་བྲིས་པའི་རེབ་སྐོང་དེབ་ཐེར་ན་གསལ་ལ་སྒྲུབ་གནས་བརྒྱད་ཀྱི་བཤད་པ་ཞེས་པ་དང་བོན་ཀྱའི་སྐུ་སྐྱེས་ལོ་རྒྱུས་སོགས་སུ་ཡོད།

译：纵观赛尖参四子时期的历史，泥塘后裔没到热贡前已有几个'加霍尔的村庄，有史云“在热贡的上部贵德、中部四合吉未形成前，就有下部郭麻日。”又载“红铜镶大门，故名郭麻日”，尤其是在热擦（རེབ་ཚ /ས）以上的地方形成了这些部落，故称“热贡”。此后，索（蒙古）阿济达马尔尖的一个部落占据此地，便有了称为苏乎日（蒙旗）的部落。后来这些部落逐渐发展成为绒（隆）务格曲河上游的尕绒、亚绒、外绒三部，中游的措绒、哇绒、赛绒三部，下游的铁绒、怒绒、格绒三部。共绒（隆）务九部。详见宗弄仓的《热贡史鉴》《论八处修行地》及《旺家活佛传》。[1]

据此，泥塘的后裔没到之前，也就是公元8世纪前郭麻日等被称之为“加霍尔（吐谷浑？）”的下部村庄已形成，尤其在热擦（རེབ་ཚ། reb tsha）之上形成，故称“热贡（རེབ་གོང་། reb gong）”。这里口语中的热擦（རེབ་ཚ། reb tsha），在有些文献中写作（རེབ་ས། reb tsha），很有可能是藏文（རབ་ས། reb tsha），即，渡口，因热贡坐落于黄河渡口之上而取名“热贡（རེབ་གོང་། reb gong渡口以上）”。当然，仅凭这个史料记载不能说明一切。我们可以借用考古资料和其他史料来辨别。

据考古学家的发掘，隆务河谷地带出现了大量的考古遗址（共111处），特别是隆务河中、下游地区的隆务、年都乎、郭麻日、保安、麻巴等地分布着距

〔1〕《先祖言教》藏文手抄版，第174页。仲优·昂青嘉布著，香札·尕布藏确吉坚赞整理，多杰仁青译.先祖言教[M].西宁：青海人民出版社，2008：104.

今5000多年的马家窑文化遗址25处（马家窑类型16处、半山类型4处、马场类型5处），和距今4000多年的齐家文化类型的遗址11处，距今3000多年的卡约文化遗址75处，其分布范围扩大到曲库乎、扎毛、双朋西、黄乃亥等地。[1]大量的石器遗物说明，距今5000多年前隆务河谷地带就有人类生息，距今3000多年前大体上以定居农业为主、兼畜牧业和狩猎采集的经济生活。据现有史料，汉时热贡在内的格曲流域为西羌居地，为烧当、迷唐、钟存等羌所据。西晋时期（313年左右）吐谷浑的势力进入，吐蕃时期（663年）灭吐谷浑，成为吐蕃的属国。

在热贡，称之为“霍尔”的藏族部落很多，如“霍日加”“霍日那”“霍日措玉”“霍日年藏”，泽库县也有“霍日部落”。与蒙古时期的“霍尔”相区别，在热贡口语中蒙古被称为“索波（སོག་པོ། sog po）”，热贡有蒙古部落居住或属蒙古部落的地名“苏乎日（སོག་རུ། sog ru）”，元明时期介入的信仰伊斯兰的蒙古（保安穆斯林）以“苏合加（སོག་རྒྱ། sog rgya）”或“加苏合（རྒྱ་སོག rgya sog）”相区别。所以，上述史料所载，在泥塘的后裔未到热贡之前就有“加霍尔（吐谷浑？）”的村落存在是有几分可靠的。

（二）吐蕃时期

7世纪初，松赞干布继位后，相继降服向雄、松巴（སུམ་པ། sum pa）等部族，形成了吐蕃帝国。634年，吐谷浑成为唐朝属国。637年，松赞干布率象雄兵攻打吐谷浑，占领了其主要根据地今青海境内黄河以南地区，吐谷浑被迫退居至青海湖以北。松赞干布趁胜突破白兰、党项残部，并于638年率领20万大军攻打唐朝松州。659年，大论东赞驻阿夏，达延莽布支（ད་རྒྱལ་མང་པོ་རྗེ། da rgyal mang po rje）于东如措那（མཚོ་ནག་སྟོང་རུ། mtsho nag stong ru）与唐廷苏定方交战，达延战死，且以八万败于一千。663年，禄东赞亲率大军进攻吐谷浑，大败吐谷浑，占领了吐谷浑的全部地方，收编了吐谷浑的武装力量。亡国的诺曷本及弘化公主率数千帐其国奔走唐境凉州（今甘肃武威地区）。670年，吐蕃大将钦陵率大军越过昆仑山，进入塔里木盆地，占领了唐朝的河西四镇。713年，唐廷允赐夏冬牧场（黄河九曲）给文成公主沐浴之地。

“蔡孜德裕”中像沃果日、桑格雄都称吐蕃时期在达力加山（དར་རྒྱལ་ལད། dar rgyal lad）与唐军交战取胜后来热贡戍边的。郭麻日传统上有“སྒོ་དམར་སྟོང་སྡེ།

---

〔1〕 同仁县志编纂委员会．同仁县志［M］．西安：三秦出版社，2001.

sgo dmar stong sde郭麻日千户”之称，而桑格雄亚果有“དུད་ཁ་ལྔ་བརྒྱ། dud kha lnga brgya（五百户）”之称，麻果有“བཅུ་སྐོར་ལྔ་པོ། bcu skor lnga po（五个十户）”之称，而“སྟོང་སྡེ། stong sde”“ལྔ་བརྒྱ། lnga brgya”“བཅུ་སྐོར། bcu skor”都是吐蕃时期的军事编制（明清时期郭麻日和桑格雄没有被敕封为“千户”“五百户”之类的官职）。据敦煌文献，吐蕃占领河西后，在这些地方置有吐蕃本土建置的“部落—将”制，其最基本的单位是千户（部落སྟོང་སྡེ། stong sde），有千户长（སྟོང་དཔོན། stong dpon）；之下是小千户，即五百户（ལྔ་བརྒྱ། lnga brgya），设有小千户长（ལྔ་བརྒྱ་དཔོན། lnga brgya dpon）；小千户之下为百户（བརྒྱ། brgya），有百户长（བརྒྱ་དཔོན། brgya dpon）；最后是十户组织（བཅུ་སྐོར། bcu skor）。[1]而且在《热贡族谱》中称桑格雄是来自卫藏攻守汉藏边界的十八大“擦（ཚ། tsha）”之“董擦（ལྡོང་ཚ། ldong tsha）”的后裔。

像沃果日以沃果日松巴仓（བོད་སྐོར་སུམ་པ་ཚང་། bod skor sum pa tshang）自称，据说为吐蕃时期来戍边的松巴（སུམ་པ། sum pa）部落。敦煌文献中也有“བོད་སུམ། bod sum”的记载，与བོད་སྐོར་སུམ་པ། bod skor sum pa义近。据敦煌文献P.T.1089吐蕃官职载：

> མཆིད་ཀྲིས་བཅད་པ་ལས་ནི། བོད་སུམ་གྱི་སྟོང་དཔོན་གྱི་འོག་དུ་མཐོང་ཀྱང་དང་འ་ཞའི་སྟོང་དཔོན། དེའི་འོག་དུ་ཆེ་རྗེ་ཟངས་ཡིག། དེའི་འོག་དུ་བོད་སུམ་གྱི་སྟོང་ཅུང་དང་མཐོང་ཁྱབ་དང་འ་ཞའི་སྟོང་ཅུང་། དེའི་འོག་དུ ……
>
> 译：指令如下：吐蕃松巴（苏毗）之千户长以下为“通颊”与吐谷浑千户长；其下为节儿红铜告身者；其下为吐蕃松巴（苏毗）之小千户，其下“通颊”、阿夏（吐谷浑）小千户，其下为……[2]

这个吐蕃松巴千户之下有“通颊”与阿夏（吐谷浑）千户长，其下又有小千户等官职。《国王遗教》载：

> 千户是指汉藏边界的戍边将士苏毗（སུམ་པ། sum pa）部落，负责守护与木雅的边界，在上部有十三个象雄千户；下部（东部），又有十三个苏毗千户。

〔1〕 详见：王尧、陈践译注．敦煌古藏文文献探索集［M］.上海：上海古籍出版社，2008：370.

〔2〕 དུན་ཧོང་ནས་ཐོན་པའི་བོད་ཀྱི་གནའ་ཡིག་ཞིབ་དཔྱད་ཕྱོགས་བསྒྲིགས། 王尧、陈践译注．敦煌古藏文文献探索搜集［M］.上海：上海古籍出版社，2008：364.

有的地方军队把他们带到汉地交界的地方。[1]

《汉藏史集》《白史》等载吐蕃时期松巴茹为汉藏交界征战的主要军事力量。而松巴茹里也有“霍日”的成分,《贤者喜宴》中载:

དང་པོ་ཁྲི་རྗེ་འབུམ་བཞེར་ནས་སྲིད་པ་དང་ཁོས་སྟོན་པ་ལས་རྒྱལ་པོས་བློན་པོ་རྣམས་སོ་སོར་བཀས་བསྒོས་ཏེ་བོད་ཀྱི་ཁོས་དཔོན་མགར་སྟོང་བཙན་ཡུལ་ཟུང་། ཞང་ཞུང་གི་ཁོས་དཔོན་ཁྱུང་པོ་བུན་ཟུང་ཙེ། སུམ་པའི་ཁོས་དཔོན་ཧོར་བྱ་ཞུ་རིང་པོ། ཆིབས་ཀྱི་ཁོས་དཔོན་དབས་བཙན་བཟང་དཔལ་ལེགས། མདོང་ཁྲབ་ཀྱི་ཁོས་དཔོན་ཅོག་རོ་རྒྱལ་མཚན་གཡང་གོང་རྣམས་བསྐོས།

译:首先,根据“以万当十万法”规定的施政方法和政体论,国王分别任命了论布。任噶尔·东赞为蕃地执政官,琼布·本松孜为象雄的执政官,霍尔·夏修任波为松巴执政官,韦·赞桑拜勒为乞布执政官,觉若·尖参央贡为通颊执政官。[2]

松巴茹(སུམ་པའི་རུ། sum pavi ru)的盔洪(执政官)中有霍日·夏修任波(ཧོར་བྱ་ཞུ་རིང་པོ། hor bya zhu ring po),有称之为“霍尔”的人。所以郭麻日人认为,郭麻日虽被称之为“霍尔”,但与蒙古的霍尔不同,为卫藏地区的“སྟོད་ཧོར། stod hor”,为吐蕃戍边军队,[3]不管是不是卫藏的“霍尔”,这个霍尔属吐蕃,作为吐蕃的军队与唐征战是没有异议的,所以有吐蕃军队的后裔这样的历史记忆也是无可厚非的。而且不管是历史事实还是历史塑造,人们的历史记忆中始终保持着赞布时期在达力加山与唐征战取胜后来到热贡戍边,并将战死在达日加山的阿尼达日加供奉为玉德(གཞི་བདག gzhi bdag),即地域守护神。据《敦煌文献》吐蕃东进与唐征战中噶日·东赞与坌·达加(འབོན་ད་རྒྱལ། vbon da rgyal)、论钦陵(བློན་ཁྲི་འབྲིང་། blon khri vbring)、赤孙杰(ཁྲི་སུམ་རྗེ། khri sum rje)、曾长期留居于阿夏(吐谷浑)地,而且坌达延为吐蕃攻唐的主将。敦煌古藏

---

〔1〕 ཀུ་རུ་ཨུ་རྒྱན་གླིང་པས་ཡར་ཀླུང་ཤེལ་གྱི་བྲག་ཕུག་ནས་བཏོན་པའི་བཀའ་ཐང་སྡེ་ལྔ། 五部遗教[M].北京:民族出版社,1997.

〔2〕 དཔའ་བོ་གཙུག་ལག་ཕྲེང་བས་མཛད་པའི་དམ་པའི་ཆོས་ཀྱི་འཁོར་ལོ་བསྒྱུར་བ་རྣམས་ཀྱི་བྱུང་བ་གསལ་བར་བྱེད་པ་མཁས་པའི་དགའ་སྟོན། 巴卧·祖拉陈哇著,黄颢,周润年译注.贤者喜宴[M].北京:中央民族大学出版社,2010:32.

〔3〕 སྒོ་དམར་དགེ་འདུན་དོན་གྲུབ་ཀྱིས་བརྩམས་པའི་རེབ་གོང་སྒོ་དམར་དོར་སྡེའི་ལོ་རྒྱུས། 更登东智.热贡郭麻日历史[M].北京:中国文史出版社,2015.

文献《吐蕃大事纪年》载：

公元659年，大论东赞驻阿夏。达延莽布支（ད་རྒྱལ་མང་པོ་རྗེ། da rgyal mang po rje）于东如措那（མཚོ་ནག་སྟོང་རུ། mtsho nag stong ru）[1]与唐廷苏定方交战，达延战死，且以八万败于一千（40：10）。公元713年坌达延（འབོན་ད་རྒྱལ། vbon da rgyal）与大论乞力徐于苏布之江布园召集夏会，任命“五百部长”（44：63）。（唐廷）允赐夏冬牧场（黄河九曲），唐使扬矩前来致礼。公元714年，坌达延与尚·赞多热来（ཞང་མདོ་བཞེར། zhang mdo bzher）于词古金之沃果日（འོ་ཀོལ། vo kol）制定管辖吐谷浑之法令。冬，坌达延与大论乞力徐二人引兵至美相军（临洮军），复返（65：146）。[2]

在敦煌文献中出现了三个“ད་རྒྱལ། da rgyal”，所以应该不是一个人，而是一部族名或一小王名号，成为在阿夏地进攻唐军的一个主将。而658年死于“错纳冬日”的“达延莽布支”符合“蔡孜德裕”中流传的“与唐军作战取胜后来到热贡戍边，大将死后埋于大力加山变成山神”的历史记忆，也与《先祖言教》中的“这些‘加霍尔’的村庄在8世纪前就形成，又由于坐落于热擦之上而称之为热贡”的记载相符。713年，（唐廷）允赐夏冬牧场（黄河九曲），所以也与8世纪来自泥塘的赛氏后裔占据热贡阳面的记载相符。

与坌达延一起引兵至临洮军的“尚·赞多热来”于755年被任命为“马重木（རྨ་གྲོམ། rma grom）”的大将。《吐蕃大事纪年》中载：

公元755年，论奇藏和尚息东赞二人攻陷洮州城。重建玛重木堡。任命尚多热尔为玛重木之大将。多麦之夏季会议由论赤扎与芒赞潘岗、论多热尔等于乌勒兰木那召开。领兵至洮州。[3]

---

〔1〕笔者认为这里达延与苏定方所战的“错那冬日”就是今青海省循化撒拉族自治县东部的清水乡境内的“孟达天池”，当地藏人叫“སྐོང་རི་མཚོ་ནག skong ri mtsho nag”，与今循化县道帏乡境内的甘青交界的大力加山相望。

〔2〕王尧、陈践践译注．敦煌本吐蕃历史文书·大事纪年［M］．北京：民族出版社，1980：12–33.

〔3〕王尧、陈践践译注．敦煌本吐蕃历史文书·大事纪年［M］．北京：民族出版社，1980：12–33.

在其他敦煌文献中又有热贡多热尔（རེབ་གོང་མདོ་བཞེར། reb gong mdo bzher）的签名，所以这个“尚·赞多热来（ཞང་མདོ་བཞེར། zhang mdo bzher）”也或多或少与“大热贡”的吐蕃戍民有渊源。713年坌达延与大论乞力徐，任命“ལྔ་བརྒྱ་ཆེན་པོ། lnga rgya chen bo五百部长”，说明传统上桑格雄被称为“དུད་ཁ་ལྔ་བརྒྱ། dud kha lnga rgya五百部”也不是空穴来风。此外，《吐蕃大事纪年》中的地名如“奥国（འོ་ཀོལ། vo kol）”、“热德合（རག་ཏག rag tag）”等热贡也有遗留。如与四合吉大外曷同一时期的热得合大外曷（རག་དག་ད་བེ་ཧུ། rag dag da be hu），脱加、道帏的奥国（འོ་ཀོལ། vo gol）等。像年都乎、桑格雄、郭麻日都有“宗喀（ཙོང་ཁ tsong kha）措哇”，敦煌文献中也提到“大小宗喀（ཙོང་ཁ་ཆེ་ཆུང་ tsong kha che chung）”之地名。

总之，唐代中叶，吐蕃先后攻占唐朝的九曲、陇右、河西、西州、于阗等。这些包括阿夏（吐谷浑）、党项（木雅）与松巴成为吐蕃时期攻唐军的主要军事力量。《旧唐书·吐蕃传》载，“广德元年（763年），吐蕃以吐谷浑、党项羌之众二十余万，自龙光度而东”。[1]而且曾于河湟地区留守。《旧唐书·吐蕃传》会昌二年（842年）载，“尚恐热略地至渭州，与宰相尚与思罗战博寒山，思罗败走松州，合苏毗、吐浑、羊同兵八万保洮河自守”。[2]因此，在河湟地区被称之为“霍日”的部落可能与吐蕃时期的松巴、米雅（党项），阿夏或称之为朵霍尔成为攻唐的军事力量。更敦群培的《白史》中也称，多思麦地区的藏族多半是吐蕃时期的“瓜玛落（བཀའ་མ་ལོག bkav ma log）部落”。[3]

再回顾一下隆务寺寺址“加唐”的几种来源说法。《先祖言教》称“加唐（རྒྱལ་ཐང་། rgyal thang）”为唐时修建的马场，所以称之为“加唐（རྒྱ་ཐང་། rgya thang 汉唐马场）”。《热贡族谱》与民间称“加唐（རྒྱལ་ཐང་། rgyal thang）”为吐蕃与唐廷争战赢得的，故称之为赛炯加唐（གསེར་ལྗོངས་རྒྱལ་ཐང་། gser ljong rgyal thang 全色胜地）。不管是哪一种说法都并不矛盾。唐时吐蕃灭吐谷浑，与唐对峙，吐蕃在保安境内置雕窠城（今铁城山，མཁར་ལྗགས། mkar ljags），唐玄宗开元年间被唐哥舒翰攻破，唐在热贡境内置振威军（疑与加唐有关），安史之乱后，唐军东撤，吐蕃乘势东进，成为吐蕃戍地之一。这样一来加唐即可为唐时

〔1〕（后晋）刘昫.旧唐书·吐蕃传［M］.北京：中华书局，1975.
〔2〕（后晋）刘昫.旧唐书·吐蕃传［M］.北京：中华书局，1975.
〔3〕མཁས་དབང་དགེ་འདུན་ཆོས་འཕེལ་གྱིས་མཛད་པའི་དེབ་ཐེར་དཀར་པོ།། 更敦群培．白史［M］．北京：民族出版社，1981.

马场，也可为吐蕃与唐争战后赢得的，并不矛盾。而吐蕃戍边军队，松巴、木雅、阿尼达日加，达力加山，朵霍尔（吐蕃属）与“蔡孜德裕”的集体记忆紧密相连。历史上确实也存在过，并在河湟流域活动过。

二、蒙古成分：元明时期

虽然，“蔡孜德裕”中一些寨子居民自称吐蕃戍边遗民，为藏缅族群。但也不排除有蒙古的成分。至少“蔡孜德裕”中讲的蒙藏混合语是受到强烈的蒙古语影响，其基础词汇均为13世纪的古蒙古语，《蒙古秘史》《华夷译语》中表示日常生活的常用词汇均有保留，其余均由藏语替代，现代蒙古语中的现代词汇没有介入。蒙古的成分可能与元、明时期的蒙古介入有关。并可分为两个时期，第一个时期为蒙元时期阔端的大将道尔达答喇汗赤裤军团入驻热贡有关。第二时期为明时设立的“保安站”有关。

（一）蒙古：蒙元时期

1227年，蒙古汗国灭西夏，成吉思汗逝世。1229年，成吉思汗第三子窝阔台即汗位后，将甘肃、青海及原西夏的属区，作为封地划归他的第二子阔端。

汗王阔端，下令在全境遍建驿站。《史集》载：“从契丹国到该城（指和林），除伯颜站以外，还设有一些驿站，被称之为纳邻站，每隔五程就有驿站，共37站。在每一程上，置一千户，以守卫那些驿站。”[1]藏文史料《（印）汉藏史集》也载：

> *元世祖忽必烈继位之初，就派大丞答失蛮从汉藏交界处直至萨迦以下，总共设置了二十七个驿站。*[2]

之后又派额济拉克专门负责管理这些驿站。其中包括从河州至归德入藏路线中的七个驿站：“好来、阿仁、剌哥、美吉、朵的、云都、亦思麻因”等，这时期可能介入了些蒙古成分。《年都乎洪波族谱》载：

---

〔1〕 周良霄、顾菊英.元代史[M].上海：上海人民出版社，1998：451.

〔2〕 དཔལ་འབྱོར་བཟང་པོས་བརྩམས་པའི་རྒྱ་བོད་ཡིག་ཚང་ཆེན་མོ། （印）汉藏史集[M].成都：四川民族出版社，1985.

据说蒙古成吉思汗手下的四个精锐的军团中人们称之为“雷公将军”的第四支多达那波赤裤军团，异常残暴，其官兵大多上身穿黑衣衫，下身穿红裤子。该“将军”修炼道教，曾领军队转战于黄河以南长江以北的广大地区。约在公元1269年，“雷公将军”之子吐索伦率领军队进攻黄河以南地区。汗王忽必烈敕令其强渡黄河，并严守渡口。吐索伦遵命发兵进攻黄河南部上游，仰仗道教威力征服该区蕃部，控制了安多地区的欧拉（莽剌？དངུལ་ར། dngul ra）萨桑码头。于公元1292年吐索伦将多日达那波多尔美军队变成六个军团，其中五支军团仍守黄河东南、西南领地和渡口，他自己亲率一支军团于公元1309年进入拉卜楞和热贡之间的边界地带甘加（རྒན་རྒྱ། rgan rgya）地区，在那里住了一段时间后，约在公元1352年占据热贡地区长期驻扎下来，被第五代霍王盖干授予土把孜（ཐོའོ་པ་ཙི། thovo pa tsi）。[1]

这是年都乎的洪波，即王氏家族的来源，年都乎共有八个措哇，其中宗喀措哇是最大的措哇，也是最初定居者，王家仓（王氏家族）是官宦家族，是最权威的家族。王氏家族未到前年都乎有宗喀仓（ཙོང་ཁ་ཚང་། tsong kha tshang），这个措哇（宗喀措哇在郭麻日、桑格雄都有）为最原始的部落，也是最大的部落，俗有帕加吾董（父百子千）之称。敦煌文献中也有大小宗喀（ཚོང་ཁ་ཆེ་ཆུང་། tshong kha che chung）之称。后来王氏家族得势后成为年都乎“八个措哇”的头领，而且元朝皇帝授予土官（土把孜）[2]职位。《年都乎寺志》中也载，这些霍尔人（蒙古军队）未到之前年都乎有藏族部族部落，所以年都乎是蒙藏混合的一个部落。[3]至于迁入时间是否准确，不可考，但至少可以确定元时这些年都乎多日达纳布（蒙古军队）已在热贡驻扎。而且历史上确实有多日达那波此人，“藏历第四饶迴铁鼠年，公元1240年（一说公元1239年）阔端汗派其大臣道尔达那波（多罗答剌汗）领兵进南进乌思藏，击败反抗各部，直抵尼婆罗边界地区，掌握吐蕃地区政治大势，不久致书招降萨迦班智达，初步建

〔1〕 赵顺录编修《土把总千户沧桑：夏吾才让自述》。

〔2〕 藏文史料中均用年都乎土把孜来称呼其官名，元、明时期所授予的官职可能不一样，但传统上习惯用年都乎土把孜（ཐོའུ་པ་ཙི།），隆务囊索（རོང་པོ་ནང་སོ།）称呼。所以具体的官职不明确，应类似于土官，明末清初汉文史料中有土千总、土把总之职，可能为土把总的变音。

〔3〕 བློ་བཟང་སྙན་གྲགས་ཀྱིས་བརྩམས་པའི་གཉན་ཐོག་བྱམས་པ་གླིང་གི་ལོ་རྒྱུས། 洛桑年智.年都乎简志［M］.青海民族出版社，2000：19.

立蒙古对西藏的统治权”。[1]

隆务寺的寺址“加唐”的来源民间还有一则传说：

ས་དཀྱིལ་ཏ་བེ་ཧུ་དང་གཉན་ཐོག་ཐུའུ་པ་ཚོང་གཉིས་ཀྱིས་ས་བགོས་མཐའ་བཞག་བྱས་པས། གཉན་ཐོག་ཐུའུ་པ་ཞིང་གཉན་ཐོག་ནས་དྲེལ་ཞིག་ལ་ཞོན་ནས་ཡར་ཡོང་བ་དང་། ས་དཀྱིལ་ཏ་བེ་ཧུ་རྟར་ཞོན་ནས་ཕེབས་པ་ནས་མར་ཞོན་འོངས་ཏེ་གང་ནས་ཐོད་ཐུག་ན་དེ་ནི་ས་མཚམས་ཡིན་པར་ཐག་བཅད།དེ་ནས་བཟུང་རྒྱལ་བཅད་ནས་བླངས་པའི་ས་དེར་རྒྱལ་ཐང་ཞེས་བཏགས་སོ།

译：四合吉大外曷和年都乎土把总两人分地界时，打赌誓言：四合吉大外曷从唯哇那边骑马下来，年都乎土巴党从年都乎骑驴上来，两人碰面的地方则是两方地界。现隆务寺的寺址加唐正是当时打赌（རྒྱལ་བཅད། rgyal bcad）后博得的地盘，所以叫加唐（རྒྱལ་ཐང་། rgyal thang 赢地）。[2]

上述虽为传说，不可作为“加唐”是否为年都乎土把孜与四合吉大外曷打赌赢取的证据，但从一个侧面反映了四合吉大外曷与年都乎土把孜是同一时期的人，而且在隆务寺建寺前就存在。兰州大学洲塔教授也认为四合吉大外曷、年都乎土把孜、吉仓基顿廓落（སྐྱི་ཚང་སྐྱི་སྟོན་འཁོར་ལོ། skyi tshang ston vkhor lo）、弄莫益悉嘉措（སྔོན་མོ་ཡེ་ཤེས་མཚོ་རྒྱལ། sngon mo ye shes mtsho rgyal）、措玉格外悉念（ཚོ་བཞིའི་དགེ་བའི་བཤེས་གཉེན། tso bzhivi dge bavi bshes gnyen）、章波普巴李智（གྲང་པོ་འཕགས་པ་གླུ་སྒྲུབ། grang po vphags pa glu sgrub）等是同一时期的人。[3]民间也有热贡十二部落的百户（བེ་ཧུ། be hu）和洪波（དཔོན་པོ། dpon po 头人）中，四合吉大外曷，年都乎土把孜的职务是蒙元时期册封的，而其他外曷（百户）是明朝时期册封的。因此，年都乎多日达纳布军团（王氏家族），于蒙元时期就已驻扎热贡，且怀疑沿用“多日达纳布（黑鞑靼？）”称“铎日铎”。

此外，据《先祖言教》，热贡还有阿奇赤达麻日卜坚（སོག་ཨ་ཆས་ཁྲི་རྟ་དམར་པོ་ཅན། sog A chas khri rta dmar po can）驻扎热贡而有“苏合日”部落，且认为蒙古十一箭（སོག་པོ་མདའ་བཅུ་གཅིག sog po mdav bcu gcig）自此形成。现在热贡也有

---

〔1〕 东噶·洛藏赤列著，陈庆英译. 论西藏政教合一制度［M］. 北京：中国藏学出版社，2001：36 .

〔2〕 འ་བྲུག་ཐར་དང་སངས་རྒྱས་ཚེ་རིང་གཉིས་ཀྱིས་བརྩམས་པའི་མདོ་སྨད་རྨ་ཁུག་ཚོ་འགྲམ་ཡུལ་གྲུའི་ལོ་རྒྱུས་དེབ་ཐེར་ཆེན་མོ།། 洲塔、桑杰才让. 甘青藏族部落社会文化史研究［M］.北京：民族出版社，2005：265.

〔3〕 འབྲུག་ཐར་དང་སངས་རྒྱས་ཚེ་རིང་གཉིས་ཀྱིས་བརྩམས་པའི་མདོ་སྨད་རྨ་ཁུག་ཚོ་འགྲམ་ཡུལ་གྲུའི་ལོ་རྒྱུས་དེབ་ཐེར་ཆེན་མོ། 洲塔、桑杰才让. 甘青藏族部落社会文化史研究［M］.北京：民族出版社，2005：266.

“苏合日”的村落。《边政考》也载保安站一带除土番外，还居住着黑鞑靼。而《明史》中鞑靼指故元后裔。年都乎的“多日达纳布”，直译过来就是“黑多日达”，可能与“黑鞑靼”有关。热贡藏人以“铎日铎”称呼“蔡孜德裕”，尽管不承认，但至少说明应该有些“铎日铎（鞑靼）”的成分。

（二）协防兵：明朝时期

洪武三年邓愈攻克黄河以南地区后，洪武七年，明朝为了联络各族共同反元保塞，对付经常威胁其安全的塞北蒙古贵族，对西北少数民族首领不得不采用招抚羁縻政策。当时只要“率土归附”，均“授以世职”。[1]正是在此情形中，于元末驻扎热贡的来自霍日阔端大将多拉达拉汗后裔的年都乎首领（王家仓）自称为蒙古后裔，率众投明，明帝授官袭职。于万历年间，为了堡寨御敌，将年都乎、郭麻日、桑格雄、沃果日等部落收服于其麾下，建立保安堡，设官置兵，设立“四寨子（堡寨）”。据《年都乎简志》：

公元1374年依洪武皇帝的旨意去内地，给皇帝进献当地的鹿角、麝香等特产后声称其祖先为霍尔多日达那波，属蒙古（ཧོར་སོག hor sog）种，但除了姓名外，其余的习俗均与藏族一样，能够成为隆务囊索的左右手，而且对达赖喇嘛[2]（时间错位，可能是作者附会）忠心耿耿，听闻后明朝皇帝龙颜大悦，让他仍袭旧职，给他金符印信，无论官兵不得侵扰的圣旨。[3]

第十一代年都乎土把总更噶扎西（1586—1654），于藏历第十绕迥（公元1616年）将“蔡孜德裕（四寨子）”归为其属民，起先“蔡孜德裕”为年都乎八个措哇，脱加沃果日、郭麻日吉卡尔、尕撒日亚当等四个。后来将桑格雄（上下桑格雄、加仓玛、霍日加）也纳入“蔡孜德裕”中。[4]

---

〔1〕 高士荣.西北土司制度研究[M].北京：民族出版社，1999.

〔2〕《年都乎寺志》是当代著书，以寺志为主，历史叙述部分可能基于口述、传说，或内部资料，所以具体的时间和人名可能未经严格考证，遂出现了公元1374年“能够成为隆务囊索的左右手，而且对达赖喇嘛忠心耿耿”等时间与事实错位的现象，但历史记忆中的主要事件本身与碑文大致相符。

〔3〕 བློ་བཟང་སྙན་གྲགས་ཀྱིས་བརྩམས་པའི་གཉན་ཐོག་བྱམས་པ་གླིང་གི་ལོ་རྒྱུས། 洛桑年智.年都乎简志[M].西宁：青海民族出版社，2000：24.

〔4〕 བློ་བཟང་སྙན་གྲགས་ཀྱིས་བརྩམས་པའི་གཉན་ཐོག་བྱམས་པ་གླིང་གི་ལོ་རྒྱུས། 洛桑年智.年都乎简志[M].西宁：青海民族出版社，2000：50.

该寺志中的“四寨子”的形成，时间上与汉文史料记载相差一代之久，但所述事迹略同。《王廷仪记功碑》中也载“以故是地无官守防，无军所恃。如彼中廷仪，以是倡议率众，并咨各部院道，筑堡曰保安，设官曰防御，并于计、吴、脱、李四寨选士五百名，均之以月饷。河营协防兵一百名，加之以口粮”。很多人认为“保安四屯”是从河州调往的归德千户所，但根据上述史料与王廷仪记功碑分析，道尔达那波的后裔年都乎土把总降明后，为了迎合明朝的屯田戍边政策，建堡设官置兵。《年都乎简志》也提到包括隆务囊索等藏族部落听闻年都乎土把总要按明廷要求调兵守戍，极力反对，年都乎土把总与明廷商议后，遂从自己的属民选士兵几百名充任，从此，热贡免受内讧。[1]

虽然明廷下令从热贡土人（蔡孜德裕）中征兵，但据《王廷仪记功碑》的记载，还是派了河营协防兵100名。这100名协防兵的来源不可得知，可能与河州拨往的归德守御千户所有关。至于在哪里栖息，一种可能被安置在保安堡［其由直至清乾隆年间保安堡里番、回混居120名，保安还有撒儿塔大庄，且保安穆斯林被脱加沃果日人称为营伍人，浇地也要先让德让（四个）马家灌溉］。另一种可能在桑格雄（吾屯，据说桑格雄的李加德哇和加仓玛是后来迁的，且在归德守御千户所中也有吴百户寨）。总之，据兰州大学武沐教授考证，调往归德的中左千户所应为蒙古人。所以明时也可能有蒙古成分融入到“蔡孜德裕”中。

此外，明正德年间，夷人火落赤居捏工川，真相据莽剌川，其时亦卜剌据之西宁之青海，包括热贡的黄河以南均由蒙古控制。以致梁份叹言：“河曲未有夷患，置三堡以蔽河州也，弃之不可，为当日言也。夷据之，而拘牵于旧制，以三堡为告朔之羊，是寇在门户之内，及守于通衢之上，虽不之弃，甚于弃焉，守之无功。”[2]在此情境中也有可能受到蒙古的影响。

清袭明制，设守备。“国朝仍明制于堡设守备一员，然守备所司者营务，于屯政无涉。故四屯之粮仍归德守御千总征收。其兵即以屯丁充之，谓之土兵，故有土千总把总等官。屯粮虽重而纳粮之户即系充伍之兵，以粮抵

〔1〕 བློ་བཟང་སྙན་གྲགས་ཀྱིས་མཛད་པའི་གཉན་ཐོག་བྱམས་པ་གླིང་གི་ལོ་རྒྱུས། 洛桑年智．年都乎简志［M］．西宁：青海民族出版社，2000：26.

〔2〕（清）梁份．秦边纪略［M］．西宁：青海人民出版社，1987：43.

饷，不纳不支。除去五百余石，尚余三百石，积欠累累。”[1] 因此，在河曲的起台堡、保安堡与明清时期的其他屯堡固然不同，基本上是有名无实，都是地方土酋豪自治的羁縻也。因此，保安四屯应为土番充任土兵，也有夷的成分。

---

〔1〕（清）龚景瀚.《循化志》卷四《族寨工屯》[M].西宁：青海人民出版社，1981：163.

第三章　从“朝廷官兵”到“隆务寺的属民”：“蔡孜德裕”融入地方政权

第一节　隆务大寺政教合一系统的形成

一、囊索与土千/把总：热贡地区的三大势力

（一）阿瓦日囊索与噶尔则寺

阿瓦日囊索（ཨ་བུར་ནང་སོ། A bur nang so）为热贡地区最早的土官。元代，阿瓦日铁吾部落强盛，元设必里万户府，管理今青海省海南南部、黄南，及甘肃省甘南藏族自治州的大部分地区，该部落头人任万户长。最后一任万户长为阿卜束，万户为多儿只星吉。明洪武三年（1370年）邓愈克河州，吐蕃宣慰使何锁南普等以元所授金银牌印宣敕来降，镇西靖武王卜纳剌亦吐蕃诸部来纳款。四年正月，置河州卫，明太祖任索南普华为河州卫指挥同知，朵儿只、王家奴为指挥佥事。置铁成等八个千户所，七个百户所，皆命其酋长为之。卜纳剌为靖南指挥同知。同年，改必里万户府置必里千户所。承袭元朝原有的旧官、土官和藏族部落的头人、宗教首领联任的方式，控制黄河南部河曲社会秩序。明朝皇帝敕封阿瓦日头人的“圣旨”：

> 奉天承运，皇帝圣旨：朕君天下，凡四方慕义之士皆授之以官。尔阿卜束久居西土，乃能委身来附，朕用嘉之，今命尔为河州卫千夫长，俾尔子孙世袭，尔尚思尽乃心，谨遵纪律，扶安部众，庶副朕之委。今可夫武略将军、必里千户副千户，宜另阿卜束准此。
>
> 洪武六年八月 日　敕诰之宝

洪武十二年，洮州十八族番酋三副使等叛，据纳邻七站之地。沐英等讨

之，道路疏通。永乐元年（1403年），升必里千户所为必里卫，下分左、中、右三个千户所，分二十一族，颁赐金牌二十一面为符。卫属羁縻性质，无流官派守，职官由部落首领担任，仍受河州卫节制。以故万户哈即儿弟剌麻失加、千户阿卜束之子结束为必里卫指挥必里佥事（是年改为阿巴哈），笼班为必里卫指挥司卫百户。噶尔则寺（མགར་རྩེ་དགོན་པ། mgar rtse dgon pa）、隆务寺、文都千户家藏有洪武、永乐年间明帝的封诰。藏于文都千户家的敕书：

奉天承运，皇帝制曰：俺汉人地面西边，西手里草地西番各族头目，与俺每近磨道。唯有必里阿卜束，自俺父皇太祖高皇帝得了西边，便来入贡，那意思甚好。有今俺即了大位子，恁阿卜束的儿子结束，不忘俺太祖高皇帝恩德，知天道，便差侄阿卜束来京进贡，十分至诚，俺见这好意思，就将必里千户所升起作卫。中书舍人便将俺的言语诰里面写得仔细回去，升他做明威将军、必里卫指挥佥事，世世子孙做勾当者。本族西番听管领着。若有不听管属者，将大法度治他，尔兵曹如敕勿怠。

永乐元年五月初五日 上钤敕命之宝[1]

永乐二年有一份因结束病故，其职由其弟阿哈巴承袭的敕书：

奉天承运，皇帝制曰：俺汉人地面西边，西手里草地西番各族头目，与俺每好生磨道。自我太祖高皇帝得了西边时，尔必里阿卜束便来入贡。及俺即了大位子，阿卜束的儿子结束，能知天道，便差人来京进贡。俺见这意思十分至诚，就将必里千户升起作卫，着他做明卫将军本卫指挥佥事。阿哈巴差人来谢恩进贡。告称他兄弟结束病故了，欲要袭他职事。恁中书舍人便将俺的言语诰里写得仔细回去，教他阿哈巴仍做明威将军、必里卫指挥佥事，世世子孙做勾当者，本族西番听管领着。若有不听管属的，将大法度治他，尔兵曹如敕毋怠。

永乐二年三月一日　敕诰之宝

藏于隆务寺的明永乐四年敕封必里族头目笼班为必里卫指挥司百户的诰命：

---

〔1〕 同仁县志编纂委员会.同仁县志［M］.西安：三秦出版社，2001：1199—1200.

奉天承运，皇帝敕曰：俺汉人地面西边，西手里草地西番各族头目，与俺每好生近磨道。我皇考太祖高皇帝统一了天下，那汉每好意思，多曾到有。自我即了大位，恁笼班不忘俺太祖皇帝恩德，知天道，向慕朝廷，俺见这好意思，与了名分。中书舍人便将俺的言语敕里写得仔细回去，着他做昭信校尉、必里卫指挥司百户，世世子孙做勾当者。本族西番听管领着。若有不听管属的，将大法度治他，尔兵曹如敕毋怠。

永乐四年三月十二日　　敕诰之宝〔1〕

明宣德二年（1427年），隆务寺罗智桑格因佛学造诣深，受到宣德皇帝的器重，被授予“大国师”称号，其兄为隆务囊索，因此隆务寺的势力猛升，将上下热贡全部纳入其势力范围下，建立了政教合一体制。自此必里卫的势力减弱，最后形成噶尔则寺院和阿瓦日囊索共同管理绒卓措那（农牧五部）的一个小政教合一体系。曾辉煌一时的阿瓦日囊索在隆务家族势力的膨胀下，逐渐萎缩。清朝时，阿瓦日铁吾囊索实际上领千户之职，下设百户一名，百宗三名。这是雍正元年（1723年），委任百户的正虎令牌：“约束族众，不得为非作贼；每年应纳粮石，包公应时赴河州仓完纳，不得延缓逾期，如遇都统、总镇及河州副将、归德、保安、起台守备过往，或差人往来所用乌拉人夫、马匹，即速应付。凡有大小事宜，必须禀知副将、守备，文官完结。”〔2〕于是，民间流传着这样一个传说：“五族囊索帽顶高，印符是狮子座，十二族囊索帽顶低，印符是虎座。只因两个囊索交好，换了朝帽，五族囊索的地位就低了。”〔3〕

噶尔则寺（མགར་རྩེ་དགོན། mgar rtse dgon）。至于噶尔则寺何时修建，《同仁县志》称噶尔则寺建于明万历三十八年（1610年），《青海藏传佛教寺院》称建于明代。但《安多政教史》载有这样一个传说：“玉龙华寺（གཡུ་ལུང་དཔལ་གྱི་དགོན་པ། gyu lung dpal gyi dgon pa）是噶顿丹巴曲党（མགར་སྟོན་དམ་པ་ཆོས་སྡིང་། mgar ston dam pa chos sting）的成就地。”噶尔则寺中有这位大成就者佛殿和塑造的佛像、设置的佛经等圣物。这里所讲的寺院被认为是噶尔则特勒（མགར་རྩེ་ཐེལ། mgar rtse thel），若这位大成就者为世间怙主的亲传弟子捏（གཉོས། gnyos）、噶尔（མགར། mgar）、曲（ཆོས། chos）三位中的“噶

〔1〕同仁县志编纂委员会.同仁县志［M］.西安：三秦出版社，2001：1200.
〔2〕同仁县志编纂委员会.同仁县志［M］.西安：三秦出版社，2001：1200–1201.
〔3〕同仁县志编纂委员会.同仁县志［M］.西安：三秦出版社，2001：570.

尔”，则出生于止贡寺（འབྲི་གུང་། vbri gung）建成的翌年，即藏历第三饶迥的铁鼠年（1180年）。[1]照此推理，该寺建立年代不会晚于元代。据说瓜顿丹巴曲党有三个儿子，他们的后代发展成为噶尔则三部，分别为噶尔则特勒、桑嘎日（རྩང་སྒར། rtsang sgar）及附近的噶尔则窝乌特（མགར་རྩེ་བོ་བུ་ཐུ། mgar rtse wo bu thu）。按现在的区域划分来说，一部移牧于曲库乎噶尔则，一部移牧于贵德噶尔则，一部分在现在的噶尔则乡。噶尔则嘎日瓦（སྒར་བ། sgar ba）、囊索、百户三个曾是同胞兄弟，后来分家另立门户。因他们的咒师神通广大，蒙古和硕特前首旗济农王尊为上师。西宁办事大臣前来划分蒙藏地界时，在济农王的奏请下，分别授予囊索、百户之职，颁发印信。

据《噶丹嘉措传》载，噶尔则噶举仁波切（མགར་རྩེ་བཀའ་བཅུ་རིན་པོ་ཆེ། mgar rtse bkav bcu rin po che）在噶尔则建立了讲修二寺，即噶尔则加萨日夏智土丹区阔朗（མགར་རྩེ་གྱ་ས་བཤད་གྲྭ་ཐུབ་བསྟན་ཆོས་འཁོར་གླིང་། mgar rtse gya sa bshad grwa thub bstan chos vkhor gling）和秀葛宁禅修院（ཤུག་གུ་ཉིན། shug gu nyin）。噶尔则喇嘛吉昌建（ལྕགས་ཕྲེང་ཅན། lcags preng can）将两座寺移至卓功孔（སྒྲོག་དགོན་ཁུང་། sgrog dgon khung），后又被赤干堪却格措（མཁས་མཆོག་རྒྱ་མཚོ། mkhas mchog rgya mtsho）等人迁至现在的寺址，并由二世嘉木样命名。[2]可见噶尔则寺经过三次迁址。噶尔则诞生了很多活佛，但历世活佛都出生在本氏族中。噶尔则喜饶尼玛（མགར་རྩེ་ཤེས་རབ་ཉི་མ། mgar rtse shes rab nyi ma）是著名的大贤者，是曲哇仁波切的上师，对曲哇仁波切说：“我曾祈愿建立一座法相学院，兴讲闻辩论之风。”据称，夏日·噶丹热巴（ཤར་སྐལ་ལྡན་རས་པ། shar skal ldan ras pa）正是彼师的转世化身。赤干堪却格措转世化身，是出生在本氏族的久美阿旺嘉木样（འཇིགས་མེད་ངག་དབང་འཇམ་དབྱངས། vjigs med ngag dbang ajam dbyang），59岁于木蛇年（1845年）圆寂。彼师的转世化身为关却丹巴闫培（དཀོན་མཆོག་བསྟན་པ་ཡར་འཕེལ། dkon mchog bstan pa yar vphel），于火马年（1846年）出生于甘加的兹柔（རྒན་གྱིའི་སུ་རུག rgan gyvi su rug）村的噶尔则万干（བན་རྒན། ban rgan）家中。[3]

文波喜饶尼马（དབོན་པོ་ཤེས་རབ་ཉི་མ། dbon po shes rab nyi ma）是噶尔则松本（གཟུངས་འབུམ། gzungs vbum）的儿子，杰久美柔贝桑格（རྗེ་འཇིགས་མེད་རིགས་པའི་སེང་གེ

〔1〕 བྲག་དགོན་པ་དཀོན་མཆོག་བསྟན་པ་རབ་རྒྱས་ཀྱིས་མཛད་པའི་མདོ་སྨད་ཆོས་འབྱུང་། 智观巴·贡却乎丹巴绕吉.安多政教史[M].兰州：甘肃民族出版社，1982：332.

〔2〕《夏日·噶丹嘉措传》，木刻影印版。

〔3〕 བྲག་དགོན་པ་དཀོན་མཆོག་བསྟན་པ་རབ་རྒྱས་ཀྱིས་མཛད་པའི་མདོ་སྨད་ཆོས་འབྱུང་། 智观巴·贡却乎丹巴绕吉.安多政教史[M].兰州：甘肃民族出版社，1982：333.

rje vjigs med rigs bavi seng ge）的侄子。彼师不仅在其叔叔那儿学经，还在谢贡寺拜智噶日·噶举仁波切（བྲག་དཀར་བཀའ་བཅུ་རིན་པོ་ཆེ། brag dkar bkav bcu rin po che）为师，学习了许多经法。又在叶日琼更登达日智（ཡེར་གཤོང་དགེ་འདུན་དར་གྲགས། yer gshong dge vdun dar grags）座前学经。彼师于59岁圆寂。他的转世化身关却嘉措（དཀོན་མཆོག་རྒྱ་མཚོ། dkon mchog rgya mtsho）于木牛年（1865年）出生于噶尔则部落。[1]

自此，噶尔则有两个活佛转世系统，即赤干堪却格措转世系统和文波喜饶尼马转世系统，两者的转世化身都出身在噶尔则。两位活佛的庄园都在秀葛宁（ཤུག་གུ་ཉིན། shug gu nyin），寺院由历任老琼管理。经堂由赤干活佛修建。经堂内供奉着由尕热官（དཀར་རིས་དགོན། dkar ris dgon）请来的用东印度铜铸造的千尊佛像，还有多仓久美多杰（སྟོབས་ཚང་འཇིགས་མེད་རྡོ་རྗེ། stobs tshang vjigs med rdo rje）用黄金和黄铜铸成的千尊无量寿佛像和三十五尊忏悔佛像。这位活佛是久美尕藏（འཇིགས་མེད་སྐལ་བཟང་། vjigs med skal bzang）的亲传弟子。因去了内地，章嘉活佛对彼师关怀备至，因而被德外大王（ཏུར་བེད་ཏཱ་བང་། tur bed tA bang）奉为上师。在噶尔则寺修建了寝宫，宫内供奉着用檀香木雕刻成的释尊像、三世诸佛、善琏宝塔等，并给寺院捐献了堆绣大佛像和跳神舞的服装等。

这座寺院有支寺五座，计为格党（སྒིས་སྟེང་། sgis steng）、歇乐衮寺（ཤེལ་དགོན། shel dgon）、娄拉寺（ལུག་རྭ། lug rwa）、亚麻扎西奇（གཡའ་མ་བཀྲ་ཤིས་འཁྱིལ། g · yav ma bkra shis vkhyil）、秀葛宁寺等五座静修禅院。当噶尔则寺举行法会时，除这五座寺外，萨嘎日夏日（ས་དཀར་ཤར། sa dkar shar）静修禅院和朗加寺（གླིང་རྒྱའི་དགོན། gling rgyavi dgon）都要参加。寺属庄园有农牧区五个部落（རོང་འབྲོག་ཚོ་ལྔ། rong vbrog tso lnga）：措德（ཚོ་འདུ། tsho vdu）、扎仲香曲（བཀྲ་དྲུང་བྱང་ཆུབ། bkra drung byang chub）、双朋拉（ཞོ་འོང་ལ་ཁ། zho vong la kha）、双朋西（ཞོ་འོང་དཔྱི། zho vong dpyi）、阿瓦日铁吾（ཨ་བུར་ཐེ་བུ། A bur the bu）。

噶尔则寺和噶尔则囊索在热贡地区形成了一个政教合一的体制。虽在隆务寺的势力排挤下渐弱，但一直处于自治状态，不负担隆务寺的僧税僧差，有自己的庄园和所属曲德（香火庄），在正月祈愿大法会也可在自己的寺内举行，互不统属。

---

〔1〕 བྲག་དགོན་པ་དཀོན་མཆོག་བསྟན་པ་རབ་རྒྱས་ཀྱིས་མཛད་པའི་མདོ་སྨད་ཆོས་འབྱུང་། 智观巴·贡却乎丹巴绕吉．安多政教史［M］．兰州：甘肃民族出版社，1982：333.

（二）隆务囊索

随着隆务囊索的势力扩大，阿瓦日囊索势力渐弱，到隆务囊索关却尖参时，隆务家族势力膨胀，所属民众剧增。自宣德元年（1426年），今同仁、泽库地区遂由隆务寺和隆务囊索系统代而治之，逐渐形成热贡地区政教合一统治制度。

隆务家族为了扩大其势力范围，遂从隆务家族派遣囊索一名至所属部众，管理当地政教事物。所以民间有隆务囊索卡松（རོང་བོ་ནང་སོ་ཁག་གསུམ། rong bo nang so khag gsum 三大囊索）之说，即隆务牙日囊囊索（རོང་བོ་ཡར་ནང་ནང་སོ། rong bo yar nang nang so 上隆务囊索）、隆务麻日囊囊索［རོང་བོ་མར་ནང་ནང་སོ། rong bo mar nang nang so 下隆务囊索（文都/边都）］、道帏囊索（རྡོ་སྦིས་ནང་སོ། rdo sbis nang so）等。隆务牙日囊囊索，即隆务囊索为发号施令者，所以有"挂贝（བཀའ་འབབ། bkav vbav）囊索"之称，"挂贝"为"发号施令"之意。与挂贝相对的有"瓜且（བཀའ་འཁྱེར། bkav vkhyer）囊索"，"挂且"为"实施法令"。麻日囊囊索和道帏囊索都是实施法令的"挂且囊索"，因此历任三大囊索均要从隆务家族世袭，若麻日囊囊索和道帏囊索无子接任，需从隆务囊索家族派遣。这是隆务家族权力不外流的一个重要措施。华隆地区的隆卜族，也可能是这一时期的产物。

1. 挂贝囊索：隆务囊索

据《安多政教史》，卫藏念青唐拉下的丹木库隆务（འདམ་ཁོག་རོང་བོ། vdam khog rong bo）地方，诞生了一个医术高明的医师，他是修行中获得成就的瑜伽师。众生怙主八思巴令他奉宝帐怙主为护法，并赐萨迦色贡（གསེར་མགོན། gser mgon）和禅杖（ཕྱག་འཁར། phyag vkhar）授记说："你去安多吧。那里有一座形似金刚杵的山，你住在那个山腰下繁衍生息，对继承和弘扬佛法很有必要。"[1]这位瑜伽师（拉杰智合纳哇ལྷ་རྗེ་བྲག་སྣ་བ། lha rje brag sna ba）[2]遵照神和上师喇嘛的预言来到安多，在一个叫年藏的（སྣན་བཟང་། snan bzang）地方安家居住。他的儿子隆庆多德本朝觐皇帝［约为元帝额吉特（ཨུ་ཅི་ཐུ། Au ci thu）前

〔1〕 བྲག་དགོན་པ་དཀོན་མཆོག་བསྟན་པ་རབ་རྒྱས་ཀྱིས་མཛད་པའི་མདོ་སྨད་ཆོས་འབྱུང་། 智观巴·贡却乎丹巴绕吉. 安多政教史［M］. 兰州：甘肃民族出版社，1989：303–304.

〔2〕 据说这位瑜伽师途径多哇（མདོ་བ། mdo ba）时遇到几个强盗，彼师施展施食和咒语，施食碰在石岩，石岩即刻崩塌，自此人们称这位瑜伽师拉杰智合纳哇（ལྷ་རྗེ་བྲག་སྣ་བ་ཀུན་དགའ་དོན་འགྲུབ། lha rje brag sna ba kun dgav don vgrub）。

后］，授予治理黄河以南隆务总管囊索任命书和象牙印章（བ་སོ་ཐམ་ཀ། ba so tham ka），扩建在赛炯加唐（གསེར་ལྗོངས་རྒྱལ་ཐང་། gser ljongs rgyal thang）的家业，并修建了囊索衙门府（ནང་སོ་ཁྲིམས་སྒོ་གཞུང་ཁང་ཆེན་མོ། nang so khrims sgo gzhung khang chen mo），当时邀请了木雅种（མི་ཉག་རིགས། mi nyag rigs）的木匠、蒙古种（སོག་པོ་རིགས། sog po rigs）的石匠和来自前藏的神匠（གཙང་ལ་སྟོད་ནས་ཡོང་བའི་ལྷ་བཟོ། gtsang la stod nas yong bavi lha bzo）用了一年一月一天的时间竣工。[1]他生了九个儿子，民间称三个大儿子为神一样的大喇嘛（བླ་ཆེན་གསུམ། bla chen gsum），三个中间的儿子为人一样的三个囊索（ནང་སོ་གསུམ། nang so gsum），三个小儿子为鬼一样的普通的当家人（ཁྱིམ་འཛིན་གསུམ། khyim vzhin gsum）。三个大儿子出家为僧，成为了知名的拉洪（བླ་དཔོན། bla dpon 政教共主），依次为三木丹仁青、智巴尖参、罗智桑格。三个中间的儿子成为隆务总管囊索、麻日囊囊索、道帏囊索。隆务囊索多德本之子罗智桑格被大明皇帝封为大国师之后，将其头人关却尖参封为隆务总管，管理隆务牙日囊，麻日囊、道帏等地区。大明宣德二年，帖木索瓦等人来到归德之际，囊索关却尖参给大明皇帝进贡大量金银财宝，进献悦耳赞词，大明皇帝赐予囊索职务、汉地的外勒（བེ་ལུ། be lu必里）囊索职务，还赐封为“大国师”。民间遂称“མི་གཅིག་ལ་ཐོབ་གསུམ། དཔོན་གཅིག་ལ་ཁྲིམས་གསུམ། 一人得三职，一官行三法”。[2]囊索关却尖参之子世袭父职，按旧例两次觐见大明皇帝，赐予囊索职位。其子罗智生有七子，其中长子罗智却智，去了一次内地，授予“大国师”之称，去了一次西藏授予“囊索”一职。其兄罗智顿珠在罗智却智在世时接任囊索职位，并四次觐见大明皇帝，授予“大国师、国师、军师”等名号。其子罗智华丹时，仍去了一次西藏，拜帝师更噶勒巴，发展政教事业。两次内汉地的觐见，使他有了“成南军事帝师”之称。到了囊索罗智丹巴和索南顿珠时，隆务囊索的势力渐衰。但索南顿智之子囊索格日投靠霍日狄强王，霍日狄强王派阿柔曲杰（ཨ་རིག་ཆོས་རྗེ། A rig chos rje）到各地征收僧差和户头税，并以白帐蒙古开始建立福田与施主关系。1607年，隆务卡本加（མཁའ་འབུམ་རྒྱལ། mkhav vbum rgyal）之次子，大成就者曲哇仁波切洛桑旦贝尖参（ཆོས་པ་རིན་པོ་ཆེ་བློ་བཟང་བསྟན་པའི་རྒྱལ་མཚན། chos pa rin po che blo bzang bstan pavi rgyal

〔1〕 འཇིགས་མེད་ཐེག་མཆོག་གིས་བརྩམས་པའི་རོང་བོ་དགོན་ཆེན་གྱི་གདན་རབས། 吉迈特却.隆务寺志［M］.西宁：青海民族出版社，1988：738–739.

〔2〕 འཇིགས་མེད་ཐེག་མཆོག་གིས་བརྩམས་པའི་རོང་བོ་དགོན་ཆེན་གྱི་གདན་རབས། 吉迈特却.隆务寺志［M］.西宁：青海民族出版社，1988：738–739.

mtsan）从卫藏返回隆务噶当寺，将隆务噶当寺改宗为格鲁派寺院。[1]大成就者夏日·噶丹嘉措（ཤར་སྐལ་ལྡན་རྒྱ་མཚོ། shar skal ldan rgya mtso）是曲哇仁波切的同父异母兄弟，成为隆务寺的亚杰喇嘛。自此，热贡地区就成为隆务囊索和历辈夏日仓共同执政的政教合一体系。这一时期的总管囊索为第七代隆务喇嘛隆庆杰卓瓦彭措，其后为管理政教两方面的代王囊索由曲智达日吉担任。其后囊索索南达日吉时，与隆务丹巴达日吉和从嘉绒请来的上师一同前往卫藏进贡，原有的僧官官位得到恢复，其声名远扬。当他觐见皇帝时正处于两朝更替之际，大清皇帝授予“囊索”之印，仍旧管理政教事物。之后由囊索嘉木样尖参、囊索索南嘉措执政。囊索三木旦嘉措为第二世夏日仓时的知名人物，去内地觐见皇帝，被授予牙亚仔（ས་ཡ་ཙི། sa ya tsi 循化）、玛仔（མ་ཙི། ma tsi）、王必里（ཝང་བེ་ལི། wang be li）等三个头人的总管囊索，授予水晶印鉴，相传与蒙古王公的地位相当。之后由囊索昂智达日吉、囊索卡日先丹巴赞布玛担任。囊索嘉党洛藏三木智之后隆务家族的男丁几乎绝迹，过继了牧区扎干家的旺洛和关洛二人，其子孙昌盛。囊索李加才让担任隆务囊索时，囊索赞布玛任麻日囊囊索和囊索华丹任道帏囊索。藏历第二饶迥水鼠年（1732年），第二世夏日仓时，囊索阿旺洛藏首办隆务大寺神变大祈愿法会，由于其功绩卓绝，当他逝世于内地时，就给他找转世灵童，其地位与夏日仓同等，但到了囊索卡本加时由于将自己的份子（ཐོབ་སྐལ། thob skal）让给了夏日仓。自此，举行祈愿大会时官人和上师的五种份子有了（སྐལ་ལྔ། skal lnga）高低之分，因此僧俗争夺囊索职位，持久四年，后由隆务的僧俗大众商议决定，每三至五年轮流担任囊索职位，而且规定就算是知名人物，若不是同种血统不得担任。其后囊索李加才让，囊索关却阿潘世袭政教权力。囊索热噶多杰获得了卫藏和内地公认的双重职位，重新将各地归于旗下，连任12年之久。其后囊索华丹多杰任职5年，囊索图巴热赛，声名显赫，替代七位囊索连任21年。第五世夏日仓时有囊索更登赤利、囊素嘉木样。囊索多杰三木智修建了甘南合作的九层宫殿（གཙོས་དགུ་ཐོག gtsos dgu thog），举行大型的庆功宴。囊索赤烈和囊索贡保加二人重修了江龙赤干（སྤྱང་ལུང་ཁྲི་རྒན་ཚང་། spyang lung khri rgan tshang）的寝宫，后在蒙藏争战中率领十二部落进军时牺牲。之后好几任囊索时由于内讧，争夺囊索职位，延续数十年，直至囊索多德和囊索久美道杰二人新建城门的释

[1] འཇིགས་མེད་ཐེག་མཆོག་གིས་བརྩམས་པའི་རོང་པོ་དགོན་ཆེན་གྱི་གདན་རབས། 吉迈特却.隆务寺志[M]. 西宁：青海民族出版社，1988：738–739.

迦殿（ཇོ་ཁང་། jo khang）。自此隆务家族涌现了诸多高僧大德、喇嘛活佛，热贡地区的政教事业如人神所愿兴旺昌盛。

2. 挂且囊索：麻日囊索

隆务传统上分为上下两部，即隆务牙日囊（ཡར་ནང་། yar nang 上部）和隆务麻日囊（མར་ནང་། mar nang 下部）。隆务牙日囊为今同仁县境域。麻日囊为循化县文都境域，俗称麻日囊措纳（མར་ནང་ཚོ་ལྔ། mar nang tso lnga 下部五族）。境内有香理尕扎西齐宗寺（ཤིང་ལས་ཀ་བཀྲ་ཤིས་ཆོས་རྫོང་། shing las ka bkra shis chos rzhong）。相传隆务多德本有九个儿子，其中中间三个儿子的后代，分别是隆务牙日囊、麻日囊、道帏隆务（རྡོ་སྤིས་རོང་བོ། rdo spis rong bo）三部的囊索。还有一种说法，因此三处的寺院是由曲杰三木丹仁青所建，由隆务喇嘛葛敦巴（སྐུ་འདོན་པ། sku vdon pa）主持寺务云云。其实并不矛盾，曲杰三木丹仁青修建了寺院，葛敦巴主持寺务，隆庆多德本之子担任囊索职务从事政务。据《隆务寺志》，隆务总管多德本的儿子关却东珠有三个儿子，其中第二个儿子东珠扎西（དོན་འགྲུབ་བཀྲ་ཤིས། don vgrub bkra shis），于1348年，遵照上师三木丹仁青的旨意，到麻日囊香理尕扎西齐宗寺当洪波（头人），成为了尕让霍日五个措哇千户的洪波。据《热贡族谱》，从麻日囊囊索东珠扎西至囊索赞布玛历经60多位囊索。

麻日囊囊索三木旦嘉措（བསམ་གཏན་རྒྱ་མཚོ། bsam gtan rgya mtso），系曲哇仁波切徒弟的侄子，他在担任牙日囊囊索时，作为随从去过两次西藏，返回时迎请了一些佛像、佛塔、佛经，供奉在本寺。他之后的囊索是旺智合达儿杰（དབང་གྲགས་དར་རྒྱས། dbang grags dar rgyas），曾去过西藏朝拜嘉绒格顿丹巴（རྒྱལ་རོང་དགེ་ལྡན་བསྟན་པ། rgyal rong dge ldan bstan pa），授长寿灌顶，并赐加持力的无量寿佛像，至今供奉在本寺内。他之后的囊索赞布玛（བཙན་པོ་མ། btsan po ma）曾作为河南蒙旗济农王的随从前往西藏，奏请班禅仁波切赐敕文。他之后的囊索是嘉党罗藏三木智（རྒྱ་ལྡང་བློ་བཟང་བསམ་འགྲུབ། rgya ldang blo bzang bsam vgrub），他在位的一段时间内该寺由隆务寺主持建立显宗的讲闻辩经的制度，后因渐见松散，囊索嘉党特向隆务寺奏请由加堪布接任该寺喇嘛，从而得罪了夏日拉让。因此，囊索为首的寺院大小僧官共同商定，将该寺供献给第二世一切知嘉木样吉美旺波。于藏历十三胜生的铁鼠年（1780年），班禅喇嘛去内地时，夏日诺木汗等来塔尔寺拜见班禅喇嘛，当时二世嘉木样提及此事，但夏日诺木汗没有承认，于是班禅裁决了此事，并立了裁决书，自此该寺由二世一切知嘉木样主持寺务。彼师给了重建寺院经堂的资金，并安排画师、木匠进行了全面维修。智噶日彭措朗也是夏日·噶丹嘉措的三座属寺之一。虽麻日囊的寺主已易，但仍流传着这样的传说：夏日·噶丹嘉措的灵塔原在上隆务，当发生争执之时，下隆务囊索想偷走灵塔，但是他没能抬动，于是抱怨说：“我们上下隆务都是您的嫡亲，怎会有亲疏之别呢？”于是那座灵塔腾空而飞，飞到了下隆务。说明了麻日囊与夏日仓有很深的渊源。

麻日囊囊索有霍然百户、葛日炯百户（མགུར་ལྕོང་བེ་ཧུ། mgur lcong be hu）、瓦隆百户（བ་ལུང་བེ་ཧུ། ba lung be hu）、热擦百户（རེབ་ས་བེ་ཧུ། reb sa be hu）等四个百户和加芒果娃（སྐྱ་མང་འགོ་བ། skya mang vgo ba）、维棠果哇（བུས་ཐང་འགོ་བ། bus thang vgo ba）、曲藏果哇（ཆུ་བཟང་འགོ་བ། chu bzang vgo ba）、宗展果哇（རྫོང་གྲན་འགོ་བ། rzhong gran vgo ba）等五个头人为囊索的噶伦（བཀའ་བློན། bkav blon 诰命大臣）。麻日囊囊索所辖范围为西至鹦鹉垭豁（ནེ་ཙོ་ཉག་ཀ ne tso nyag ka）以上，南至帕隆德合延（ཕ་ལུང་སྟག་གཡག་མན་ཆད། pha lung stag g · yag man chad）以下，北至向塘马场（བྱང་ཐང་རྟ་ར། byang thang rta ra）到西甘都董玛（ཀ་མདོ་གདུང་མ། ka mdo gdung ma）。任职时间为三年，若无子接任，方可连任三年，绝子者要从隆务囊索家族派遣。由于麻日囊囊索驻地为香理尕扎西齐宗寺，在寺院时需穿僧服，到俗众区征税或办差事时需穿官服。

3. 挂且囊索：道帏囊索

囊索关却东智的幼子却智喇嘛，于1349年遵照上师三木丹仁青的旨意，到现称之为拉米隆哇（བླ་མའི་ལུང་བ bla mavi lung ba）的地方胜任道帏隆哇的囊索。他之后的囊索为桑格南杰。但《道帏赛莫炯历史》[1]中称，囊素桑格南杰拜见八思巴后，赐予了狮子头的官印与孔雀羽的官帽，授予道帏拉米隆哇的囊索职位。且有撒拉和蕃部间的道帏大宝塔之称，后尊师色康巴修建了名为“镇撒拉”的佛塔。两种说法有所出入。据《热贡族谱》，从囊索关却东智至末代囊索都为萨迦昆氏隆庆多德本的后裔。有关道帏囊索在此不再赘述。

（三）年都乎土千/把总

据说蒙古成吉思汗手下四个精锐军团中的第四支多尔美赤裤军团，异常残暴，人们称之谓“雷公（གཉན་ཐོག gnyan thog）将军”，其官兵大多上身穿黑衣衫，下身穿红裤子。该人修炼道教，曾领军队转战于黄河以南长江以北的

---

〔1〕 བཀའ་མ་མཁའ་འབུམ་སོགས་ཀྱིས་བསྒྲིགས་པའི་རྡོ་སྦིས་གསེར་མོ་ལྗོངས་ཀྱི་ལོ་རྒྱུས་དོ་ཤལ་ཐེང་བ། 侃本等著.道帏藏族社区志[M].甘肃民族出版社，2009：247.

广大地区。约在1269年，“雷公将军”之子吐索伦（ཐུའུ་སོ་ལོན། thuvu so lon）[1]率领军队进攻黄河以南地区。汗王忽必烈敕令强渡黄河，严守渡口。吐索伦遵命发兵进攻黄河南部上游，仰仗道教威力征服该区蕃部，控制了安多地区的欧拉萨桑码头（莽剌川？）。1292年，吐索伦将多尔美军队变成六个军团，其中五支军团仍守黄河东南、西南领地和渡口，他自己亲率一支军团于1309年进入拉卜楞和热贡之间的边界地带甘加地区，在那里住了一段时间后，约在1352年占据热贡地区长期驻扎下来。多尔美蒙古军队统治残暴，当地蕃民深受虐待，被当地人称之为年波麦恰麻日波坚（གཉན་པོ་སྨད་ཆ་དམར་པོ་ཅན། gnyan po smad cha dmar po can下身穿红裤子的凶猛人），其驻扎的营地称之为“年波霍尔军团”，后来讹化为“年都乎”。当时多尔美赤裤军官吐索伦道依从道教堪舆术之家之言，在热贡“霍尔军团”修建了一座炫耀武功、镇压地方的马鞍状土地祠庙，据说现今年都乎的擦怎拉康（ས་འཛིན་ལྷ་ཁང་། sa vzhin lha khang 持地神庙），即现村庙之前身。

第七饶迥阴火羊年（1427年），年都乎陈罗哲本（ཁྲིན་བློ་གྲོས་འབུམ། khrin blo gros abum），赴北京觐见大明宣德皇帝，加封年都乎土把孜（应为土千总，土把总是清代册封的）之职。是年，因年迈体弱，由其子索南多杰接任。藏历第八个饶迥阴火牛年（1457年），大明天顺皇帝（明英宗复辟）继位，土把总索南多杰（བསོད་ནམས་རྡོ་རྗེ། bsod nams rdo rje）前往北京参加皇帝登基大典。皇帝赐予刻有八个字的石碑匾额，其威望在热贡地区日盛。藏历第八个饶迥火猴年（1476年），其子尖参多杰（རྒྱལ་མཚན་རྡོ་རྗེ། rgyal mtshan rdo rje）接任父职，尖参多杰在热贡政教各方面至高权威。藏历第九个饶迥火鸡年（1537年），尖参多杰将其职衔授予其三子释迦桑格（ཤཱཀྱ་སེངྒེ། shAkya seng+ge），释迦桑格为了更好地统辖热贡地区，曾长途跋涉，赴内地觐见皇帝，奏请热贡地方有关政教事务，皇帝准奏并颁发安抚诏书。藏历第九个绕迥水猴年（1558年），由其长子更噶扎西（ཀུན་དགའ་བཀྲ་ཤིས། kun dgav bkra shis）接任其职。藏历第十绕迥火鸡年（1572年），大明皇帝隆庆宣召更噶扎西到京城皇宫。翌年，更噶扎西叩见了新登基的万历皇帝。它代表热贡地方官员百姓向皇帝敬献金银珍宝和当地土特产贡品。皇帝龙颜大喜，加封更噶扎西为“皇帝侍寝警卫官”，其名声愈加显赫。藏历第十个饶迥火羊年（1607年），久美南加（འཇིགས་མེད་རྣམ་རྒྱལ། vjigs

〔1〕 在《热贡族谱》与《年都乎寺志》中称“高武麦特眉棱（ཨོ་ཆི་གོ་ཐུ་མེ་ལུན། Ao chi go thu me lun）”率领其军队到热贡。

med rnams rgyal）接任父职。藏历第十绕迥火狗年（1622年），久美南加赴京，在大明皇帝天启宫内做事八年之久。于藏历第十一个饶迥土蛇年（1629年），得到明崇祯帝褒奖的久美南加返回热贡，其权威愈加强大，名望愈加远播。

藏历第十一个饶迥土鼠年（1648年），长子关却达杰（དཀོན་མཆོག་དར་རྒྱས། dkon mchog dar rgyas）接任父职。关却达杰虔信佛家，乐做善事，不论贵贱贫富平等相待，制服刁钻蛮横、胡作非为的凶恶势力。他于49岁出家为僧。藏历第十一饶迥火龙年（1676年），其子华青多杰（དཔལ་ཆེན་རྡོ་རྗེ། dbal chen rdo rje）继任。相传华青多杰生于1647年，5岁时开始跟随父亲读书识字，10岁时拜蒙古大师也诺塞克甘学习汉语和蒙古语，18岁返回家乡执掌土把孜（应为土千总）职位；30岁赴京叩见大清康熙皇帝，并赐予他“大将军”封号和热贡守卫爵位，并奖谕说：“这次赏你五千两银子，在热贡地方建造一座可容纳五百兵丁的军营。倘若这笔经费不够用，可以在我的国库中提取。”于藏历第十二个饶迥土牛年（1709年），在年都乎古城地方，修建了一座四合形状，四面土垒高墙的大规模军营。因筑垒第四面墙时经费不够用向皇帝请奏，朝廷又下拨三千银两，并宣旨务必修好军营。因华青多杰崇信佛教，将修造军营所剩的资金全部用于修建年都乎扎西达日杰林，于藏历第十二个饶迥铁虎年（1710年）被康熙帝召至京城，以挪用修建军营的国库金银修缮寺院为由，加罪于他，将他处以极刑。华青多杰的长子扎西赴内地运回其父遗体，到大河家多热卡王城（石墙城堡）地方，将其父亲遗体头朝家乡进行埋葬，把头颅运回家乡埋在祖坟里。[1]其后裔中出现年都乎土把总王银洛，土把总且郎多吉等人。年都乎土把总的属众“蔡孜德裕”，有年都乎寺、郭麻日寺、上下桑格雄寺、沃果日寺等。约第三世夏日仓更登热吉（1740—1794年）后成为隆务寺的属寺（详见本章第二节）。

二、隆务寺的建立与其政教合一系统

隆务寺是热贡最大的藏传佛教寺院。隆务寺在安多地区规模、地位和影响与拉卜楞寺和塔尔寺相媲。隆务寺起初属噶当派和萨迦派寺院，后

---

〔1〕《把总千户沧桑：夏吾才让自述》是未正式发行的内部刊物，由赵清阳记录整理，赵顺禄修编，据说是根据土把总后裔收藏的族谱写成。

改宗为格鲁派。拉杰智纳哇（ལྷ་རྗེ་བྲག་ན་བ lha rje brag na ba）遵照神灵和上师八思巴的旨意来到热贡丹木库（འདན་ཁོག vdan khog）居住。其子绒庆多德本生的九子之中三子成为著名的喇嘛兼僧官的拉洪。长子为隆务三木旦仁青（བསམ་གཏན་རིན་ཆེན། bsam gtan rin chen）。于1340年左右，曲杰顿智仁青根据神明和上师的预言来到多思麦热贡地方选定夏琼（བྱ་ཁྱུང་། bya khyung）寺址路过自己家乡夏卜浪时，应隆务三木旦喇嘛的邀请来到隆务噶当寺，向隆务喇嘛三木旦为主的僧众授予十一面观音菩萨的灌顶、教导。藏历第六饶迥水马年（1342年）曲杰顿智仁青（ཆོས་རྗེ་དོན་གྲུབ་རིན་ཆེན། chos rje don grub rin chen）的弟子隆务喇嘛三木旦仁青与第二代四合吉百户尼智尖措（དངོས་གྲུབ་རྒྱ་མཚོ། dngos grub rgya mtso）结福田关系，由隆务总管（སྤྱི་དཔོན། spyi dpon）多德本在隆务噶当寺旧址上（加唐中枢，形似金刚杵的山腰下），修建了佛殿，供奉三世佛像，立僧团，取名为“北方隆务吉祥大寺噶当闻思胜洲”（བྱང་ཕྱོགས་རོང་བོ་དཔལ་གྱི་དགོན་ཆེན་བཀའ་གདམས་ཐོས་བསམ་རྣམ་པར་རྒྱལ་བའི་གླིང་། byang phogs rong bo dbal gyi dgon chen bkav gdams thos bsam rnam bar rgyal bavi gling），后称隆务噶当大寺（རོང་བོ་བཀའ་གདམས་དགོན་ཆེན། rong bo vkav gdams dgon chen）。据说当时隆务寺只有一座佛殿和二十间僧舍。他的三弟罗智桑格（བློ་གྲོས་སེང་གེ། blo gros seng ge）曾拜大德高僧为师，学识渊博，通晓五明，大明宣德皇帝封他为“大国师”，授予金官印章和配套法衣，赋予热贡官僧结合（བླ་དཔོན་ཟུང་འབྲེལ། bla dpon zung vbrel）的职务和权力。同时兼任亚仔（循化）的总管职位，亚仔地区的僧俗结合的政教事业得到空前发展。彼师扩建隆务寺，修建了黄金佛殿，热吉怙主（མགོན་པོ་ར་སྐྱེས། mgon po rwa skyes）、护法威灵殿（མགོན་ཁང་བཙན་པོ་མ། mgon khang btsan po ma）等大规模殿宇，并将上下热贡农牧区纳入其香火地，征收僧差，建立政教合一制度。拉杰智合那娃的曾孙关却尖参也于宣德二年（1427年）也得到印信诰敕。之后顿珠仁青、罗智曲智（བློ་གྲོས་མཆོག་གྲུབ། blo gros mchog grub）、顿珠桑格（དོན་གྲུབ་སེང་གེ། don grub seng ge）、罗智华丹（བློ་གྲོས་དཔལ་ལྡན། blo gros dpal ldan）等也获得过“国师”的封号，担任官僧结合的重任。当时其属民有从东上十万（甘肃省甘南州境内）至东下多嘎日（ཤར་སྨད་རྡོ་དཀར། shar smad rdo dkar现今青海省道帏乡境）以内；自南上智合才（ལྷོ་སྟོད་བྲག་སེར། lho stod brag ser现今甘肃省甘南州玛曲县境），南离欧拉玛卡（དངུལ་ར་རྨ་ཁ། dngul rwa rma kha 现今甘肃省甘南州夏河县欧拉玛卡）以内；从西上拉加（ནུབ་སྟོད་ར་རྒྱ། nub stod ra rgya现今青海省果洛州玛沁县拉加角果乡）至西下归德洛勾（ནུབ་སྨད་ཁྲི་ཀའི་ལོ་འགག nub smad khri kavi lo vgag现今青海省海南州归德县境）以内；自北角罗霍日毛卡松（བྱང་སྟོད་ཇོའི་ལོ་ཧོར་མོ་ཁ་གསུམ། byang stod jovi lo hor mo kha gsum 现今青海省黄南州尖扎县境）至北黄河交汇处（བྱང་སྨད་རྨ་ཆུའི་བྱང་སྨད་རྨ་ཆུའི་འཁྱུལ་ཕྱོགས། byang smad rma chuvi vkhyul pyogs现今青海省海东华隆县境内）。[1]隆务噶当寺成为安多地区道统法大基地。直至住持罗智丹巴（བློ་གྲོས་བརྟན་པ། blo gros btan pa）和索南顿珠（བསོད་ནམས་དོན་གྲུབ། bsod nams don grub）任职期间寺务出现下滑趋势。

隆务喇嘛仁青三木智（རིན་ཆེན་བསམ་འགྲུབ། rin chen bsam vgrub）接任寺务时，督促索南顿珠（བསོད་ནམས་དོན་གྲུབ། bsod nams don grub）之子囊索花旦格日（ནང་སོ་དཔལ་ལྡན་གུ་རུ། nang so dpal ldan gu ru）投靠霍日狄强曲科日（ཧོར་ཏིས་ཆང་ཆུ་ཁུར་དཔོན། hor tis chang chu khur dpon）王。耶哇曲杰（ཡེར་བ་ཆོས་རྗེ། yer ba chos rje）等人负责在寺院四边建立镇地佛塔，作为寺地永垂不变的标志。于藏历饶迥十年木蛇年（1605年），由头人和耶哇曲杰负责牵头，底仓曼巴（རྟིས་ཚང་སྨན་པ། rtis tshang sman pa）负责管理，第二次扩建了隆务噶当寺经堂。包括狄强曲科日长官和囊索格日等信徒和施主们，供奉了一套用金汁书写的《甘珠尔经》大藏经。同年藏历四月份，隆务喇嘛仁青三木周和囊索格日二位派四个千户协助阿柔曲杰（ཨ་རིག་ཆོས་རྗེ། A rig chos rje）到各地征收僧差和户头税，并开始与蒙古建立福田与施主关系。藏历五月十三日，董曲神匠（སྟོང་ཆོས་ལྷ་བཟོ། stong chos lha bzo）等人圆满完成了宗喀巴千尊佛像镀金（རྗེ་ཙོང་ཁ་པའི་སྐུ་བརྙན་སྟོང་རྩའི་གསེར་ཐང་། rje tsong kha pavi sku brnyan stong rtsavi gser thang），三世佛（དུས་གསུམ་སངས་རྒྱས། dus gsum sangs rgyas）、尊胜塔（རྣམ་རྒྱལ་མཆོད་རྟེན། rnam rgyal mchod rten）等的修建工程。同时将金汁《甘珠尔》和所有佛藏都搬运到新经堂，由喇嘛仁青三木智、智合巴傲塞和隆务喇嘛索巴等进行了开光仪式。于天启五年（1625年），明熹宗皇帝题赐“西域胜境”匾额，悬挂于隆务寺大经堂门屏上，从此隆务寺声名远扬。

1607年，隆务卡本加（མཁའ་འབུམ་རྒྱལ། mkhav vbum rgyal）之次子，大成就者曲哇仁波切洛桑旦贝尖参（ཆོས་པ་རིན་པོ་ཆེ་བློ་བཟང་བསྟན་པའི་རྒྱལ་མཚན། chos pa rin po che blo bzang bstan bavi rgyal mtshan）从卫藏返回隆务噶当寺之际，整顿了隆务噶当寺的各类教规、新建格丹五月大供（དགེ་ལྡན་ལྔ་མཆོད་ཆེན་མོ། dge ldan lnga

〔1〕 འཇིགས་མེད་ཐེག་མཆོག་གིས་བརྩམས་པའི་རོང་པོ་དགོན་ཆེན་གྱི་གདན་རབས། 吉迈特却．隆务寺志［M］．西宁：青海民族出版社，1988：97.

mchod chen mo）、倡导实行格鲁巴的教规仪轨，将隆务噶当寺改宗为格鲁派寺院，被命名为“隆务大寺大乐法轮洲（རོང་བོ་དགོན་ཆེན་བདེ་ཆེན་ཆོས་འཁོར་གླིང་། rong bo dgon chen bde chen chos vkhor gling）”。

大成就者夏日·噶丹嘉措（ཤར་སྐལ་ལྡན་རྒྱ་མཚོ། shar skal ldan rgya mtsho）是曲哇仁波切的同父异母兄弟，生于藏历第十胜生的火羊年（1604年），据尼唐活佛所著《夏日·噶丹嘉措本生记》，夏日·噶丹嘉措为隆务喇嘛三木旦仁青的化身。据传三木旦仁青至夏日·噶丹嘉措之间的化身有绒敦·罗藏智巴（རོང་སྟོང་བློ་བཟང་གྲགས་པ། rong stong blo bzang grags pa），隆务喇嘛座前师桑珠仁青（བསམ་འགྲུབ་རིན་ཆེན། bsam vgrub rin chen）、噶尔则·喜饶尼马活佛（མགར་རྩེ་ཤེས་རབ་ཉི་མ། mgar rtse shes rab nyi ma）等。另一说则夏日·噶丹嘉措为舍利子（ཤཱ་རིའི་བུ། shA rivi bu）、白莲法王（རིགས་ལྡན་པད་དཀར། rigs ldan pad dkar）、佛护大师（སློབ་དཔོན་སངས་རྒྱས་བསྐྱངས། slob dpon seng rgyas bskyangs）、种敦巴意所化的化身齐吾嘎布（ཁྱེའུ་དཀར་པོ། khyevu dkar po）、布琼哇·雄怒尖参（པུ་ཆུང་བ་གཞོན་ནུ་རྒྱལ་མཚན། pu chung ba gzhon nu rgyal mtshan）、布顿肖烈南杰（བོ་དོང་ཕྱོགས་ལས་རྣམ་རྒྱལ། bo dong pyogs las rnam rgyal）、加嚓达玛仁青（རྒྱལ་ཚབ་དར་མ་རིན་ཆེན། rgyal tshab dar ma rin chen）、哲蚌寺第四任堪布巴丹桑格（དཔལ་ལྡན་སེང་གེ། dpal ldam seng ge）、大成就者塔卫尖参（ཐར་པའི་རྒྱལ་མཚན། thar pavi rgyal mtshan）、郭木德·南卡尖参（སྒོམ་སྡེ་གནམ་མཁའ་རྒྱལ་མཚན། sgom sde gnam mkhav rgyal mtshan）等贤者的化身。[1]夏日仓的转世制度自此开始，同时也标志着隆务寺格鲁派的政教合一系统的形成。亚杰喇嘛夏日·噶丹嘉措四五岁时与兄长曲哇仁波切学习诵经，10岁出家为僧，11岁师徒二人赴西藏卫地学习，21岁返回故乡。于藏历第十一饶迥铁马年（1630年），亚卜杰喇嘛夏日·噶丹嘉措在隆务寺胜乐法轮洲创建闻思学院（གྲྭ་ཚང་ཐོས་བསམ་རྣམ་པར་རྒྱལ་བ། grwa tshang thos bsam rnam par rgyal ba），依照噶丹香泽扎仓（དགའ་ལྡན་བྱང་རྩེ་གྲྭ་ཚང་། dgav ldan byang rtse grwa tshang）仪轨新设授受佛教五部大论的讲经院。在《安多政教史》中载，彼师在隆务大寺建立了法相经院，在扎西奇寺建立了修行院，彼师的弟子遍布安多南北地区。和硕特前首旗济农王拜彼师为上师，敬献了很多供品，该王还为了超荐其母，赠度了100名僧徒。1676年，济农王赴卫藏之前，邀请彼前往智加多杰宗

〔1〕 བྲག་དགོན་པ་དཀོན་མཆོག་བསྟན་པ་རབ་རྒྱས་ཀྱིས་མཛད་པའི་མདོ་སྨད་ཆོས་འབྱུང་། 智观巴·贡却乎丹巴绕吉著，吴均等译．安多政教史［M］．兰州：甘肃民族出版社，1989：306.

（བྲག་སྐྱ་རྡོ་རྗེ་རྫོང་། brag skya rdo rje rzhong）念经消路灾，此后在彼师的嘱托下济农王成为了该寺的主要施主。另外，其他几位施主也敬献供养，从此因而隆务寺的政教事业日趋昌盛。[1]

亚杰喇嘛夏日・噶丹嘉措圆寂前，让隆务部落的每一位俗人携带一函经籍，隆务部落的宫保带来一函木刻版的《般若八千颂》，在彼师的禅室放了一夜，送回时连同系有哈达的禅杖一起赐给宫保。当问起他的转世时，说：“当大多数人死后常转世到自己的故乡，那似乎是留恋的缘故吧。隆务囊索是一个有福气的人，已作了在那里转世的约定。”亚杰喇嘛夏日・噶丹嘉措的转世呼毕勒罕阿旺赤烈嘉措（ངག་དབང་འཕྲིན་ལས་རྒྱ་མཚོ། ngag dbang vphrin las rgya mtsho）如前世遗嘱，于藏历十一胜生土马年（1678年）出生在隆务囊索宫保家中。彼师20岁，赴卫藏朝拜了第五世班禅罗藏叶西和第六世达赖仓央嘉措。[2]

彼师55岁时（1732年），在隆务寺建立集中大小讲、修寺院的所有僧众举行大祈愿法会的制度。藏历第十二饶迥木虎年（1734年），第二世夏日仓阿旺赤烈嘉措创建续部学院（རྒྱུད་པ་གྲྭ་ཚང་། rgyud pa grwa tshang），依照华丹麦居扎仓（དཔལ་ལྡན་སྨད་རྒྱུད་གྲྭ་ཚང་། dpal ldan smad rgyud grwa tshang）仪轨新设综合续部和独立授受吉祥密宗生圆的禅院。《安多政教史》载，建立密宗学院。

彼师曾多次预言：拉藏汗和准格尔将发生战争，青海要受到战祸之灾等。藏历第十二胜生的铁猴年（1740年），第三世夏日仓更登赤烈热吉（དགེ་འདུན་འཕྲིན་ལས་རབ་རྒྱས། dge vdun vphrin las rab rgyas）出生于年都乎官人家族中，其父索南昂秀（བསོད་ནམས་དབང་ཕྱུག bsod nams dbang pyug），其母华毛吉（དཔལ་མོ་སྐྱིད། dpal mo skyid）。由东科・索南嘉措活佛（དུང་དཀར་བསོད་ནམས་རྒྱ་མཚོ། dung dkar bsod nams rgya mtsho）和赤尖参桑格（ཁྲི་རྒྱལ་མཚན་སེང་གེ། khri rgyal mtshan seng ge）认定为上一世转世的呼毕勒罕。9岁时，即土龙年（1748年），由一千名僧侣组成的仪仗队迎至隆务大寺坐床，在大经堂由现任堪布加堪切（རྒྱལ་མཁན་ཆེན། rgyal mkhan chen）、囊索阿旺索南丹增（ངག་དབང་བསོད་ནམས་བསྟན་འཛིན། ngag dbang bsod nams bstan vzhin）等侍奉，后又到塔尔寺夏日拉章

〔1〕 བྲག་དགོན་པ་དཀོན་མཆོག་བསྟན་པ་རབ་རྒྱས་ཀྱིས་མཛད་པའི་མདོ་སྨད་ཆོས་འབྱུང་། 智观巴・贡却乎丹巴绕吉著，吴均等译.安多政教史［M］.兰州：甘肃民族出版社，1989：307.

〔2〕 བྲག་དགོན་པ་དཀོན་མཆོག་བསྟན་པ་རབ་རྒྱས་ཀྱིས་མཛད་པའི་མདོ་སྨད་ཆོས་འབྱུང་། 智观巴・贡却乎丹巴绕吉著，吴均等译.安多政教史［M］.兰州：甘肃民族出版社，1989：307.

（སྐུ་འབུམ་ཤར་གྱི་བླ་བྲང། sku vbum shar gyi bla brang）居住。彼师13岁入讲经院学习，17岁时任密宗学院法台，21岁任隆务寺闻思学院堪布。木猴年（1764年），在佑宁寺谒拜了章嘉·绕贝多杰大国师，与大国师结了法缘。木鸡年（1765年）彼师派遣达尔罕·然建巴土旦达杰（དར་ཧན་རབ་འབྱམས་པ་ཐུབ་བསྟན་དར་རྒྱས། dar han rab vbyams pa thub bstan dar rgyas）和中科尔·夏日吾（དྲུང་འཁོར་ཤཱ་རིའི་བུ། drung vkhor shA rivi bu）到北京，在章嘉大国师的引荐下朝觐乾隆皇帝，皇上赐诰封敕书。于藏历第十二饶迥木蛇年（1773年），创建时轮学院（དུས་འཁོར་གྲྭ་ཚང། dus vkhor grwa tshang）。依照泽南扎仓（རྩེ་རྣམ་རྒྱལ་གྲྭ་ཚང། rtse rnam rgyal grwa tshang）仪轨新设综合续部和独立授受吉祥时轮生圆的禅院。自此隆务大寺胜乐法轮洲，成为多思麦地区的一个著名的以五部大论和四续部代表而显密宗二宗闻轴修和以授辩方式实践修行的格鲁派寺院。彼师47岁，即火马年（1786年），进藏朝拜了第八世达赖喇嘛强白嘉措和班禅喇嘛。达赖喇嘛赐礼品和堪布的服饰，并给香佐然降巴·顿珠嘉措（ཕྱག་མཛོད་རབ་འབྱམས་པ་དོན་གྲུབ་རྒྱ་མཚོ། pyag mzhod rab vbyams pa don grub rgya mtsho）颁发文书，予以囊索的职位。

土鸡年（1789年）去曲藏寺拜谒章嘉大国师时，表达了对此圣地的留恋之情。木兔年（1795年）更登赤烈热吉的呼毕勒罕落桑曲扎嘉措（བློ་བཟང་ཆོས་གྲགས་རྒྱ་མཚོ། blo bzang chos grags rgya mtsho）出生在上一世章嘉大国师的侄子尕藏土旦南杰（སྐལ་བཟང་ཐུབ་བསྟན་རྣམ་རྒྱལ། skal bzang thub bstan rnam rgyal）家中。彼师23岁进藏噶丹寺降孜学院学习，27岁返回隆务寺，修建藏经殿，还修建了一座怙主殿。49岁圆寂。彼师的转世呼毕勒罕罗藏赤烈嘉措（བློ་བཟང་འཕྲིན་ལས་རྒྱ་མཚོ། blo bzang vphrin las rgya mtso）是曲藏仁波切的侄子，时隔不久圆寂。彼师于藏历第十四胜生的土羊年（1859年）转世于上一世的家族中，名为罗藏噶丹旦贝嘉措。

历世夏日仓成为隆务大寺胜乐法轮洲、扎西奇寺（བཀྲ་ཤིས་འཁྱིལ། bkra shis vkhyil）等多思麦地区众多寺院的寺主。自此由历世夏日仓、历世智青曲哇仁波切、历任隆务赤庆（རོང་བོ་ཁྲི་ཆེན། rong bo khri chen）、历任堪庆（མཁན་ཆེན། mkhan chen）、历任卡索（ཁ་སོ། kha so）、历任大小宗噶日（རྫོང་དཀར་ཆེ་ཆུང་། rzhong dkar che chung）、历任杰堪庆（རྒྱལ་མཁན་ཆེན། rgyal mkhan chen）、历任香泽堪布（བྱང་རྩེ་མཁན་པོ། byang rtse mkhan po）、历任阿绕（ཨ་རོལ། A rol）、历任赤干（ཁྲི་རྒན། khri rgan）等尊者主持寺院的政教事业。1958年前，该寺有三个扎仓，夏日拉章和夏日文殊殿、经堂等40余座，33座囊欠，僧舍300余座，常住活佛40余

名，僧侣1 500余人。[1]“文化大革命”期间大部分被毁，随着宗教信仰自由政策的落实，恢复了重建工程。寺内现有密宗院、时轮院、显宗院，夏日拉章以及百柱大经堂、三世佛殿、扎仓印经院、华丹拉毛殿、智庆曲哇仁波切灵塔殿、度母殿、弥勒殿、持地普见文殊殿、曲哇护法殿、马头金刚殿等。寺院建筑为藏汉合璧式，飞檐斗拱，金碧辉煌。中央大经堂建筑面积1 700多平方米，供奉着明朝皇帝赏赐的数十尊佛像。寺内还供奉高有11米的宗喀巴大师像，底座周长36米，通体贴金，上下周围镶嵌金玉宝石。[2]寺内还收藏众多精美的造像、壁画、堆绣以及明宣德年间赐封的“弘修妙悟国师”牌匾、明天启年间题赐的“西域胜境”匾额等。

隆务大寺系统的十八座静修院是：扎西奇寺、叶什羌寺、隆务寺、意尕寺、萨尕日夏日寺、投茂寺、谢贡寺、格当寺、查加寺、达香寺、多日卡索寺、亚昂德庆寺、宗噶日寺、宗完寺、宗塞日寺、宗玛日寺、曲麻日寺、卡日贡勒当寺等。隆务寺举行神变大祈愿法会时，18座寺的僧众都要赴会。后属寺扩展为35个子寺（མགོན་མ་ལག་སུམ་ཅུ་སོ་ལྔ། mgon ma lag sum cu tso lnga）。隆务大寺的香火庄为热贡内部十二族、外部十八族。隆务寺寺主喇嘛为历世夏日诺木汗，总头人为历任隆务囊索，合称为隆务的上师和官人系统。

第二节　“蔡孜德裕”融入隆务寺政教合一系统的过程

一、改土归流与王喇夫旦事件：革除土兵

年都乎土千/把总及“蔡孜德裕（四寨子）”在明、清一代虽名义上为代表统治阶层行事的土官与土兵，但事实上年都乎土千/把总和隆务囊索基本上为热贡地区的土皇上，中央派来的历任守备不敢到任，隐居双城堡。此情在陕甘总督岳钟琪的奏议中有所描述：“从前奉行未善，即以番族部落充募，

〔1〕 འཇིགས་མེད་ཐེག་མཆོག་གིས་བརྩམས་པའི་རོང་བོ་དགོན་ཆེན་གྱི་གདན་རབས། 吉迈特却. 隆务寺志[M].西宁：青海民族出版社，1988：134.

〔2〕 སྙིང་ཚུགས་ཀྱིས་གཙོ་སྒྲིག་བྱས་པའི་རྨ་ལྷོ་ཁུལ་ས་མིང་རིག་གནས་བརྡ་འགྲེལ།娘吉合编著.黄南州地名历史文化释义[M].兰州：甘肃民族出版社，2011.

以致土千总王喇夫旦，得挟其所恃，将关至兵饷一切差操，皆操纵自恃，不由守备经理。而所募蕃兵，亦复效尤，尾大不掉。因而王喇夫旦骄贪日恣，渐肆狂逞。”〔1〕虽然有些夸大其词，但也证明了土千总不听从朝廷安排，独揽大权的情况。在隆务囊索吞并必里卫的势力后，隆务寺与夏日噶丹嘉措成为热贡地区最神圣的地方与至高无上的尊者，也为热贡十二部族凝聚的精神支柱。历任年都乎土千总热心于弘扬佛法，帮助隆务囊索当翻译，共同守御热贡，使热贡百姓能够安详和平地生活，免受外来的侵扰。至清雍正二年（1724年），年羹尧借平定罗卜藏丹津事件，提请革除土兵，改土归流，削弱地方酋豪势力。雍正六年（1728年），岳钟琪奏准，发兵进剿“蔡孜德裕”，生擒挟持守备、把持兵饷的土千总王喇夫旦，借此革除土兵，另行从内地招募士兵200名。其后裔袭土把总之职，但“蔡孜德裕”从此由军籍变为民籍，与热贡的其他部落一样成为种田纳粮的百姓，失去了其特殊的身份（土兵）。

雍正十年（1732年），由二世夏日仓活佛阿旺赤烈嘉措与隆务囊索阿旺罗桑协商后，在隆务寺建立了正月祈愿大法会制度，规定隆务寺及其所有子寺的僧人都要一起参加。为了供应每年举办祈愿大法会的费用，夏日仓与隆务囊索一起将热贡的所有部落划分为二十一个盟雪（སྨོན་ཤོག་ཉེར་གཅིག smon shog nyer gcig），规定他们轮流承担每年祈愿大法会的费用。〔2〕在第三世夏日仓更登热吉（དགེ་འདུན་རབ་རྒྱས། dge vdun rab rgyas 1740—1794年）时期年都乎寺成为隆务寺的属寺。

二、灵童降临于“蔡孜德裕”：三世夏日仓、三世嘉木样

自土把（千）总关却达杰（དཀོན་མཆོག་དར་རྒྱས། dkon mchog dar rgyas）接任（1648年）以来，历任年都乎土千/把总热心于弘佛事业。土把（千）总关却达杰虔信佛家，乐做善事，不论贵贱贫富平等相待，制服刁钻蛮横、胡作非为的凶恶势力，于49岁出家为僧。藏历第十二个饶迥铁虎年（1710年），年都乎土把（千）总关却达杰之子华青多杰（དཔལ་ཆེན་རྡོ་རྗེ། dpal chen rdo rje），因崇信佛教将朝廷划拨给修造军营所剩的资金全部用于修建年都乎扎西达日杰林（གཉན་ཐོག་སྒར་བཀྲ་ཤིས་དར་རྒྱས་གླིང་། gnyan thog sgar bkra shis dar rgyas gling），康熙帝

〔1〕（清）龚景瀚.《循化志》卷一《建制沿革》[M].西宁：青海人民出版社，1981：26.
〔2〕འཇིགས་མེད་ཐེག་མཆོག་གིས་བརྩམས་པའི་རོང་པོ་དགོན་ཆེན་གྱི་གདན་རབས། 吉迈特却. 隆务寺志[M].西宁：青海民族出版社，1988：738.

召至京城，以挪用修建军营的国库金银修缮寺院为由获罪问斩。[1]

雍正六年(1728年)，土千总王喇夫旦事件之后，安多地区两大寺院的活佛转世灵童也相继诞生于年都乎。藏历土羊年(1739年)隆务大寺的二世夏日仓阿旺赤烈嘉措圆寂。彼师曾多次预言：拉藏汗和准格尔将发生战争，青海也要受到战祸之灾云云。于藏历第十二饶迥铁猴年(1740年)隆务大寺二世夏日仓的转世灵童更登热吉(དགེ་འདུན་རབ་རྒྱས། dge vdun rab rgyas)诞生于年都乎官人家里。其父为年都乎官人宗罗(གཉན་ཐོག་དཔོན་རྒྱུད་གཟུངས་ལོ། gnyan thog dpon rgyud gzungs lo)(《安多政教史》中称其父为索南昂秀བསོད་ནམས་དབང་ཕྱུག། bsod nams dbang phyug)，其母为华毛吉(དཔལ་མོ་སྐྱིད། dpal mo skyid)，由东噶日・索南嘉措活佛和赤尖参桑格(ཁྲི་རྒྱལ་མཚན། khri rgyal mtshan)认定为上一世活佛转世的呼毕勒罕。[2]9岁，即土龙年(1748年)，由一千名僧侣组成的仪仗队迎至隆务大寺坐床，在大经堂由堪庆嘉庆(རྒྱལ་མཁན་ཆེན། rgyal mkhan chen)和囊索阿旺索南丹增(ནང་སོ་ངག་དབང་བསོད་ནམས་བསྟན་འཛིན། nang so ngag dbang bsod nams bstan vzhin)侍奉，后前往塔尔寺夏日仓大拉章(སྐུ་འབུམ་ཤར་ཀྱི་བླ་བྲང་ཆེན་མོ། sku vbum shar kyi bla brang chen mo)居住。年都乎寺在第三世夏日仓更登热吉(1740—1794年)时期成为隆务寺的属寺。

三世夏日诺木汗之后，由活佛嘉木样洛桑嘉措主持隆务大寺寺务，后来由噶居巴(བཀའ་བཅུ་པ། bkav bcu pa)活佛长期主持本寺寺务，对许多进修者授予比丘戒，大弘法统。这位噶居巴也于1760年左右出生于年都乎村，在拉卜楞寺学习《中论》《般若》《释量论》等，后又前往卫藏学习，取得了桑普寺的噶居巴学位。其转世化身二世、三世均出生于其家族中。

1791年，拉卜楞寺第二世一切知嘉木样圆寂。《安多政教史》载：

当二世一切知嘉木样前往年都乎时，其坐骑死了。据恩师阿莽道扎讲，和同上一世一切知嘉木样的坐骑卧在昂拉的姿势一样。路过桑格雄时一切知嘉木样向四周瞭望后说，历世夏日噶丹嘉措如真正的佛教徒一样住在这儿，有了这样的百姓和部落可像圣地西藏一样了。觉得此地环境甚合心意，

〔1〕《把总千户沧桑：夏吾才让自述》是未正式发行的内部刊物，由赵清阳记录整理，赵顺禄修编，据说是根据土把总后裔收藏的族谱写成。

〔2〕ང་ཚང་འཇིགས་མེད་ལུང་རིགས་རྒྱ་མཚོས་མཛད་པའི་རེབ་གོང་ཆོས་འབྱུང་གདན་ས་གསུམ་གྱི་གདན་རབས་བཞུགས། 宗琼・吉美隆仁嘉措.热贡隆务寺简史[M].北京：中国藏学出版社，2010：311.

赞誉不止。[1]

1792年，拉卜楞寺第二世一切知嘉木样的转世灵童洛藏土旦久美嘉措（བློ་བཟང་ཐུབ་བསྟན་འཇིགས་མེད་རྒྱ་མཚོ། blo bzang thub bstan vjigs med rgya mtsho）诞生于年都乎的仁青加措（རིན་ཆེན་རྒྱ་མཚོ། rin chen rgya mtsho）家中。《安多政教史》中载：“其父为‘四寨子’部落总管，是皇帝圣主敕封的高级官员，隆务夏日仓更登赤利饶杰有选择地降生在这个家族，种姓圣洁。”[2] 第三世夏日仓为第三世一切知嘉木样（1792—1855年）的叔父，两位活佛出生在同一个家族里。

此外，第九世夏仲德俊（བསེ་རྒྱལ་བའི་སྐུ་འཕྲེང་དགུ་བ་ཞབས་གྲུང་བདུད་འཇོམས་ཚང་། bse rgyal bavi sku vphreng dgu ba zhabs grung bdud vjoms tshang）和第十世噶日班智达洛藏西饶（སྐུ་ཕྲེང་བཅུ་བ་སྒ་རུ་པཎྜི་ཏ་བློ་བཟང་ཤེས་རབ། sku phreng bcu ba sga ru pan+ti blo bzang shes rab）均出生于年都乎，均为弘扬政教事业作出贡献，后者对发扬曼唐派的唐卡艺术功不可没。《安多政教史》载，年都乎寺内有很多传承噶日派画法的画师。后来维堂华丹塑造了弥勒佛像，并在墙壁上画了十六罗汉拥绕如来圣像的故事。此时，他的徒弟才让顿珠等成为能工巧匠。当给弥勒佛像装藏时，献了很多壁画以表祝愿，以此因缘，现在画师传承颇盛。[3] 隆务寺的第二十三任法台洛桑旦增尖参（མཁས་གྲུབ་ཆེན་པོ་བློ་བཟང་བསྟན་འཛིན་རྒྱལ་མཚན། mkhas grub chen po blo bzang bstan vzhin rgyal mtshan）也于藏历第十三饶迴火牛年（1757年）诞生在桑格雄，其为父南拉先（གནམ་ལྷ་བྱམས། gnam lha byams），其母为扎西措（བཀྲ་ཤིས་མཚོ། bkra shis mtsho）。[4]

“蔡孜德裕”中先后出生了很多知名的拉然巴（ལྷ་རམས་པ། lha rams pa）、然建巴（རབས་འབྱམས་པ། rabs vbyams pa）等高僧大德。郭麻日日绰巴洛藏嘉措（སྒོ་དམར་རི་ཁྲོད་པ་བློ་བཟང་རྒྱ་མཚོ། sgo dmar ri khrod pa blo bzang rgya mtsho）于1801—

〔1〕 བྲག་དགོན་པ་དཀོན་མཆོག་བསྟན་པ་རབ་རྒྱས་ཀྱིས་མཛད་པའི་མདོ་སྨད་ཆོས་འབྱུང་། 智观巴·贡却乎丹巴绕吉著，吴均等译.安多政教史［M］.兰州：甘肃民族出版社，1989：414.

〔2〕 བྲག་དགོན་པ་དཀོན་མཆོག་བསྟན་པ་རབ་རྒྱས་ཀྱིས་མཛད་པའི་མདོ་སྨད་ཆོས་འབྱུང་། 智观巴·贡却乎丹巴绕吉著，吴均等译.安多政教史［M］.兰州：甘肃民族出版社，1989：414.

〔3〕 བྲག་དགོན་པ་དཀོན་མཆོག་བསྟན་པ་རབ་རྒྱས་ཀྱིས་མཛད་པའི་མདོ་སྨད་ཆོས་འབྱུང་། 智观巴·贡却乎丹巴绕吉著，吴均等译.安多政教史［M］.兰州：甘肃民族出版社，1989：326.

〔4〕 ང་ཆུང་འཇིགས་མེད་ལུང་རིགས་རྒྱ་མཚོས་མཛད་པའི་རེབ་གོང་ཆོས་འབྱུང་གདན་ས་གསུམ་གྱི་གདན་རབས་བཞུགས། 宗琼·吉美隆仁嘉措.热贡隆务寺简史［M］.北京：中国藏学出版社，2010：208.

1803年出生于郭麻日，拜赛康巴大师（གསེར་ཁང་དཔོན་སློབ། gser khang dpon slob）为师，在山间修禅寺修行，诵七亿句本尊神乐金刚双尊的三字真言，据传，曾见过空行金刚佛母圣容。彼师一生传授灌顶，大降秘法的法雨，有许多舍身修行的弟子。享年80岁。据《安多政教史》，莫合加叶堪赤（མོག་རྒྱ་མཁན་སྤྲུལ། mog rgya mkhan sprul）著有彼师的传记。

尕撒日出生了拉然巴关却嘉措（ལྷ་རམས་པ་དཀོན་མཆོག་རྒྱ་མཚོ། lha rams pa dkon mchog rgya mtsho），据称是郭麻日拉然巴（སྒོ་དམར་ལྷ་རམས་པ། sgo dmar lha rams pa）的转世化身。彼师在隆务大寺学经后前往西藏卫地，拜拉然巴嘉措为师，学习五部大论，取得了拉然巴（ལྷ་རམས་པ། lha rams pa）学位。拜嘉木样慈城为师，闻思结合在西藏度过了40个春秋。回到安多后在隆务大寺和拉莫德庆寺（ལ་མོ་བདེ་ཆེན། la mo bde chen）多次讲授《释量论·琉明照解脱道》本文和疏释，博得了美誉。任扎仓堪布后，仍亲自主持听辩论。

三、城门上的嘛呢康（经堂）与保安穆斯林的迁徙

在历史上，黄河南部地区是藏传佛教比较盛行的地区，热贡在拉杰智纳哇（ལྷ་རྗེ་བྲག་ན་བ lha rje brag na ba）荐临之前就盛行着原始宗教苯教，宁玛派、噶举派、噶当派等藏传佛教新旧教派，是一个包容性极强、文化多元的一个区域。藏传佛教早在元代就在“蔡孜德裕”中传播，“蔡孜德裕”中均有静修院式的庙宇与宁玛派的寺庙与遗迹，到了明末清初有了相当的发展。相继建立了沃果日寺、投茂寺、年都乎寺、桑格雄亚果寺、麻果寺，郭麻日寺、尕撒日寺等寺院。由于历史原因，可能有一些信仰穆斯林的蒙古人（ཐོ་ཀྱཱའི་སོག་རྒྱ། tho kyAvi sog rgya）混居于保安（保安城）和保安四屯（蔡孜德裕）中，据《循化志》，到雍正七年时保安堡番回杂处仅一百余家。[1]清雍正十二年（1734年）前后，甘肃河州阿訇马来迟深入同仁保安地区传播伊斯兰教教义时，加强了这些信仰伊斯兰教者（信仰伊斯兰教的蒙古人与穆斯林商人）的势力。据沃果日老人说：“早期参特拉（保安穆斯林）人多势众，每年灌溉土地时，一定要先让德让马家（四个马家）灌溉（因他们是营伍人），之后才轮到我们，为此曾多次争执，冲突。”[2]

---

〔1〕（清）龚景瀚.《循化志》卷三《营汛》[M].西宁：青海人民出版社，1981：105.

〔2〕采访人：笔者；时间：2014年8月24日；受访人：XWT，男，81岁；地点：沃果日XWT家中；语言：铎话；翻译：笔者。

这个在隆务寺第三十一任堪布宗琼·吉美隆仁嘉措的书中提到：

> ཐོ་རྒྱའི་མཁར་གྱི་བོད་དང་ཧོས་ཧོས་འཁྲུགས་པ་ཆེས་ཚབས་ཆེ་བའི་དོན་དུ། ལྕང་སྐྱ་རིན་པོ་ཆེ་ནས་ཁུར་དུ་མི་ཐེག་པའི་གསུང་ནན་ཕེབས་པའི་ཕྱག་ཡིག་རྣམས་ལ་འདང་ཐུགས་མི་འགལ་བའི་ངོས་ལོན་གྱིས་ནོག་པར་བགྱིས། ……
>
> 译：由于保安城的藏族和回回冲突太过激烈，不得不违背章嘉活佛的重托……[1]

据《安多政教史》，宗琼·吉美隆仁嘉措于藏历十三饶迥水龙年（1772年—？）担任堪布之职。在他担任堪布时，保安城的藏族（沃果日）与保安穆斯林冲突处于最激烈时期。

到了清道光、咸丰年间（1821—1861年），伊斯兰教具有相当的势力，足以影响佛教的利益，引起了隆务寺宗教上层和各部落头人的重视，采取了相抗衡的措施。据说隆务寺夏日仓（五世）和相佐发了一道命令，要求信仰伊斯兰教的群众皈依佛教，遂在城门上建置嘛呢房。在此情况下，于1851年沃果日（保安下庄）的三特拉（信仰伊斯兰教的信众）焚烧了嘛呢经轮，抢去镶有的金片，拆毁了拉康（庙宇），引起两方的直接冲突。[2]循化厅、年都乎土把总未能妥善处理，于是信仰藏传佛教的沃果日人投靠了银扎木洪波（འཇམ་དཔོན་པོ། vjam dpon po）万玛南杰，率领麻巴德登（སྨད་པ་སྡེ་བདུན། smad pa sde bdun）驱逐保安穆斯林（又一说，甘肃河州的封建地主武装头领马占鳌，为了扩张其势力，曾与清朝官吏勾结，在青海保安一带屡次挑拨各民族间的纠纷，企图使信仰伊斯兰教的信众归为其属下，导致了保安人被驱逐事件）。

于清同治元年（1862年），脱加沃果日联合麻巴部落，采取驱逐穆斯林的行动。为了便于区分，事先通知保安城内的汉人和沃果日藏人晚上均熄灭灯火为信号，夜晚将所有点灯的家户殴打驱逐，保安穆斯林被迫逃离。在浪加人的护送下逃离了保安。自此，保安穆斯林称浪加人为"阿香（ཨ་ཞང་། A zhang舅父）"。也有一说，吾屯总爷将此计划透露给了保安穆斯林，免遭了一场灾祸。保安城内的穆斯林迁居到大河家（甘肃省临夏回族自治州积石山保安族

〔1〕 ང་ཆུང་འཇིགས་མེད་ལུང་རིགས་རྒྱ་མཚོས་མཛད་པའི་རེབ་གོང་ཆོས་འབྱུང་གདན་ས་གསུམ་གྱི་གདན་རབས་བཞུགས། 宗琼·吉美隆仁嘉措.热贡隆务寺简史[M].北京：中国藏学出版社，2010：254.

〔2〕 བོད་སྐོར་བཀྲ་ཤིས་ཆོས་འཕེལ་གླིང་གི་གདན་རབས། ལག་བྲིས་མ། 《沃果日寺志》手抄版。

东乡族撒拉族自治县大河家镇）梅坡村。尕撒日的穆斯林虽未与本寨人发生冲突，但得知保安穆斯林被驱事件后，自动撤离迁徙他乡。据说，他们起先迁至循化查家地方居住了3年，之后再迁至大河家镇的大墩村定居下来。尕撒日的穆斯林迁往循化时受到本寨信仰藏传佛教的群众和霍日纳合拉卡藏人的帮助和护送。迁去大河家的三个穆斯林村寨仍以保安三庄称之，故民族识别时，以地名称族名，认定为保安族。

四、隆务囊索的属部：热贡十二部落之一“蔡孜德裕”部落

清代，随着藏传佛教格鲁派在安多藏区的传播，以及清朝所确立之“行黄教，即所以安众蒙古”策略在安多藏区的推行。宗教势力迅速崛起，一些部落绕着大型寺院形成了跨地域的部落联盟。至光绪时期（1875—1908年），在清廷的默许下，循化厅管辖范围的藏区内逐渐形成了以拉卜楞寺和隆务寺为首的两大政教合一的寺院集团。此外，尚有沙沟寺（又称德尔隆寺）、黑错寺（今称合作寺）、卡加寺等小型的政教合一寺院集团。

隆务寺经元明清三展，成为拥有众多附属寺院的宗主寺，势力遍及隆务河流域及域外。形成了由隆务囊索管辖的“内十二族”，外“十八族”，法期“二十一族”等部落联盟。拉卜楞寺（清康熙四十八年，1709年）建寺之初曾经保持着与隆务寺的良好法缘关系。然而，到二世嘉木样时期（1728—1791年），由于拉卜楞寺势力在隆务河流域的发展，触及到隆务寺的宗教利益，双方的友好关系逐渐降温。但导致双方进一步交恶的导火索为赛仓出走事件。[1]经过隆务寺的多次调解，双方在赛仓活佛回归拉卜楞寺的问题上并没有达成一致。拉卜楞寺在二世赛仓活佛回归拉卜楞寺问题上的态度，更是让隆务寺的活佛群体感觉不满。不过，由于二世嘉木样在宗教界的威望以及与隆务寺主要活佛的良好私人关系，再加上他是国师三世章嘉活佛弟子，隆务

〔1〕 一世嘉木样在创建拉卜楞寺的过程中，有两个得力的助手，即其弟子一世赛仓与一世德哇仓。一世嘉木样圆寂后，在转世的问题上一世赛仓与一世德哇仓发生矛盾，而德哇仓一方则占据了优势。及至二世嘉木样任命二世赛仓为拉卜楞寺总法台，双方矛盾再次激化，二世赛仓不得不出走德尔隆寺（又称沙沟寺）。因二世赛仓活佛有二兄均为隆务寺籍活佛，遂于隆务寺建立友好关系。1765年后，二世赛仓多次前往隆务河流域讲经说法，并与三世夏日仓缔结了法缘。1771年还应邀担任了隆务寺大法台。然而，经过隆务寺的多次调解，双方在赛仓活佛回归拉卜楞寺的问题上并没有达成一致。

寺也只得一直忍而不发。拉卜楞的三世嘉木样（1792—1855年）掌寺初期，由于他和隆务寺的三世夏日仓（1740—1794年）之间的叔侄关系（均出自年都乎土把总家族），两寺的矛盾并未公开化。随着三世夏日仓于1794年圆寂和二世赛仓于1813年圆寂，两寺的矛盾由缓而急，开始白热化了。

1813年，隆务寺将赛仓活佛世系回归拉卜楞寺的问题控诉到西宁办事大臣衙门。由于双方不断地互相指责，西宁办事大臣并未对此作出裁决。1815年春，隆务寺决定武力解决，对拉卜楞寺采取军事行动。自此隆务寺和拉卜楞寺形成了势不两立的对峙局，德尔隆寺也正式倒向隆务寺集团。受赛仓出走事件的影响，黑错寺与拉卜楞寺的关系也进一步激化起来。黑错寺始建于1673年，1710年成为拉卜楞寺的属寺。因黑错寺的讲辩师多为世赛仓的弟子，二世赛仓活佛出走后，黑错寺极力摆脱拉卜楞寺的控制。[1]1846年黑措为首的南番二十一族投靠隆务寺及隆务囊索。1855年三世嘉木样圆寂。

到光绪十五年（1889年），两寺的冲突更进一步爆发，隆务囊索组织热贡十二族进攻拉卜楞寺，由此形成了隆务寺集团以隆务寺为首的“热贡十二族”自西，以沙沟寺为首的德尔隆寺院集团自东，对拉卜楞寺的包围。[2]年都乎土把总所属“蔡孜德裕（四寨子）”，大约在此时加入了隆务囊索管辖的热贡十二雪喀（部落联盟）之“蔡孜德裕（ཁྲེ་ཚེ་སྡེ་བཞི khre tse sde bzhi）”雪喀，成为隆务囊索攻打拉卜楞寺的中坚力量。《热贡隆务寺简史》的作者宗琼·吉美隆仁嘉措也认为，“四寨子”是此时加入热贡十二族部落的。[3]因原“四寨子”中的“脱加沃果日”因于1851年投靠银扎木洪波，成为“麻巴七庄”之一。所以，我们所熟知的热贡十二部落之“蔡孜德裕”部落，只包括“年都乎、桑格雄、郭麻日、尕撒日”四庄。

两大寺院集团之间的冲突自乾隆年间开始，逐渐升级，一直持续到民国时期方呈现出减缓的趋势，余绪则延及到中华人民共和国建立。所以新中国成立之前，热贡有十二部落中仍有“蔡孜德裕”部落。但蔡孜德裕（四寨子）行政录属上与隆务囊索并不直接统属，属于年都乎土把总管辖。直至清光绪

〔1〕 杨红伟、张克菲.晚清循化藏区的权力运作机制——以光绪十五年拉卜楞寺与隆务寺冲突为中心［M］.江汉论坛，2008（6）.

〔2〕 杨红伟.拉卜楞寺与清政府关系宗论［J］.江汉论坛，2012（4）.

〔3〕 ང་ཆུང་འཇིགས་མེད་ལུང་རིགས་རྒྱ་མཚོས་མཛད་པའི་རེབ་གོང་ཆོས་འབྱུང་གདན་ས་གསུམ་གྱི་གདན་རབས་བཞུགས། 宗琼·吉美隆仁嘉措.热贡隆务寺简史［M］.北京：中国藏学出版社，2010：254.

三十年(1904年)保安及热贡官员绅士的祝寿贺幛中仍见季屯土把总且郎吉的署名,且在热贡所有官员绅士(包括隆务囊索)的排名中名列第一。可见,行政录属上与隆务囊索并不统属,“蔡孜德裕”加盟热贡“十二部落”,与隆务寺与拉卜楞的冲突相关,因年都乎寺属于隆务寺的属寺,且土把总与夏日仓活佛关系密切相关。据《安多热贡政教史》,“蔡孜德裕”传统上也不需要负责供养隆务寺的祈愿法会,可在自己的寺院内举行。[1]新中国成立后,“蔡孜德裕”被统一认定为“土族”。

第三节　俄康到贡巴:格鲁派寺院的建立

“蔡孜德裕”之人信仰藏传佛教较早,现仍有宁玛派的俄巴(སྔགས་པ། sngags pa咒师)和俄康(སྔགས་ཁང་། sngags khang密咒房)等人员和活动场所,而且每年“鲁如(六月会)”时也有俄巴施咒防雹仪式,冬季11—12月有俄巴念经禳灾仪式等。年都乎现仍有俄巴30余人,桑格雄有俄巴10余人,说明“蔡孜德裕”在信奉格鲁派前信仰宁玛派。随着格鲁派的兴盛,以隆务寺为主的寺院先后改宗为格鲁派,兴建寺院、广招佛徒,藏传佛教格鲁派成为热贡地区占主导地位的教派。而兴建格鲁派寺院成为信众们最诚恳的表现方式,“蔡孜德裕”各寨遂相继建寺立庙,广纳佛徒,形成继隆务寺后热贡地区规模较大的四大寺院。

一、噶悉与沃果日寺

沃果日寺,亦称“沃果日寺扎西曲培林(བོད་སྐོར་བཀྲ་ཤིས་ཆོས་འཕེལ་གླིང་། bod skor bkra shis chos vphel gling)”,意为“沃果日吉祥兴法洲”。《安多政教史》(1865年)载,脱加寺(ཐཱོ་ཀྱའི་སྒར། thA+o kyavi sgar)是由上一世措(ཚོ་འདུ་མཁན་པོ།

[1] ཨ་ཁུ་རི་ཁྲོད་པ་བློ་བཟང་མཁྱེན་རབ་ཀྱིས་བརྩམས་པའི་མདོ་སྨད་རེ་སྐོང་ཆོས་འབྱུང་། ལག་བྲིས་མ། ཤོག་གྲངས 14པར་གསལ།据《安多热贡政教史》:“热贡十二雪喀中的让卓五族(རོང་འབྲོག་ཚོ་ལྔ། rong v'brog tsho lnga 阿瓦日囊索的属民)、‘蔡孜德裕’(ཁྲེ་ཚེ་བཞི་བོ། khre tse bzhi bo 年都乎土把总的属民)在正月祈愿大法会期间方可在自己所在部落寺院内举行,不需负责隆务寺的供养。卓龙(མགྲོན་ལུང་། mgron lung)和智噶日(བྲག་དཀར། brag dkar)需负责‘蔡孜德裕’之郭麻日(སྒོ་དམར། sgo dmar)的祈愿大法会的开支。”

tsho vdu mkhan po）修建。脱加噶日与上下桑格雄寺、年都乎寺、郭麻日寺为“蔡孜裕贡（འཁྲེའུ་ཚེ་བཞིའི་དགོན། khrevu tse vzhivi dgon）”，即“四寨子寺”。[1]《同仁县志》称沃果日寺创建于明成化二十一年（1485年）。[2]其实《安多政教史》《同仁县志》所载实为后期寺院建寺年代，该寺历经三次修建，其旧址为现保安城所在地。人们普遍认为沃果日寺在法王顿智仁青（ཆོས་རྗེ་དོན་གྲུབ་རིན་ཆེན། chos rje don grub rin chen）建夏琼寺（1349年）之前就以静修院的形式存在，起先属噶当派，后改宗为格鲁派。

《卧科寺简史》中称，约藏历第五饶迥章夏五铁羊年（1271年），忽必烈扩建北京城，成为执政者止贡的施主时，或八思巴进藏时期，出自萨迦氏族的噶然巴，俗称“噶悉（ཀྭ་བཞི། kWa bzhi）”的“比丘四人（དགེ་སློང་བཞི་སྡེ། dge slong bzhi sde）”在一个形似右旋海螺的宝地脱加东噶日滩修建了一座静修院（མཚམས་སྒར། mtshams sgar），作为弘扬佛法的基地，在松巴部落的扶持下，静修院逐渐扩张，僧侣渐增，因此在东噶日滩的泉眼处修建了一座弥勒佛殿，立了一座泥塑的弥勒佛像。相传，这座弥勒佛像常滴甘露且灰尘不染。殿内绘有大威德金刚（རྡོ་རྗེ་འཇིགས་བྱེད། rdo rje vjigs byed）、十二种如来事业（སངས་རྒྱས་ཀྱི་མཛད་རྣམ། sang rgyas gyi mzhad rnam）、六臂怙主（མགོན་པོ་ཕྱག་དྲུག）等壁画。丹青尕那波骑山羊者（བསྟན་བསྲུང་ཆེན་མོ་དམ་ཅན་ར་ཞོན་མགར་ནག་པོ། bstan bsrung chen mo dam chen ra zhon mgar nag po）成为该殿的大护法神。弥勒殿旁还有一座绒康（རུང་ཁང་། rung khang）净厨。[3]

法王顿智仁青（ཆོས་རྗེ་དོན་གྲུབ་རིན་ཆེན། chos rje don grub rin chen）于1340年为夏琼寺（བྱ་ཁྱུང་དགོན། bya khyung dgon）选址返回故乡时，曾下榻于脱加沃果日的丹增嘉措（བསྟན་འཛིན་རྒྱ་མཚོ། bstan vzhin rgya mtsho，现主持“六月会”的总管扎西才让的先祖）家，给沃果日的僧俗大众讲经说法，并施佛法布施。临走时给下榻人家留下华盖（བླ་བྲེ། bla bre）和宝幢（རྒྱལ་མཚན། rgyal mtshan），并赐世袭主持“鲁如”的特权。据说当年法王顿智仁青用过的被褥及宝座长期收藏于该家中，所以，每逢大年初一僧俗都得先去该家拜年，至今仍保持着此俗。该

---

〔1〕 བྲག་དགོན་པ་དཀོན་མཆོག་བསྟན་པ་རབ་རྒྱས་ཀྱིས་མཛད་པའི་མདོ་སྨད་ཆོས་འབྱུང་། 智观巴·贡却乎丹巴绕吉.安多政教史（藏文）［M］.兰州：甘肃民族出版社，1982：341.

〔2〕 同仁县志编纂委员会.同仁县志［M］.西安：三秦出版社，2001：963.

〔3〕 བློ་བཟང་དགེ་འདུན་གྱིས་བརྩམས་པའི་བོད་སྐོར་བཀྲ་ཤིས་ཆོས་འཕེལ་རིགས་ལྡན་ཨེ་ཝཾ་གླིང་གི་ལོ་རྒྱུས་བཞུགས་སོ།洛桑格登.卧科寺简史［M］.北京：中国文联出版社，2016：105−106.

寺起初为噶当派后改宗为格鲁派。[1]

约在明万历年间，年都乎土把总带领“四寨子”人在脱加沃果日的原址上建保安堡，修军营，沃果日人自此迁至保安城西侧，现沃果日村的住址。关于迁徙，汉文史料中也有记载，《循化志》卷二《城池》在谈到保安建城时云：“按城之建不知何时，闻其初乃脱屯之堡也，明初设官置兵，脱屯之人始散出城外。”[2]当时由于士兵均从“四寨子”选取的，所以沃果日的弥勒佛殿也被保存下来。据称，现保安城内的保安中学为弥勒殿的旧址，直至1966年前仍存在。此外，弥勒殿和绒康门前还刻有皇帝圣旨的石碑，其大意为：

གོང་མའི་བཀས། ས་ཆ་ནི་ཐོད་སྐོར་དགོན་པར་གཏོགས། སྲིད་གཞུང་ལ་འདུག་སའི་མཁར་དང་། འཐུང་སའི་ཆུ། འགྲོ་སའི་གོང་ཁའི་ལམ་བཅས་གཡོ་མི་དགོས།

译：此地属脱加沃果日寺，政府（朝廷？）只能借用住的城堡，喝的水和走的关口路。

殿前挂有皇上御赐的匾额。[3]《卧科寺简史》中称，有人亲眼目睹了弥勒佛坐台下的泉眼遗迹。而且曾掌事的老人们，于每年藏历四月一日起连续五天时间均需到弥勒殿进献供奉、念经祈福。弥勒殿靠后的阿尼烟墩山上也有能给人们带来吉祥与福泽的嘉怡母卓玛的奔康（འབུམ་ཁང་། vbum khang），其内藏有很多伏藏。烟墩山上也有神通广大的阿尼烟墩山神的拉泽颇章（ལབ་ཙེ་ཕོ་བྲང་། lab tse pho brang 插箭祭台），于1997年6月15日重修后，又恢复山神祭祀仪式。[4]烟墩山脚下为出家僧（རབ་བྱུང་བ། rab byung ba）的墓地或火葬场。如今保安城内的汉族用半藏半汉的语言称此山为“喇嘛山”。

修建军堡后沃果日人不得不留下弥勒殿和故地迁至现今的住址。寺

[1] འཇིགས་མེད་ཐེག་མཆོག་གིས་བརྩམས་པའི་རོང་པོ་དགོན་ཆེན་གྱི་གདན་རབས།། 吉迈特却. 隆务寺志［M］. 西宁：青海民族出版社，1988：575.

[2] （清）龚景瀚.《循化志》卷二《城池》［M］.西宁：青海人民出版社，1981：162.

[3] འཇིགས་མེད་ཐེག་མཆོག་གིས་བརྩམས་པའི་རོང་པོ་དགོན་ཆེན་གྱི་གདན་རབས།། 吉迈特却. 隆务寺志［M］. 西宁：青海民族出版社，1988：575.

[4] བློ་བཟང་དགེ་འདུན་གྱིས་བརྩམས་པའི་ཐོད་སྐོར་བཀྲ་ཤིས་ཆོས་འཕེལ་རིགས་ལྡན་ཨེ་ཝཾ་གླིང་གི་ལོ་རྒྱུས་བཞུགས་སོ།洛桑格登.卧科寺简史［M］.北京：中国文联出版社，2016：110–111.

院搬迁后接受了第一世全都堪布的管制，并新建了弥勒殿、经堂和赞神殿等。民国九年（1920年）毁于兵燹。1924年，第三世阿绕洛藏隆多旦贝尖参奉第六世夏日·噶丹洛藏贝尖参的尊意重建寺院，在沃果日僧俗、夏日仓、阿绕仓的援助下重建了大经堂62间、赞神殿6间，并供奉能诸多依佛像。1940年藏历一月二十日至十五日间，阿绕洛藏隆多旦贝尖参在该寺进行时轮金刚灌顶。二十五日起利用七天时间新创时轮修供仪式，并赐寺名为“扎西曲培柔丹艾吾林（བཀྲ་ཤིས་ཆོས་འཕེལ་རིག་ལྡན་ཨེ་ལྭཾ་གླིང་། bkra shis chos vphel rig ldan Ae l+waM gling）”，即吉祥兴法艾吾法王洲。1958年前，该寺有大经堂、弥勒殿、赞神殿、夏日仓拉让、阿绕仓、全都堪布囊庆各1院，常驻喇嘛有全都堪布仓、寺僧有20余人。于1981年重建。[1]该寺现有大经堂（ཚོགས་ཆེན་འདུ་ཁང་། tshogs chen vdu khang）、弥勒殿（བྱམས་ཁང་། byams khang）、度母殿（སྒྲོལ་མ་ལྷ་ཁང་། sgrol ma lha khang）、赞神殿（བཙན་ཁང་། btsan khang）等，僧舍20余间，寺僧32名。全都堪布为该寺寺主喇嘛，香火庄有沃果日九个措哇。

二、投茂寺与上下桑格雄寺

桑格雄现有上下两寺。桑格雄亚果寺亦称桑格雄上寺，藏语称“华丹曲觉林（དཔལ་ལྡན་ཆོས་འབྱོར་གླིང་། dpal ldan chos abyor gling）”，意为“吉祥法财洲”，位于桑格雄亚果东侧。据说，其前身为投茂寺（ཐུལ་མོའི་དགོན། thul movi dgon），约建于明洪武十八年（1385年）。《青海藏传佛教寺院明鉴》中称，约明崇祯三年（1630年），[2]由东科多居嘉措（隆务寺一世夏日仓噶丹嘉措的经师）一度扩建，并改为格鲁派寺院。[3]而《安多政教史》载，投茂寺由智噶日俄然巴洛藏丹巴饶杰（བྲག་དཀར་སྔགས་རམས་པ་བློ་བཟང་བསྟན་པ་རབ་རྒྱས། brag dkar sngags rams pa blo bzang bstan pa rab rgyas）所建（1706年）。[4]据《热贡桑格雄部落研究》，该寺由热安洛藏达日吉（བྲག་དཀར་སྔགས་རམས་པ་བློ་བཟང་བསྟན་པ་རབ་རྒྱས། brag dkar sngags rams pa blo bzang bstan pa rab rgyas）初建，起初建有四

---

〔1〕 སྙིང་ལྕགས་ཀྱིས་གཙོ་སྒྲིག་བྱས་པའི་རྨ་ལྷོ་ཁུལ་ས་མིང་རིག་གནས་བཤད་འགྲེལ། 娘吉合编著.黄南州地名历史文化释义[M].兰州：甘肃民族出版社，2011：324.

〔2〕《同仁县志》中也称该寺建于明崇祯三年（1630年）。

〔3〕 蒲文成主编.青海藏传佛教寺院[M].兰州：甘肃民族出版社，2013：217.

〔4〕 བྲག་དགོན་པ་དཀོན་མཆོག་བསྟན་པ་རབ་རྒྱས་ཀྱིས་མཛད་པའི་མདོ་སྨད་ཆོས་འབྱུང་།། 智观巴·贡却乎丹巴绕吉.安多政教史（藏文）[M].兰州：甘肃民族出版社，1982：341.

柱经堂（འདུ་ཁང་ཀ་བ་བཞི་ཅན། vdu khang kwa ba bzhi can）一座，驻比丘四人（དགེ་སློང་བཞི་སྡེ་ཚུགས། dge slong bzhi sde tshugs），后发展成僧团（具戒比丘四人以上的团体）。土生的活佛巴玛、喇嘛脱玫、喇嘛霍枚等主持该寺寺务。相传藏历饶迥十三年，热贡地方发生了一次大地震，寺院被毁，因此在此居住的麻果僧侣迁至现在的麻果旧寺（དགོན་རྙིང་། dgon rnying），亚果的僧侣们迁至亚果旧寺。因此投茂寺分散成两个寺庙，财产也被两寺均分，上寺分到纳唐甘珠尔（སྣར་ཐང་བཀའ་འགྱུར། snar thang bkav vgyur）、尹本巴（ཡུམ་འབུམ་པ། yum vbum pa）、一些画像和俄然巴的一些遗物。此后大俄然巴第二次修建，先建经堂一座，逐渐扩建拉毛康（ལྷ་མོ་ཁང་། lha mo khang）等殿，并依照投茂寺的仪轨举行年底禳解仪轨、修供、定期法会等。历代大俄然巴为该寺寺主。[1]据此推理，《安多政教史》所载为第二次由大俄然巴所修建的时间。第四代寺主智噶日俄然巴·马海姆达瓦，为第一世夏日仓噶丹嘉措的弟子，自此，桑格雄亚果成为隆务寺的属寺，属格鲁派。

该寺于1946年失火焚毁，1949年重建。1958年，全寺建筑约80亩，有大经堂、弥勒殿和护法殿各1座。囊庆2院，茶房1院僧舍108院，耕地100亩，园林500亩，寺僧208人。截至2013年，该寺有大经堂、释迦殿、弥勒殿，经堂上筑怙主殿和净厨，各活佛公用囊庆1院，僧舍70院，部分锡住活佛，寺僧百余人。[2]法会和仪轨一如既往，寺僧门进修四续部的同时，还制作唐卡和泥塑，该寺大部分僧侣为神匠唐卡艺人，是热贡艺术的发祥地。正月祈愿大法会为该寺主要的佛事活动，每年正月初七举行跳羌姆仪式，规模较大。该寺寺主喇嘛为智噶日俄然巴和唯哇仓，建寺者为热安洛藏达日吉，香火庄由桑格雄亚果、加仓玛和和霍日加等。

桑格雄麻果寺，亦称桑格雄下寺，藏语称“噶丹彭措曲林（དགའ་ལྡན་ཕུན་ཚོགས་ཆོས་གླིང་། dgav ldan phun tshogs chos gling）”，意为“具善圆满法洲”。位于桑格雄麻果东侧，相传约公元8世纪赤热巴坚时，吐蕃戍边大将达日董尖参的10个儿子之后裔与3个桑格姓氏在此戍边、落户。约公元11世纪、藏历第二个饶迥时，在桑格雄麻果上部山根建有一小拉康（ལྷ་ཁང་། lha khang），其内供有三世佛祖、十六度母（གནས་བརྟན་བཅུ་དྲུག་སྒྲོལ་མ། gnas brtan bcu drug sgrol

〔1〕 རེབ་གོང་བ་འཇིགས་མེད་བསམ་འགྲུབ་ཀྱིས་མཛད་པའི་རེབ་གོང་སེང་གེ་གཤོང་གི་ལོ་རྒྱུས་གངས་རིའི་ཆུ་རྒྱུན་ཞེས་བྱ་བ། 久美桑珠.热贡桑格雄部落研究［M］.北京：民族出版社，2005：119–120.

〔2〕 蒲文成主编.青海藏传佛教寺院［M］.兰州：甘肃民族出版社，2013：217.

ma)、师君三尊（མཁན་སློབ་ཆོས་གསུམ། mkhan slob chos gsum）、麻日米大合苏木（མར་མི་དྭགས་གསུམ། mar mi dwags gsum）等，后人称之为玛贡娘瓦（མ་དགོན་རྙིང་བ། ma dgon rnying ba 古老的母寺）。约明天启年间（1621—1627年），第一世夏日噶丹嘉措的经师丹噶尔多聚嘉措曾一度扩建，改宗格鲁派。寺名与护法神巴丹拉毛为丹噶尔多居嘉措所赐。于1706年，夏日噶丹嘉措弟子智噶日俄然巴洛藏丹巴饶杰53岁时修建了47间上下两层的大经堂，30间三层的弥勒殿，两层高的加瓦桑格扎拉康（རྒྱལ་བ་སེང་གེ་སྒྲ། rgyal ba seng ge sgra）[这个拉康1958年时被毁，现在此遗址上建有杰拉康（རྗེ་ལྷ་ཁང་། rje lha khang），殿内有15米高的宗喀巴大师佛像，左右置有两米高的加嚓杰（རྒྱལ་ཚབ་རྗེ། rgyal tshab rje）和楷智杰（མཁས་གྲུབ་རྗེ། mkhas grub rje）等塑像]等。还有建于1865年的龙王殿（ཀླུ་དབང་རྒྱལ་པོ། klu dbang rgyal po），卓玛拉康（སྒྲོལ་མ་ལྷ་ཁང་། sgrol ma lha khang）内有白度母和绿度母的塑像。[1]此后，该寺曾历经三次改建。该寺依投茂寺仪轨在本寺举行正月祈愿法会，法会期间，初八展佛，初九转经，初十跳羌姆。智噶日俄然巴为主的阿绕仓、麻日囊仓、投茂仓、曼丛仓等诸位活佛主持该寺寺务。

据同仁县县委统战部调查资料，至1958年，有大经堂、弥勒殿、护法殿格1座，茶房1院，囊庆5院，僧舍88院，全寺建筑面积80亩，树林约1 500亩。住寺活佛有久美丹巴热吉、投茂和曼丛3人。于1981年重建僧舍40多院，新建辩经房、龙王殿和白塔1座。[2]目前该寺有大经堂、弥勒殿、宗喀巴殿、龙王殿、大观音殿、密宗殿。囊庆3院，僧舍120余院，寺僧170余名，寺北围有菩提塔高6米，寺前有高7米的善逝塔，外围东南边有高20余米的时轮塔，外围边有很多装有一亿嘛呢小轮。该寺香火庄为桑格雄麻果的五百户（བཅུ་སྐོར་ལྔ་པོ། bcu sckor lnga po）。

三、年都乎寺

年都乎寺，藏语称年都乎噶日扎西达日吉林（གཉན་ཐོག་སྒར་བཀྲ་ཤིས་དར་རྒྱས་གླིང་། gnyan thog sgar bkra shis dar rgyas gling），意为“年都乎吉祥兴旺洲”。《青海

〔1〕 རེབ་གོང་བ་འཇིགས་མེད་བསམ་འགྲུབ་ཀྱིས་མཛད་པའི་རེབ་གོང་སེང་གེ་གཤོང་གི་ལོ་རྒྱུས་གངས་རིའི་ཚ་རྒྱུན་ཞེས་བྱ་བ། 久美桑珠.热贡桑格雄部落研究[M].北京：民族出版社，2005：205.

〔2〕 蒲文成主编.青海藏传佛教寺院[M].兰州：甘肃民族出版社，2013：218.

藏传佛教寺院》[1]、《同仁县志》[2]中称，该寺建于清康熙二十三年（1684年）。《安多政教史》中称，年都乎寺由丹大成就者（འདན་གྲུབ་ཆེན། vdan grub chen）初建，由夏日诺木汗更登赤烈热吉（ཤར་དགེ་འདུན་རབ་རྒྱས། shar dge vdun rab rgyas 1740—1794，三世夏日仓）一生护持并主持参与寺的祈愿大法会和其他法会。后应僧俗的要求，由堪庆·更登嘉措（མཁན་ཆེན་དགེ་འདུན་རྒྱ་མཚོ། mkhan chen dge vdun rgya mtsho 1679—1765年）担任本寺喇嘛。历任堪庆仓主持本寺寺务。该寺在第三世夏日仓更登热吉时期成为隆务寺的属寺。[3]据《年都乎简志》，年都乎扎西达日吉林是由年都乎土把孜关却达日杰（1620—1700年）于藏历第十一饶迥章夏三十九木猴年（1644年）在年都乎村北山神庙下修建禅房（སྒྲུབ་ཁང་། sgrub khang）一座作为寺院基地，亚杰喇嘛夏日噶丹嘉措（1607—1677年）52岁时（1658年）授予观音灌顶。关却达日杰之子华青道吉（དཔལ་ཆེན་རྡོ་རྗེ། dbal chen rdo rje 1647—1702年）41岁时，于藏历十二饶迥章夏九木猪年（1695年）在父亲修建的智康遗址上新修了一座贡巴。其遗址为现年都乎贡康（མགོན་ཁང་། mgon khang）后方的几间僧舍（གྲྭ་ཤག grwa shag）。[4]据说1958年前拆迁时仍见画有莲花生大师（སློབ་དཔོན་རིན་པོ་ཆེ། slob dpon rin po che）的出生传记壁画，该寺起初应为宁玛派寺院，后来发展成为密咒学院（སྔགས་པ་གྲྭ་ཚང་། sngags pa grwa tshang）。[5]

此后，丹大成就者阿旺罗藏旦增（འདན་གྲུབ་ཆེན་ངག་དབང་བློ་བཟང་བསྟན་འཛིན། vdan grub chen ngag dbang blo bzang bstan vdzin）来到现年都乎泽莫唐，与年都乎土把孜华青多杰结了福田与施主关系，供养了许多金经卷，赢得了年都乎人的无比敬仰。丹大成就者目睹年都乎土把孜为了弘扬佛法、恩泽百姓不惜牺牲自己的生命，遂议土把孜之子策王喇夫旦邀请堪庆更登嘉措来任该寺喇嘛。堪庆新建了主殿，取名为扎西达日吉林（བཀྲ་ཤིས་དར་རྒྱས་གླིང་། bkra shis dar rgyas gling），并改宗为格鲁派。由策王喇夫旦出资以其父华青多杰之名给大

---

〔1〕 蒲文成主编.青海藏传佛教寺院［M］.兰州：甘肃民族出版社，2013：219.

〔2〕 同仁县志编纂委员会.同仁县志［M］.西安：三秦出版社，2001：963.

〔3〕 བྲག་དགོན་པ་དཀོན་མཆོག་བསྟན་པ་རབ་རྒྱས་ཀྱིས་མཛད་པའི་མདོ་སྨད་ཆོས་འབྱུང་།། 智观巴·贡却乎丹巴绕吉.安多政教史［M］.兰州：甘肃民族出版社，1989：327.

〔4〕 བློ་བཟང་སྙན་གྲགས་ཀྱིས་མཛད་པའི་གཞན་ཐོག་བྱམས་པ་གླིང་གི་ལོ་རྒྱུས། 洛桑年智.年都乎简志［M］.西宁：青海民族出版社，2000：45.

〔5〕 བློ་བཟང་སྙན་གྲགས་ཀྱིས་མཛད་པའི་གཞན་ཐོག་བྱམས་པ་གླིང་གི་ལོ་རྒྱུས། 洛桑年智.年都乎简志［M］.西宁：青海民族出版社，2000：224.

清皇帝举行长寿祈愿法会，并将大清皇帝的画像供奉在大经堂里。当时该寺有八个僧舍。历任丹玛大成就者成为该寺的寺主。[1]据此，《安多政教史》所载由丹大成就者所创，可能就是改宗后的格鲁派寺院。

据同仁县县委统战部1954年的调查材料，当时全寺有僧侣80户200人，建有夏日仓、堪庆仓、卡苏乎仓、丹仓、阿柔仓等活佛的囊庆5院，大经堂、弥勒殿、释迦殿、护法殿等各1座，年都乎村为该寺主要香火庄。1958年保存有大经堂、弥勒殿、密咒房、茶房及囊庆1院。1987年开放后，新建僧舍15院。[2]目前该寺有门林吉娃殿、护法殿、囊庆1院、僧舍40余院，常驻喇嘛有卡索仓和堪庆仓两位活佛，寺僧50人左右，其中大部分为画家。寺主为堪庆仓和丹智庆阿旺洛藏旦增。该寺香火庄为年都乎村和曲麻日噶日村。

四、郭麻日、尕撒日寺与郭麻日佛塔

（一）郭麻日寺

藏语称之为“郭麻日噶日嘎丹彭措林（སྒོ་དམར་སྒར་དགའ་ལྡན་ཕུན་ཚོགས་གླིང་། sgo dmar sgar dgav ldan phun tshogs gling）”，意为“郭麻日具喜圆满州”，坐落于郭麻日村西山脚下。《隆务寺志》中称该地为空行母（མཁའ་སྤྱོད་མ། mkhav spyod ma）的圣地，原寺址在公路下方，后由夏日仓迁到现在的寺址，赐名为噶丹彭措林，改宗为格鲁派。据说郭麻日寺是由叶什羌活佛首创，为叶什羌活佛所辖格鲁派寺院，现为隆务寺属寺。初建于明万历年间（1573—1620年）。[3]《安多政教史》中称，于铁鸡年（1741年）由叶什羌阿周黎（གཡེར་གཤོང་དཔོན་སློབ། gyer gshong dpon slob）[4]修建了三层弥勒殿并塑造佛像，供奉佛经等。应罗智敦尼林（ལྷོ་བྲག་གདོན་གཉིས་གླིང་། lho brag gdon gnyis gling）的卸任堪布卡日松拉然巴嘉木样（མཁར་ཟུར་ལྷ་རིམས་པ་འཇམ་དབྱངས། mkhar zur lha rims pa vjam dbyang）的请求，叶什羌阿周梨撰写祈愿词，首创神变祈愿法会，讲授了许

〔1〕 བློ་བཟང་སྙན་གྲགས་ཀྱིས་མཛད་པའི་གཉན་ཐོག་བྱམས་པ་གླིང་གི་ལོ་རྒྱུས། 洛桑年智.年都乎简志[M].西宁：青海民族出版社.2000：224-225.

〔2〕 蒲文成主编.青海藏传佛教寺院[M].兰州：甘肃民族出版社,2013：223.

〔3〕 年治海、白更登主编.青海藏传佛教寺院明鉴[M].兰州：甘肃民族出版社,1993：157.

〔4〕 据《藏传佛教寺院明鉴史》,1741年二世什羌活佛阿旺根敦达娃智巴（1734—1811年）修建了三层楼式弥勒殿，首创正月祈愿法会。

多经法。[1]据《郭麻日寺志》，原先在现址附近有座禅院（རི་ཁྲོད། ri khrod）式的小庙（སྒར། sgar），但香火不旺，香勒喇嘛热旦（ཤིང་གྲུ་བླ་མ་རབ་བརྟན། shing giu bla ma rab brtan）遂邀请亚杰喇嘛选新址，由于郭麻日乔哲仁波切洛藏曲达日巴（མཆོག་སྤྲུལ་རིན་པོ་ཆེ་བློ་བཟང་དར་པ། mchog spril rin po che blo bzang dar pa）的修行房面向现寺址的东门，因此依亚杰喇嘛旨意将新寺迁于此。[2]至于建寺年代，《郭玛尔寺志》载，于宗喀巴大师圆寂后的第173年，即1651年（笔者认为年代有误），由亚杰喇嘛和他的亲传弟子洛藏达日巴，首建6间持地佛殿（ས་འཛིན་ལྷ་ཁང་། sa vzhin lha khang），供主佛手持金刚（རྒྱལ་པ་རྡོ་རྗེ་འཆང་། rgyal pa rdo rje vchang），在其右侧建弥勒佛殿。后来依次扩建其他佛殿、经堂等。[3]由此可断，新寺是由亚杰喇嘛选址，由叶什羌活佛新建，但之前仍有称之为“噶日”的禅院存在，应属宁玛派［现郭麻日村仍有俄康（སྔགས་ཁང་། sngags khang），即密咒房］，后经亚杰喇嘛夏日仓改宗为格鲁派。

该寺在历辈夏日噶丹嘉措、历辈朱庆曲哇仁波切、历辈叶什羌堪布、历辈隆甘、郭麻日智旺洛藏嘉措，尤其是历辈郭麻日智庆等高僧大德的扶持下，修建了佛经塔等大型寺院建筑。该寺除叶什羌活佛，尚有郭麻日仓、隆务仓、堪布仓等活佛，其中郭麻日仓为第二位寺主活佛。第一世洛藏曲达日为郭麻日头人喇嘛热旦之子，曾迁寺院于现址。第二世智华嘉措，准龙村人，曾重建经堂；第三、四世均为郭麻日村人，供历七世。1958年前建有大经堂、弥勒殿、护法殿各1座，印经院、囊庆3院，约209间，僧舍105院，建筑面积近百亩，寺僧305人，约马250匹，牛400头，羊300只。[4]现该寺有大经堂、弥勒殿、赞神殿、时轮立体坛场、印经院、花旦哲邦塔、郭麻日仓和叶什羌仓的囊庆2院，僧舍80院，寺僧105人，由叶什羌活佛任寺主，常驻喇嘛有郭麻日仓，其香火庄有郭麻日、智合噶日、准龙等村。

（二）郭麻日佛塔

建于1987年的郭麻日佛塔，又称“时轮金刚塔（དཔལ་ལྡན་དུས་ཀྱི་འཁོར་ལོའི་མཆོད་རྟེན། dpal ldan dus kyi vkhor lovi mchod rten）”，为热贡地区最大的佛塔之一。

---

〔1〕 བྲག་དགོན་པ་དཀོན་མཆོག་བསྟན་པ་རབ་རྒྱས་ཀྱིས་མཛད་པའི་མདོ་སྨད་ཆོས་འབྱུང་།། 智观巴·贡却乎丹巴绕吉.安多政教史（藏文）[M].兰州：甘肃民族出版社，1982：336–337.
〔2〕 洛桑格登.郭玛尔寺志[M].西宁：青海民族出版社，1991：45–46.
〔3〕 洛桑格登.郭玛尔寺志[M].西宁：青海民族出版社，1991：46.
〔4〕 蒲文成主编.青海藏传佛教寺院[M].兰州：甘肃民族出版社，2013：223.

该塔是遵照第七世曲哇仁波切嘉木样更登嘉措的旨意建造，其高度有40米，总面积141平方米，造型如江孜吉祥时轮塔，塔身5层，第6层为巨大的宝瓶装饰，可层层登顶。从塔底到顶部，刻着梵文《时轮经》全卷。该塔用十世班禅大师的袈裟、衣物等生活用具作为装藏圣物，内置500万尊小型泥塑佛像。该塔雄伟壮观、庄严肃穆，被称为“安多第一塔”。

（三）尕撒日寺

尕撒日寺，藏语称为“尕撒日嘎丹迪藏曲林（ཀ་གསར་དགའ་ལྡན་འདུས་བཟང་ཆོས་གླིང་། rka gsar dgav ldan vdus bzang chos gling）”，意为“尕撒日集贤法洲”。《安多政教史》中被称为尕撒日噶日瓦寺（ཀ་གསར་སྒར། rka gsar sgar），由唯哇·阿旺弥磐达哇（བིས་བ་ངག་དབང་མི་ཕམ་ཟླ་བ་ཚང་། bis ba ngag dbang mi pham zla ba tshang 1767—1807年）修建。[1]《尕沙日寺志》中称，起初该寺由尕撒日村的避世者（བྱ་བཏང་བ། bya btang ba）扎西才让等苦修一生的八位禅师在现寺址上修建八座小禅房。夏当哇扎西才让，经过长期学习修得了刻经的手工，雕刻了《嘛呢宝训全集》为主的佛教经典，建造佛像、佛经、佛塔等善业。当唯哇·阿旺弥磐达哇仓莅临隆务大寺之际，尕撒日头人洛藏热旦和禅师扎西才让前去恳请唯哇阿旺迷盘达娃仓以原有的禅院为基地修建寺院。于藏历十三饶迥火羊年（1787年），唯哇·阿旺弥磐达娃仓应扎西才让等人的请求，在其佛堂塑造了8岁孩童大小的弥勒佛像。尔后，第三世董悦丹贝坚参（དོན་ཡོན་བསྟན་པའི་རྒྱལ་མཚན། don yon bstan pavi rgyal mtshan）将佛堂改建为经堂，树立三事仪轨以及寺院戒规制度。1883年，第四世唯哇·洛藏董悦嘉措（བིས་པ་བློ་བཟང་དོན་ཡོན་རྒྱ་མཚོ། bis pa blo bzang don yon rgya mtsho）扩建大经堂，塑佛像。[2]自此该寺先后涌现了拉然巴关却嘉措、尕撒日李本、画师香曲热赛、拉然巴尊智嘉措、夏当哇更登嘉措、神匠艺人洛藏西饶等驰名藏区的大师为寺院的扩建做出了贡献。

1958年前该寺有大经堂、弥勒殿、护法殿、法轮殿、印经院，囊庆有唯哇仓和隆务贡仓2院，僧舍80院，其中瓦顶弥勒殿7座，常驻喇嘛两个，寺僧有

〔1〕 བྲག་དགོན་པ་དཀོན་མཆོག་བསྟན་པ་རབ་རྒྱས་ཀྱིས་མཛད་པའི་མདོ་སྨད་ཆོས་འབྱུང་།། 智观巴·贡却乎丹巴绕吉.安多政教史（藏文）[M].兰州：甘肃民族出版社，1982：337.

〔2〕 洛桑格登.尕沙日寺志[M].西宁：青海民族出版社，2002：115.

150多人。[1]1981年尕撒日村和热合德村民重修。该寺现有大经堂、弥勒殿、护法殿、时轮堂、印经院各1座，僧舍140多院，寺僧50多人。僧人们在学习经典著作的同时学习绘制唐卡、泥塑、雕刻、堆绣等工艺，该寺一半僧人为画师。该寺寺主为历任唯哇仓，仍保持以前的三事仪轨和诵经行规。寺属香火庄有尕撒日和热合德两村。

〔1〕 སྙིང་ལྟགས་ཀྱིས་གཙོ་སྒྲིག་བྱས་པའི་རྨ་ལྷོ་ཁུལ་ས་མིང་རིག་གནས་བརྡ་འགྲེལ། 娘吉合编著.黄南州地名历史文化释义[M].兰州：甘肃民族出版社，2011：297.

第四章　操守与继承：言、衣、俗的表述

第一节　交际符号：语言文字

由于历史上朝代的不断更替，多元族群的不断嵌入，一万余人口的“蔡孜德裕”人所讲的母语分为两种不同语系的语言，以年都乎（གཉན་ཐོག gnyan thog）为主的郭麻日（སྒོ་དམར། sgo dmar）、尕撒日（རྐ་སར། rka sar）、沃果日（ཐོ་ཀྱཱ་བོད་སྐོར། tho kyA bod skor）人讲的是蒙藏混合的语言，而上下桑格雄（སེང་གེ་གཤོང་། seng ge gshong）、加仓玛（རྒྱ་ཚང་མ། rgya tshang ma）则讲的是汉藏混合的语言。关于“蔡孜德裕（ཁྲེ་ཙེ་སྡེ་བཞི། khre tse sde bzhi）”的语言有这样一则传说：

佛祖给各个民族分发语言时，“蔡孜德裕”的人由于路途遥远未能按时到达，当到达天堂时，佛祖已经把语言给分完了，于是从蒙语、汉语、藏语里各取了一些分给“蔡孜德裕”之人，所以他们的话就变成藏、汉、蒙混合的语言。[1]

虽然这个传说看上去是后人编造的，但至少可以说明“蔡孜德裕”语言的混合状态。热贡藏人将两种语言统称为“铎该（དོར་སྐད། dor skad）”，即铎话。因“蔡孜德裕”人被称为“铎日铎（དོར་དོ། dor do）”，遂将其语言被称为“铎该（དོར་སྐད། dor skad 铎日铎的语言）”，服饰被称为“铎拉（དོར་ལྭ། dor lwa 铎日铎的服饰）”。

〔1〕 采访人：笔者；时间：2014年8月14日；受访人：DJ，男，75岁；地点：桑格雄麻果DJ家中；语言：安多藏语；翻译：笔者。

一、母语之一：蒙藏混合语

“蔡孜德裕”中年都乎、郭玛日、尕撒日、沃果日等四个行政村讲蒙藏混合的语言，以李克郁先生为代表的学者称之为“土族语同仁方言”，以陈乃雄先生为代表的学者称之为“保安语同仁方言”。讲蒙藏混合语的人则自称为“曼呢(man nə)噶曲(སྐད་ཆ། skad cha)”，即“我们的语言或曼(蒙)的语言”。或说“曼格科乐(man gə kələ)”，说曼格(蒙古)语。据陈乃雄先生对3020个记音材料统计，沃果日铎话中蒙语基础词汇占22.4%，藏语借词42%，汉语借词占14%，突厥语占0.36%。年都乎的铎话中，根据3096个记音材料统计，蒙古语基础词汇占28.7%，藏语占53.62%，汉语占9.04%，突厥语词汇占0.36%。[1]其语法除了保留蒙古语族语言的粘着成分和量词前置的特点外，句型上与热贡当地藏语的句型结构极为相似，也有一些量词由于借用藏语而顺理成章地置于名词后面。在长期的藏语言的强烈影响下蒙古语族语言的句型已变异，遂本文将其称之为蒙藏混合的铎话。每个村讲的蒙藏混合语在语音上略有细微差别，特别是年都乎的铎话里第一音节前的元音较清晰，其他村的前元音基本上脱落。本文以“蔡孜德裕”之沃果日的铎话为例描述蒙藏混合语的语音语法结构。

(一) 语音

1. 元音

单元音：蒙藏混合的铎话里有a、ɛ、æ、ə、i、o、u等7个短元音和a：、ɛ：、ə：、i：、ɔ：、u：6个长元音。

复元音：ai、au、əi、ia、iɔ ua、ue、ui、uɛ。

2. 辅音

单辅音：b、p、m、f、w、d、t、n、l、dz、ts、s、r、ɬ、dʐ、tʂ、ʂ、tɕ、tɕh、dʑ、ɕ、dʒ、tʃ、ʃ、ʒ、ɳ、c、ç、j、g、k、ŋ、x、χ、G、ʕ。

复辅音：mb、sdz、sG、ndz、nd、ndʐ、rm、rd、rdʒ、rg、rŋ、ʂdʒ、ʂd、ʂgʒ、ʂg、sd、sdʒ、jm、ŋg、ŋG、xs、xd、xdʒ、xg、ʅd、ʅl、ʅdʐ、ʅdʒ、ʅʒ、ʅg、ʅG等。

音节结构：蒙藏混合的铎话有元音、元音加辅音、辅音加元音、辅音加元音加辅音等四种类型。譬如u:(喝)、anə(妈妈)、χar(手)、Gualə(两个)。重音一

〔1〕 陈乃雄.保安语的语音与词汇[J].西北民族研究,1989(2).

般落在词末的音节上，很多词汇第一个音节中的元音出现弱化或脱落现象，譬如，蒙语里的u：sə（水）脱落前元音后仅发“sə”的音；u：ndʑaŋ（他/她）脱落前元音后仅发“ndʑaŋ”的音，但年都乎的铎话中保留着以上前元音。

（二）语法

1. 句法

（1）句子成分

主语：名词、代词、形动词都可以从主格形式作主语。谓语：行动动词和是动词都可以做谓语，且置于句末。

宾语：宾语一般在谓语的前面，主语后面，但有时也可放在主语前面。宾语有直接宾语与间接宾语之分。名词、形容词、数词、代词及形容动词都可以做直接宾语。上述用作直接宾语的词类均可同与位格、从比格、造联格形式充当间接宾语。

定语：定语一般位于限定语之前。名词、代词、数词、形容词、形容动词都可以用词干形式或领格形式作定语。但数词作定语时多半可置于后面，组成复指结构。这种结构在变格时，格附加成分接在数词后面。这一点是热贡地区汉藏混合型铎话的特点。

状语：副词、副动词、助名词及部分性质形容词能做状语。状语位于谓语前面。

（2）句型

句型为典型的S+O+V，扩大句子带定语和状语。

简单句

S+V：　tɕə　ndə.
　　　　你　吃。

S+O+V：bə　łoma　yi.
　　　　我　学生（藏语）　是（藏语）。

汉译：我是学生。

　　　　bə　χuɛ　tɕhə　oŋɕə dʑi.
　　　　我　书（藏语）读　正　在。

汉译：我正在读书。

复句　复句有联合复句和主从复句。

联合复句　如：tɕhə　ɕanə　ɕərə　də，　bə　əgoŋtɕhə　xtɕha　lɛ.

你 院子-nə 扫 -də. 我 晚饭(藏语)做(藏语)-lɛ.

汉译：你打扫院子，我做晚饭。

主从复句 如：bə ɛGə nə warəgu gətɕhə ndʒuwa rədo.

我 碗 -nə 拿-gu 刚 客人(藏语)来—do.

汉译：我刚拿起碗，客人就到了。

fəlaŋ mətsəgə mətsə tɕoŋ aguə tə manə ʂgad tɕə kələ dʑo.

红色衣服 穿-tɕoŋ 姑娘-tə 我们-nə 话(藏语)说-dʑo.

汉译：穿红色衣服的姑娘在说我们的语言。

句型结构与语序上与热贡当地的藏语口语极为相似，除量词与形容词的级的顺序有所不同外，语序上基本上与当地藏语口语一致。有些藏语的量词与形容词的级的形式直接转用，语序不变。比如：

铎话：nəntəɣ ʔdʐənʔtʂɛ gi-guə ʂgad tɕə kəl-də bə xdaŋni tædgə ləgəm.

这种 རྒྱུ་འབྲས(因果) 没有-nə སྐད་ཆ(话) 说-də 我གཏན་ནས(根本)འཐད(同意)-gə 不–

藏语：ndəmo ʔdʐənʔtʂɛ mɛno ʂgad tɕa ɕora ŋa xdaŋni tæd rdʑə marɛ.

这种 因果 没有-no 话 说-ra 我 根本 同意 不

汉译：说这种没有良知的话，我绝对不会同意。

铎话：bə tɕha GuariGə u：dʑə rdʑama Guraŋ kuəntədə χ tɕə dədʑə.

我 茶 两碗 喝-dʑə 斤(藏语) 三 重—də. 去-dʑə.

藏语：ŋi tɕha gawudo toŋni rdʑama sumə dʑɛ rdʑə vətsoŋ dzəɣ.

我-i茶 碗两 喝—ni 斤 三 COMP.—重 去-dzəɣ.

汉译：我喝了两碗茶后重了三斤。

上述例句中可知，蒙藏混合的铎话里量词一般情况下置前，如：GuariGə= Guarə eGə，两个(量词)+碗(名词)，但是借用藏语rdʑama(རྒྱ་མ། rgya ma斤)这个词汇后，根据藏语的构词法则变成了rdʑama Guraŋ，即，斤(名词)+三(量词)的句式。比较级是用词汇后加-də来呈现，但最高级均用藏语的最高级形式替代。

2. 词法

蒙藏混合的铎话词性分名词、形容词、数量词、代词、助词、动词、副词、后置词、连词、语气词、感叹词。其中名词、形容词、数量词、代词、助词、动词都有形态变化，能单独做句子成分。除副词外其余的(后置词、连词、语气词、感叹词）不能够单独作句子成分。

（1）名词：名词有数、格、领属等语法范畴。

数：数有单数和复数之分。一般的词干形式为单数。复数与英语一样，词干后加复数形式，lə或Gualə.

如：morə 马——morələ 马们　　əirə 丈夫——əirələ

ndzahtɕə 他们 —— ndzahtɕə Gualə 他们两个

mango 我们——mango Gualə 我们两个

当名词需要强调其单数时附加nəgə（一个）。

如：tən də guə əirəkoŋ nəgo ja. 那边的是一个男人。

格：格主要有主格、领宾格、与位格、从比格、造联格等五个格。

主格　没有附加成分。

如：ɬotoŋ ŋga tse χ aŋ wa .（主格）　星星很漂亮。

领宾格　附加—nə，表示所属之意，也可表示动作的直接对象。

如：mangələ nə mətsəgəu .（领格）　我们的衣服。

ɛ：Gə nə warə.（宾格）　把碗拿起来。

与位格　附加—də.

如：tənə na də ægə.（与格）　那个给我。

təjaG də.（位格）　在那边。

从比格　附加—cə

如：kədə cə ro.（从格）　从家里来的。

hgudə nə ndzə tɕə nudə nə naraŋ ʂagə.（比格）　今天的太阳比昨天好。

工联格

如：hdoGə Gualə caigə.（工具格）　用刀子切。

gagə Gualə ro.（联格）　与哥哥一同来。

（2）数词：数词分为基数词、序数词、集合数词、分配数词、次数词等。数词有变格。数词以铎话和藏语的数词共同来表述。平均数词由铎话的数词表述，乘积数词只用藏语表述。譬如数词中的个、十、百用铎话表述，而千、万、亿均用藏语表述。

nəgə 一　Guarə 二　Gəraŋ 三　dɛraŋ 四　tavoŋ 五　tɕirGoŋ 六

doloŋ 七　nimaŋ 八　eisoŋ 九　ɬavraŋ 十　χoroŋ 二十　Guəbraŋ 三十

dɛrəraŋ 四十　tavəraŋ 五十　tɕirGuəraŋ 六十　doləraŋ 七十　nimərаŋ 八十

eisəraŋ 九十　nəgidʒoŋ 一百

百以上数字均用藏语借词。如：

ʂtoŋtso（སྟོང་ཚོ）/ʂtoŋ（སྟོང）千　tʂətso（ཁྲི་ཚོ）/tʂə（ཁྲི）万　ʕbəŋ（འབུམ）十万　tsaja（ས་ཡ）百万　ɕɛwa（བྱེ་བ）千万　doŋɕər（དུང་ཕྱུར）亿

（3）形容词：形容词由性质形容词和关系形容词组成。前者是非派生词，如：χoloŋ热的，kidaŋ冷的，bəlgaŋ 温的，bədi小的，等等。关系形容词由名词、助词、动词派生出来。如：ɳɛ笑—ɳɛGor爱笑的，bəl熟 —b əl tsaŋ熟的。

形容词还有表示“级”的区别功能。如词干重叠后第一个词干的末音节元音变为长音。如：tsɛGanŋ：tsɛGanŋ 很好看很好看，χoloŋ：χoloŋ很热很热，最高级均用藏语替代。

（4）代词：代词可分为人称代词、反身代词、指示代词、疑问代词、限定代词（见下表）。

<table>
<tr><th rowspan="2">代词</th><th rowspan="2">单
复</th><th rowspan="2">第一人称</th><th rowspan="2">第二人称</th><th colspan="2">第三人称</th></tr>
<tr><th>近指</th><th>远指</th></tr>
<tr><td rowspan="3">人称代词</td><td>单数</td><td>bə</td><td>tɕə</td><td>ndʑaŋ</td><td>ngaŋ/nogə</td></tr>
<tr><td rowspan="2">复数</td><td>排除式 bədələ</td><td rowspan="2">talə</td><td rowspan="2">ndʑatsələ</td><td rowspan="2">ngaŋlə/nogələ</td></tr>
<tr><td>包括式 mangələ</td></tr>
<tr><td rowspan="2">反身代词</td><td>单数</td><td>bə gonaŋ</td><td>tɕə gonaŋ</td><td>ndʑaŋ gonaŋ</td><td>ngaŋ gonaŋ
/nogə gonaŋ</td></tr>
<tr><td>复数</td><td>bədələ gonaŋ</td><td>talə gonaŋ</td><td>ndʑatsələ gonaŋ</td><td>ngaŋlə gonaŋ
nogələ gonaŋ</td></tr>
<tr><td rowspan="3">指示代词</td><td>指人</td><td></td><td></td><td>nə</td><td>tə</td></tr>
<tr><td>指特征</td><td></td><td></td><td>nəntəu</td><td>təntəu</td></tr>
<tr><td>指地点</td><td></td><td></td><td>naŋnaŋ</td><td>taŋlə/təndə</td></tr>
<tr><td>疑问代词</td><td colspan="5">kaŋ（谁）、yaŋ（什么）、kudoŋ（多少）、anə（哪个）、jantəu（怎样）、xalə（哪里）、kədʑə（什么时候）</td></tr>
<tr><td>限定代词</td><td colspan="5">xani（全部）、putoŋ（整个）、xanaŋ（每个）</td></tr>
</table>

（5）动词：动词有体、态、式，形动词、副动词等语法范畴。体表示主体行为的存在方式，分为进行体、现行体、已行体三种；态分为自动态和他动态两

种；包括祈使式、陈述式两种。形动词有过去式、未来式、现在式三种。副动词有并列、联合、延续、立刻、假定、目的、限定、让步等八种。

（6）副词：副词分程度、时位、状态三种副词，副词没有形态变化，只修限制动词和形容词。

（7）后置词：后置词有时出现在主格名词或形容词后面的，有时也出现在与位格名词或代词后面。

（8）语气词：语气词有祈使、猜疑、疑问、催促、肯否定、阻止语气词等。

（9）叹词：叹词有表示答应及感叹的词“ja”，也有表示惊讶的词“o”。

（三）词汇

蒙藏混合的铎话中除保留古蒙古语的基础词汇外，均由大量的藏语、少量的突厥语与汉语补充。藏语借词占一半以上，譬如表示数量的词汇从1—100由蒙古语表述，而百以上均借用藏语；表示颜色的词汇除了黑白红黄蓝之类基础词汇外，均借用藏语。藏语词汇还渗入到譬如动词、形容词、副词、连词等较为稳定的词性中。

1. 表示天文地理的词汇

古蒙古基础词汇[1]：

古蒙古语	沃果日铎话	现代蒙古语书面语	词义
腾格里（秘）	təŋgrəɣ	teŋri	天
合札儿（秘）	Gadʑər	gadʒar	地
撒刺（华）	səra	Sar-a	月
火敦（华）	shotoŋ	ɔdɔ	星
纳阑（秘）	naraŋ	nar-a	日
合里（秘）	χal	gal	火
阿兀刺（华）	ulə/Gul	agula	山
沐涟（秘）	məroŋ	murən	河
忽阑（华）	Gura	xura	雨
克（华）	khi	xiː	风
桓（华）	xon	ɔn	年

〔1〕 标有“秘”的词汇均来源于成书于13—14世纪的历史著作《蒙古秘史》；标有“华”的词汇均来源于成书于14世纪的《华夷译语》。

安多藏语借词：

热贡藏语口语	沃果日铎话	藏语书面语	词义
thoG	thoG	ཐོག།	打雷
loGmar	loGmar	གློག་དམར།	闪电
siwa	siwa	ཟིལ་བ།	霜
tso	tso	མཚོ།	海
tɕhəloG	tɕhəloG	ཆུ་ལོག	洪水
tɕharɕo	tɕharɕəu	ཆར་ཞོད།	暴风雨
ʕdʒədʐa	ʕdʒə	འབྲུག་སྒྲ།	雷声

2. 表示动物的基础词汇

古蒙古语基础词汇：

古蒙古语	沃果日铎话	现代蒙古语书面语	词义
秣骊（秘）	morə	mori	马
忽克儿（秘）	χgor	fugor	牛
豁你（秘）	χonə	xunə	羊
亦马安	imaŋ	yama：	山羊
那孩（华）	nəGui	noxui	狗
塔兀来（秘）	toli	toolii	兔
抹孩（华）	məGui	mɔgoe：	蛇
赤那（华）	tʃəna	tʃɔn	狼
合（中）孩（华）	Gəi	Gaxæ：	猪
兀捏延（秘）	ənaŋ	uniə	乳牛

安多藏语借词：

热贡藏语口语	沃果日铎话	藏语书面语	词义
xtəG	ʃtəG	སྟག།	虎
Tshaŋ gɛ：	tshaŋgɛ：	སེང་གེ།	狮
ʕdzəɣ	ʕdzəɣ	གཟིག།	豹
Gua	Ga	ཝ།	狐狸
ʃam	ʃam	སྲམ།	水獭
dom	don	དོམ།	熊猫
rəi ʕbal	ri ʕbal	རུས་སྦལ།	乌龟
dzo mo	dzomo	མཛོ་མོ།	犏乳牛

yaɣ	yaɣ	གཡག།	牦牛
ʕdʑoŋ	ʕdʑoŋ	འབྲོང་།	野牦牛
ça jɛmoŋ	ça ɛimaŋ	ཤྭ་ཡུ་མོ།	鹿
laŋ tɕɛn	Glaŋ tɕɛn	གླང་ཆེན།	大象

3. 表示器官和肢体的词汇

古蒙古语基础词汇：

古蒙古语	沃果日铎话	现代蒙古语书面语	词义
合儿（秘）	χar	Gar	手
阔勒（秘）	kol	kul	脚
赤口阿（华）	tɕhəχaŋ	tɕigə	耳
合巴尔（秘）	χorə	xawar	鼻
你敦（秘）、（华）	nədoŋ	nudu	眼
阿马（秘）	ʔmaŋ	ama	嘴
主（中）刊耶（华）	dʑərgə	dʑiruxə	心
哈剌罕（华）	χaləGə	alăg	掌心

安多藏语借词：

热贡藏语口语	沃果日铎话	藏语书面语	词义
lo	Glo	གློ་བ།	肺
tɕhəŋ ba	tɕhəŋ ba	མཆིན་པ།	肝
rdʒəma	rdʒəma	རྒྱུ་མ།	肠
ɳədəɣ	ɳədəɣ	མིད་པ།	喉咙
tʃiwa	tʃiwa	མཁྲིས་པ།	胆
kuama	kama	མཁལ་མ།	肾
xgɛba	xgæbə	སྐེད་པ།	腰
lædba	lædbə	ཀླད་པ།	脑
thodba	thəbə	ཐོད་པ།	额
xokha	xoka	ཕོ་ཁ།	胃
tsoɣ χua	tsə χua	སོག་པ།	肩胛骨
tʂəɣ ga	tʂəɣ Ga	ཕྲག་པ།	肩
rsa	rsa	རྩ།	脉
kətsər	kətsər	ཁུ་ཚུར།	拳头
dʒamba	dʒambə	འགྲམ་པ།	面颊

4. 表示性质特征的词汇

古蒙古语基础词汇：

古蒙古语	沃果日铎话	现代蒙古语书面语	词义
忽剌安（秘）	fəlaŋ	olagan	红
察罕（秘）	tɕəhaŋ	tʃagan	白
合（中）刺（舌）（华）	χara	xar-a	黑
阔阔（秘）	khukhuo	kuku	蓝
主扎安（华）	dʒə ʕdʒaŋ	dʒodʒagan	厚
你心坚（秘）	niŋ gaŋ	ningən	薄
温都儿（秘）	under	under	高
孛忽你（秘）	boG ɳoŋ	bogon	低
兀儿秃（秘）	xdu：	ortu	长
斡豁儿	Gor	oxor	短
阔罗（华）	χuəlo	xola	远
坤都	kundə	xundu	重

安多藏语借词：

热贡藏语口语	沃果日铎话	藏语书面语	词义
rdʑaŋ kə	rdʑaŋ kə	ལྗང་ཁུ།	绿
loka	Gloka	ལྷོ་ཁ།	粉
marməɣ	marməɣ	དམར་སྨུག།	枣红
tadoG	tadoG	ཐལ་མདོག།	灰色
ŋo rdʑaŋ	ŋo rdʑaŋ	སྔོ་ལྗང་།	青绿
martsɛr	martsɛr	དམར་སེར།	橘色
mar ʂdʒa	mar ʂdʒa	དམར་སྐྱ།	浅红
gor gor	gor xgor	སྒོར་སྒོར།	圆的
lev lev	lev lev	ལེབ་ལེབ།	扁的
dʐəv ʒə	dʐəv ʒə	གྲུ་བཞི།	方的
War	War de	བར།	中间的
sər səm	sər səm	ཟུར་གསུམ།	三角的

5. 表示数量的词

古蒙古语基础词汇：

古蒙古语	沃果日铎话	现代蒙古语书面语	词义
你客（秘）	nəgə	nige	一
豁牙儿（秘）	Guarə	xojar	二
忽儿班（秘）	Guraŋ	gorban	三
朵儿边（秘）	dɛ：raŋ	durbun	四
塔苯（秘）	tavoŋ	tabun	五
只儿瓦安（秘）	dʒər Goŋ	dʒirdgugan	六
朵罗安（秘）	doloŋ	dologan	七
乃曼（秘）	neimaŋ	naim-a	八
也孙（秘）	isoŋ	jisu	九
合儿班（秘）	xavraŋ	arban	十
札温（秘）	dʑoŋ	dʒagun	百

安多藏语借词：

热贡藏语口语	沃果日铎话	藏语书面语	词义
ʂtoŋtso/ʂtoŋ	ʂtoŋtso/ʂtoŋ	སྟོང་། / སྟོང་ཚོ།	千
tʂətso/tʂə	tʂətso/tʂə	ཁྲི། / ཁྲི་ཚོ།	万
ʕbəŋ	ʕbəŋ	འབུམ།	十万
tsaja	tsaja	ས་ཡ།	百万
ɕɛwa	ɕɛwa	བྱེ་བ།	千万
doŋɕər	doŋɕər	དུང་ཕྱུར།	亿

6. 表示动作的词汇

古蒙古语词汇：

古蒙古语	沃果日铎话	现代蒙古语书面语	词义
嗜古（秘）	tɕalG	dʒælgih	吞
土里奇（华）	tulgətɕə	tulxəʊx	推
食命（秘）	çəmə	ʃiməʊx	吸
牙不合（华）	jawuG	jabăx	行
迭不勒（秘）	dɛvlə	dər	沸
速尔（秘）	tsər	Dʊl：ăx	习惯
榻（华）	təra	iniəx	睡
保兀（秘）	bu：	ʊnăx	下来
孛思（华）	otsə	bæri	起立

合儿（秘）	χar：	xotlŏx	出去
倒剌（华）	dolə	Dʊl：ăx	唱
歌多勒（秘）	guədalə	gudəl	活动
忽查（秘）	χutʃa	xotʃ-	犬吠
忽赤（秘）	χuɕhə	xotʃi-	包主
亦捏（秘）	çə ɳɛ	iniəx	笑
兀讷（秘）	funə	ʊnăx	骑
把里（秘）	warə	bæri	拿
可团勒（秘）	kətalə	xotlŏx	牵
速哈（华）	tsurGə	sʊrgăx	教

安多藏语借词：

热贡藏语口语	沃果日铎话	藏语书面语	词义
ʕdɛv	ʕdɛv	སྦྱེབ།	调制
ʕdʑəɣ	ʕdʑəɣ	འགྲིག།	和好
ɕɛ tɕhəɣ	tɕhəɣ	ཞེན་ཆགས།	依恋
ʕdʑənʃəG	ʕdʑəntsəraG	སྦྱིན་སྲེག	火化
ɳaŋ	ɳaŋ	མྱོང་།	经历、体验
ʕdʑi：	ʕdʑi：	འདྲེས།	混合、交融
ɬolrdʒəɣ	ɬolrdʒəɣ	ཧོལ་རྒྱུག	粗心、盲目

7. 表示称谓的词汇

古蒙古语词汇：

古蒙古语	沃果日铎话	现代蒙古语书面语	词义
必（华）	bə	bi	我
赤（华）	tɕhə	bi：	你
亦厨（华）	idʑaŋ	tʃi：	他
米（华）	mənə	mini：	我的
阿合（秘）	a Gə	ax	兄
迭兀（秘）	du：	deguu	弟
斡勤（华）	xtɕhoŋ	oexIn	女儿
列里（华）	wɛrə	bər	媳妇
古儿格（秘）	kurgaŋ	gurkən	女婿
里干（华）	wɛrəgaŋ	bərgə3n	嫂子

阿巴合（中）	babə	abăg	叔、伯父
那可（秘）	nəgur	noxŏr	伙伴

安多藏语借词：

热贡藏语口语	沃果日铎话	藏语书面语	词义
aba	abə	ཨ་ཕ།	父亲
ama	amə/anə	ཨ་མ།	母亲
aʑaŋ	aʑaŋ	ཨ་ཞང་།	丈人
atɕɛ	atsɛ	ཨ་ཅེ།	姐姐
tsu	tsu	ཚ་མོ།	孙女
tsawo	tsawo	ཚ་བོ།	孙子
akə	aguə	ཨ་ཁུ།	僧人
alaɣ	alaɣ	ཨ་ལགས།	活佛
lama	lamə	བླ་མ།	上师
rgɛ rgan	rgɛrgan	དགེ་རྒན།	老师
ʕga ra	ʕgua ra	མགར་བ།	铁匠
ɬadzo	ɬavdzo	ལྷ་བཟོ།	神匠
ɬawa	ɬawə	ལྷ་བ།	巫师
mowa	mowa	མོ་བ།	卜签者
siwa	siwa	རྩིས་པ།	历算者
manba	manbə	སྨན་པ།	医生
nadba	nabə	ནད་པ།	病人
dʐɛmo	dʐɛmo	འདྲེ་མོ།	女魔

蒙藏混合的铎话中除大量的藏语词汇外，也有一些突厥语词汇和汉语词汇。突厥语词汇多半为日常生活所接触到的物名，而汉语词汇常常是较常用的、现代的工具性词汇，其中名词占多数。

突厥语词汇：

维吾尔语	沃果日铎话	蒙古语书面	汉语
tam	dam	xərəm	墙
kəndir	kəntʃər	ɔlɔsɔ	麻
taʃ	taçə	tʃiləgu	石头
hemir	hamoŋ	bəmbəi	发面
ürük	uru	guiləsu	杏子

yaŋgaG	dʑangəG	xuʃiga	核桃
yoGal	yoχəl	alda	丢失
yaG	dʑag	ʃita	烧

汉语词汇：

汉文	沃果日铎话	普通话读音
铁勺	tɛçu	tiɛʂo
缸	gaŋ	gaŋ
筷子	kidzə	kuɛdzɿ
电壶	dɛnχo	diænχu
阿爷	Ą jɛ/daidə	Ą jɛ
奶奶	nɛnə	nainai
铲子	tɕandzə	tʂandzi
簸箕	botɕə	botɕi
电视	dɛnʂʅ	diænʂʅ
学堂	ɕotaŋ	ɕuɛtaŋ
树	çu	ʂu
茶壶	tɕhaχu	tʂaχu
茶	tɕha	tʂa
汽车	tɕhə tʂɛ	tɕhi tʂə

二、母语之一：汉藏混合语

讲汉藏混合语的桑格雄人的铎话被学界称之为“吾屯话”，因为桑格雄用汉语称之为“吾屯”。近几年随着语言学家的深入发掘，桑格雄的铎话（吾屯话）也引起了学界的高度关注。有学者认为桑格雄的铎话是汉语的一种方言，但也有学者认为桑格雄的铎话是藏语的一种变体。现如今，关于桑格雄的铎话研究方面颇有成就的陈乃雄先生认为，桑格雄的铎话是长期受到藏语强烈影响的以汉语为基础而发展出来的独立语言。而南开大学的语言学家意西微萨・阿措的《倒话研究》（2003年）认为，桑格雄的铎话（吾屯话）是一种“汉语语音+汉语词汇+民族语（藏语）的语法”的结构类型，是汉藏语言深度接触所产生的语言混合现象。笔者比较认同阿措教授的观点。讲桑格雄铎话（吾屯话）的有桑格雄亚果（吾屯上庄）、桑格雄麻果（吾屯下庄）和加仓玛等三个行政村落，据隆务镇政府最新人口统计，共有4271人，占热贡“蔡孜德裕”人口的38.67%。桑格雄人兼通藏语。

（一）语音

1. 元音

根据陈乃雄先生的研究，汉藏混合语言里有10个舌面元音，两个舌尖元音和9个复元音。

舌面元音：a、ə、ɤ、e、i、æ、ɔ、ɵ、u、y。

舌尖元音有ɿ、ʅ舌尖元音ɿ和ʅ分别同舌尖前辅音和舌尖后辅音相拼。

复元音：ia、iɤ、iɔ、ie、əi、ua、ui、uɵ、uæ。

2. 辅音

单辅音：p、ph、m、f、w、ts、tsh、s、z、t、th、n、r、l、tʂ、tʂh、ʂ、tɕ、tɕh、ɕ、ɳ、ʑ、ç、j、k、kh、ŋ、x、q、ɬ、χ、ʕ 等32个。上述z、ɬ、ʑ、ç、q只出现在藏语借词中，能够位于音节末的只有n、ŋ、m、p、l、r、x、χ、k、q、ʂ。

复辅音：np、nt、nts、htɕ、ntʂ、ŋk、mp、sts、ʂt、ʂts、ɕtɕ、xp、xt、xk、xtɕ、xɕ、xs、qp、qtʂ、tɕh等21个。这些复辅音仅出现于藏语借词中。

音节结构：一般由元音、辅音加元音、辅音加元音辅音、元音加辅音元音辅音等四种形式组成。如ajiwa、ɳəçə。

据陈乃雄先生的研究，汉藏混合语里声调特征不突出，每个多音节结构里总有一个或多个音高较高、音强较强的音节，而这样的音节一般读作降调。这个可能与多音节词的增多和受没有声调的藏语的强烈影响之故。[1]

（二）语法

1. 句型

汉藏混合语的语序为典型的“主语+宾语+谓语”结构，句子成分有主语、谓语、宾语、定语和状语。可能是由于受到了蒙藏混合的铎话的影响，在表示名词和句子中其他词的关系时，常常使用类似格的附加成分的语法形式。其中有表示凭借格的附加成分-liankə，界限格的附加成分-ra，比较格的附加成分-kanra，等，其中领属关系的-tə和表示存在处所的-li似乎来自汉语的“的”和“里”。

句子形式有单句和复句。如：

---

〔1〕 陈乃雄.五屯话音系［J］.民族语文，1988（3）.

单句：ŋo də Gue tɕha ʂə li jəɤ.

我的书(དཔེ་ཆ།)家里有。

汉译：我的书在家里。

复句：ŋi ngoma tɕhə da， ŋo ŋama la lei.

你 前面(མགོ་མ།)去+da， 我 后面(ཇ་མ།)+la来。

汉译：你先去，我后面跟上来。

2. 词法

汉藏混合语分名词、代词、动词、形容词、数词、量词、副词、助词、连词、叹词等。

名词：名词有数的语法范畴，一般词干表示单数，有时附加-kə和-ŋkə表示单数。如：taŋkha kə(一幅唐卡)。复数以-mu(们)、-tərə(们)等表示。如ɬoma tərə(学生们)。

动词：动词具有体、态、时的语法范畴。体分为进行体、已行体、现行体三种。态有自动态、被动态、使动态、让动态等。式有陈述式、祈使式、希望式、祝愿式等。

形容词：形容词根附加-tə、-li是桑格雄讲的汉藏混合语的特点。如：xeitə(黑的)，xoli(小的)。形容词有级的形式。一般的形容词由词干表示，比较级前加ntsakə表示，高级以词根重叠或重叠后加-tə表示。最高级在形容词之前加藏语-atəkə(非常)表示。

代词：代词有人称代词、指示代词、反之代词、反身代词、疑问代词等。人称代词有数的语法范畴，如：ŋo(我)，ŋamo(我们)。指示代词可指代远近。

数词：数词从一到一百用汉藏混合的词汇表述，而百以上的数字千、万、亿数和倍数、分数、次数、乘积等用藏语数词来表述。数词可以修饰限制名词。其他词类均用汉藏混合的形式并用。

（三）词汇

据陈乃雄先生对3000个话语材料的统计，汉藏混合语的词汇中，汉语占65%，大多数汉语词汇尽管语音有所变异，但大体上与汉语发音近似；藏语词约占20%，藏语词汇涉及到了方方面面，[1]从天文、地理、身体器官到日常用品、家具器皿、政治、文化、宗教等，没有一个领域不见藏语的存在。藏语词汇

〔1〕 陈乃雄.吴屯话初探[J].民族语文，1982(3).

在桑格雄的铎话中发生了一些语音的变异，其中最大的特点是省略音节末的某些辅音。

汉语词汇：

词义	桑格雄铎话	汉语读音	词义	桑格雄铎话	汉语读音
天	thianʂi	tian	鼻	phikam	bi
地	thi	di	手	siɣ	ʂiɣ
日	rɛtiɣ	rʅ	脚	tɕo	tɕio
月	jɛliaŋ	juɛiaŋ	吃	tʂhə	tʂhə
水	ɕui	ʂui	喝	xɔ	χə
土	thu	thu	坐	tshɵxa	dzuo
火	xuo	χuo	打	tatəli	da
路	lu	lu	说	ʂɵ	ʂuo
马	ma	ma	哪里	ali	nali
牛	ɳiɣ	ɳiɣ	家里	ʂɛli	tɕali
羊	jaŋ	jaŋ	热	riɛli	rə
口	khəɣ	khəɣ	弟兄	tiɕaŋ	di ɕioŋ
哭	khutəli	khu	笑	ɕotəli	ɕio

藏语词汇：

词义	桑格雄铎话	藏文	词义	桑格雄铎话	汉语读音
父亲	apa	ཨ་ཕ།	一定	jindamənda	ཡིན་ད་མིན་ད།
哥哥	aka	ཨ་ཁུ།	非常	ɕigə	ཞེ་གི།
青年	sara	གསར་བུ།	鹿	ʂa	ཤྭ
狐狸	qa	ཝ།	豹	dzəx	གཟིག
村庄	ntepa	སྡེ་བ།	年	lɵ	ལོ།
十万	mpəŋ	འབུམ།	乌鸦	khaxta	ཁྭ་ཏ།
容易	ʂtsamɵ	སླ་མོ།	伯父	akhu	ཨ་ཁུ།
象牙	wasɵ	བ་སོ།	容易	xtsa lali	སླ་མོ།
除夕	namkəŋ	གནམ་གང་།	喜欢	ɣga lali	དགའ།
药	man	སྨན།	出发	lamalaŋ la	ལམ་མ་ལངས།
佛像	xkə	སྐུ།	光棍	ɳiʂtɕaŋ	མི་རྒྱང་།
千	ʂtoŋkə	སྟོང་།	时代	tix kha	དུས་སྐབས།
经堂	ndəGoŋ	འདུ་ཁང་།	媒人	warwa	བར་བ།

三、藏语：交际语言与书写符号

（一）多语者：历来的身份与教育方式

“蔡孜德裕”之人操双语者，在家有些人讲“铎话”，有些人讲藏语，但在家外均以藏语为社交工具。就连“蔡孜德裕”内部河东（讲蒙藏混合语）与河西（除沃果日之外讲汉藏混合语）之人交流时也用藏语交流。“蔡孜德裕”之人历来都有多语者的身份，历代年都乎土千/把总做过通事、做过隆务囊索的翻译者。据《年都乎寺志》载，蒙可汗的霍尔妃生了五个声名显赫、通晓八种文字的儿子；《热贡族谱》中也载，沃果日洪波能够通晓藏、汉、蒙三种语言。汉文史料《秦边纪略》也证实了这一点，载：“与汉人言则操汉音，又能通羌夷语。”[1]姑且不说通晓八种文字，历史上“蔡孜德裕”之人至少通晓藏、汉、蒙三种语言是不争的事实。而且历代部落酋豪都提倡学习，以教育为本，实施多语教育。年都乎土千/把总释迦桑格（ཤཱཀྱ་སེངྒེ། shAkya seng+ge）、更噶扎西（ཀུན་དགའ་བཀྲ་ཤིས། kun dgav bkra shis）等人自幼遣送到内蒙古学习蒙文，让隆务寺的喇嘛高僧教授藏语，又从内地请了道士教授汉语，通晓三种语言与文化，曾屡次替隆务囊索翻译。[2]由于这样的传统，在“蔡孜德裕”中历代辈出高僧大德、唐卡艺人、学识渊博、高官达人，在热贡十二部落中脱颖而出。现如今的青年一代，适应时代要求，在学校接受藏、汉、英三语教育，在家又兼说铎话，始终保持着多语者的身份。

（二）藏文：传统的书写符号

“蔡孜德裕”中讲蒙藏混合语、汉藏混合语的人们均以藏文为书写符号。虽然“蔡孜德裕”被识别为“土族”，也于1979年也创制了描写“土语”的文字，但“蔡孜德裕”人却从未听闻此事，更何况使用此文。藏文是其传统的书写符号。由于史料缺乏，在元、明时期用何种文字记事无法追溯。也许历史上用过多种文字，但至少信仰藏传佛教以来，僧人使用的文字

---

〔1〕（清）梁份.《秦边纪略》卷一《河州卫》[M].甘肃省图书馆馆藏，35.

〔2〕བློ་བཟང་སྙན་གྲགས་ཀྱིས་བརྩམས་པའི་གཉན་ཐོག་བྱམས་པ་གླིང་གི་ལོ་རྒྱུས། 洛桑年智.年都乎简志[M].青海民族出版社，2000：47–59.

应为藏文，如若念诵经文至少要通晓藏文，撰写经文、典故都要用藏文书写。《热贡族谱》《年都乎简志》都称，历代高僧曾赴往西藏圣地学习经文，学习藏文。

据现有的一些藏书，较早时盛行用藏文的“乌麦（དབུ་མེད། dbu med 藏文草书）”书写。“蔡孜德裕”之人将其称之为“尤那合（ཡིག་ནག yig nag）”，即黑体。后来盛行“乌尖（དབུ་ཅན། dbu can 藏文楷书）”。笔者记得父辈常用藏文在墙壁上或纸上记录一些重要事项，均喜欢用“乌麦”体。收藏在年都乎拉哇仓的历代拉哇传承人名单，早期也均用了“乌麦”体，到近期才改用“乌尖”体。详见图13、图14。

图13　藏于年都乎拉哇家的拉哇传承人名单

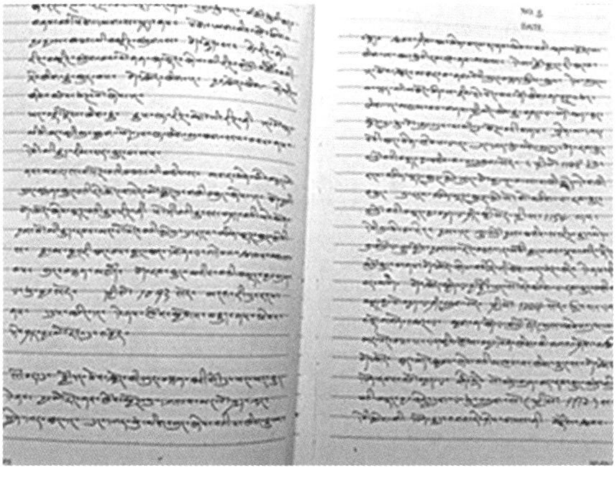

图14　出生于1945年的沃果日老人的笔记

第二节　文化的表征：服饰

一、希曷拉：生计方式的延伸

男子服饰　男士平日里穿着斜领、对襟的藏袍。根据质地分为氆氇制成的“抽拉”（ཕྲུག་ལྭ། prug lwa），羔皮制成的“擦日”（ཚ་རུ། tsha ru），绸缎制成的“格拉”（གོས་ལྭ། gos lwa），各种布料制成的“日以拉”（རས་ལྭ། ras lwa）；袖口、领子、衣襟均镶以织棉段，从前在“给拉”“抽拉”的衣边均镶以水獭皮（སྲམ། sram），并以水獭的质地、宽度为财富的象征。现如今在上师喇嘛的倡导下，为了保护稀有动物、发扬藏传佛教的慈悲关怀，禁止使用水獭皮。夏天头戴礼帽，冬季头戴虎皮制成的“哈夏”（ཝ་ཞྭ། wa zhwa），还会头戴一种被称为“那讯（རྣ་བཞི། rnab bzhi）”的用氆氇制成的高顶圆帽，其左右两侧有两片可护耳的氆氇。脚穿高筒藏靴。

跳“鲁如（གླུ་རོལ། glu rol六月会）”时，会穿一种被称为“多才”（སྟོད་ཚེ། stod tse）的大翻领、对襟藏袍。两袖系在腹前，大翻领缠腰，衣边镶以水獭皮（现已禁用，见图15）。也有穿一只袖子、露一只的穿法，一般露出右手袖子，顺腰吊垂在身后（加仓玛的男子服饰，见图16）。

头戴花氆氇或毛巾，用黑丝穗子编成辫子绑扎花氆氇或毛巾，剩余的黑丝穗子垂吊在右耳前，酷似嘉绒藏族妇女头饰（见图17、图18）。年都乎村60岁以上的男士所戴头饰与其他三个德哇一样；而六十岁以下男士所戴的帽

图15　郭麻日的男士服装

图16　加仓玛的男士服装

图17 年都乎男子青年所戴牙日夏

图18 “蔡孜德裕”男子所戴头帕

子却别具一格，据称是阿尼夏琼（བྱ་ཁྱུང་། bya khyung）的帽子。年都乎人自认为是阿尼夏琼（也有人说是格萨尔，因阿尼夏琼和阿尼格萨尔在同一个庙里共奉并祀）的士兵，所以青壮年所戴红缨毡帽的样式与阿尼夏琼的毡帽相同。年都乎人将其称之为“牙日夏”（དབྱར་ཞྭ། dbyar zhwa），其形似喇叭花式毡帽，帽沿用黑布镶边；帽顶尖而高耸，顶端系有红缨；帽底下头缠黑色穗子编成的辫子，辫子末端穗子顺右耳垂吊（见图18）。“蔡孜德裕”所有男士均喜用黑穗子编成辫子缠头或绑头帕，这足以说明传统上男士均有留发缠头的习俗。

脚穿一种牛鼻上翘式的靴子，靴面两边和靴腰用染色皮剪成花纹缝在上面，靴腰用黑布绑带扎紧（见图19）。沃果日村的男子跳“鲁如”时，需穿一种被称为“浮子嗨”的鞋子，其形鞋尖呈鱼嘴状，鞋面两边绣成云纹状，鞋里穿高筒蓝色绣边的棉袜，袜腰用黑色丝带扎紧（见图20）。沃果日村跳“鲁如”时，“鲁如”的主持者扎西才让常常念道：“头上戴着花竹子，身长穿着花龙袍，脚上穿着云登鞋，脚里系着锁子甲……”据说所诵装束为阿尼仓（ཨ་མྱེས་ཚང་། A myes tshang 应为阿尼达日加）的装束，沃果日男子的穿戴也跟阿尼仓一样。由于这些鞋子均需花费很大工夫来手工刺绣，再者现如今通晓这种手工工艺的人越来越少，所以，也有人用球鞋代替，但蓝色袜子是必穿的，否则会被处罚。

女子服饰 被称之为“曼呢么册古”的女子服饰别具一格。“曼呢么册古”与“曼呢噶曲”一样，意为“曼（蒙）的服饰”，被热贡藏人称为“铎拉”（དོར་ལྭ། dor lwa），或有时也按其两边开叉的造型称之为“གཤགས་ལྭ། gshags lwa”。其形为大襟、大翻领、宽长袖子，领子宽5 ~ 6寸，圆口。衣长至膝盖下部，两边胯间开叉。右侧腋下用扣子扣住，据说以前不系腰带（见图21）。在平日

图19　桑格雄男子所穿牛鼻靴

图20　沃果日男子所穿浮子嗨

里由于劳动需要系腰带（见图23）。衣服面料常用绸缎、氆氇、布料等制成，也有用羔皮制成的"帮擦日（ཚ་རུ། tsha ru）"和棉衣帕拉（བལ་ལ། bal lA）供冬季使用。据说从前"蔡孜德裕"的女子，在冬季时下身会穿一条红色的条绒裤子，所以被热贡藏人称为"穿红裤子的人（རྐང་སླམ་དམར་པོ་ཅན། rkang slam dmar po can）"；夏季时会穿一条上半截黑色下半截天蓝色的裤子。女子脚穿红色半高腰绣花靴（见图22），据称，靴子的图案是否秀美、刺绣是否精致，是考量女子才华的一个标志。

图21　"蔡孜德裕"女子服饰

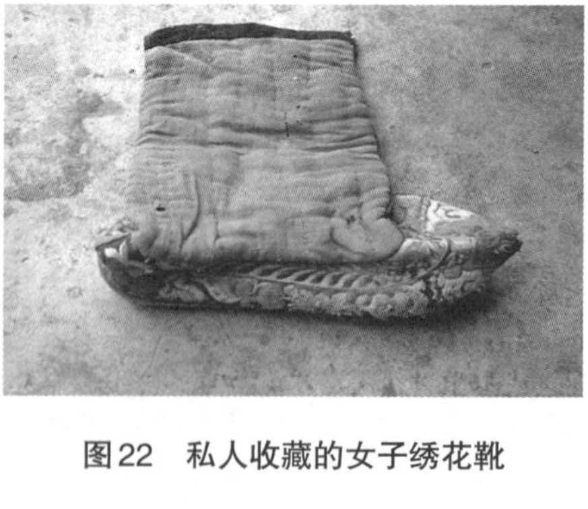

图22　私人收藏的女子绣花靴

图23　庄学本（1932—1942年）所摄“蔡孜德裕”（保安）妇女服饰与头饰

二、伯特、董：成人与富贵的象征

头饰　女子头饰也独具特色。“布特butə”或“宝图botu”是热贡“蔡孜德裕”之女子特有的头饰，其形似扇子，用多层丝绸布料刺绣缝制而成，中间将一连串的珊瑚一列一列地排列起来缝住，两边刺绣彩丝云纹状图案。穿戴时宽边朝下扣在后脑壳上，将其向里卷曲把头发拖起来，里面用纽扣固定；窄边朝上用针线将布特和头发一起扣住（见图24）。“彩儿cɛr”或“东doŋ”（沃果日人称之为“东”或“果日”），也是“蔡孜德裕”女子发饰的一种，其形为圆形，中间略鼓，形似盾牌。“彩儿”是用纯银打制，雕有花瓣图案，镶嵌着珊瑚、玛瑙、绿松石等宝物。佩戴时，要将其固定在用红线编织的假辫上，再与真发发辫混编，再用红线缠绕发尾固定住，将其垂于发梢，红丝穗子绕圈垂吊在“尕戴尔”左侧（见图25）。“尕戴儿gadər”也为纯银打制的形似令箭的头饰。其形呈三角形，宽边处刻有花纹，镶嵌着珊瑚玛瑙等宝物，窄边处为平滑尖头，通常将其横插在彩日发套稍高处（见图25）。

女子年满17岁时，需要举行戴头（སྐྲ་ཕབ་པ། skra phab pa 成年礼）仪式，以表已成年，到了嫁龄。届时女方家人要为女儿举办戴头仪式，需准备厚礼，包括全套头饰、服饰以及钱财等，其实这也是女子财产，出嫁时可随身携带。当然，并非所有女子都会拥有这样的一套头饰，唯有条件较好的家户才能筹备

图24 “蔡孜德裕”女子特有的头饰“布特”

图25 “彩儿”与“尕戴儿”

齐全。若是条件较差的家户，举行仪式时一般会相互借用，等仪式完成后随同厚礼归还。此外，“鲁如（六月会）”时，当年举行过戴头仪式的成年女子，按旧例仍需穿戴在戴头仪式（成年礼）上的头饰、服饰，给神灵献舞叩拜。现如今拥有全套头饰的家户甚少，在仪式中多半都是相互借用。

耳坠 “苏卡”或“纳龙（རྣ་ལུང་། rna lung）”，由环钩、坠子、链子三部分组成。环钩是插在耳眼的部分，坠子部分镂花镶珠，链子将两个耳坠连在一起。耳坠银饰居多，富人家庭多用金制的。

盖坚（སྐེ་རྒྱན། ske rgyan） 女子喜戴珊瑚（བྱུ་རུ། byu ru）项链，将珊瑚用丝线连成一串，戴在脖颈上。胸前一般都是大珊瑚，有的一颗值一万多元，后边可用小珊瑚串联。珊瑚的大小是由个人家庭条件而定。条件较差的将细小的珊瑚连成几串戴在胸前也颇为动人。此外，喜戴金、银、绿松石、玛瑙等制成的项链。

三、拉曷悉、牙日夏、赤裤：军事制服的标志

服饰是人类文明的标志，又是人类生活的基本要素。它不仅满足人们的物质需求，还代表了一定时期的历史文化。它的产生与演化，与一定的历史、政治、经济、宗教、地理、文化有密切关系。服饰，同时也是一种身份、地位的象征，是一种符号，它代表不同阶层之人的政治、社会地位，告诫人们各守本分、不得逾越。“蔡孜德裕”虽来源不同，有着自己的历史记忆与祖先传说，但作为保安堡的士兵（年都乎土千/把总的士兵），有着共同的服饰作为其身份的标志。像赤裤，即红裤子，可能就是军事统一制服，遂有年都乎土千/把总的祖先道尔达那波黑马赤裤（རྡོར་རྟ་ནག་པོ་སྨད་ཆ་དམར་པོ་ཅན། dor rta nag po smad cha dmar po can）军团之称，其士兵均着红色裤子为标记，沿用至今。

“蔡孜德裕”男子所戴头帕也是统一的，均用假辫（编好的黑穗子）绑扎头帕（包括年都乎德哇50岁以上的老人），这可能是作为年都乎土千/把总所属士兵的统一头饰。而在年都乎头戴被称为“牙日夏”的红穗高顶毡帽的青年男子，相传为阿尼夏琼山神的士兵，其实不排除是年都乎土千/把总直属的精锐部队，以头饰区别其身份与地位。四合吉的男子也戴年都乎青年男子所戴的“牙日夏”，据年都乎人称，相传是四合吉人偷走了他们的帽子。不管是年都乎青年男子的牙日夏（藏语意为夏帽），还是“蔡孜德裕”其他男子所戴头帕，都有防晒作用，这足以说明常年在阳光下进行军事操练。

图26　民国二十五年（1936年）马鹤天《西北考察记》中的“蔡孜德裕”人

据老人称，“蔡孜德裕”女子所戴的“布特”为古时的箭袋，而“尕戴儿”为令箭。所有头饰均为古时战争时期的装备，箭袋、令箭需随身携带，以便防御、进攻。随着战争的结束，男子由于需要经常出行、出游，服饰简便化了；女子因多半留居在家，仍保持着传统服饰，而这些原有的武器也渐渐变成了装饰品。沃果日人将“彩儿（其他村庄的称呼）”仍称“东（dong）”，或许该称谓可能源于汉字“盾”，因其形似盾牌，而且在蒙古语族语言中也找不到对应的意义。尤其是女子年满17岁时举行的戴头仪式，沃果日人称之为“东娇教”，其意为戴“东（盾）”，戴了“东（盾）”以表成年。另，“希曷拉”服装，两边开叉、及膝简短，极易上下马背，挥拳踢脚，符合军人的穿着。据称，服饰的大翻领，在战场上具有护颈作用。

第三节　遗风新俗：人生礼仪与岁时节庆

一、从生到死：人生礼仪

（一）生命的诞生：取名与诞生礼仪

笃信藏传佛教生死轮回观的“蔡孜德裕”人相信，新生儿是前一世生命的延续。在六道轮回中，能够转世为人道是基于前世修来的善业，很多孤魂野鬼是等不到投胎为人的时机，故而人们常说“མི་ལུས་རིན་པོ་ཆེ། mi las rin po che（宝贵的人身）”“མི་ལུས་གཡར་མ། mi las g · yar ma（借来的人身）”，认为人的身体只是这一期的短暂借用。基于这样的信仰，人们坚信在新生儿的脚上没沾土之前（站立），还没有成为这个躯体的真正主人，非常脆弱，随时有可能会被孤魂野鬼嫉妒和缠绕。所以，新生儿一诞生就会用锅底灰抹在额上，嘴里放一点酥油，寓意让新生婴儿沾染人的气息，以防被孤魂野鬼缠绕。如若诞下的是一位男孩，会在房顶上煨桑、吹海螺，向村民宣布又增添了一位持刀食肉的男子；如若是一位女孩，就好似无可炫耀之处，便无特殊的仪式。不管是男是女，在婴儿满月之前，门口会烧一火堆，门扣插一支柏枝，以示家中有产妇，禁止入内。七日之内，无论是男婴还是女婴，家长会向活佛或高僧求名。人们相信活佛或高僧赐予的名字是吉祥的，如若天天呼之，便能护佑婴儿一生安康。满月之后，无论是男婴还是女婴，都要举行“色拉（满月）”仪式。届时，当日清晨母亲和婴儿会被一位父母双全、家庭幸福、子孙满堂的亲戚请去用餐，寓意着让婴儿第一眼看到的外在世界是完美的，也祈愿其人生如同该家庭圆满幸福，用完餐后便返回。前来庆贺的亲朋好友纷纷携带被当地人称为“肯子”的空心圈饼和衣物、布料、钱财等礼品。届时，家长向大家宣布婴儿的姓名，并以酒肉、烩菜、油饼等丰盛的食物款待客人。散席时，家长会将专门为婴儿烧制的圈饼切成若干片分发给来席人员，以祈婴儿一生丰衣足食。

（二）婚姻的开始：成人礼与婚礼

1. 成人礼

父母最大的期望是看到自己的孩子一天天长大，成家立业，独立自主。当女子年满17岁时，要举行成年礼，标志着已到嫁岭，可谈婚论嫁。成年礼一般在17岁时举行，也可在15岁与19岁时举行，但不能在偶数年举行。“蔡孜德裕”中，举行成年礼的时间略有不同，像沃果日村一般在农历十二月二十九日举行，以方便过年期间嫁娶，也有的村庄在正月初三至初五举行。届时，少女们改梳发型与佩戴专有发饰，穿着礼服，佩戴娘家人准备的各种首饰，举行隆重的仪式。宴会规模相当于正式的婚宴。当日清晨，家长会选定一位父母双全、夫妻和睦的亲戚来梳头发，忌寡妇入内。梳完头发后，几位年长的亲戚挨个邀请女子前往自家用餐做客，女子穿戴好礼服礼帽后，随同一位伴娘前往。届时，亲戚家以厚礼相赠，陪同女子负责携带礼物，等轮流拜访完几家主要亲戚后，返回自家，招待客人。其他亲戚朋友会携带衣物、布料、馍馍、彩礼等礼品前来恭贺。家人要以好酒、好肉招待，宴会规模不亚于婚宴。成年礼相当于宣告该女子已到嫁龄，可以谈婚论嫁，所以，每年家中有适婚男子的家长特别关注这些举行戴头仪式的女子，以便给自己的儿子挑选新媳妇。“鲁如”时，凡举行过成人礼的年女子均要献舞拜佛，尤其像沃果日德哇，凡是当年举行过成人礼的家户如同办喜事的家户要给村民撒喜糖。

纵观成人礼，早期不排除为一种与“天”结婚的遗俗。在采访中，86岁的郭麻日老人很得意地说：“我以前娶的是××家的女儿，她有很多嫁妆，而且在她未举行戴头仪式之前就娶了，我们村里没有几个。”[1]从他自豪的语气来看，他以未举行戴头仪式前迎娶为荣，再加上成人礼的仪式、规模、程序与婚礼无别，所以，戴头仪式很有可能是戴头婚的遗俗，后渐变为成年礼。

2. 婚礼

在传统上，成人礼应为婚礼的序幕。当年举行过成年礼的女孩，多半成为来年求婚的对象。正如前所述，很多到了婚娶年龄的男孩家长会特别关注这些举行过戴头仪式的女子，当然好姑娘都会被优先挑选。因“蔡孜德裕”

---

〔1〕采访人：笔者；时间：2014年1月19日；受访人：JL，男，86岁；地点：郭麻日加洛JL家中；语言：铎话；翻译：笔者。

内较盛行内婚制，以优先嫁娶本部落成员为荣，且较盛行舅表婚，俗有“女儿是舅家人”的说法。女儿的“松羌（སློང་ཆང་། slong chang）”，即提亲酒，也必须由“舅舅”开瓶祭天，以示舅舅同意这桩婚事。一般情况下，父亲没有权利开瓶祭酒。

婚姻形式为一夫一妻制，传统上以“父母之命、媒妁之言”为主，也有自由恋爱的。结婚的流程每个德哇可能略有差别，但大同小异，下面以沃果日村为例叙述其过程。

（1）提亲、喝“松羌”

如若哪位姑娘被男子相中，就让“瓦日瓦（བར་བ། bar ba）”，即媒人，提着三瓶酒和哈达到女方家说媒。如若女方同意，当天就会收下礼品，暗示媒人可前来提亲。来提亲时，“瓦日瓦（媒人）”需携带茶叶、酒水（按女方要求，一般为一两箱青稞酒）、哈达等礼品，女方舅舅会开瓶献祭三宝，以示同意这桩婚事，男方方可选吉日筹备婚事。女方父母选好定亲吉日后，邀请亲朋好友喝女儿的定亲酒“松羌”，未能前来参加的老人需挨家挨户地送一碗“松羌”，宣告女儿已定亲。如若女方不同意这门亲事，以女儿仍不懂事或舅舅不同意为由拒绝求亲。

（2）迎亲

选定婚期后，就是迎亲仪式。男方来迎亲的前一夜，将会在女方家举行送亲仪式。届时女方的亲戚、朋友，特别是小伙伴们携带贺礼前来道喜、欢送，女方要举办盛宴款待，要以好酒好菜款待，来访者也会载歌载舞庆贺，异常热闹，不亚于婚宴。约子夜三时，女方要梳妆准备送亲。准新娘须在一个崭新的羊毛毡上梳头发、佩戴头饰“果日或布特”，身着传统礼服，具体流程如同成人礼。届时，所有亲朋好友前来送行。前来送行的女方被称之为“阿莫恩（a moŋ）”或“阿乃（ཨ་ནེ། A ne）”，“阿莫恩”们等待男方来迎亲。新郎（མག་པ། mag pa）与伴郎（མག་རོགས། mag rogs）到达后，女方给男方倒茶、端肉包子，还有被称为“不拉莫恩（bulamoŋ）”的油搅团来招待。有趣的是，据说男方不能吃这个“布拉莫恩”，但是女方相继派人招呼，故意为难新郎和伴郎。

到了吉时，女方需从厢房出门，届时所有的“阿莫恩”们堵在门口故意刁难，让男方闯三关，即过三个门。第一关为赛果（གསེར་སྒོ། gser sgo金门），男方想要开启第一门金门，伴郎要不断唱民歌，“阿莫恩”揪新郎和伴郎的耳朵，直至“阿莫们”满意为止。为了少让新郎和伴郎的耳朵受罪，男方会给“阿莫门”塞些礼钱（50 ~ 100元）。在百般为难后，新娘方可踏出“赛果

图27　给新娘子梳头、佩戴“果日”

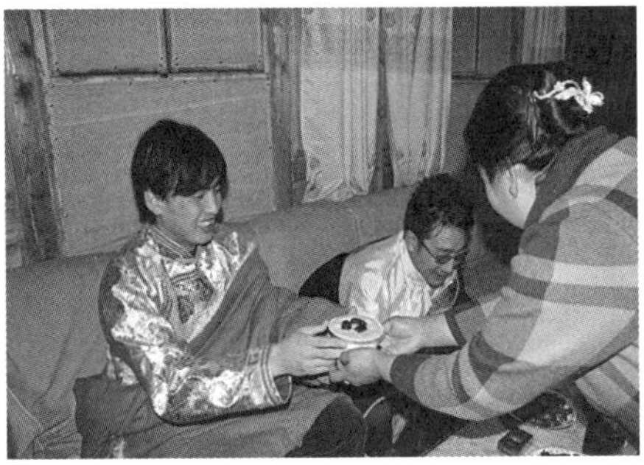

图28　给新郎招待“布拉莫恩”

图29　新郎和伴郎唱民歌闯关

图30　送走新娘后举行“央播”

（金门）”的第一步，这时新娘要向后撒出一把筷子，以示新娘不会带走娘家的好运。之后送亲队伍又止步不前，迎亲方又要继续唱民歌。传统上，俗有“གོམ་པ་གང་ལ་གླུ་ཞིག 一首民歌换一步”之说，每踏出一步就要唱一首民歌，揪耳朵；每走一道门要给“阿莫恩”塞礼钱。依次开启努果（དངུལ་སྒོ། dngul sgo 银门）、香果（ཤིང་སྒོ། shing sgo 木门）之门。走出三道门到了庭院后，家人会煨桑，新娘和伴娘以叩拜的方式后退，直至走出大门。女方送亲队伍陪送至村口，便停下返回。依照旧俗，迎亲队伍必须在黎明前到达男方家中。送亲仪式完成后，会由四位喇嘛诵读“央播（གཡང་འབོད། g · yang vbod）”，即招祥运，以防娘家的好运被女儿带走，召回祥瑞。“阿莫恩”们用完早餐后，便分发从伴郎手里讨到的礼钱，所有送亲人员都有份，包括小孩，之后各回各家。

（3）婚宴

迎亲队伍将新娘迎进家门后，首先新媳妇要在男方家的“乔康（མཆོད་ཁང་། mchod khang）佛堂”叩拜男方所供家神，以示自此皈依男方家神。后入厨房，磕头叩拜“塔乌拉（ཐབ་ལྷ། thab lha 灶神）”，从锅里盛三碗奶茶放在灶台上，之后回新房休息。据称，新娘过厨房门时，婆婆要躲在门后，以防日后婆媳冲撞。男方在家设宴，以好酒、好菜、好肉招待所有前来贺喜的亲朋好友，客人以彩礼、歌舞以表祝福。伴娘一般要陪新娘小住几天，回娘家时一同返回。

还有一个仪式称之为“他吾（ཐབ། thab）”，择日（一般一周左右）男方要单独迎请女方家人和亲戚（每家去一个代表）来家做客。届时，男方需要准备丰盛的食物、上好的酒水，还要请一些能歌善舞的人来款待女方。宴席结束时，男方要给女方父母赠送一套上好的布料、茶叶、哈达和一点彩礼（一般人家不收彩礼为荣）作为“ནུ་རིན། nu rin 奶钱”；要给女方舅家赠送一只带尾巴的羊髋骨“仓拉”（ཚང་ར། tshangra）、茶叶、哈达、布料等。“仓拉”为羊肉中最好的一部分，俗话说“ཚང་ར་ཟོས་ན་སྐྱང་ར་མེད།”，其意为“吃了羊髋骨无埋怨”，给舅舅赠送最好的羊髋骨，这个又一次表示了舅家在外甥女的婚姻方面的决定权。此外，还需要给新娘的兄弟姐妹赠送一些布料、茶叶、哈达和一点礼钱。

图31　给新郎希腰带

图32　给新郎的祝赞词“慕合姜”与“吉合”

女方过几天也需要回请男方，但返赠的礼品没有那么多，象征性地赠送一些即可。但女方亲戚需要给新郎系腰带（མག་བཅིངས། mag bcings），将女方亲戚赠送的所有的绸缎作为腰带挨个系在新郎身上。在整个过程中，由一位能说会道的长者念颂“མག་བཅིངས།”赞词，赞扬新郎，祈愿、祝福新郎，并将称之为“吉合（ལྕག lcag）”的羊前腿骨头和盘里的糖果五谷倒进新郎的怀里，以示亲家祝愿女婿如同“吉合”一样硬朗，并五谷丰登。最后，女方的一位长者要对男方家长说“བཅོལ་གཏམས། bcol btams 嘱托”，嘱托女儿相关事宜，恳请亲家多多关照。现如今，已简化成在酒店接待，一切仪式从简。

下面录入了一段盛行于“蔡孜德裕”中的给新郎系腰带时的颂词(完整内容详见附录)，以沃果日村的“慕合姜”为例：

༄༅། །ཡ། ད་དེ་རིང་གི་ཉི་མ་བཟང་པོ། སྐར་མ་བཟང་པོ། བཀྲ་ཤིས་པའི་ཉི་མ། དོན་འགྲུབ་པའི་ཉི་མ། ཕུན་སུམ་ཚོགས་པའི་སྐར་མ། བདེ་ལེགས་འབྱུང་བའི་དུས་བཟང་གི་ཉིན་མོ་འདི་ལ། གནམ་གི་སྐར་མ་བཟང་གི ས་ཡི་སྐར་རྩིས་ཡག་གི བར་གཟའ་སྐར་གྱི་རྒྱུ་བ་བཟང་གི གནམ་ལ་བཀྲ་ཤིས་པ་འདི་གནམ་འཁོར་ལོ་རྩིབས་བརྒྱད་ཤར་ནི་ཉི་མ། ས་ལ་བཀྲ་ཤིས་པ་འདི་ས་པདྨ་འདབ་བརྒྱ་བཞད་ནི་ཉི་མ། ཕྱོགས་ལ་བཀྲ་ཤིས་པ་འདི་ཕྱོགས་མཚམས་ཀྱི་ར་བ་རྒྱས་པའི་ཉི་མ། བཀྲ་ཤིས་ཀྱི་བར་སྣང་བཀང་ནི་ཉི་མ། དགོས་འདོད་ཀྱི་ཆར་ཆུ་འབབ་ནི་ཉི་མ། འཇའ་ཚོན་གྱི་ནམ་མཁའ་ཁེབས་ནི་ཉི་མ། མེ་ཏོག་གི་ས་གཞི་གཡོགས་ནི་ཉི་མ་འདི་ལ། ངས་རྟགས་དང་རྟེན་འབྲེལ་གྱི་སྒོ་ནས་བདུད་རྩི་ཆང་གི་མཆོད་ཀ་རེ་འཕེན་ཟེར་རྒྱུ།

མཆོད་ཨོཾ་ཨཱཿཧཱུྃ། མཆོད་ཨོཾ་ཨཱཿཧཱུྃ། མཆོད་ཨོཾ་ཨཱཿཧཱུྃ། མཆོད་བླ་མ་ཡི་དམ་མཆོད། སངས་རྒྱས་བྱང་སེམས་མཆོད། དཔའ་བོ་མཁའ་འགྲོ་མཆོད། ཆོས་སྐྱོང་སྲུང་མ་མཆོད། སྐྱབས་བསླུ་བ་མེད་པའི་སྐྱབས་གནས་ཀྱི་དཀོན་མཆོག་གསུམ་པོ་མཆོད། ཨ་མྱེས་ཕ་ཙོང་མཆོད། སྐྱེས་ལྷ་དར་རྒྱལ་མཆོད། བསྟེན་ལྷ་གཉན་ཆེན་མཆོད། ཚོང་ཡེ་དམག་དཔོན་བཟོ་མཆོད་ཟེར་རྒྱུ། ཡ། ད་འཛིག་རྟེན་མི་ཡི་འགྲོ་ལུགས་ལྟར་ར། ཁ་བ་ཅན་གྱི་ལུགས་སྲོལ་ལྟར་ར། ཨ་བ་ཨ་ཁུའི་རེ་བ་ལྟར་ར། ད་སྐྱིད་གི་མག་གཞེས་ཁྱོ་ལོ། གཡང་དར་སྐེ་རགས་ཤིག་བཅིངས་དགོས་ནོ། བོད་ཁ་བ་ཅན་གྱི་ལུགས་སྲོལ་ཡིན་ནོ། ཨ་ཞང་ཚང་གི་ཕྱག་སྲོལ་ཡིན་ནོ། ཕྱི་དགྲ་ལྷ་འཁོར་གི་རྟེན་འབྲེལ་ཡིན་ནོ། ནང་བུ་རྒྱུ་འཛོམ་གི་གཡང་ཁ་ཡིན་ནོ། ད་ངས་གཡང་དར་འདིའི་རྒྱུ་མཚན་བཟོ་བཤད་ན། འདི་རང་གི་གོས་དང་མི་འདྲ་ཟེར་གི སྟོད་ལྷ་ཡུལ་ཁམས་ཀྱི་ལྷ་དར་ཡིན་ནོ། སྨད་ཀླུ་ཡུལ་ཁམས་ཀྱི་ཀླུ་དར་ཡིན་ནོ། བོད་ཁ་བ་ཅན་གྱི་བཅིངས་སྐྱག་ཡིན་ནོ། ཨ་ཞང་ཚང་གི་གཡང་དར་ཡིན་ནོ། མག་གཞེས་ཁྱོ་ལོའི་སྙིང་འཆིང་ཡིན་ནོ། སྟོད་ཀྱི་མ་ཡིན་སྨད་ཀྱི་ཡིན། སྨད་རྒྱ་ནག་གོས་ཁང་ནང་གི་ཡིན་ནོ། སྟོད་ལྷ་མོ་བརྒྱ་ཡིས་བཀལ་ནས་ཡིན་ནོ། སྨད་ཀླུ་མོ་བརྒྱ་ཡིས་འཐག་ནས་ཡིན་ནོ། དར་ཚོན་སྣ་ལྔའི་རི་མོ་ཡིན་ནོ། འདི་རྒྱ་ནག་ཡུལ་ལ་གོང་ཆེ་གི སྐུ་རྒྱལ་བོད་ལ་མིང་ཆེ་གི དེ་རིང་ཉི་མ་མདོག་ཆེ་གི བཅིངས་གི་མག་གཞེས་དོན་བཟོ་ཆེ་གི་ཟེར་རྒྱུ།

ཡ། ད་སྐྱིད་གི་མག་གཞེས་ཁྱོ་ལོ། ཁྱོད་གནམ་འཁོར་ལོ་རྩིབས་བརྒྱད་འོག་ནས། ས་པདྨ་འདབ་བརྒྱད་སྟེང་ནས། སྐྱིད་གི་གཡང་ཁང་གྲུ་བཞིའི་ནང་ནས། འཛོམ་གི་ཁྲིམ་པ་གྲལ་གྱི་དཀྱིལ་ནས། བལ་གྱི་གདན་དཀར་གྲུ་བཞིའི་སྟེང་ནས། ལུས་མདའ་སྨྱུག་འདྲ་པོ་ཡར་ལ་ལོངས་དང་། ཞལ་དུང་ཟླ་འདྲ་པོ་ཕྱུར་ལ་འཁོར་དང་། ད་ཁྱོད་ངོ་མ། ཁྱོད་ཁོག་སྟོད་སེང་གི་འཁྱིལ་འདྲ། ཁྱོད་སྐུ་ལུས་པདྨ་འདབ་བརྒྱད་ཡིན་ནོ། སྙིང་པ་རྡོ་རྗེ་བཞེངས་འདྲ་ཡིན་ནོ། ནང་སེམས་རྒྱ་དར་སྐྱུད་སྟོད་འདྲ་ཡིན་ནོ། ཡར་དཀོན་མཆོག་གསུམ་ལ་དད་པ་ཡོད་ནོ། ལས་རྒྱུ་འབྲས་ཕྱོགས་ལ་ཡིད་ཆེས་ཡོད་ནོ། ཡར་དྲིན་ཆེན་ཕ་མར་བརྩི་ཤེས་ཆེ་ནོ། མར་དབུལ་ཕོངས་རྣམས་ལ་སྙིང་རྗེ་ཆེ་ནོ། ཆེ་བ་རྣམས་ལ་བཀུར་ཤོས་ཆེ་ནོ། ཆུང་བ་རྣམས་ལ་བྱམས་སྐྱོང་ཆེ་ནོ། ནང་ཉག་མེད་བསྐོར་ན་བཟོད་པ་ཆེ་ནོ། ཕྱི་དགྲ་ལ་བསྐོར་ན་ཞེ་སྡང་ཆེ་ནོ། ཕོ་ལྷ་དགྲ་ལྷ་རང་འཁོར་ཡིན་ནོ། ཞི་རྒྱས་དབང་དྲག་གི་འཕྲིན་ལས་རྒྱས་ནོ་འདི་བཟོ། ཁྱོད་མག་གཞེས་ཁྱོ་ལོའི་དབང་ཐང་ལོས་ཡིན་འདྲ་ར་ང་ཨ་ཞང་ཚང་གི་རྒྱན་བཟོ་ར་ཅིག་རེད་ཟེར་རྒྱུ།

ཡ། ད་ངའི་ལག་གི་ཕྱག་གཡས་བསམ་པའི་དོན་འགྲུབ་ཟེར་ནོ་འདི། སྟོད་རྒྱ་གར་རྒྱལ་པོའི་མདུན་དུ་ཁྱེར་ཟེག སྟོད་རྒྱ་གར་རྒྱལ་པོས་མིང་གི་འདོགས་གི ཕྱག་རྒྱལ་བ་བཀྲ་ཤིས་དོན་འགྲུབ་ཟེར་གི སྨད་རྒྱ་ནག་རྒྱལ་པོའི་མདུན་དུ་ཁྱེར་ཟེག

སྨད་རྒྱ་ནག་རྒྱལ་པོའི་མིང་གི་འདོགས་གི། ལྷག་རྒྱལ་བ་བཀྲ་ཤིས་འཁྱིལ་བ་ཟེར་གི། སྟོད་དབུས་གཙང་བླ་མའི་མདུན་དུ་ཕྱིར་ཟེག……

译：啊！今天时光美好，良辰吉日，吉祥如意；天上吉祥，八幅法轮显现的日子；地上吉祥，八瓣莲花绽放的日子；方位吉祥，四面八方被山岳围绕的日子；吉祥空中，如愿的雨水洒落的日子；彩虹高挂的日子；鲜花开满大地的日子。在这鲜花开满大地的日子，我借助这良缘用美酒，献几句祭祀祝辞：祭上师、至尊、空行母、护法神、三宝；祭阿尼瓦总、生神、念神、将爷将军。啊！按世间人的风俗，雪域藏族的习俗；按伯父的意愿，给今天的女婿，系个招央的腰带。

这是雪域藏族的习俗，也是舅家的仪式；这是战神护佑的征兆。也是招财进宝的征兆。现在我述说一下这个央带的来历，这和我们雪域藏族的布不一样，是仙界的神布，是龙界的龙布，便是我雪域藏族的腰带，舅家的央带，英俊女婿的腰带。不是来自上部，而是来自下部汉地的布坊。它是一百个仙女驮来，一百个龙女纺来的，它在汉地价值连城，在藏地家喻户晓，今天的太阳绚丽，对英俊的女婿意义重大。

啊！欣喜的英俊女婿，你在九重天下，八瓣莲花之上，在喜庆的四方房子里，亲朋聚集的宴席间，白羊毛毡之上，身如竹箭的你起来，请把你皎洁的脸转过来，你上身如狮子奋讯，身如八瓣莲花，腰如金刚竖立，内心缜密如丝，对三宝虔诚，信因果，孝顺父母；对穷人善良，对长者尊重，对晚辈慈爱；对弱者忍耐，对外敌同仇敌忾，阳神与战神常陪伴，息增怀伏四业。

啊！我手中的这个"佳亦称心如意"，给上部天竺的国王上呈过，上部天竺的国王取名"佳亦吉祥如意"；给下部汉地的国王上呈过，下部汉地国王取名"佳亦吉祥汇聚"；给卫藏的喇嘛上呈过，卫藏的喇嘛取名"佳亦如意宝"……[1]

（三）夕阳的庆宴：六十、八十贺寿

成家立业后，人生另一喜事便是老人健康长寿。"蔡孜德裕"中老人到六十、八十岁时要贺寿庆祝。六十岁的庆贺称之为"དྲུག་ཅུ་རེ་སྟོན། drug cu re ston

---

〔1〕 本"慕合姜"颂词由拉龙太提供。拉龙太，男，52岁，沃果日人。译文部分参考英加布的《拉卜楞婚"敦协"》（载《中国民族学》第五辑，《拉卜楞的书面与口头文学》一文，2010年10月）而翻译。完整版参见附录。

六十大寿”，而到了八十岁又举行“བརྒྱད་ཅུ་རྒྱ་སྟོན། brgyad cu gya ston八十大寿”的寿礼。寿礼（སྟོན་མོ། ston mo）一般集中在大年初二至初六举行，每人进行为期一天的庆贺宴，每年计划举行寿宴的家户需提前预订日期。房屋宽敞的家户可在自家举办寿宴，房屋不够宽敞的家户均在村庙内举行。届时，村里所有男女都前去参加寿宴。寿宴于每日十二点准开始，村里的男子一般要在十二点之前带着贺礼到达宴会现场。贺礼一般为被面、绸缎、藏式腰带等，有些人家按交情深浅适当赠送一些礼钱。献完贺礼后，男子按长幼依次排列（གྲལ་སྒྲིག gral sgrig）盘坐，一般情况下全村男子可排成六七列，寿星坐在席位中央。寿宴的第一环节为念诵祝赞词“སྟོན་བཤད། ston bshad敦协”，念诵者手持一碗缠有羊毛、沾有酥油的酒碗，站立在摆放全羊的供桌前念诵。颂词内容主要是颂赞家乡、颂赞祖先、颂赞寿星，祈愿祝福未来吉祥兴旺（详见附录）。诵毕“敦协”之后就开始开启歌舞之门“གླུ་སྒོ་ཕྱེ་བ། glu sgo pye ba”，开始唱民歌。村里但凡有几分好嗓音的都会献歌一首以表祝福。与东家同一措哇（ཚོ་བ། tsho ba 部族）的人，特别是同一哈玉合（ཧ་གཡོག ha g · yong 宗族）的人需要负责一天的劳务，包括熬奶茶、做包子、炒菜、端盘，以及寿宴的部署，东家不必参与劳动。届时会不断提供上好的烟酒、菜肴、茶水招待客人。

寿宴全程歌声不断，村里的老人也会适当的相互说笑话取乐，当地人称之为“达惹（རྟག་རེས། rtag res）”。约两点左右女士们也相继前来参加宴会，献民歌、跳“噶日（གར། gar）”，以歌舞庆贺，但女士一般不能入席享宴，会站在一旁观看。有些家户会给一些年长的女性另安排几个宴桌共享。宴会接近尾声时，东家和其亲戚，还有同一措哇的人，特别是同一“帕玉合”的人，即父系宗族，每家每户需要备几箱向人群抛撒的水果、核桃、糖果等。囊果日（ནང་སྐོར། nang skor），即血亲、姻亲等近亲，要帮东家抛撒备好的糖果。约四点半左右，所有近亲要把备好的糖果背到屋顶，从房顶上向人群抛撒，下边的人开始疯抢。如若东家人缘好、家族大，每人能够抢走一大袋水果、糖果。那场景别有一番情趣，现如今已改成按参加人数装在袋子里分发了。抛撒完糖果后，便是寿宴最后一项仪式，村里年长者要给举办寿宴的儿子们“央播”，即招福祈祷。每一列客人中间要站一位儿子，手持沾有酥油、缠有羊毛的吉祥酒碗，领受村里长辈的祝福、祈愿与赞赏。而每个儿子献一首歌作为答谢。如若没有那么多儿子，女婿、侄子均可替代。

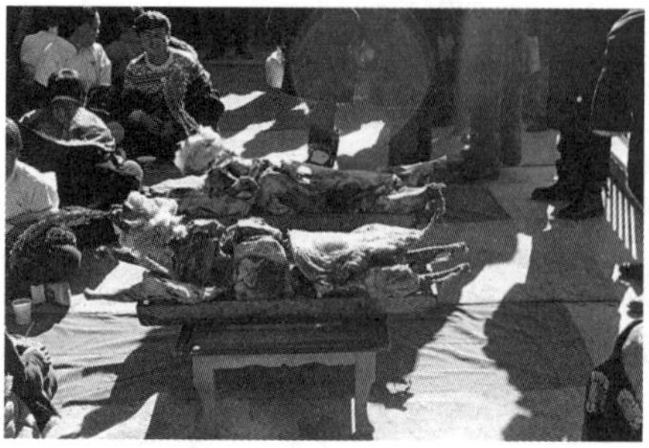

图33　八十大寿上的全羊祭礼

图34　两位八十大寿寿星

所有仪式举行完后，寿宴将至尾声，参宴的男子们也差不多喝醉了，届时，由十几位男子结群边唱边跳圆满歌舞“བཀྲ་ཤིས་འཛོག་པ།”，女子们也跳起祝福吉祥圆满的歌舞。唱起：

ཨ་ཞེ། ཏར་གི་རི་འདི་ཡེ། ཞེ་ཡ་ཡས་གྲོ་གི་རི་ཡ། གྲོ་གི་རི། ཨོ་ཚུར་གི་རི་འདི་ཡེ། ཞེ་ཡ་ཡས་ནས་གི་རི་ཡ། ནས་གི་རི། ཨོ་ངས་གྲོ་ནས་འཛོམས་གི་ཡེ། ཞེ་ཡ་ཡས་བཀྲ་ཤིས་འཛོག་ཡ། བཀྲ་ཤིས་འཛོག ཨ་ཞེ། ཏར་གི་རི་འདི་ཡེ། ཞེ་ཡ་ཡས་གསེར་གི་རི་ཡ། གསེར་གི་རི། ཨོ་ཚུར་གི་རི་འདི་ཡེ། ཞེ་ཡ་ཡས་དངུལ་གི་རི་ཡ། དངུལ་གི་རི། ཨོ་ངས་གསེར་དངུལ་འཛོམས་གི་ཡེ། ཞེ་ཡ་ཡས་བཀྲ་ཤིས་འཛོག་ཡ། བཀྲ་ཤིས་འཛོག

译：阿协，对面的山耶，协呀咦，麦子之山，麦子之山；这边的山耶，协呀咦，青稞之山，青稞之山；奥麦子青稞俱全耶；协呀咦，我许下祝愿，许下祝愿。阿协，对面的山耶，协呀咦，金子之山，金子之山；奥这边的山耶，协呀咦，银子之山，银子之山；奥金子银子俱全耶；协呀咦，我许下祝愿，许下祝愿。

“扎西祝歌”相当于宴会的谢幕，人们以悦耳的歌声来传达对未来生活最美好的祝愿。希望青稞麦子满山、金子银子满山，圆圆满满。唱毕，所有男士起身，搀扶着醉酒的长辈，起身唱起古老的歌谣：

ཨ་ཡོང་ལོ། ཨ་ཡོང་ལོ། ཨ་ཡོང་ལོ་ཡ་ཡ་ཡག་རེས་རྩེད། དགུང་སྔོན་པོ་བསྐོར་བསྐོར་སྤིན་（སྤྲིན）གིས་བསྐོར། སྤྲིན་དཀར་པོས་བསྐོར་ན་ཡག་རེས་བསྐོར། ཡེ། ཨ་ཡོང་ལོ། ཨ་ཡོང་ལོ། ཨ་ཡོང་ལོ་ཡ་ཡ་ཡག་རེས་རྩེད། ཕ་ཨ་ཁུ་བསྐོར་བསྐོར་སྨུ་ཡིས་བསྐོར། སྨུ་དཀའ་རེ་ལེན་ན་ཡག་རེས་རྩེད། ཡེ། ཨ་ཡོང་ལོ། ཨ་ཡོང་ལོ། ཨ་ཡོང་ལོ་ཡ་ཡ་ཡག་རེས་རྩེད། རྫ་ཁྲ་ཡག་བསྐོར་བསྐོར་ཁངས་གིས་བསྐོར། ཁངས་དཀའ་རེ་བསྐོར་ན་ཡག་རེས་རྩེད། ཡེ།

译：阿勇罗，阿勇罗，阿勇罗呀，歌颂蓝天要用白云赞，白云能够衬托蓝天；阿勇罗，阿勇罗，阿勇罗呀，歌颂父辈用歌声赞，好歌能够表达祖辈功；阿勇罗，阿勇罗，阿勇罗呀，歌颂高峰用白雪赞，白雪能够衬托其巍峨。耶！

伴着古老而悦耳的歌声摇摇晃晃地回家，女士们在家迎接。下面录了一段六十大寿庆宴贺词：

སྟོན་བཤད་ཐོས་པ་འཛུམ་ཤོར།[1]

ཡ། ད་དེ་རིང་གི་ཉི་མ་བཟང་པོ། སྐར་མ་བཟང་པོ། བཀྲ་ཤིས་པའི་ཉི་མ། དོན་འགྲུབ་པའི་ཉི་མ། ཕུན་སུམ་ཚོགས་པའི་སྐར་མ། བདེ་ལེགས་འབྱུང་བའི་དུས་བཟང་གི་ཉིན་མོ་འདི་ལ། གནམ་གི་སྐར་མ་བཟང་གི ས་ཡི་སྐར་རྩིས་ཡག་གི བར་གཟའ་སྐར་གྱི་རྒྱུ་བ་བཟང་གི གནམ་ལ་བཀྲ་ཤིས་པ་འདི་གནམ་འཁོར་ལོ་རྩིབས་བརྒྱད་ཤར་ནི་ཉི་མ། ས་ལ་བཀྲ་ཤིས་པ་འདི་ས་པདྨ་འདབ་བརྒྱད་བཞད་ནི་ཉི་མ། དགོས་འདོད་ཀྱི་ཆར་ཆུ་འབབ་ནི་ཉི་མ། འཇའ་ཚོན་གྱིས་ནམ་མཁའ་ཁེབས་པའི་ཉི་མ། མེ་ཏོག་གིས་ས་གཞི་གཡོག་ནི་ཉི་མ། རྟགས་དང་རྟེན་འབྲེལ་གྱི་ངོ་མཚར་རྨད་དུ་བྱུང་བའི་ཉིན་མོ་འདི་ལ། རྒྱ་གར་རྡོ་རྗེ་གདན་གྱི་བྱང་ཕྱོགས། རང་རེ་ཁ་བ་ཅན་གྱི་ཕ་ས། རེབ་གོང་རིག་པ་འབྱུང་བའི་གྲོང་ཁྱེར། སྤྱི་ཚོ་ཆེན་མར་ཁུ་འཁྱིལ་འདྲའི་དབུས་སུ། འདི་ལྷ་ཁྱིམ་གཡང་ཁྱིམ་གྲུར་ཁྱིམ་ནང་ནས། བཀྲ་ཤིས་རྟགས་བརྒྱད་འདྲ་བའི་མགྲོན་ཚོགས་གི འཇའ་ཚོན་སྣ་ལྔ་འདྲ་བའི་གོས་གོན་གི ཁུ་བྱུག་གསུང་སྙན་འདྲ་བའི་གླུ་ལེན་གི རྨ་བྱའི་སྒྲོ་གྲུར་འདྲ་གི་གར་འཆམ་གི རོ་བརྒྱའི་བདུད་རྩི་འདྲ་གི་ཆང་འཐུང་གི འདིར་བཞུགས་ཀྱི་གཞི་མགྲོན་གཉིས་ཀའི་ཕུན་སུམ་ཚོགས་པའི་ཡན་ལག་བཟོ་རེད་ལ་ཟེར་རྒྱུ།

ཡ། ད་སེངྒེ་དཀར་མོ་གངས་ཀྱི་རྒྱན་རེད། གངས་རྩེ་མོ་རི་ལ་འཁྱིལ་ཚུལ་ཡག་གི རྒྱ་སྟག་དམར་པོ་ནགས་ཀྱི་རྒྱན་རེད། ནགས་རྒྱ་རྫོང་ལོག་ནས་གཤར་ཚུལ་ཡག་གི ཉི་ཟླ་ཟུང་འདི་ཨ་སྔོན་རྒྱན་རེད། ཨ་སྔོན་དབྱིངས་ནས་ཤར་ཚུལ་ཡག་གི མི་གྲལ་གྲལ་ལ་འཚོགས་ནོ་སྟོན་མོ་རྒྱན་རེད། ཕ་ཨ་ཁུའི་གྲལ་ནས་བཞུགས་ཚུལ་ཡག་གི གྲལ་མགོ་གྲལ་ལ་གསེར་གཞོང་སུ་ཏིག་གང་འདྲ། གྲལ་གཡས་གྲལ་ལ་གཡུ་ཡི་མཚོ་མོ་འཁྱིལ་འདྲ། གྲལ་གཡོན་གྲལ་ལ་མེ་ཏོག་པདྨ་བཞད་འདྲ་ཡིན་ནོ། བོད་སྐོར་ཚེ་བ་དགུ་པོ། སུམ་ཀྱུ་ཕ་བརྒྱ་བུ་སྟོང་། རྒན་གི་ཚེ་ཐག་རིང་ནོ། སྤོག་ལུས་དབང་ཐང་དར་ནོ། སྐལ་བ་བསོད་ནམས་ལྡན་ནོ་གི ད་བོད་ཁ་བ་ཅན་གྱི་ལུགས་སྲོལ། སྤྱི་གཡང་སྤྱིའི་འགྲོ་ཚུལ་ལྟར་དུ། ཕ་སུམ་ཀྱུ་ཚོ་བའི་རིགས་རྒྱུད། རྒན་ཚེ་ཐག་རིང་བའི་སྦྱིན་བདག ལོ་དྲུག་ཅུ་ཅན་གྱི་རྒད་པོ་གི ད་འདིའི་དོན་ལ་ཆེ་གི་དྲུག་ཅུ་ལོ་སྟོན་སྟེང་ལ། ངས་དོན་ལ་ཆུང་གི་སྟོན་བཤད་རེ་བཤད་དགོས་ནོ་འདི། ངས་ཕ་ཨ་ཁུའི་བཀའ་མ་བཅག མ་དང་སྤུ་མོའི་ངོ་མ་ཆོད་ནས། ད་ཚིག་ཉུང་ཚིག་ལ་བསྡུས། མདོར་བསྡུས་དོན་ལ་དྲིལ། རྟེན་འབྲེལ་དཀྲུང་ནས་འཕྱུར་ན། ད་དེ་རིང་ཚོགས་གི་ཁྲོམ་པ་འཛིགས་ཆེ་

〔1〕 本“敦协”颂词由沃果日拉龙太提供。译文部分参考英加布的《拉卜楞婚“敦协”》(载《中国民族学》第五辑,《拉卜楞的书面与口头文学》一文,2010年10月)而翻译。完整版参见附录。

གི བཤད་གི་ཞི་ལུ་སྙིང་ཆུང་གི ང་གཞའ་གཏམ་བཤད་གི་གཞའ་སྐྱི་མ་རེད། ད་གཏམ་བཤད་གི་མཁས་པ་མ་རེད། ང་སྐྱེས་སྟོབས་ཀྱི་ཤེས་རབ་མེད་གི སྦྱང་སྟོབས་ཀྱི་ཡོན་ཏན་ཞན་གི མཐོང་རྒྱ་དར་སྐྱུད་ལས་ཕྲ་གི ཐོས་རྒྱ་ཨ་ལོང་ལས་དོག་གི སྤོབས་པ་གཡང་དཀར་ལས་ཆུང་གི དང་པོ་བྲིས་པའི་ཡིག་ཆ་མེད་གི བར་དུ་འདོན་པའི་བྱང་ཆ་མེད་གི ཐ་མར་བཤད་པའི་སྨྲ་ལྕེ་མི་བདེ་གི་ར། ། ད་ངས་དེ་རིང་སྤོབས་པ་དཀྱུང་ལ་བསྐྱེད་ནས། གཉོམ་ཆུང་ངག་ལ་བཀུག་ནས། ཕྱག་ཟུང་ཐལ་མོར་སྦྱར་རེ། བཀྲ་ཤིས་ཚིག་གི་གཏམ་རེ་བཤད་ན། ཕ་མ་འདྲ་གི་ཨ་པ་ཨ་ཁུས། ངའི་ཚིག་ལ་བཀའ་བཀྱོན་རེ་མ་གནང་། གཞི་བདག་འདྲ་བའི་སྟག་ཤར་རྣམས་ཀྱིས། ངའི་ཚིག་ལ་འཕྱ་སྨོད་རེ་མ་གཏོང་། མཁའ་འགྲོ་འདྲ་བའི་མ་སྲུ་ཚང་མས། ངའི་ཚིག་ལ་ཁོང་དགོད་རེ་མ་བྱེད་ཟེར་རྒྱུ། ……

译：啊！今天时光美好，良辰吉日，吉祥如意；天上吉祥，八幅法轮显现的日子；地上吉祥，八瓣莲花绽放的日子；方位吉祥，四面八方被山岳围绕的日子；吉祥空中，如愿的雨水洒落的日子；彩虹高挂的日子；鲜花开满大地的日子；祥瑞不断的日子啊！这是远古天竺的北方，这是雪域高原的故地，这是热贡金色的故乡，这是油茶碗中一般的村庄！在温暖的家园里，会聚吉祥八宝般的各方贵客，穿起五彩鲜艳华丽衣裳，唱起布谷鸟般婉转的歌曲，跳起孔雀般婀娜的舞蹈，喝起甘露般香甜的酒水。这一切都是宾主双方宴会丰盛圆满的预示啊！

呀！洁白的狮子是雪山的佳配，它屹立在雪山顶上姿势优美啊！彪悍猛虎是森林的佳配，它行走在森林中威严美啊！日月辉煌装饰了苍穹，它们在空中光彩夺目啊！宾客众多装饰了宴会，他们齐聚此地多么开心啊！先行的客人像那珍珠盛满碗中，右行的客人像那玉石倒满湖中，左行的客人像莲花开满水中。如此般盛大的聚会啊！沃果日九大部落，松家百父千子。

在这里老人长寿百岁，天干地支盛胜，皆为多福多德。依着我雪域民族的传统，以及部落传统的继承，在松家部落的子民中这位长寿有福的长辈老人六十大寿的宴会上，接受叔父前辈们的委托，接受小妹嫂子们的请求，我为此进行这番祝福演说，简练言之，因缘说起。原本宴会丰盛如这般，而我并非能说会道之人，陈述过往历史我不比祖先故人，谈论当今非时事我不比学识渊博之人；与生俱来的天赋不够，后天学习的智慧也不足；没有宽广的视野，也无多闻得来的知识；胆魄真是好比羊羔！没有先人的文献去借鉴，又没有没有熟悉的阅读去参考，也没有那演讲的口才。虽然我是这个样子，还是要鼓起勇气，提高嗓门，双手合十，奉献吉祥的话语。所以叔叔伯伯们，请您们不要责怪晚辈；健强壮志的青年们，请您们不要蔑视同辈；美貌如仙的姑嫂们，也不要嘲笑小侄啊！

（四）升天的愿望："算却"与丧礼

1. 算却（གསོན་ཆོས། gson chos）

过完六十大寿后，将近过完了人生的大半辈子，人们开始关注最终的归宿。藏人人相信灵魂转世、六道轮回，为了下辈子能够脱离苦海进入三善道，要行善布施，诵经祈福。藏人会在人逝世后要举行一个被称为"却的（ཆོས། chos）"布施祈福活动，但在热贡地区，但凡有能力者都会在生前进行布施祈福，所以当地人称为"算却（གསོན་ཆོས། gson chos）"，即"念活经"或者"生前修善祈福"。"算却"在"蔡孜德裕"中尤为盛行，只要家里有年过六十的老人，子女们都会为老人举办"算却"仪式，总之，每个人的一生中都要举行一次。"算却"一般在9—11月举行，为期一天，但要准备三天。开销较大，当日要负责僧俗全天的饮食，并要按人头给村民布施油炸馍馍、酥油、份额钱。仪式详细过程如下：

前期准备阶段：如若家中有年迈六十的老人，并有意举办"算却"的家户，要提前一年做好准备，比如储存一定数量的粮食、菜籽油、柴火和钱财等。社会组织如措哇、帕玉合、夏尼在"算却"中起着举足轻重的作用，所有劳动均由同一措哇的人负责，也会以礼物的形式分担一些经济负担。柴火一般由措哇的人集体到村边田间收割，但东家也要提前准备一些。

活动过程："算却"一般是在寺院内举行，从准备到布施活动当日共需三日。第一天，搬用具。同一措哇的人要将所有用具，包括案板、水桶、面粉、清油等搬到寺院里。晚上要和面、发面，以备次日制作油饼。第二天，炸油饼。活动当日需给每户每人分发五个油饼、一把酥油，还要供僧人和村民食用，所

图35　村民享用早餐

图36　同一措哇的人帮施主盛晚餐

以一般情况下，同一措哇的40 ~ 50个人从早上忙到下午4点多方能完成额定数量的油饼。其中叫做囊果日（近亲）的人，即包括帕玉合、夏尼（ཤ་ཉེ། sha nye）、年尼（གཉེན་ཉེ། gnyen nye），负责这些人全天的饮食。第三天，也就是吉日，要供给村里所有人的早餐和晚餐，阿卡们的三餐，并要按人头布施油饼、酥油和份额钱。

活动内容：吉日当天，寺内所有僧人自清晨开始为施主诵经祈福，直至下午4时30分结束。施主先要给僧人准备早餐，供给酥油、糌粑、曲拉、油炸馍馍、奶茶等食物。待僧人用完早餐后，还需给每位僧人布施50 ~ 100元、1包茶叶和5个油饼作为“博哇（འབུལ་བ། vbul ba 供品）”。届时，全村人也会带着粮食、馍馍、茶叶、礼钱、哈达等礼品前来食用早餐，施主会在寺庙庭院内备好早餐，村民在排好的席位上就地盘坐用餐。这时布施者先要走到村民宴席前招呼大家慢慢享用，之后布施者及其家人要进入大经堂拜佛、祈愿，领受僧人们的祷告。早餐前所有村民也会为施主诵经祈福，诵毕即可用餐。早餐提供油饼、糌粑、曲拉、白糖和奶茶（内放牛奶、茶叶、核桃），还给每人发放一块酥油（不吃的人可以带走），方可尽情享用。早餐结束后，还会给每户发放1元钱和5个油饼作为琼噶（ཁྱིམ་སྐལ། khyim skal 家户份额），又按人头给每人发放5元钱和5个油饼。村民按户数、人数依次领取后，便回家。村民离席后，做后勤工作的同措哇的人和囊果日（近亲）用餐。早餐后，囊果日的人开始给僧人准备午餐。约到下午4：30时，到了僧人食用晚餐的时间，先给僧人用餐。僧人用完后，便向村里呼喊“ཀི་འདེབས། ki vdebs”示意前来用餐。届时，全村人前来食用晚餐，同一措哇的家户每家需带一只水桶和铁勺帮施主给村民盛饭。据说从前晚餐为蕨麻米饭粥（内放牛羊肉、酥油、厥麻、葡萄、红枣做成的米粥），现如今改成大锅牛羊肉汤面，内加大量的牛羊肉，以及面条、萝卜和葱。村民自己带碗筷，由同一措哇的女士盛饭，如若家里有老人不便出行，方可携带一小桶盛好带走，否则，不到者没有份额。用餐前按例诵经祈福，用完餐后便解散回家。待村民散去后，“囊果日”的人开始用餐，剩余的汤面分发给那些自带水桶来盛饭之人。最后要清洗寺院的大锅，大锅一般由“帕玉合”内固定的人清洗，届时，布施者的女婿们要给清洗者赠送一些羊肉作为回报。一天的布施活动就此结束。

2. 丧礼（屈肢、火葬、二次起坟堆、三块白石）

老人常常会开玩笑说道：“我已经念了活经了，现在只管上路就行。”念完活经后，人们相信死后已为自己开辟了一条宽敞的道路奔赴下一个归宿，因此，会坦然接受死亡。从出生到死亡，丧礼是最后一项人生礼仪，人们极其重视。遂有“སྐྱིད་དུས་འབོད་དགོས། སྡུག་དུས་ཡོང་དགོས། 译：分享快乐时要被邀请，面临痛苦时要不请自来”的俗语，如若不参加葬礼就会有“སྐང་ར། skang ra（抱怨）”，会记仇。葬礼先进行火葬，后起坟堆二次葬入。重病者或麻风病病人施行土葬。

（1）报丧吊唁

人一旦停止呼吸，就要第一时间报丧。儿子们先要为逝者清洗身体、更换新衣，并将尸体停放在堂屋炕上，迎请上师喇嘛（སྔགས་མགོ་བླ་མ། sngas mgo bla ma）超度亡灵。村民前来吊唁，子女及其直系亲属跪坐在炕下哭丧（现如今改成念经祈福）。同一措哇和帕玉合的人负责后勤供给，招待吊唁者，直到出殡为止。前来吊唁的人们一般会携带茶叶和礼钱，从前同村妇女还会携带一种被称为“སྡུག་ཆུ། sdug chu”的汤面给直系亲属享用。主家要给全村人供饭，提供糌粑、酥油、奶茶、烩菜等食物。

（2）葬俗（屈肢、火葬、二次起坟堆、三块白石）

出殡日期由活佛或德高望重的喇嘛测算，要严格按照测好的吉日出殡下葬。出殡前将尸体捆绑成四肢合拢的胎儿状，装入一个白色的布袋里，再将尸体放入称之为“རོ་སྒམ། ro sgam 棺材”的方形木棺内，其形状与东部农业区藏人使用的“卡尔”一样。棺木上裹着死者的衣物或氆氇/红布，其上横放着一条哈达，到坟地火化。像郭麻日、桑格雄等没有固定的氏族茔地，遂由喇嘛择地火葬。届时，全村老小前来送葬，女士一般送至家门口，而男士要送至茔地火化后再回家。同一帕玉合（宗族）的几位男士要等到尸骨完全火化成灰，清理完现场后再回家。择日将骨灰放入文巴（བུམ་པ། bum pa 宝瓶）或白布袋内再次安葬，堆起马蹄形坟墓。在坟堆上要放三块白石，插一枝树枝。据称，这三块白石来源于古时的盟誓仪式，古时盟誓时握在手中的石头，死后置于其坟墓以示信守承诺。这个习俗不由使人联想起敦煌文献中所载赞布与其大将义擦的盟誓：

སྤུན་མཆེད་བདུན་གྱིས་གཏང་རག་ཆེད་པོ་བཏང་ངོ། དབུ་སྙུང་གནང་བ་འི་གོར་མ་ཕྱག་དུ་གསོལ་གནས། གོར་མ་དཀར་པོ་དངོས་ནི། དབྱི་ཚབ་ཀྱི་མཆད་པའི་རྨང་དུ་བརྩིགས་སོ།

译：亲族七人举行大规模的酬神仪式，将盟誓时拿在手中的白石头献到赞布手中。此白石头，乃为营建义擦坟墓之奠基石。[1]

---

〔1〕 黄布凡、马德译注．敦煌藏文吐蕃史文献译注［M］．兰州：甘肃教育出版社，2000：216.

赞布见义擦始终忠心耿耿，与义擦亲族盟誓，赞布旨令曰：

义擦忠心耿耿，死后朕亲自为您安置建造坟墓，并杀马百匹陪葬；在子孙中找一合适之人，赐予黄金告身，世袭相承！[1]

之后，义擦亲族举行完酬神仪式后，将盟誓时握在手中的白石头献给赞布，说这个白石是营建义擦之墓的奠基石。

从前，出殡当日下午要给所有送葬者供称之为“嘛呢（མ་ཎི། ma ne）把党”的饭，视作家人为亡灵超度的布施活动，当地人称念“死经（超度经）”的饭。现如今改成行“却（ཆོས། chos修善布施）”，其规模过程与上述“算却（活经）”一样。一般情况下，凡是念过“算却”的人，死后可以不作任何法事。但条件好的人家即使念了“算却（活经）”，也会念诵“死经（超度经文）”为亲人超度。

（3）诵经服孝

安葬后49天内，家人仍需邀请喇嘛诵经祈福，煨“擦色日（ཚ་གསུར། tsha gsur）”[2]，在家守孝不能出远门，也不得理发、剪胡须、梳头。特别是女士不能佩戴耳环（是否佩戴耳环是家种是否有丧事的标志，所以平日里特别忌讳女士摘掉耳环）。葬礼后的第一周叫“登玖（བདུན་གཅིག bdun gcig 一周）”或“托荣德龙（təroŋ dəloŋ头七）”，要请喇嘛念经，供千供“སྟོང་མཆོད། stong mchod”。千供需要点燃千盏酥油灯、千盏净水、千个朵玛贡品，诵经千遍，磕头千次。家人可根据实况选择举行“卓玛董乔（སྒྲོལ་མ་སྟོང་མཆོད། sgrol ma stong mchod绿度母千供）”“曼拉董乔（སྨན་བླ་སྟོང་མཆོད། sman lha stong mchod药王师千供）”“奥合美董乔（འོད་དཔག་མེད་སྟོང་མཆོད། vod dpag med stong mchod阿弥陀佛千供）”等。其中“奥合美董乔（阿弥陀佛千供）”是直接利于死者的往生，举行“奥合美千供”的目的是祈祷亡者来世转生“三善道”，避免落入“三恶道”，是专为解脱和救赎亡者举行的仪式。但对于诵经的僧人来说难度较大，要求全天食素诵经。“卓玛董乔（绿度母千供）”和“曼拉董乔（药王师千供）”相对而言，对死者的家庭有利，“曼拉董乔”有祛病驱邪、助寿之效；“卓

〔1〕 黄布凡、马德译注．敦煌藏文吐蕃史文献译注［M］．兰州：甘肃教育出版社，2000：216.

〔2〕 “擦色日”是指用糌粑揉和三白三甜焚烧之以祭鬼神的一种香末。焚烧“擦色日”是信徒专门为祭祀鬼神类的一种仪式。

玛董乔”能够消除一切孽障，有旺财、增寿、保育之效。不管举行哪一种千供仪式，都要给每位僧人布施100 ~ 200元，给全村人发放1块酥油和5个油饼，届时全村人也会带着面粉、馍馍、茶叶、礼钱等前来祷告。依次按一周举行一次诵经仪式，直至第五周叫“登阿（བདུན་ལྔ། bdun lnga 五周）”或“它文德隆（tavoŋ dəloŋ尾七）”。尾七与头七一样较隆重，仍要念诵“千供”作法事。49天之后，人们相信死者亡灵已转世，所以会撤出家中的“擦色日”，开始煨桑，点酥油灯。整个家族要服孝一年，一年之内不得举行婚礼、不穿新衣、不穿藏服（礼服）、不参加任何娱乐活动，死者家属不过年。一年之内基本上可以得知灵魂是否转世。因为人们相信亡者会托梦给亲人或者投胎怀孕之人，且因依恋家人，来世会投胎到亲戚或者熟人家中。如若不能辨别是否转世，便向喇嘛活佛算卦请示。未能顺利转世者，还要举行进一步的超度祈福仪式。

（4）周年（ndər）

头三年的祭日，都要念诵“千供”经，做法事。之后每年祭日，邀请喇嘛诵经，点燃酥油灯，做法事。如若没有条件做法事的家户，可做包子或凉面、蕨麻米饭送至亲戚家，以示纪念故人。祭日当天不去坟前祭祀，而在除夕前一日清晨，同一家族的所有男士集体到氏族茔地“霍日（hor坟地）”共同祭祖。

二、特殊的日子：岁时节庆

（一）信仰与仪轨：佛教节日

“蔡孜德裕”是全民信仰的佛教徒，宗教性节日、仪轨繁多，且十分庄重肃穆、隆重热烈。主要有加洛莫兰庆毛、悉贝娘乃，纳哇亚当、燃灯节等。

1. 加洛莫兰木庆毛

加洛莫兰庆毛（རྒྱ་ལོ་སྨོན་ལམ་ཆེན་མོ། rgya lo smon lam chen mo），即正月祈愿大法会，始于公元1732年，由二世夏日仓活佛阿旺赤烈嘉措与隆务囊索阿旺罗桑协商后，于每年正月十一日启建。正月十三日，热贡各地僧俗信众前来朝拜圣物；十四日，展大佛卷轴；十五日，弥勒佛环寺巡行；十六日，跳神。届时，隆务寺下属各寺僧都前来隆务寺集体诵经祈福，周边的农牧民也纷纷前来参加一年一度的佛教盛会。而“蔡孜德裕”与“绒卓措纳”方可在自己的寺院举行。以下为“蔡孜德裕”举行的祈愿大会事项与时间。

时间	地　点	活　动
正月初五	桑格雄亚果寺	展拜锻制大佛仪式（གོས་སྐུ་བཤམས་པ།）
正月初六	桑格雄亚果寺	弥勒佛环寺巡行仪式（བྱམས་པ་གླིང་སྐོར།）
正月初七	桑格雄亚果寺	跳法舞“羌姆”（འཆམ་ཆེ་བ།）
正月初八	桑格雄麻果寺	展拜锻制大佛仪式（གོས་སྐུ་བཤམས་པ།）
正月初八	沃果日寺	展拜锻制大佛仪式（གོས་སྐུ་བཤམས་པ།）
正月初九	桑格雄麻果寺	弥勒佛环寺巡行仪式（བྱམས་པ་གླིང་སྐོར།）
正月初九	郭麻日寺	展拜锻制大佛仪式（གོས་སྐུ་བཤམས་པ།）
正月初十	桑格雄麻果寺	跳法舞“羌姆”（འཆམ་ཆེ་བ།）
正月初十	郭麻日寺	弥勒佛环寺巡行仪式（བྱམས་པ་གླིང་སྐོར།）
正月十一	郭麻日寺	跳法舞“羌姆”（འཆམ་ཆེ་བ།）
正月十二	年都乎寺	展拜锻制大佛仪式（གོས་སྐུ་བཤམས་པ།）
正月十三	年都乎寺	弥勒佛环寺巡行仪式（བྱམས་པ་གླིང་སྐོར།）
正月十四	隆务寺	展拜锻制大佛仪式（གོས་སྐུ་བཤམས་པ།）
正月十五	隆务寺	弥勒佛环寺巡行仪式（བྱམས་པ་གླིང་སྐོར།）
正月十六	隆务寺	跳法舞“羌姆”（འཆམ་ཆེ་བ།）

2. 悉贝娘乃

悉贝娘乃（བཞི་བའི་སྨྱུང་གནས། bzhi bavi smyung gnas），汉译为“四月闭斋节”。农历四月初八为释迦牟尼佛的诞生日、出家日、成菩提日和圆寂日。“蔡孜德裕”自四月初五至十六日，以村落为单位集体在俄康（སྔགས་ཁང་། sngags khang）或嘛呢康（མ་ཎི་ཁང་། ma Ni khang）闭斋诵经祈福。斋日分为སྨྱུང་གནས། smyung gnas（全斋）、སྡོམ་པ། sdom ba（半斋）两种。全斋日，村民集体在嘛呢康守斋，全天不进食，不说话，禁房事。半斋日只进午餐，可说话，其余与全斋略同。

3. 燃灯节（བཅུ་བའི་ལྔ་མཆོད། bcu bavi lnga mchod）

农历十月二十五日为藏传佛教格鲁派创始人宗喀巴大师的圆寂日。当日夜晚，各寺经堂、僧舍，以及每家每户在屋顶点燃酥油灯，纪念宗圣，祈愿其创立的格鲁派永垂不朽。寺院举行盛大法会，村民闭斋纪念。

（二）禳灾祛病、人畜安康：时令节日

1. 悉农

悉农（çənoŋ），汉译为“新年”，也有“罗赛（ལོ་སར། lo sar）”之称。农历十二月三十日，被称为“南木冈（གནམ་གང་། gnam gang）”或“加吾色日（tɕabsər）”，当日凌晨3—4点时，家中所有男士身着藏袍，以措哇为单位集体骑马到称之为“霍日”的祖坟地祭祖。祭祖顺序为，先集体给本氏族的高祖献祭、磕头、煨桑，后至各个哈玉（宗族）和自己家族的祖先依次献祭、磕头。据说，从前祭完祖后，进行跑马比赛，赛后大家围坐在一起饮酒取乐。天亮后才返回各家，当日多半男士都会醉酒。下午，女士清扫庭院，男士在所有门上张贴类似于符咒的“咋日那日（dza rə na rə）”和“彩日玛（tser ma 财马？）”，以及对联（据说从前使用木刻经文印制的，村里所有家户前去收藏木刻版的人家印制，后来为了方便，就开始张贴从市场上买回来的汉文对联，现如今也有了藏文对联），“蔡孜德裕”内也有不贴“咋日那日”的人家。到了傍晚，开始在佛龛内摆放“得日嘎（སྡེར་ཁ། sder kha 供品）”，即用白盘馍馍、油炸馍馍、瓜果、糖果、香柱等摆设的供品。在客厅内也摆放各种油炸食物、瓜果饮品等以备迎接新年和客人。这些供品自腊月24日过完灶贺奶奶节（祭灶节）后就开始准备了，亲朋好友之间相互帮忙，轮流至每家制作盘馍馍，油炸馍馍、包子等。春节前三天忌扫地。

据说从前正月初一午时，尕泽东的阿尼木洪庙（二郎庙）里煨桑后，每家每户才开始煨桑迎接新年，现如今年三十午夜十二时就开始煨桑迎新年了。届时，在院内会放置一个摆有“得日嘎（供品）”的方桌，男性家长手持粘有酥油、缠羊毛的茶碗向四方抛洒牛奶祭献神灵，全家人向东、南、西、北四个方向依次磕头祭拜；女主人会给所有牲畜喂食一个新鲜包子，以示与牲畜同庆新年。迎新仪式结束后，全家人便一起用餐庆贺新年。用餐前先要面向佛龛给父母长辈磕头拜年，父母长辈送新年贺词与发放压岁钱。用完餐后，全家人到寺院煨桑、燃灯、献祭，给活佛拜年、献礼，活佛会回赠“西达日（ཕྱག་མདུད། phyag mdud护身结）”以表祝福。传统上，约3—4时以措哇为单位集体拜年，先以辈分大小挨个到每家每户磕头拜年，到家门口时会说“么日格勒绕 mərgə lə ro”，意为“前来拜年磕头了”。主家要以好酒好肉接待所有人，一般情况下在每家会停留片刻，喝一点茶、喝一点酒、吃一个包子、唱几首歌后会

移步到下一家。临走时家中长者要给所有来访者祝福语、压岁钱或果子，依次拜访完所有同一措哇的家户后便各回各家，新年的拜年仪式结束。初二至初六早晚走亲戚，相互做东做客庆新年，中午参加本村六十、八十大寿寿宴。

正月初三，以村为单位在麦场立“森求 səŋ tɕəg（秋千杆）”，青年男女、孩子可荡秋千玩耍。初七，有些德哇会到桑格雄观赏“羌姆（འཆམ། vcham）”；初八，祭拜“热贡佛塔”“郭麻日佛塔”。由于各个德哇自初五至十三日在本村内都有相关活动，所以议程也略有不同。十三日，为“日桑（རི་བསང་། ri bsang）”，即祭祀神山，当日凌晨十二时，所有男士先后到各村供奉的神山进行祭祀。正月十三、十四、十五为隆务莫兰（隆务寺正月祈愿法会）。正月十五，各村会在秋千杆边聚会，村内有条件者或当年新婚、戴头者给全村人供烟酒食品，青年男子们做各种高难度动作轮流荡秋千，展示英武矫健。下午遴选一位矫健者爬到秋千杆子将其解开、放倒，以措哇为单位抢秋千杆上的柳条，优先抢到柳条者为胜。从前在村内每个巷子口燃篝火，送新年。届时，撕去门上贴的“彩日玛 cɛrma（略似财马符咒）”放在篝火上焚烧，放鞭炮、跳火把，以示辟邪除秽，祈求来年平安顺遂。之后，全巷的人围在一起唱歌、跳舞玩耍，欢送新年。到夜间老人回家，年轻人唱情歌尽情玩乐。现如今改为全村集体燃篝火、放鞭炮、跳锅庄、唱民歌，欢送新年，意味着新年庆祝活动的结束。

2. 外党（wɛdaŋ 端午节）

农历五月初五，端午节，被“蔡孜德裕”人称之为“外党”或“ལྔ་བ་ཡ་ཏང་། lnga ba ya tang 五月夏宴”。据说这一天是桑杰曼拉（སངས་རྒྱས་སྨན་བླ། sangrgyas sman bla 药王）施恩向天地人间洒圣水灵药，浇沐鲜花绿叶的吉日，人们认为这一天的水和草都受到药神的“加持”，颇具灵性。所以，当日清晨，人们跑到田间地头用露水洗脸，饮用清泉水，还有些年轻人会跑到河里洗澡；家家户户的门楣插一些柳枝和野花，来避瘟驱毒，以保人们身体康健、延年益寿。此外，家中老人还会给小孩准备“博从大松（bo soŋ da soŋ）”，即用五颜六色的彩线编制而成的手链、脚链，戴在孙儿们的手和脚，据说可避蛇类有害动物的侵袭。当日家中女主还要准备包子，向亲戚朋友相互馈赠，给小孩设宴玩乐。有些德哇也会集体到林中或山野生火做饭，饮酒高歌，尽情欢娱，日落方归。

3. 腊八节

腊月初七，每家每户都要到河口运冰块。每户会将一座大冰块放置在大门口一侧，将一些小冰块堆放在粪堆上、树根、田间地头，预示着来年风调雨顺，庄稼丰收。初八，每家每户都会做豆面搅团，亲戚间要相互馈送。沃果日德哇当日做长面麦仁饭，将肉和麦仁剁碎熬熟后，放入面条食用。食用前先要在家门口的冰块上放一点，之后派孩子们送至亲戚家共享。

关于腊八放冰块习俗的起源有两种说法。一说，这一天在院子里、田地里放冰块的习俗源自于平民给布岱嘉波（布岱王）的田地浇水活动，后来慢慢成了象征符号。还有一说，门前置冰块是为了测算春耕时间，也就是说当冰块融化之际便是耕地之时。不管是那一种说法，现如今在人们心里已成为祈祷来年风调雨顺、庄稼丰收的一个好兆头。

4. 灶贺奶奶（dʑoGən　nɛnɛ）

腊月二十四日，为送灶神日，“蔡孜德裕”之人将其称之为送“灶贺奶奶”的日子。据说腊月二十三日，是“合氏呢（χdi nə）灶贺奶奶”，即汉族的灶神节；二十四日，是“台呢（tɛ）佐贺奶奶”，即藏族的灶神节。“蔡孜德裕”中有些家户于二十三日送灶神，但多半于二十四日送灶神。当日，要清扫所有的房屋，挖尽灶内的全部旧灰，填上新土，并用泥土粉刷灶台；烙油饼，亲戚间相互赠送。晚上煮好肉，用完餐后，男主人会在灶王龛上供香，并用面粉在龛下方木墙上画宝物“诺布（ནོར་བུ། nor bu）”，将三个糖果贴在刷新的灶台前，据说灶台贴糖果是为了甜到灶神的嘴，希望灶神上天向玉皇大帝“辞灶”时能过够多进好言。在灶台内生火供放祭品焚烧，燃放鞭炮，全家人磕头、念经、祈福。之后，男主人用面粉往房梁上抛洒，以抛洒后形成的形状来定夺来年的收成。如若呈颗粒状，说明来年庄稼丰收；如若呈大圆点，说明来年财源滚滚。最后在小木头面柜内盛满面粉后用菜刀塑成塔形，再用香柱搭建秋千，以便灶神降临。次日女主会观察，看昨晚灶神是否前来，如若面粉的形状有所破坏或留有一些痕迹，说明灶神已降临，享用了祭品，预示灶神会向玉皇大帝报喜，迎福；否则预示着灶神未领受祭品，会降祸。也有的德哇，煮好饭后，灶台前堆起土堆，在此上用木条搭建房屋模型，并用木条将锅垫之倾斜，临祭时燃放鞭炮，将祭品点燃后，再将锅放平，再用餐。

（三）风调雨顺，五谷丰登：生产性节日

却阔日（ཆོས་འཁོར། chos mkhor），汉译为转经，每年农历五月初五至初十期间举行。以村为单位，举着村落保护神的唐卡和旗幡，在村长的率领下各村青年男女、儿童背着“甘珠尔བཀའ་འགྱུར། bkav vgyur”“丹珠尔བསྟན་འགྱུར། bstan vgyur”佛经，敲锣打鼓，大声诵读着六字真言，沿着本村田地环绕一圈，寓意祈求天降和雨、五谷满仓。

此外，“蔡孜德裕”还有在六月份举行的盛大节日“周贝鲁如（纳统）”，年底举行的“乌秃”“肖康”等生产性节日，详见后文。

节日是人们为了适应生产和生活的需要而共同创造的一种民俗文化，是一个民族或国家的历史文化长期积淀凝聚的过程。每个节日背后蕴含着深刻的历史文化内涵。有的节日源于宗教，有的节日是为了纪念某人，有的节日是为了生产的需要，有的节日是国家制定的祭祀、纪念的日子。“蔡孜德裕”在历史发展过程中由于身份的不断转变，融入了不同文化内涵，为节日风俗注入了新的活力和生机，促进了各民族风俗的交流融合。仅从大门也能够鲜明地体现出多元共融的文化迹象。下图为“蔡孜德裕”共度不同文化节日的象征符号。

图37　经幡与杨柳

第一层为经幡，出于最高层，代表藏传佛教信仰；第二层为端午节时所插放的柳枝，代表中原文化；第三层为年前张贴的“萨日娜日”符咒，代表道教文化；第四层为年前张贴的门神和藏文对联，代表藏汉文化的融合。多元文化和谐共融，正所谓“美美与共”。

三、娱乐、占卜

（一）“世欧（ཧྲིག hrig）”或“肖（ཤོ sho）”：骰子游戏

作为空闲时间的消遣活动，在热贡盛行的是被称为“འགྱིག vgyig”的娱乐游戏，有“འགོག་འགྱིག vgog vgyig”“སྒམ་འགྱིག sgam vgyig”“བཙིར་འགྱིག btsir vgyig”等游戏，其形态与如今的象棋大同小异，都是在规定的方格内移动。而在热贡沃果日村盛行着一种被称为“肖”或“世欧”的娱乐游戏，别具一格。据沃果日老人说，以前过年期间，村里所有男士会聚在本村大麦场，一群一群地聚在一起玩此游戏。届时人们高呼“巴拉乔乔”“阿本吉尼，阿本吉尼，纳加赛”，还会呼唤各自笃信的神灵来护佑自己获得理想的点数。现几乎已消失。以下为笔者搜集到的游戏规则与玩法。

1. 游戏工具

（1）ཤོ་མོ། sho mo（骰子）。沃果日人称“骰子”为“肖莫（ཤོ་མོ། sho mo）”，玩“世欧/肖”时，需要一对骰子（肖莫），骰子一般为骨质、象牙制成。六面、正方形的骰子，每面有1 ～ 6个点，其中1—4的点数为红色，其余为黑色，所以在叫12点时会说“ཨ་འབུམ་བཅུ་གཉིས། ནག་སྒྲུ་སེལ། 阿本12点黑乎乎”。

（2）ཤོ་ཁྱི། sho khyi（筹码）。每人所持的筹码被称之为“肖齐（ཤོ་ཁྱི། sho khyi）”，每人手持九个“肖齐”，“肖齐”可为树枝、麦秆、火柴棍等，每人所持的“肖齐”要有区别，以便摆放时分清对方的筹码。

（3）ཤོ་རྡེའུ། sho rdevu（小子儿）。用来计数的小子儿被称之为“肖帝（ཤོ་རྡེའུ། sho rdevu）”，一般用小石头、杏核、豆粒等，向顺时针的方向绕圈摆放12个，后置20 ～ 30个。

2. 游戏规则

（1）游戏可以以两人组、三人组、四人组、五人组来玩。先按顺时针绕圈摆放12个“肖帝（小子儿）”，后续20 ～ 30个“肖帝”。每人手持九个“肖齐”，叫“格齐（དགུ་ཁྱི། dgu khyi）”，骰子由年长者在手里摇摆几下后，按顺时针方向掷骰子。先下者首次摆两个“肖齐”，自第二次摆一个“肖齐”。因为“肖毛”的点数总数为12点，所以先在12个“肖帝”内根据自己所掷的点数摆放“肖齐”。如果当掷出的点数与自己原先摆放“肖齐”所处的点数吻合时，可以从手中的“肖齐”在自己已摆的“肖齐”上另加一个，凡点数与自己的“肖齐”之间的点数相同时，可以合并。玩家的“肖齐”间可以互相拼杀，其条件为以多吃少、等数互吃。不管是合并、上加或吃对家的“肖齐”，都有再次掷骰的权利。此外，当自己所摆的“肖齐”数目比对方少，而且刚好掷到对方“肖齐”所处的点数上时，只能停留在原位，按兵不动。当一家的“肖齐”被对家吃光时，只要这一家掷出9点，那么将手中的9个“肖齐”全部放在9点上，与对家继续游戏。另外，当玩家掷出2点时，可以在2点上放2个“肖齐”。如果2点上已有自己的“肖齐”，可以直接加比原来多一个的“肖齐”，比如原有2个“肖齐”，则可以再加3个；如果2点上有对家的“肖齐”，则可以吃对家的“肖齐”，而且在2点上放比对家原有筹码多一个的“肖齐”，然后让对家继续掷骰子。如果玩家掷出2点后，不想直接放“肖齐”或吃对家的“肖齐”，则可以再掷一次。依次在一个点上凑齐9个“肖齐”，即“格齐”或

“格帝（དགུ་འདུས། dgu vdus）”后，可以走出12个“肖帝”，继续往前。再掷，每次可以根据所掷点数往前走几步，依次走完所有的“肖帝（小子儿）”。如果最后所剩点数，刚好与所投掷的点数相同，就为赢家。比如最后在自己所处的“肖齐”后面剩下的“肖帝”数为4，如若你再次投掷的点数也刚好为4，这位玩家就赢了，所有的赌物（钱、硬币）归赢家所有。所以这时的欢呼声最为激烈。

（2）骰词

为了能够掷到自己需要的点数，将骰子放在额前高呼各自的山神祈祷，高呼所需点数，比如需要2点，就高喊“巴拉、巴拉，巴拉乔乔（པ་ར། པ་ར། པ་ར་མཆོད་ཅིག pa ra pa ra pa ra mchod cig）”。如需3点就高喊“策格、策格，拉玛嘉毛（ཚུ་གུ ཚུ་གུ ཚུ་གུ་ར་མ་རྒྱལ་མོ། tshu gu tshu gu tshugu ra ma rgyal mo）”，如需5点，就高喊“卡拉、卡拉，卡巴嘉罗（ཁ་ལ། ཁ་ལ། ཁ་པ་རྒྱལ་ལོ། kha la kha la kha pa rgyal lo）”，依次6点喊“透、透，透罗透罗（ཐུག་ཐུག ཐུག་ལོ་ཐུག་ལོ། thug thug thug lo thug lo）”，8点喊“悉巴嘉罗，悉嘉罗（ཤག་པ་རྒྱལ་ལོ། ཤག་རྒྱལ་ལོ། shag pa rgyal lo shag rgyal lo）”，11点喊“妥、妥，妥吉合吉合（ཐོག་ཐོག ཐོག་རྒྱག་རྒྱག thog thog thog rgyag rgyag）”，12点喊“吉尼、吉尼，阿本吉尼、黑乎乎（བཅུ་གཉིས། ཨ་འབུམ་བཅུ་གཉིས། ནག་སྐྱ་སེལ། bcu gnyis A vbum bcu gnyis nag skya sel）”。

访谈中老人说，这是一种“གནའ་དང་མ། gnav dang ma（古老）”的玩法，现在不玩了有点记不住了。当问到每个点数的叫法时，老人说按曼呢噶曲（我们的话）2点叫“巴拉（པ་ར། ba ra）”，3点为“策格（ཚུ་གུ། tsu gu）”，4点为“泽亦（ཚེས།

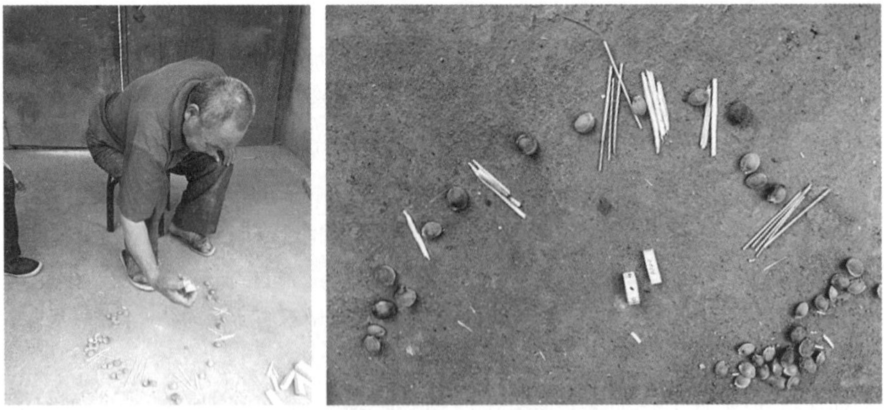

图38　教笔者玩“世欧”的沃果日老人

图39　盛行于卫藏的骰子游戏“雪”

tsos)”，5点为“卡(ཁ། kha)”，6点为“透(ཐུག thug)”，7点为“石欧(ཧྲིག hrig)”，8点为“悉欧(ཤག shag)”，9点为“格热(དགུ་རུ། dgu ru)”，10点为“吉、吉卡(བཅུ། བཅུ་ཁ། bcu bcu kha)”，11点为“脱欧(ཐོག thog)”，12点为“吉尼(བཅུ་གཉིས། bcu gnyis)”。

据老人称，这种玩法在本村非常盛行，不知为何热贡其他村庄不太玩这种游戏。据笔者调查，这种“骰子游戏”在西藏盛行，与西藏的“雪”大同小异，只是材料不一样，游戏规则、玩法、所喊的骰词都一样。特别是“巴拉、巴拉，巴拉乔乔”之类的词，是地道的卫藏话。但当笔者提到西藏也有这种玩法时，沃果日老人说：“这种叫法是‘曼呢噶曲’，即我们的话，不知道西藏那边怎么叫。”在他们的潜意识中这是他们自古以来的叫法，可能认为不是藏语（跟卫藏的不一样），认为是“曼呢噶曲”。其实细究，这些所谓的“曼呢噶曲”，是地地道道的卫藏话。

寻其根源，骰子游戏在藏族历史上有悠久的历史。据文献记载，骰子在上千年前就已在青藏高原上出现，在苯教经典《猫九眼》中记载苯教祖师辛饶米沃且和恭孜两人相遇的情景时，谈到当时人们用华丽的垫子和精制的骰子来打起古老的算卦方式。远古的藏族祖先把骰子作为占卜的卜辞，吐蕃王朝时期非常盛行，敦煌文献中就有记载骰子卜的卜术。在新疆若羌地区出土的吐蕃文物中也发现了骰子，其形制与现在的骰子完全一样。自佛教传入藏区后，苯教势力日渐衰落，同时骰子也开始走向民间。那么，与远在千里的沃果儿又有何联系呢？这与其“吐蕃戍边遗民”的历史记忆有一定的渊源。作为军人、戍边者，没有优越的条件，只能就地取材，以手、木棒、石头之类的工具进行玩乐。

（二）莫尕(མོ་སྒལ། mo sgal)

在沃果日还盛行一种称之为“莫尕”的娱乐游戏，一般为女子玩乐。藏语叫“台盖(ཐེ་གེ the ge)”。莫尕是由羊腿的关节组成。一共有四个。一个“莫尕”有4个面，4个面各不相同，也有4个叫法，即：正面凹部分叫“ར་མ། ra ma”，反面凸的部分叫“ལུག lug”，侧面平滑凹的部分叫“རྟ། rta”，侧面凹凸不一的部分叫“འོང་ཤུ།(བོང་བུ།)bong bu”。这四个面代表的数字也不尽相同。马面为10点，驴面为5点，羊面为2点，山羊面为1点。

1. 游戏工具

由4个羊腿关节“莫尕”和用来向上抛的一个小石子或“莫尕”。可以两人组、三人组、四人组来玩。

2. 游戏规则

（1）根据人数，将所有的“莫尕”收到一起，其中挑选最好的4个作为游戏的统一用具。谁先开始，必须经过所抛洒莫尕的点数来决定，4个莫尕共18点，根据所得点数总分的高低划分先后顺序。

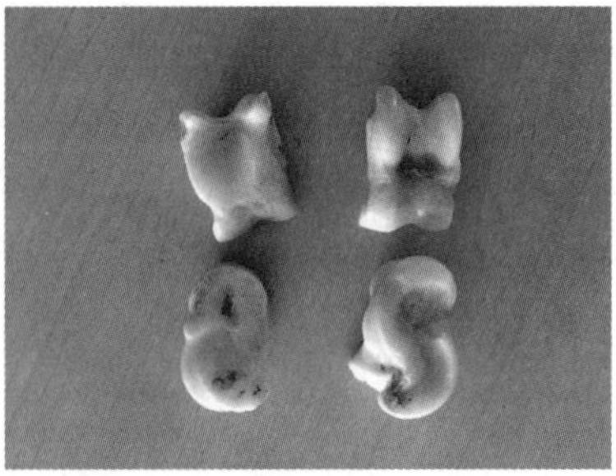

图40 “莫尕”的四个面

（2）得数最多者，将所有人的“莫尕”收起后向地上抛洒，根据抛洒的“莫尕”的每个面的多少定夺，游戏过程中先向哪个面翻？如果马面最多，游戏过程中先向马面翻转，接下来向驴面翻转，再下来向羊面翻转，最后向山羊的方向翻转，每个面的翻转过程需将手中的小石子抛到空中的过程中完成，翻转完后要接小石子。将四个面翻转完毕后方可根据自己的点数一次收回全部“莫尕”，即可为赢家。

（三）“肖毛（ཤོ་མོ། sho mo）”、“莫尕（མོ་སྒལ། mo sgal）”的来源与占卜

据上所述，“肖毛”或“骰子”为藏族古老的一种占卜法演变的。而“莫尕”最初也可能是占卜的一种形式。“莫尕”在其他藏区也盛行，但是被称之为“台盖”，从字面上找不到其意。而在沃果儿被称为“莫尕”，从“莫尕(མོ་སྒལ། mo sga)”可以找到其词源。在藏语里关节称之为“སྒལ་ཚིགས། sgal tsigs”，而莫“མོ། mo”为占卜之意。“མོ། mo”与“སྒལ། sgal”合起来，其意为“占卜的关节骨”，最初不失为一种占卜的方法。据敦煌文献P.T.55、129、351、1043、1046、1047、1051、1055卷，吐蕃时期非常盛行占卜，卜辞有鸟卜、羊骨卜、牛蹄卜、牛骨卜、骰子卜、金钱卜等。[1]党项族盛行的占卜中，在沃果儿占

---

〔1〕 王尧、陈践译注.敦煌吐蕃文书论文集·吐蕃时期的占卜研究[M].成都：四川民族出版社，1998：77.

多数。比如，党项族盛行的占卜有四种：一是"烧勃焦"，即用艾草熏烧羊髀骨，视其烧裂的纹路来判断吉凶；二是"擗算"，把竹子劈开，以其数定吉凶；三是"咒羊"，即前一天牵一只羊置于堂上，焚香祷祝，第二天早晨杀死，看内脏以定吉凶；四是"矢击弦"，即用箭杆敲击弓弦，听其声以定吉凶。[1]其中前三项以变异的形式在现实生活中有所体现。如在祭神仪式中"活陶羊心"定一年的吉凶；"用劈开的木棍或牛角"定夺神是否如愿；据羊肩胛骨定吉凶；老人听乌鸦的声音判断吉凶；给羊的耳朵里倒水，定夺神灵是否接受供品等；还有一种定吉凶的办法为，用面粉向房梁上抛洒，据其形状（圆形或颗粒形）来定夺来年庄稼收成等等，古老的占卜涉及生活的方方面面。其起源与藏族远古的骰子占卜有一定的渊源，随着苯教势力的日渐衰落，骰子占卜也开始走向民间，成为人们娱乐消遣的游戏。

---

〔1〕 杨建新.中国西北少数民族史[M].民族出版社，2003：457.

第五章　多元与共荣：山神信仰

第一节　域拉意达：热贡山神谱系

一、典型的隆务河谷地区山神谱系

埃克瓦尔曾说过："热贡是一个极其开放、包容性极强的地方。"[1]热贡地区虽以隆务寺为主的藏传佛教格鲁派（དགེ་ལུགས་པ། dge lugs pa）为文化核心，但也兼容着包括原始苯教（བོན་ལུགས། bon lugs）、宁玛派（རྙིང་མ་པ། rnying ma pa）等多种教派。热贡至今仍有信奉苯教的村落及著名的苯教喇嘛文家活佛（ཨ་ལགས་བོན་རྒྱ་ཚང་། A lags bon rgya tshang），也有信奉尼玛派的古德寺（ཀོའུ་སྡེ་དགོན། kovu sde dgon）、江龙琼贡寺（ལྕང་ལུང་ཁྱུང་དགོན། lcang lung khyung dgon）、木合萨嘎寺（དམུ་གསལ་སྨར། dmu gsal smgar）等古老的寺院，以及声名远扬的俄巴（སྔགས་པ། sngags pa），同时还兼有汉藏合璧的民间信仰体系，正所谓多元与共荣，在长期的历史发展过程中能够并存发展，各美其美，致使热贡文化独具特色、与众不同。特别是"蔡孜德裕"在内的隆务河中游河谷地带的山神信仰颇具特色，为汉藏合璧及佛笨道共荣的神灵体系。兰州大学王建新教授谈到民间信仰时说："民间信仰既包括基于不同地区生态环境的自然神灵信仰体系，也包括围绕巫师、萨满作法而形成的，以治病袪灾为主要目的的灵能信仰体系，既有大规模地区性集体祭祀，也有家庭、个人性的仪式活动等。"[2]热贡的山神信仰，特别是大型的"鲁如（གླུ་རོལ། glu rol）"祭祀在隆务中游河谷地带较为盛行，从隆务河上游自南至隆务七庄（རོང་པོ་སྡེ་བདུན། rong po sde bdun）、

---

〔1〕 Robert B. Ekvall, *Fields on the hoof: Nexus of Tibetan Nomadic Pastoralism*［M］. New York: Waveland Press, 1968.

〔2〕 王建新．宗教民族志的视角、理论范式和方法——现代人类学研究诠释［J］．广西民族大学学报（哲学社会科学版），2007（2）．

北至麻巴七庄（སྨད་པ་སྡེ་བདུན། smad pa sde bdun）的河谷地带蔓延，其他山区则无大型的“鲁如”祭祀仪式。隆务河谷农业区的山神体系较为庞杂，这些区域内基本上是一个村落一个村庙，有的甚至有几个村庙，山神体系庞杂，但每个村落都有一个非常灵验的主神护佑本村水土。还有其他诸多依神各其所职，护卫村民人畜安康、五谷丰登。下表为在此区域内的村落及其供奉的山神。

自隆务河南之北村落的守护神排序表

德哇	主神 家眷			其他依神
	主神	妻 / 兄	子 / 兄	
隆务拉德 རོང་བོ་ལྷ་སྡེ།	念钦 གཉན་ཆེན།	妻：麻麻勒格 མ་མ་ལེགས་གུ།	子：拓日嘉布、拉直嘎布 མཐོ་རིས་རྒྱལ་པོ། ལྷ་བྲག་དཀར་པོ།	夏琼、咂、论布、热庆、尤拉 བྱ་ཁྱུང་། གཟའ། བློན་པོ། རི་ཆེན། ཡུལ་ལྷ།
四合吉 ས་དཀྱིལ།	夏琼 བྱ་ཁྱུང་།	妻：甲干尼毛 སྐྱ་རྒན་གནས་མོ།	子：奔巴东珠 འབུམ་པ་དོན་གྲུབ།	瓦总日郎、热阿总、将爷木洪 བ་ཙོང་རི་ལང་། ར་རྫོང་། ཅང་ཡེ་དམག་དཔོན།
苏日 སོག་རི།	玛卿 རྨ་ཆེན།	妻：贡曼拉日 གོང་སྨན་ལྷ་རི།	子：扎堆旺秀 དགྲ་འདུལ་དབང་ཕྱུག	念钦、德合龙、尤拉、贤巴梓潼 གཉན་ཆེན། སྟག་ལུང་། ཡུལ་ལྷ། ཤན་པ་ཙེ་ཐུང་།
铁吾 ཐེ་བོ།	念钦 གཉན་ཆེན།	妻：麻麻勒格 མ་མ་ལེགས་གུ།	子：拓日嘉布、拉直嘎布 མཐོ་རིས་རྒྱལ་པོ། ལྷ་བྲག་དཀར་པོ།	夏琼、玛卿 བྱ་ཁྱུང་། རྨ་ཆེན།
霍日加 ཧོར་རྒྱ།	念钦 གཉན་ཆེན།	妻：麻麻勒格 མ་མ་ལེགས་གུ།	子：拓日嘉布、拉直嘎布 མཐོ་རིས་རྒྱལ་པོ། ལྷ་བྲག་དཀར་པོ།	夏琼、玛卿 བྱ་ཁྱུང་། རྨ་ཆེན།
加仓玛 རྒྱ་ཚང་མ།	赞果 བཙན་རྒོད།			格萨尔、达日加坌孙 གེ་སར། དར་རྒྱལ་སྤུན་གསུམ།
桑格雄 སེང་གེ་གཤོང་།	达日加 དར་རྒྱལ།	兄：瓦总日郎 བ་ཙོང་རི་ལང་།	兄：赤噶尤拉 ཁྲི་ཀའི་ཡུལ་ལྷ།	格萨尔、马家老爷、将爷/祖神 གེ་སར། མ་ཅ་ལོ་ཡེ། ཅང་ཡེ་དམག་དཔོན། / ཙོའུ་ཧྲན།

续 表

德哇	家眷 主神			其他依神
	主神	妻 / 兄	子 / 兄	
年都乎 གཉན་ཐོག།	果木日郎 ཀོ་མོ་རི་ལང་།			夏琼、玛卿、念钦、格萨尔、扎堆、热阿总 བྱ་ཁྱུང་། རྨ་ཆེན། གཉན་ ཆེན། གེ་སར། དགྲ་འདུལ། ར་རྫོང་།
郭麻日 སྒོ་དམར།	白赫日郎 པེ་ཧུ་རི་ལང་།	佐赫日郎 ཙོ་ཧུ་རི་ལང་།	兄: 瓦总日郎 བ་ཙོང་རི་ལང་།	夏琼、念钦、格萨尔 བྱ་ཁྱུང་། གཉན་ཆེན། གེ་སར།
尕撒日 ཀ་སར།	佐赫日郎 ཙོ་ཧུ་རི་ལང་།	白赫日郎 པེ་ཧུ་རི་ལང་།	瓦总日郎 བ་ཙོང་རི་ལང་།	香香、咂、念钦、格萨尔、加唐 ཤིང་ཤིང་། གཟའ། གེ་སར། གཉན་ཆེན། ཀྱ་ཐང་།
尕泽东 དཀར་རྩེ་གདོང་།	瓦总日郎 བ་ཙོང་རི་ལང་།	达日加 དར་རྒྱལ།	黑日郎 ཧེ་རི་ལང་།	玛卿、念钦、阿加、奥火赛 རྨ་ཆེན། གཉན་ཆེན། ཨ་རྒྱལ། ཨོ་ཧོ་རྩེ།
沃果日 བོད་སྐོར།	达日加 དར་རྒྱལ།	瓦总日郎 བ་ཙོང་རི་ལང་།	黑日郎 ཧེ་རི་ལང་།	念钦及家眷、智僧多杰旺姆、将爷、也通 གཉན་ཆེན། བྲག་སྲིན་རྡོ་ རྗེ་དབང་མོ། ཙང་ ཡེ་དམག་དཔོན། ཡེ་མཐོང་།
东干木 སྟོང་སྐམ།	金子日郎 ཅིན་ཙི་རི་ལང་།		白赫日郎 པེ་ཧུ་རི་ལང་།	萨龙、措干、加唐、也通 གསལ་ལུང་། མཚོ་ཀན། རྒྱ་ཐང་། ཡུལ་ལྷ། ཡེ་མཐོང་།
拉康 ལྷ་ཁང་།	曹操 ཚོ་ཚའོ།			华吾紫吉昂丹 དཔལ་པོ་གཟི་བརྗིད་དབང་ལྡན།
银扎木 འཇམ།	扎堆 དགྲ་འདུལ།			托果 ཐོག་རྐོད།
哈拉图 ཧ་ར་པ་ཐུ།	黑日郎 ཧེ་རི་ལང་།	达日加 དར་རྒྱལ།	瓦总日郎 བ་ཙོང་རི་ལང་།	也通 、热阿宗 ཡེ་མཐོང་། ར་རྫོང་།
朗加 གླིང་རྒྱ།	拉日 ལྷ་རི།	阿妈鲁毛 ཨ་མ་ཀླུ་མོ།		加唐 毛尕日 克托合 རྒྱ་ཐང་། རྨོག་དཀར། ཁྲ་ཐོག

二、茹拉、杰拉、典拉：山神类型

在藏区，人们把地方保护神称为“域拉意达（ཡུལ་ལྷ་གཞི་བདག yul lha gzhi bdag）”，意为地方保护神或地域守护神，这些神灵主宰着藏区大小不同的地理区域，成为一方水土的神圣主人。在藏语中，地方保护神与山神的概念基本相同。正如才让教授所说：“藏语中没有汉语‘山神’这个词，藏语对山神有多种称谓，如地方神、地方主宰、念神、赞神、生神等等。称为地方神或地域神，是因每一地方都有各自特定的山神，保佑着某一地区，即山神的管辖范围是有一定的地域限度的。”[1]有时候，山神就是某一村落、某一族群或者某一区域的保护神，但地方保护神的涵盖面较大，它还包括其他神灵。

茹拉（རུས་ལྷ། rus lha）　茹（རུས། rus）这个概念很重要，“茹”有“骨头”之意，指的是“骨系”，隐含的是一种血缘关系。以茹衍生的词汇有茹吉（རུས་རྒྱུད། rus rgyud 血统），还有茹芒（རུས་མིང་། rus ming 姓名）。茹拉是同一父系姓氏的人们所供奉的神灵，用汉语讲，即氏族神或宗族神，也就是这个宗族成员从古到今一直信奉的神灵。

吉拉（སྐྱེས་ལྷ། skyes lha）　“吉（སྐྱེས། skyes）”指“出生”，以“吉”衍生的词汇有“吉嘎日（སྐྱེས་སྐར། skyes skar）”，即生日；“吉域（སྐྱེས་ཡུལ། skyes yul）”，即出生地。“吉拉”为出身神，也有人用“生神”或“籍贯神”，特指出生地保护神。若某一群体出生地所供奉的神灵的山体不在本地，说明这一群体可能有过迁徙历史或还供奉其他类别的神灵加以区别，是强化历史记忆、维持族群边界的一个重要标志。

丹拉（བསྟེན་ལྷ། bsten lha）　“丹拉”是相对于“茹拉”“吉拉”而言的，“丹拉”一般是跟氏族、出生没有直接关系，只要对民众有利、有求必应，就会被供奉为村落神。“丹拉”是可以跨地域的。

扎拉（དགྲ་ལྷ། dgra lha）　“扎”指敌人，“扎拉”从字面上看似是敌人的神，事实上是为了战胜敌人而供奉的神灵，称之为“战神”。战神可跨地域、跨民族，多半为征战功绩显赫的将士，一般称扎拉嘉布（དགྲ་ལྷ་རྒྱལ་པོ། dgra lha rgyal po），是护佑被供者抵御外来侵扰，战胜敌对势力的一位神灵。

域拉（ཡུལ་ལྷ། yul lha）　“域”指地域、某一地区，“域拉”指某一地区特定的地域神，也叫山神，一般会有一个特定的山体和山神。

---

〔1〕 才让.藏传佛教信仰与民俗[M].北京：民族出版社，1999：83.

还有如诺日拉（ནོར་ལྷ། nor lha），即财神；塔卜拉（ཐབ་ལྷ། thab lha），即灶神；果拉（སྒོ་ལྷ། sgo lha），即门神；颇拉（ཕོ་ལྷ། pho lha），即男神；司一拉（ཟས་ལྷ། zas lha），即食神等。有空中的赞（བཙན། btsan）神，地上的念（གཉན། gnyan）神，地下的鲁（ཀླུ། glu）神等保留原始苯教万物有灵思想及原始信仰仪式。

三、木洪康：众神会所

藏语一般将山神居住的地方称之为意达康（གཞི་བདག་ཁང་། gzhi bdag khang）。“蔡孜德裕”中讲蒙藏混合语的人们也以“赐麦噶日”呼之，“赐麦（ceme）”为神灵或神像。“噶日（སྒར། sgar）”为藏语，有帐篷、寺院、军堡之意。“赐麦”和“噶日”合起来就是神灵居住的地方。隆务河谷地带的“蔡孜德裕”和其他藏人也将神庙称之为“木洪康（དམག་དཔོན་ཁང་། dmag dpon khang）”，直译为“将军住的地方”。将庙内供奉的有些神灵以“阿尼木洪（ཨ་མྱེས་དམག་དཔོན། A myes dmag dpon）”或“姓名+木洪”呼之。当然，神庙内也有不是“木洪”的神灵。至于将军怎么会变成神，神庙怎么变成将军庙，笔者觉得与明朝皇帝的造神运动有关。“蔡孜德裕”及热贡河谷地带的藏人为了迎合中央王朝的政策，将外来的汉神（རྒྱ་ལྷ། rgya lha）或将军神（དམག་དཔོན། dmag dpon）纳入到本地主流文化的山神体系，加以“阿尼”或“木洪”，冠以藏族的理解和称呼，纳入到神灵体系供奉。藏族一般的山神有其附着地神山实体，以“拉泽”为祭祀的平台。但热贡隆务河谷地带的保护神除当地的山神外，多半或是跨地域的，或是汉神与山神的整合，没有山体。因此，“木洪康”成为众神会所之地。“木洪康”是热贡隆务河谷地带的每个独立村庄不可或缺的组成部分，它与俄康（སྔགས་ཁང་། sngags khang）或嘛呢康（མ་ཎི་ཁང་། ma Ni khang）、寺院、佛塔构成村落的公共空间。除了“木洪康”，依藏族传统的山神祭祀习俗，每个村落附近山脉的最高处置有主神的附着体“拉泽（ལབ་ཙེ། lab tse）”，于世界公桑日（5月15日）进行祭祀。

（一）沃果日神庙

沃果日村现有两个神庙，原神庙是以阿尼达日加（ཨ་མྱེས་དར་རྒྱལ། A myes dar rgyal）为主神，另供有念钦及其家眷，阿尼瓦总等神灵。据称，1958年后将除阿尼曼公（ཨ་མྱེས་མན་གོང་། A myes man gong）之外的几个措哇的“茹拉（氏族神）”全部迎请于此。于2010年新建了一座神庙，以念钦（གཉན་ཆེན། gnyen chen）为主神，被命名为念钦神殿（གཉན་ཆེན་ཕོ་བྲང་། gnyen chen pho brang）。旧庙里中保护神排序如下：

沃果日达日加（དར་རྒྱལ།）神殿									
白赫日朗 པེ་ཧུ་རི་ལང་།	将爷木洪 ཅང་ཡེ་དམག་དཔོན།	麻麻勒格 མ་མ་ལེགས་གྱོ།	司年 སྲས་གཉན།	阿尼达日加 ཨ་མྱེས་དར་རྒྱལ།	阿尼念钦 ཨ་མྱེས་གཉན་ཆེན།	阿尼瓦总 ཨ་མྱེས་བ་ཙོང་།	亥日郎 ཧེ་རི་ལང་།	将爷木洪 ཅང་ཡེ་དམག་དཔོན།	鞑子日郎 ཏ་ཙེ་རི་ལང་།
各氏族神神轿	供台								各氏族神神轿

新庙“念钦神殿”的保护神排序如下：

沃果日念钦神殿（གཉན་ཆེན་ཕོ་བྲང་།）							
麻麻勒格 མ་མ་ལེགས་གྱོ།	阿尼达日加 ཨ་མྱེས་དར་རྒྱལ།	阿尼瓦总 ཨ་མྱེས་བ་ཙོང་།	阿尼念钦 ཨ་མྱེས་གཉན་ཆེན།	赛乔通热嘉布 སྲས་མཆོག་མཐོ་རིས་རྒྱལ་པོ།	扎西拉智嘎布 བཀྲ་ཤིས་ལྷ་བྲག་དཀར་པོ།	智僧多杰旺姆 བྲག་སྲིན་རྡོ་རྗེ་དབང་མོ།	阿尼烟墩 ཨ་མྱེས་ཡེ་མཐོང་།
壁画	供台						壁画
			内门				
	白祭				红祭		
			大门				

此外，沃果日的智僧多杰旺姆（孜孜娘娘）神殿，在沃果日寺北山顶，据称，此庙历史悠久。2004年重建，庙内供有阿尼达日加、阿尼瓦总、智僧多杰旺姆、阿尼念钦等神像。2014年6月21日重修，内请孜孜娘娘、阿尼念钦、赛

乔通热嘉布的镶金铜像，将孜孜娘娘（送/赐子娘娘？）更名为智僧多杰旺姆（བྲག་སྲིན་རྡོ་རྗེ་དབང་མོ། brag srin rdo rje dbang mo）。智僧多杰旺姆（孜孜娘娘）神殿的神灵排序如下：

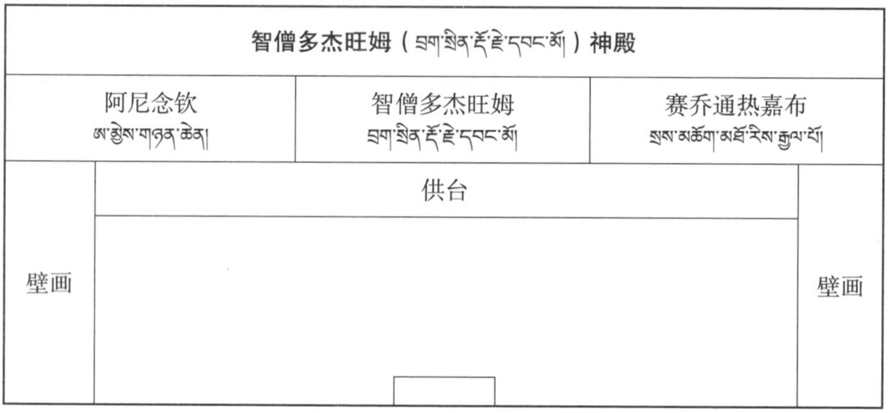

（二）年都乎的神庙

年都乎村神庙原在年都乎旧城（年都乎水电厂），迁于现址后，在寺庙靠山处的山峰上修建了果木日郎（ཀོ་མོ་རི་ལང་། ko mo ri lang）神殿。据称，果木日郎神从前是年都乎恰伊（西拉）措哇的氏族神，后成了年都乎全村的村落守护神。果木日郎神殿自然也成了该村落的神庙，该庙不像其他村落的神庙一样将各种神像供奉在一起，专供果木日郎神。果木日郎神殿的神灵排序如下：

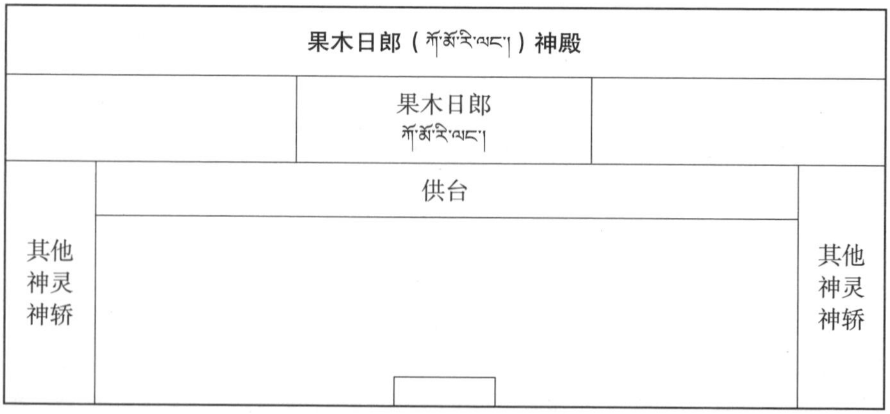

年都乎除果木日朗神殿外，还有格萨尔（གེ་སར། ge sar）神殿，内供格萨尔和夏琼（བྱ་ཁྱུང་། bya khyung）神，以及达日加（དར་རྒྱལ། dar rgyal）神殿。

（三）上下桑格雄的神殿

在上下桑格雄两村交界处坐落一座神庙，主供达日加垒孙（དར་རྒྱལ་སྤུན་གསུམ། dar rgyal spun gsum），该庙是两村集体供奉的村落神庙。虽然现如今每个村落也有自己的庙宇，但作为最初共享的庙宇，于每年六月“鲁如”山神祭祀时都以此为据点。上下桑格雄共享的神庙中的神灵排序如下：

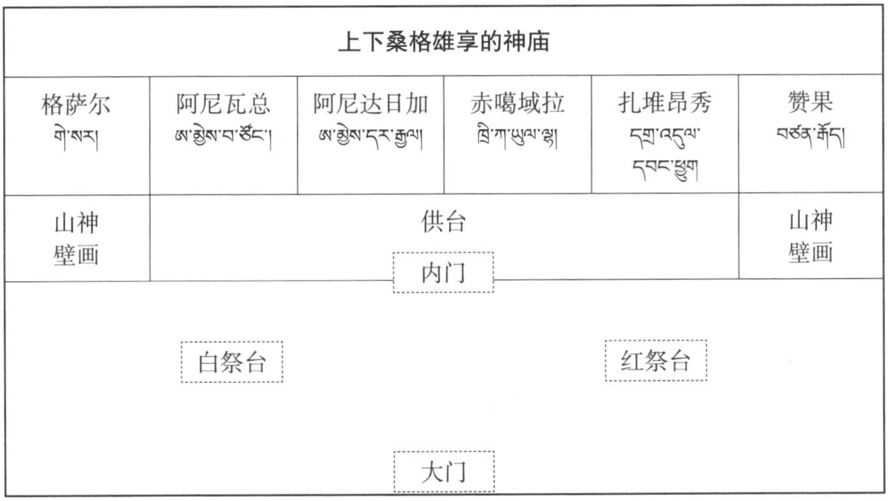

（四）加仓玛神殿

加仓玛村原本属于桑格雄亚果，所以与上下桑格雄一样集体供奉达日加垒孙（དར་རྒྱལ་སྤུན་གསུམ། dar rgyal spun gsum），也共享坐落在上下桑格雄交界处的神庙，但后来加仓玛改依赞果（བཙན་རྒོད། btsan rgod）后，有了本村的主神和神庙。加仓玛的神庙中的神灵排序如下：

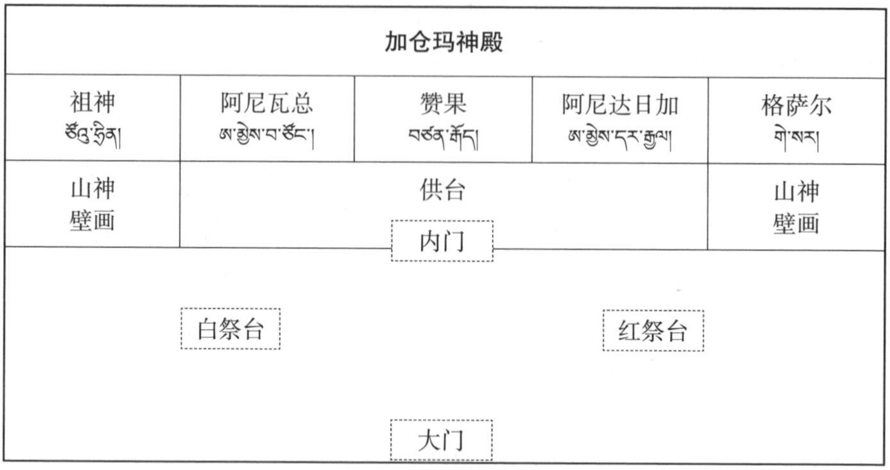

第二节　佛苯道共融:“蔡孜德裕”的山神谱系

与热贡隆务河谷地带的山神一样,“蔡孜德裕”的山神具有多元共融的特点,既包含念、赞、鲁等原始苯教神灵,也包含藏传佛教的护法神和山神,同时还包含着汉藏合璧式的道教神灵,特别是汉藏合璧式的汉神和称之为“将军”的神灵别具一格,这种多元共融的守护神信仰格局,与明、清时期的卫所制度有一定的内在联系。

一、沃果日的山神:阿尼达日加、念钦、瓦总、也通

(一)沃果日集体供奉的山神

1. 主神　阿尼达日加

沃果日的主神为阿尼达日加(ཨ་མྱེས་དར་རྒྱལ། A myes dar rgyal),又称“杰拉阿尼达日加(སྐྱེས་ལྷ་ཨ་མྱེས་དར་རྒྱལ། skyes lha A myes dar rgyal)”。“杰拉(སྐྱེས་ལྷ། skyes lha)”意指“籍贯神”或“出生地神”,全村集体供奉杰拉阿尼达日加。阿尼达日加的山体(གནས་རི། gnas ri)坐落于青海省海东市循化县道帏乡达力加山脉,所以将其神像供奉在村庙内。阿尼达日加也称之为“达日加日郎(དར་རྒྱལ་རི་ལང་། dar rgyal ri lang)”或“达日加木洪(དར་རྒྱལ་དམག་དཔོན། dar rgyal mi dpon）”。据称，与尕泽东的阿尼木洪（ཨ་མྱེས་དམག་དཔོན། A myes dmag dpon）/瓦总日郎（བ་ཙོང་རི་ལང་། ba tsong ri lang）、哈拉巴图的黑日郎（ཧེ་རི་ལང་། he ri lang）为三兄弟，合称“达日加坌孙（དར་རྒྱལ་སྤུན་གསུམ། dar rgyal spun gsum）”。其装束为红脸单面双臂，右手持刀剑，左手持敕令诏书，身穿金盔甲绫罗衣，身骑红色坐骑。详见经文：

བསང་ཡིག་ལས་སྐུ་ཡི་ཆ་བྱད་ནི། ཡུལ་ལྷ་གཞི་བདག་གཙོ་བོ་དར་རྒྱལ་ཆེ། །ཆིབས་སུ་རྟ་མཆོག་དམར་པོ་བཅིབས་པའི་སྟེང་། །སྐུ་མདོག་དམར་པོ་ཞལ་གཅིག་ཕྱག་གཉིས་ཀྱིས། །གཡས་པའི་རལ་གྲི་འཛིན་ཅིང་གཡོན་པ་ཡིས། །འབངས་ལ་བསྒྲགས་པའི་བཀའ་ཤོག་གཉན་པོ་བསྣམས། །སྐུ་ལ་གསེར་ཁྲབ་དར་གྱི་ན་བཟའ་གསོལ། །

译：据经文，其身材具象是，地域主要守护神达日加，乘坐红色骏马一坐骑，通身透红单面双臂膀，右手持有宝剑，其左手持有晓喻百姓一布诏，浑身金甲丝绸绫罗衣。

据称，阿尼达日加为吐蕃时期的一猛将，赤热巴坚时期吐蕃与唐朝在汉藏边界的达力加山交战，吐蕃大将达日加死于战争中，后来变成了该山的山神。而供奉达日加坌孙的尕泽东、哈拉巴图、沃果日村，还有桑格雄亚果、麻果村，据说是吐蕃赞布赤热巴巾时期，吐蕃在达力加山战胜唐军后来到热贡成边的军队后裔，这几个村庄自南向北坐落于隆务河谷东侧。据老人说，这山神三兄弟是自远祖时期就被供奉的，属于跨地域的山神，所以被称为“杰拉”。但又听村民说，阿尼达日加是“加拉རྒྱ་ལྷ། rgya lha”，即汉神，至于阿尼达日怎么变成汉神，下一节详述。信众对达日加坌孙的祈愿，经文中提到：

དྲག་རྩལ་མཐུ་དཔུང་རབ་ལྡན་གཞི་བདག་ཆེ། །དར་རྒྱལ་སྤུན་གསུམ་འཁོར་བཅས་གནས་འདིར་གཤེགས། །བདག་ཅག་མི་ནོར་འཁོར་དང་བཅས་པ་ལ། །ཉིན་གསུམ་བྱ་ར་མཚན་གསུམ་མེལ་ཚེ་མཛོད། །ཕར་འགྲོ་སྐྱེལ་མ་ཚུར་འོང་བསུ་བ་མཛོད། །ཡོ་བ་སྲུང་ལ་ཆང་འཐུང་བརྗེད་པ་བསྐྱུལ། །ལེགས་པའི་ཚེ་སྟོབས་ཉེས་པ་སོགས་ལ་བཤོལ། །མདོར་ན་ཁ་འཛིན་རྒྱབ་བརྟེན་གཡེལ་མེད་དགོས། །བཅོལ་བའི་འཕྲིན་ལས་མ་ལུས་འགྲུབ་པར་མཛོད། །

译：武艺神通广大地方神，达加三兄驻扎在此地，请与我等人财眷三者，每逢三三昼夜常加持，无论出征回归相迎送，不教喝酒忘事惹差错，祈赐福寿忏消诸罪过，总之眷顾护佑无懈怠，所奏祝愿悉数尽成就！

达日加坌孙作为跨地域的、法力无边的山神，人们祈愿能够护佑人、财及眷属安康，祈愿白昼示路、夜晚赐光，欢送去者，喜迎来者，成就信众之托。

图41　阿尼达日加

图42　达力加神山

2. 其他依神　战神阿尼念钦及其家眷

（1）丹拉战神阿尼念钦及其家眷

阿尼念钦（ཨ་མྱེས་གཉན་ཆེན། A myes gnyen chen），又名"念钦破瓦饶合波（གཉན་ཆེན་ཕོ་བ་རོག་པོ། gnyen chen pho ba rog po）"，据说其山体在甘肃省临夏州广河县境内，汉语被称为"太子山"。阿尼念钦为战神，有"扎拉嘉布（དགྲ་ལྷ་རྒྱལ་པོ། dgra lha rgyal po）"，即"战神之王"之称，是安多藏区著名的神山，因处于青藏高原和黄土高原的分界岭，深受汉、藏民族百姓的顶礼膜拜。阿尼念钦及其家眷，包括其妻麻麻勒格（ཡུམ་མ་མ་ལེགས་གུ། yum ma ma legs gu），子赛乔通热嘉布（སྲས་མཆོག་མཐོ་རིས་རྒྱལ་པོ། sras mchog mtho ris rgyal po），子赛乔拉扎西直嘎布（སྲས་མཆོག་བཀྲ་ཤིས་ལྷ་བྲག་དཀར་པོ། sras mchog bkra shis lha brag dkar po）等，担任着护佑沃果日人抵御外来威胁、保卫一方土地之职。经文载：

ཀྱཻ། སངས་རྒྱས་ཤུན་དངོས་པདྨ་འབྱུང་གནས་ཀྱིས། །བཀའ་གཉན་བྲག་ལྡན་གཉན་ཆེན་ཀུན་གྱི་གཙོ། །མདོ་སྨད་ཤར་ཕྱོགས་སྲུང་ཞིང་སྐྱོང་མཛད་པའི། །གཉན་ཆེན་ཕོ་བ་རོག་པོ་འཁོར་བཅས་བསངས། །ཡུམ་གཉན་མ་མ་སྲས་དང་བཅས་པ་བསང་། །མཆོད་དོ་བདག་གི་བསང་མཆོད་འདི་ལ་བཞེས། །

译：表里具足莲花山真佛，威勇具足众念之最，守护多麦广大东方地，敬煨念钦颇哇众将士，敬煨念钦圣母太子众，恭敬所奉供品尽享用。

据经文，阿尼念钦及其家眷为东方的守护神，念钦为各种念神之最。人们祈愿阿尼念钦及其家眷能够护佑众生安康，使人们免遭疾病和灾祸。见经文：

རྣལ་འབྱོར་བདག་ཅག་མི་ནོར་འཁོར་དང་བཅས། །རྟག་ཏུ་སྲུང་སྐྱོབ་གཡེལ་བ་མེད་པ་དང་། །ཉིན་གསུམ་བྱ་ར་མཚན་གསུམ་མེལ་ཚེ་མཛོད། །ཕར་འགྲོའི་སྐྱེལ་མ་ཚུར་འོང་བསུ་བ་མཛོད། །རྐང་གཉིས་མི་ལ་ན་ཚ་མ་གཏོང་ཞིག །ཕྱོགས་བཅུའི་དགྲ་སྡེ་གྱོད་སྡེ་བཟློག་ཏུ་གསོལ། །ཕྱིད་ལ་གཉེར་གཏེར་བཅོལ་བའི་འཕྲིན་ལས་ནི། །གནག་པའི་དགྲ་དགེགས་ཐལ་བའི་རྡུལ་དུ་བཟློག །སློབ་དཔོན་པདྨའི་ཐ་ཚིག་དགོངས་མཛོད་ལ། །འཕྲིན་ལས་རྣམ་བཞི་གང་བཅོལ་མྱུར་འགྲུབ་མཛོད། །

译：祈求瑜伽行者常相佑，我等人与财产与家眷，三昼检点三夜予加持，无论出征回归请迎送，人等无所病恙与瘟疫，消弭十方征战诸祸乱，献上宝物供品示回供，悉数降服敌人与厄运，怀持莲花大师之遗愿，所报事业竟相成就之。

图43　阿尼念钦

图44　麻麻勒格

图45　赛念通热嘉布

图46　扎西拉智嘎布

（2）智僧多杰旺姆/孜孜娘娘

孜孜娘娘，又称“子母娘娘”。“孜孜娘娘”可能为“送子娘娘”的变音，因藏语称之为“柔吉吾毛（རིགས་རྒྱུད་བུ་མོ། rigs rgyud bu mo）”，即繁衍之女。近几年改称为“智僧多杰旺姆（བྲག་སྲིན་རྡོ་རྗེ་དབང་མོ། brag srin rdo rje dbang mo）”，有的地方也称“阿妈贡玛（ཨ་མ་གོང་མ། A ma gong ma）”，即圣母。“孜孜娘娘”为沃果日德哇唯一的女性保护神，是护佑女性、保证沃果日人丁兴旺的女神。有专门的神殿，将其供奉在寺院北山的神庙中，为护佑全村人丁兴旺、子孙繁衍。欲求子之人常常会专门拜祭"孜孜娘娘"。"孜孜娘娘"没有专门的经文。笔者去调查时，沃果日神庙管家道：

孜孜娘娘特别照顾女性，我们德哇女孩长得漂亮、有出息、能够找到好女婿，都是孜孜娘娘的恩德。你看，我们德哇里的女婿一个比一个好，没有一个不成器或刁钻的女婿。你们常驻外地的人，如果不能亲自来拜祭，可以呼其名祈祷，也一样能够获得庇佑。[1]

图47　智僧多杰旺姆/孜孜娘娘

图48　阿尼烟墩

(3) 阿尼曼公

"阿尼曼公(ཨ་མྱེས་མན་གོང། A myes man gong)"是杨加措哇的氏族神，其神殿在杨加措哇一户人家的房顶上，未入沃果日的村庙。杨加措哇现有30余户人家，据说从前只有7户人家。其装束为棕面双目和像，发髻置于头顶，身披绸缎，胸前置有红铜。"阿尼曼公"两侧有两位陪神，左侧为棕面披发怒相，手持链子，身穿袍子披巾；右侧为人身狮面像，手持长矛。"阿尼曼公"俗有达达蒙古仓仓(da da məngu caŋ caŋ 鞑靼蒙古？)之称，但人们不知其意。"阿尼达日加"降神宣谕时，拉哇会说："称之为达达蒙古仓仓的有所闻，未所见，

〔1〕 采访人：笔者；时间：2014年7月9日；受访人：庙官XWCR，男，41岁；地点：沃果日庄庙内；语言：铎话；翻译：笔者。

我会一视同仁，护佑你们措哇之类。”据杨加措哇的人称，“阿尼曼公”是土地公/爷（ས་བདག་རྒྱལ་པོ། sa bdag rgyal po），郭麻日有曼公奶奶（mangoŋ nɛnɛ）的神灵。关于阿尼曼公的来源有这样一则传说：

据说从前康加仓的一位老奶奶在渠间扫树叶时，在一棵杨柳树下的叶丛中发现了三尊佛像，其中两尊见她就飞走了，而“阿尼曼公”被这位老奶奶用扫除压住了，后来赠予杨家仓。也因为如此，每年大年初一，康加仓的一个人（那位老太太的后裔）会到阿尼曼公神殿煨桑，届时杨家仓要给康加仓的老人赠送一份厚礼（一份肉、一瓶酒、一个哈达），以表当年的感激之情。农历十一月二十七日为这位康加仓的老奶奶找到阿尼曼公的日期。[1]

图49　阿尼曼公神像

“阿尼曼公”没有藏文经文，但杨加仓在举行皇孜（皇祀）时有专门念诵的经文。据说此经文为“阿尼曼公”的传记，由特定的世袭家族用较为古老的蒙古语族语言念诵。见下文：

doŋ nə huaŋ nə aodʒəG cə χarcaŋ, ɛlɛ bɛlɛ　从东方的 × × 出现，哎莱拜莱
olə χuəinə cə aŋla dʒə χarcaŋ, ɛlɛ bɛlɛ　从山后 × × 出现，哎莱拜莱
naraŋ cəra nə caŋla dʒə χarcaŋ, ɛlɛ bɛlɛ　× × 太阳月亮出现，哎莱拜莱
rdʑaŋ loŋ məsdoŋ nə nodʒi dʒə χarcaŋ, ɛ lɛ bɛlɛ　攀着柳树出现，哎莱拜莱
çomə mbadi nə tɕoŋ Gardʒə χarcaŋ, ɛlɛ bɛlɛ　× × 着草根出现，哎莱拜莱
çəra gocə nə xonɛ nə xoncə dʒə χarcaŋ, ɛlɛ bɛlɛ　闻着黄色浓烟出现，哎莱

〔1〕 采访人：笔者；时间：2014年7月10日；受访人：XWNJ，男，78岁；地点：沃果日XWNJ家中；语言：铎话；翻译：笔者。

拜莱

fəlaŋ borsəG nə xonɛ nə xoncə dʒə χarcaŋ, ɛlɛ bɛlɛ　嗅着红油饼出现，哎莱拜莱

ɕəra torsoŋ nə xonɛ nə xondə dʒə χarcaŋ, ɛlɛ bɛlɛ　闻着黄油香气出现，哎莱拜莱

ŋ̥ə wi natsa nə ədoG gə dʒə χarcaŋ, ɛlɛ bɛlɛ　驱着人们的疾病出现，哎莱拜莱

ɕəwi goga nə dzoGla dʒə χarcaŋ, ɛlɛ bɛlɛ　消着牲畜的灾害出现，哎莱拜莱

tsən dʐə tsənaŋ nə bɛlɛ dʒə χarcaŋ, ɛlɛ bɛlɛ　背着孙子重孙出现，哎莱拜莱

xarən nəgə nə tsarə χonrən doloŋ də χarcaŋ　十一月二十七日出现，哎莱拜莱

ɛlɛ yaŋdʒa ni mangoŋ　哎莱，从杨家出曼公

dɛdɛ yaŋdʒa，nɛnɛ yaŋdʒa　爷爷是杨家，奶奶是杨家

dʒɛla ji tɕi yo, dʒɛla ji tɕi yo　杰拉伊旗尧，杰拉伊旗尧（迎神时的俗语，不知其意）

从以上传记与传说中可知，“阿尼曼公”的“曼公”可能是“蒙古”的变音，法师降神时也提到：“达达蒙古苍苍有所闻”，这里的“达达蒙古”可能就是汉语里的“鞑靼蒙古”。据《安多政教史》载：“华热地区除赞布时期的赤德（ཁྲི་སྡེ། khri sde）后裔外，还有霍日阔端的将领后裔季家（ཀྱིའི་ཀྱ། kyivi kya）、李家（ལི་ཀྱ། li kya）、鲁吉（ལིའུ་ཀྱ། livu kya）、杨家（ཡང་ཀྱ། yang kya）等。”[1]杨家仓可能是蒙古后裔，杨加仓将其祖先供奉为山神的可能性较大。

（4）将爷木洪

“将爷木洪（ཅང་ཡེ་དམག་དཔོན། cang ye dmag dpon）”是孙家仓的氏族神，又叫“泽晒”。“泽晒”的神像最大的特征为赤脚骑马、披发插梳。据说“泽晒”是皇上的将领，有一日他在家中脱着鞋子、梳着头发时，接到皇上一道出征的敕令，泽晒还没来得及穿鞋、梳头就骑马奔向战场，所以其神像为赤脚披发，梳子还横插在头上。

---

〔1〕 བྲག་དགོན་པ་དཀོན་མཆོག་བསྟན་པ་རབ་རྒྱས་ཀྱིས་མཛད་པའི་མདོ་སྨད་ཆོས་འབྱུང་། 智观巴·贡却乎丹巴绕吉. 安多政教史［M］. 兰州：甘肃民族出版社，1982：28.

图50　将爷木洪

3. 神山——山神　阿尼烟墩与阿尼曼日

沃果日的山神多半为跨地域或外来的保护神，唯有“阿尼烟墩（ཨ་མྱེས་ཡེ་མཐོང་། A myes ye mthong）”的山体在沃果日人的原住址保安上庄东侧。据说从前在烟墩山上有“阿尼烟墩”山神的拉泽颇章（ལབ་ཙེ་ཕོ་བྲང་། lab tse pho brang 祭祀台）和嘉怡母卓玛的奔康（万尊玛尼房），每年要定期举行祭祀仪式。“文化大革命”时被毁，于1997年修复，每年农历正月十三日12点之前，全村男丁要爬到烟墩山进行煨桑祭祀，这种祭祀仪式也被称为“日桑（རི་བསང་། ri bsang）”，汉语为“山祭”，其实“日桑”才是真正意义的神山祭祀。烟墩山将整个热贡收眼于下，若有战况可烧烟为信，烟墩山南侧的卡日吉合（铁城）可做防御。烟墩山作为军事信号传送地，对屯垦戍边的沃果日人来说是极其重要的军事要塞，认为是有灵性的山体，被赋予“阿尼烟墩”的神名，纳入到神灵体系进行崇拜祭祀。祭文中提到：

བཙན་རྒོད་འབར་བ་ཡེ་མཐོང་དྲག་རྩལ་ཅན། །བན་གྱི་ཆ་བྱད་རྟ་མཆོག་དང་དཀར་བཅིབས། །ཕྱག་གཡས་རྒྱལ་མཚན་གཡོན་པས་གཏེར་བུམ་བསྣམས། །ལྷ་གཉེན་ཡེ་མཐོང་གཏེར་བདག་ཅན་གྱི་བདག །རིས་དགའ་གནོད་སྦྱིན་ཚུལ་འཆང་ཞུགས་ཀྱི་འཕྱུར། །སྐབས་འགར་བཙན་རྟར་ཞོན་ཅིང་བཙན་མདུང་འཕེན། །ཡང་ན་མི་དམར་རྟ་དམར་ཅན་གྱི་ཚུལ། །གཅིག་དུ་མ་ངེས་སྤྲུལ་པ་སྣ་ཚོགས་འགྱེད། །གནོད་སྦྱིན་སླུ་བཙན་རང་འདྲའི་འཁོར་དང་བཅས། །རྣམ་མང་མཆོད་པའི་གནས་འདིར་ད་ཚུར་བྱོན།།

译：勇猛神武烟墩者，乘坐白色骏马为坐骑，右手持宝幢，左手持宝瓶，烟墩大神主掌诸宝库，时而悬钩降服黑罗刹，时而战马奔驰袭长枪，时而人马通红现诸相，不一而足多有幻化生，还请现身鲁赞夜叉与，众将大肆奉献之此地。[1]

据“阿尼烟墩”的经文，其装束为骑着白色骏马，右手持宝幢、左手持宝瓶，阿尼烟敦为宝库主，变幻无常，被列为“赞”系列的神。此外供奉“阿尼烟墩”山神的村庄有麻巴冬木干，在他们的经文中阿尼烟墩的形象是：

རིན་ཆེན་ཁྲི་སྟེང་ཟ་འོག་གདན་སྟེང་དུ། །ཡུལ་བདག་ལྷ་བཙན་ཆེན་པོ་གདོང་དམར་ནི། །སྐུ་མདོག་དམར་གསལ་དར་དམར་ལྷབ་ལྷུབ་གསོལ། །དབུ་སྐྲ་རལ་པ་དར་ཐོད་རཏྣའི་བརྒྱན། །ཕྱག་གཡས་ཟངས་ཐྲེང་གཡོན་པ་ནོར་བུ་འཛིན། ། བཞིངས་འགྲོའི་ཆ་ཞུགས་བསམ་འགྲུབ་ངང་དམར་བཅིབས། །སྐུ་ལ་གསེར་ཁྲབ་དབུ་ལ་བསེ་རྨོག་གསོལ། །སྟག་རལ་གཟིག་ཤུབས་འཁོར་གསུམ་སྙེད་ལ་སྒྲས། །གཡས་པས་མདུང་དར་གཡོན་པས་ཞགས་པ་འཛིན། །འཁོར་དུ་ལྷ་ཀླུ་བཙན་དམག་འབུམ་གྱིས་བསྐོར། །

译：在那绫罗席位宝座上，赤面大神大拉赞地祇，通体红亮鲜红旌旗飘，发辫缠头用然那装点，右手持铜珠，左手持宝石，乘坐如意红色一鹅鸟，身披金甲头戴犀角盔，虎豹裘身三等兵器俱，右手持长枪，左手持索套，麾下三界将士百万计。[2]

据麻巴冬木干村的经文，将“阿尼烟墩”列为威猛赤面的赞神系列。赞神一般游荡于悬崖、石山和空间的凶险精灵，在很多情况下与念神属同类。据藏传早期神话，赞神是一个很活跃的精灵，所以阿尼烟墩时而悬钩降服黑罗刹，时而战马奔驰袭长枪，时而右手持长枪，左手持索套，麾下三界将士百万计。在人们的心目中阿尼烟墩是威力无边的守护神，对其期望也甚高。经文载：

འཇིག་རྟེན་རྒུད་པའི་མུན་པ་རབ་བསལ་ཏེ། །ཆོས་འབྱོར་བདེ་སྐྱིད་ལྡན་པའི་མཐུན་རྐྱེན་བསྒྲུབས། །ཐུབ་བསྟན་སྲུང་དང་མཆོག་གསུམ་དབུ་འཕང་བསྟོད། །ཁྱད་པར་བཀྲ་ཤིས་ཆོས་འཕེལ་གླིང་གི་སྡེ། །བཤད་དང་སྒྲུབ་པའི་བྱ་བ་རབ་འཕེལ་ཞིང་། །བདག་ཅག་དཔོན་སློབ་ཡོན་མཆོད་འཁོར་བཅས་ཀྱི། །མི་འདོད་རྐྱེན་ངན་བར་ཆད་ཀུན་ཞི་ཞིང་། །བསམ་པའི་དོན་རྣམས་ཡིད་བཞིན་འགྲུབ་པར་མཛོད། །

译：消弭衰亡世间之黑暗，致力善法幸福之因缘，护卫释门崇敬三具宝，特祝扎西曲培兴佛寺，闻修事业精进有功德，我等师徒施主与信众，一切不欲

---

〔1〕 摘自藏于沃果日神庙里的阿尼烟墩经文，由庙管夏吾才让提供。
〔2〕 摘自麻巴董木干的阿尼烟墩经文。

苦厄俱消释，心有所想悉数得成就！

人们对阿尼烟墩的期望是能够护持佛法、开化黎民百姓，尤其是对扎西群培林寺能够倍加关照，护佑人们万事顺心。

此外，沃果日村正对面的卡日吉合，即汉语“铁城山”，作为沃果日人重要的历史记忆（据说吐蕃在今铁城山置雕窠城），也被纳入到神山的行列，每年农历正月初三和十三日沃果日人必须到铁城山进行煨桑祭祀。沃果日孙家巷道之下的人家叫“卡日吉合多日（མཁར་ལྕགས། mkhar lcags）”，意为“卡日吉合（铁城山）下面”，至今保留着卡日吉合多日的巷道名。

阿尼曼日（ཨ་མྱེས་སྨན་རི། A myes sman ri）为沃果日原住址保安上庄之东南角处的神山，“曼日（སྨན་རི། sman ri）”为藏语“药山”之意，也属以神山名称呼山神名，据说这个山上有很多药草，山神阿尼曼日护佑沃果日人健康长寿。沃果日老法师说：

我们德哇之所以出现许多知名的大夫，是因为我们供奉阿尼曼日之故，阿尼曼日给沃果日人提供了优越的条件和技艺，是受了阿尼曼日的恩泽之故。[1]

神庙内供奉着阿尼曼日的唐卡，但没有神像。据老法师称，沃果日村坐落于四个“托（高）”的神山下，这些神山与贡玛嘉木样（中原皇帝）派来的木洪神共同守护着沃果日德哇黑头百姓的安康。

我们有四个“托（མཐོ། mtho）”的神山，烟墩托博（ཡེ་མཐོང་མཐོན་པོ། ye mthong mtho po）、曼珍托博（སྨན་གྲིན་མཐོན་པོ། sman grin mthon po）、玉火塞托博（གཡུ་ཧོ་རྩེ་མཐོན་པོ། gyu ho rtse mthon po）、孜孜智僧多杰旺姆（ཙི་ཙི་བྲག་སྲིན་རྡོ་རྗེ་དབང་མོ། tsi tsi brag srin rdo rje dbong mo）托博等四个“托博”的山下形成了沃果日德哇，这几个神山是我们真正的地域守护神。阿尼达日加、日郎、瓦总等是贡玛嘉木样（གོང་མ་འཇམ་པའི་དབྱངས། gong ma vjam pavi dbyang）的论布（བློན་པོ། blon po），是木洪（དམག་དཔོན། dmag dpon），是贡玛（གོང་མ། gong ma 皇帝）册封为神的，这些神灵是汉藏两个民族共同的守护神。虽然它们是汉神，但也守护藏区，是汉藏供

〔1〕 采访人：笔者；时间：2014年7月10日；受访人：XWNJ，男，78岁；地点：沃果日XWNJ家中；语言：铎话；翻译：笔者。

奉的神灵。[1]

（二）九个措哇的氏族神

沃果日村共有九个措哇，每个措哇又有自己的茹拉（氏族神）。沃果日松家仓的茹拉为"泽晒"（可能为"祖神"的变音），也有"将爷木洪"之称。王加仓的茹拉为"白赫日郎"，巴彦王加仓的茹拉为"亥日郎"，唐王加仓的茹拉为"泽晒"，尤家仓的茹拉为"念钦"，康加仓的茹拉为"鞑子日郎"，杨加仓的茹拉为"曼公阿爷"，夏尕日龙的茹拉为"念钦"，耿加仓的茹拉为"泽晒"。

沃果日九个措哇集体供奉的保护神							
主神	其他神灵						
籍贯神	战神阿尼念钦及其家眷				龙神	女神	山神
阿尼达日加	念钦	嘛嘛勒格（妻）	司年通热嘉布（子）	拉直嘎布（子）	大龙爷小龙爷	孜孜娘娘	阿尼烟墩

每个措哇各自供奉的氏族神				
氏族神	松家仓	将爷木洪/泽晒（祖神）	ཅང་ཡེ་དམག་དཔོན། /ཙེ་ཧྲེ།	
氏族神	王加仓	白赫日郎	པེ་ཧ་རི་ལང་།	
氏族神	巴彦王加仓	亥日郎	ཧེ་རི་ལང་།	
氏族神	唐王加仓	将爷木洪/泽晒（祖神）	ཅང་ཡེ་དམག་དཔོན། /ཙེ་ཧྲེ།	
氏族神	康加仓	鞑子日郎	ཏ་ཙེ་རི་ལང་།	
氏族神	尤家仓	阿尼念钦	ཨ་མྱེས་གཉན་ཆེན།	
氏族神	杨加仓	曼公阿爷	ཨ་མྱེས་མན་གོང་།	
氏族神	耿加仓	将爷木洪/泽晒（祖神）	ཅང་ཡེ་དམག་དཔོན། /ཙེ་ཧྲེ།	
氏族神	什哈龙	阿尼念钦	ཨ་མྱེས་གཉན་ཆེན།	

〔1〕 采访人：笔者；时间：2014年7月10日；受访人：XWNJ，男，78岁；地点：沃果日XWNJ家中；语言：铎话；翻译：笔者。

二、上下桑格雄的山神：达日加坌松、格萨尔、赞果

上下桑格雄交界处有一座神庙，为上下桑格雄、加仓玛三个村庄共享的神庙，主要供奉达日加坌孙（དར་རྒྱལ་སྤུན་གསུམ། dar rgyal spun gsum），及格萨尔（གེ་སར། ge sar）、赞果（བཙན་རྒོད། btsan rgod）、扎堆（དགྲ་འདུལ། dgra vdul）等，其中达日加坌孙为主神。每个措哇也有自己的氏族神。

（一）上下桑格雄集体供奉的山神

1. 主神　阿尼达日加

阿尼达日加（ཨ་མྱེས་དར་རྒྱལ། A myes dar rgyal），用桑格雄的汉藏混合语也叫“五山老爷”，桑格雄人认为达日加坌孙（达日加三兄弟），为阿尼达日加、阿尼瓦总和赤嘎尤拉三兄弟。与沃果日的阿尼达日加一样，其山体在甘青交界处的达力加山脉，据说在那里的三座高耸的神山上居住着三个山神。青海省海东市循化县道帏乡也有信奉阿尼达日加的村庄。经文载：

བསང་ཡིག་ལས་སྐུ་ཡི་ཆ་བྱད་ནི། ཡུལ་ལྷ་གཞི་བདག་གཙོ་བོ་དར་རྒྱལ་ཆེ། །ཆིབས་སུ་རྟ་མཆོག་དམར་པོ་བཅིབས་པའི་སྟེང་། །སྐུ་མདོག་དམར་པོ་ཞལ་གཅིག་ཕྱག་གཉིས་ཀྱིས། །གཡས་པའི་རལ་གྲི་འཛིན་ཅིང་གཡོན་པ་ཡིས། །འབངས་ལ་བསྒྲགས་པའི་བཀའ་ཤོག་གཉན་པོ་བསྣམས། །སྐུ་ལ་གསེར་ཁྲབ་དར་གྱི་ན་བཟའ་གསོལ། །

译：地方主神达日加，乘坐红色骏马一坐骑，通身透红单面双臂者，右手持有宝剑，其左手持有晓喻百姓一布诏，浑身金甲丝绸绫罗衣。[1]

图51　阿尼达日加（五山老爷）

据经文，其装束为单面红脸双臂，左手持刀剑，右手持敕令诏书，身穿金盔甲绫罗衣，身骑红色坐骑。

2. 其他依神

（1）格萨尔

格萨尔（གེ་སར། ge sar）信仰在“蔡孜德裕”较为普遍，桑格雄供奉的格萨尔神像为红面，右手持矛，左手持宝物，头戴金盔，身穿金甲，胸前挂银

〔1〕 摘自桑格雄神庙里的阿尼达日加山神经文。

盾，身后插彩旗。听老人说格萨尔有好几种，有赞木郎格萨尔（འཛམ་གླིང་གེ་སར། vzham gling ge sar世界格萨尔），岭（གླིང་། gling）格萨尔等，他们所信奉的是“岭格萨尔”，也叫“岭格瓦”。据说格萨尔为扎拉嘉布（དགྲ་ལྷ་རྒྱལ་པོ། dgra lha rgyal po战神）。有关格萨尔的信仰下节详述。

图52　阿尼格萨尔

图53　左为赤噶尤拉，右为扎堆旺秀

（2）阿尼尤拉

桑格雄亚果麻果村集体供奉的还有“阿尼尤拉（ཨ་མྱེས་ཡུལ་ལྷ། A myes yul lha）”。阿尼尤拉又称“赤噶尤拉（ཁྲི་ཀ་ཡུལ་ལྷ། khri ka yul lha）”，实为道教神灵文昌神。文昌神传播到安多地区后被纳入到藏区山神体系中，所以其形象也具地域特色。信奉阿尼尤拉的还有安多地区的赤噶（贵德）、华隆等地。供奉在桑格雄神庙里的阿尼尤拉的装束为白面黑须，左手持智慧剑、右手持彩色宝物，身穿彩绸官服，头戴官帽，胸戴佛珠，为典型的文官形象，外加文殊菩萨的法器，融合了藏文化要素，形成了藏汉合璧式的形象。

（3）扎堆旺秀

山神扎堆旺秀（སྲས་དགྲ་འདུལ་དབང་ཕྱུག sras dgra vdul dbang phyug）为阿尼玛卿（ཨ་མྱེས་རྨ་ཆེན། A myes rma chen）之子，被“蔡孜德裕”中的桑格雄、年都乎等村庄信奉。据说是怙主夏嘎·措周仁卓（ཞབས་དཀར་ཚོགས་དྲུག་རང་གྲོལ། zhabs dkar tshogs drug rang grol）从玛卿雪山将山神阿尼玛卿迎请至热贡地区，其装束在丹洛藏旦增嘉措撰写的经文中提到：

ཁམས་གསུམ་ཟིལ་གནོན་དགྲ་འདུལ་ནི། །སྐུ་མདོག་སྨུག་ནག་ཁྲོ་འཛུམ་བརྗིད་བག་ཅན། །སྐུ་ལ་རིན་ཆེན་སེར་པོ་དང་། །དབུ་ལ་གསེར་རྨོག་རིན་ཆེན་སྤྲ་ཅན་གསོལ། །ཕྱག་གཡས་གནམ་ལྕགས་རྡོ་རྗེ་མཁའ་ལ་འཕྱར། །གཡོན་པས་གསེར་གྱི་ཐུམ་པ་ཐུགས་ཀར་འཛིན། །རིས་དཀའ་བཅིབས་སུ་རྟ་མཆོག་སྨུག་ནག་བཅིབས། །སྐུ་ལ་ལྕགས་ཁྲབ་བེར་ཆེན་སྔོན་པོ་གསོལ།།

དབུ་ལ་རྨོག་དཀར་ཕྲུག་གཡས་དར་མདུང་འཕྱར། །གཡོན་པས་དུང་དཀར་གཡས་འཁྱིལ་ཐུགས་ཀར་བསྣམས། །སྣ་ཚོགས་དར་ཟབ་འཛོལ་བེར་བརྩེགས་པ་ལ། །ནོར་བུ་བསྒྲེ་འི་གསེར་གྱི་སྐེ་རགས་བཅིངས། །རིན་ཆེན་དུང་གི་སག་ལྷམ་ཞབས་ལ་གསོལ། །

译：镇压三界之扎堆大神，全身褐色嗔怒威严相，全身黄色宝石作点缀，头戴宝石镶嵌一头盔，右手举擎天金刚霹雳，左手持金色宝瓶合十，时而乘坐褐色骏马行，身披铁甲与青色披风，头戴白盔右手持长枪，左手托胸持右旋海螺，身着各色绸缎织披风，腰系镶宝金腰带，雪螺宝履穿在双足上。

时而红面怒相，身穿黄袍，头戴金盔，右手扬鞭，左手持宝物；时而身穿蓝甲、头戴白盔骑黑马，右手持矛，左手持白螺，背插彩旗，腰系金腰带，脚穿绣螺鞋。桑格雄供奉的扎堆旺秀的神像形象与后者类同。在经文中提到：

རྨ་ཆེན་སྤོམ་རའི་ཐུགས་སྲས། །ཕྱོགས་བཞིའི་དགྲ་བཞི་འདུལ་བའི། །དགྲ་བགེགས་ཆེམས་ལ་འབེབས་མཁན། །སྲས་མཆོག་དགྲ་འདུལ་དབང་ཕྱུག།

译：爱子扎堆旺秀，乃是玛卿邦拉神之首将，降服四方一切魔敌者。

阿尼玛卿之子扎堆旺秀山神主要负责防御敌人，保护村落一方安宁，属村落保护神。

（4）赞果

桑格雄加仓玛的主神赞果（བཙན་རྒོད། btsan rgod）为人身狮面，属红赞一类的神灵，据说是拉智合俄然巴的护法神，是属护法神变为山神（地域保护神）的类型。从前加仓玛与上下桑格雄一样供奉达日加坌孙（དར་རྒྱལ་སྤུན་གསུམ། dar rgyal spun gsum）。至于如何变成加仓玛的主神，有这样一则传说：

据说桑格雄加仓玛的一位画师到拉卜楞咋亦（ཙ་ཡུས། tsa yus）地方画唐卡时，无论他画什么唐卡都神奇地变成狮子面孔，于是他向上师请示。上师问他："你家乡山上或川间是否有柏木丛？"这位画师回答说："我家乡山上都是柏木。"上师说："狮面属赞类，预示着你们家乡应供奉赞果。"于是这位画师将赞果带回了自己的家乡供奉。[1]

〔1〕采访人：笔者；时间：2014年6月20日；受访人：JX，男，71岁；地点：加仓玛JX家中；语言：安多藏语；翻译：笔者。

在采访中，老人说由于赞果生性刚烈，给被供奉的人们带来了不少麻烦，因此，特请了唯哇·穆潘达瓦仓（བིས་པ་མི་ཕམ་ཟླ་བ་ཚང་། bis ba mi pham zla ba tshang）调伏成较为温和的神灵。其经文中载：

ལྷ་དང་ལྷ་མི་ཆོས་སྐྱོང་སྲུང་མའི་མཆོག །བཙན་གྱི་ཡ་མཆོག་དམར་པོ་སེང་གེ་གདོང་། །གོ་ཁྲབ་གྱོན་ནས་མདའ་གཞུ་ཞགས་པ་འཛིན། །སློག་དམར་འབྲུག་འདྲའི་བཙན་རྟ་དམར་པོ་བཅིབས།།

译：天人共膺护法神之尊，赞界最胜红色狮子面，披挂弓箭索套等兵器，骑乘一匹红色霹雳马。

赞果既为护佑佛法的神灵，又为人间的保护神，是赞之最，狮面者手持裹皮弓箭，身骑快如闪电般的红马。人们祈愿赞果能够护佑人畜安康，财源人丁兴旺，如下文：

མི་ལ་ནད་མེད་ཕྱུགས་ཀྱི་གོད་ཁ་བཟློག་ག །ཚེ་བསོད་སྟོབས་འབྱོར་མངའ་ཐང་རིགས་རྒྱུད་འཕེལ། །འགྲོ་འདུག་ཀུན་ཏུ་ང་སྐྱོབ་མ་གཡེལ་ཅིག །

译：护佑人无疾病牲无疫，财源昌盛、人丁兴旺，祈愿无论行留者皆呵护。

图54　赞果

图55　阿尼羊莱（马家老爷）

（5）阿尼羊莱

阿尼羊莱（ཨ་མྱེས་ཡང་ལེ། A myes yang le），又称“马家老爷”，桑格雄麻果之“马加仓”的措哇供奉的是阿尼羊莱。桑格雄其他措哇的人用汉藏混合语将其称之为“马家老爷”，其神像为羊头人身，也有“羊架老爷”之称。其装束为身骑骡子，左手持剑，右手持宝物。有关马家老爷流传着这样一则传说：

相传皇帝身边有两位大臣打赌是否下雨，一个说不下雨，一个说会下雨，结果马家老爷输了，于是准备在十二时砍头。皇帝偏爱马家老爷，不愿让他受到惩罚，遂将另一大臣请到自己身边故意拖延时间，错过处决时间。但这位机灵的大臣在皇帝身边故意装睡，松懈皇帝的警觉，在睡梦中将其头砍掉，结果皇上给他装了一个羊头。

又一说：马家老爷与加仓玛的赞果打赌，赌输后被砍头，遂将身边的羊头装在自己头上。[1]

也因为此传说，据称在六月份跳“鲁如”时马家老爷与赞果不能相遇，所以，一部分人会抬着赞果的轿子向顺时针方向转圈，另一部分人抬着马家老爷的轿子向逆时针方向转圈。

3. 神山——山神　阿尼玉火塞

桑格雄麻果大寺东北侧山脉矗立着一座高高的山峰，为上下桑格雄集体祭祀的神山，上面住着山神阿尼玉火塞（ཨ་མྱེས་གཡུ་ཧོ་རྩེ། A myes g · yu ho rtse），还有阿尼玉火塞的拉泽颇章（山神祭祀台）。每年农历正月十三日为热贡地区的“日桑（神山祭祀）”，届时各个村落去祭拜各自供奉的神山，上下桑格雄的男丁都会上山到阿尼玉火塞的祭祀台煨桑祭祀。据称阿尼玉火塞是财神，能够护佑上下桑格雄人升官发财，所以去献祭的人很多。老人说，桑格雄人现如今之所以变富裕了，一是国家政策好，二是他们祭拜阿尼玉火塞之故。

---

〔1〕 采访人：笔者；时间：2014年6月20日；受访人：ZHX，男，54岁；地点：桑格雄麻果ZHX家中；语言：安多藏语；翻译：笔者。

（二）每个措哇的氏族神

<table>
<tr><th colspan="7">上下桑格雄、加仓玛集体供奉的山神</th></tr>
<tr><td>主神</td><td colspan="6">其他神灵</td></tr>
<tr><td>达日加
དར་རྒྱལ།</td><td>格萨尔
གེ་སར།</td><td>阿尼瓦总
ཨ་མྱེས་བ་ཙོང་།</td><td>赤噶尤拉
ཁྲི་ཀ་ཡུལ་ལྷ།</td><td>扎堆旺秀
དགྲ་འདུལ་དབང་ཕྱུག</td><td>赞果
བཙན་རྒོད།</td><td>阿尼羊莱
ཨ་མྱེས་ཡང་ལེ།</td></tr>
<tr><th colspan="7">桑格雄麻果每个措哇的氏族神</th></tr>
<tr><td>氏族神</td><td colspan="2">尕拉德哇</td><td colspan="2">格萨尔 གེ་སར།</td><td></td><td></td></tr>
<tr><td>氏族神</td><td colspan="2">侯加德哇</td><td colspan="2">贡保 མགོན་པོ།</td><td></td><td></td></tr>
<tr><td>氏族神</td><td colspan="2">卡日囊德哇</td><td colspan="2">格萨尔 གེ་སར།</td><td></td><td></td></tr>
<tr><td>氏族神</td><td colspan="2">卡日囊马加仓</td><td colspan="2">阿尼羊莱 ཨ་མྱེས་ཡང་ལེ།</td><td></td><td></td></tr>
<tr><td>氏族神</td><td colspan="2">李加德哇</td><td colspan="2">祖神 ཚུའུ་ཧྲིན།</td><td></td><td></td></tr>
<tr><th colspan="7">桑格雄亚果每个错哇的氏族神</th></tr>
<tr><td>氏族神</td><td colspan="2">热勇仓</td><td colspan="2">智噶日坌孙 བྲག་དཀར་སྤུན་གསུམ།</td><td></td><td></td></tr>
<tr><td>氏族神</td><td colspan="2">万果日仓</td><td colspan="2">祖神 ཚུའུ་ཧྲིན།</td><td></td><td></td></tr>
<tr><td>氏族神</td><td colspan="2">英恰仓</td><td colspan="2">格萨尔 གེ་སར།</td><td></td><td></td></tr>
<tr><td>氏族神</td><td colspan="2">宗仓</td><td colspan="2">赤噶尤拉 ཁྲི་ཀ་ཡུལ་ལྷ།</td><td></td><td></td></tr>
<tr><td>氏族神</td><td colspan="2">热阿贡玛仓</td><td colspan="2">格萨尔 གེ་སར།</td><td></td><td></td></tr>
<tr><td>氏族神</td><td colspan="2">加仓玛咋若仓</td><td colspan="2">贡保 མགོན་པོ།</td><td></td><td></td></tr>
</table>

三、年都乎的山神：果木日郎、格萨尔、夏琼、玛卿

年都乎的主神为果木日郎（ཀོ་མོ་རི་ལང་། ko mo ri lang），汉语称二郎神，建有果木日郎神殿，另有格萨尔（གེ་སར། ge sar）、夏琼（བྱ་ཁྱུང་། bya khyung）、玛卿（རྨ་ཆེན། rma chen）的神像供奉在神轿里。

（一）年都乎集体供奉的保护神

1. 主神　果木日郎

据年都乎的老人称，年都乎的果木日郎（ཀོ་མོ་རི་ལང་། ko mo ri lang）与阿尼达日加（ཨ་མྱེས་དར་རྒྱལ། A myes dar rgyal）、赤噶尤拉（ཁྲི་ཀ་ཡུལ་ལྷ། khri ka yul lha）、尕泽东的瓦总日郎（བ་ཙོང་རི་ལང་། ba tsong ri lang）为结拜兄弟。果木日郎神殿的匾额上写着“二郎神殿”四个汉字，由此可见，二郎神传播到热贡地区后赋予了新的神名与形象。据经文，果木日郎及其家眷是受中原皇帝敕令而来到热贡，被授予“果木日郎”神之名。

ཀྱེ། བདེན་མེད་རྟེན་འབྲེལ་ཆོས་དབྱིངས་ལས། །སྣ་ཚོགས་སེམས་ཀྱི་སྒྱུ་འཕྲུལ་གར། །ཡོངས་སུ་འགྱུར་བ་ལས་བྱུང་བས།། ཡུལ་འདིར་གཞི་བདག་དབང་བསྒྱུར་ཞིང་། ། ཆོས་ལྡན་སྐྱོང་བའི་མཐུ་བོ་ཆེ། ། མ་ཧཱ་ཙི་ནའི་བཀའ་དྲིགས་ཀྱི། ། ལུགས་གཉིས་ཁྲིམས་ཀྱི་བྱེད་པོ་མཆོག །ཀོ་མོ་རི་ལང་ཞེས་གྲགས་པའི། །ལྷ་ཆེན་འཁོར་བཅས་གནས་འདིར་བྱོན།། །

译：因缘聚合无常法相中，如梦如幻皆是心中戏，心绪相变中有所出离，此地地祇因而有治所，护法大业故而有能者，马哈支那彼地王法严，创制世间善巧二法者，果木日郎大神大名扬，请与众位将士现此地。

在果木日郎神的祭祀经文中提到：

རྟ་མཆོག་ཅང་ཤེས་སྤྲིན་དཀར་གྱི་ཕུང་པོ་ལྟར་དཀར་ཞིང་། གསེར་གྱི་སྒ་སྲབ་དང་རིན་པོ་ཆེའི་རྒྱན་གྱིས་མཛེས་པའི་སྟེང་དུ་དགྲ་ལྷ་རྒྱལ་པོ་ཀོ་མོ་རི་ལང་། སྐུ་མདོག་དམར་པོ་པདྨ་རཱ་གའི་ལྷུན་པོ་ལྟར་བརྗིད་པ། ཞལ་གཅིག་ཕྱག་གཉིས་སྤྱན་གསུམ་དང་ལྡན་ཞིང་། འཇམ་དབྱངས་གོང་མ་ཆེན་མོའི་བཀའ་རྟགས་ནོར་བུའི་ཐོར་ཚུགས་མཛེས་པར་བྱས་པ། ཕྱག་གཡས་པས་དགྲ་སྲོག་གཅོད་པའི་རལ་གྲི་འཆང་ཞིང་། གཡོན་པས་སྲབ་སྐྱོགས་ཐུགས་དཀར་འཛིན་པ། སྐུ་ལ་དར་གྱི་ན་བཟའ་དང་། དབུ་ལ་གསེར་ཞྭ་གསོལ་བ། ཞབས་ལ་སག་ལྷམ་གོན་ཞིང་དགྱེས་པའི་ཚུལ་གྱིས་བཞུགས་པ། ……

译：在那通体雪白如云朵，金鞍镶宝骏马坐骑上，战神果木日郎正端坐，通体赤红如珊瑚须弥，单面双臂三目具通神，头梳文殊授记宝状顶发髻，左手持对敌夺魂宝剑，右手持慈悲调心缰绳，通身披着绫罗一战袍，头戴金冠足蹬一皮靴，面带微笑威武端坐体。

据经文，果木日郎的神像为红面三目两臂，身穿绫罗绸缎，发以顶髻，头戴金帽，脚穿皮靴，身骑金鞍白马，左手持神剑，右手持马辔。

图56　果木日郎

图57　阿尼玛卿

相传果木日郎为皇上的宝库库主，由于库房被盗，被贬到热贡地区。又说其弟瓦总日郎战败后，皇上将其三兄弟流放到热贡地区。又一说：

果木日郎、瓦总日郎、阿妈贡玛、赤噶尤拉为四兄妹，被流放到热贡地区，到了贡玛山根，阿妈贡玛因脚受伤，不能随同前行，于是四兄妹决定在相互能够看得见的地方驻扎。阿妈贡玛留在贡玛山口，小弟瓦总日郎留驻于尕泽东，赤噶尤拉在贵德和热贡两地留驻，果木日郎来到了年都乎。恰巧年都乎当时没有山神，于是就将果木日郎供奉在年都乎热阿吉合地方的神殿，后迁到现址。[1]

年都乎的西热阿仓为其主要的供主。据说护法神属世间神，僧人不宜拜祭，为了能够协调这一冲突，在果木日郎神前置了一尊小型文殊菩萨像，僧人当作文殊菩萨拜祭。这是一个典型的汉神纳入藏传山神体系时折中的调适方法，在其祭祀仪式中也有体现。

在年都乎果木日朗神殿背后建有果木日郎神的“拉泽（祭祀台）”，于每年农历五月初五（世界公桑日）进行祭祀。依照旧俗，各个措哇各自祭祀自己的山神，但后来全村统一规定在果木日郎神的祭祀台共同举行。在采访中

〔1〕 采访人：笔者；时间：2004年8月1日；受访人：JM，男，68岁；地点：年都乎JM家中；语言：铎话；翻译：笔者。

年都乎老人说道：

以前年都乎八个措哇有各自的拉泽，最大的拉泽由寺院和年都乎洪波共同举行。由于考虑到各自举行拉泽仪式影响民众的团结，于是果木日郎的拉泽统一建置在其神殿的后侧，于每年农历五月初五举行集体的祭祀仪式。届时由四个俄巴（སྔགས་པ། sngags pa）咒师在拉泽的四面进行御敌咒术，寺院派来的几个僧人先插放配有金顶和胜利幢的神箭，之后年都乎洪波（头人）相继插放咒师们绑了天绳的神箭，最后是村民集体插箭。

在祭祀仪式中不但有宁玛派的俄巴参加，还有寺院的僧人参加，而且需由年都乎洪波（土把总）亲自主持，这样的宏观场面应与统治阶层推崇的“国祭”有关。果木日朗神作为皇帝派来的神灵，代表国家象征，所以作为主神来祭祀。老人还提到要给果木日郎神进行装藏仪式，讲道：

据说以前每年祭祀果木日郎拉泽时要给果木日郎神像装藏，需装一条活蛇和一只燕子。有一次神像内的燕子飞出来将哈达和彩绸给弄脏了，于是人们认为用燕子装藏可能太过彪悍，遂改为麻雀。但是后来装藏时发现不是蛇缠麻雀而死，就是各自死去。[1]

这种装藏仪式与盛行于民和三川地区的略同。笔者在青海省海东市民和县安愁拉村调研时，村民提到每年六月至八月人们会抬着二郎神轿在三川地区巡游。于农历十三日到郭家庙时，需要给二郎神装藏，装藏物要以喜鹊、蛇和红鸟。这说明年都乎的果木日郎（汉语称二郎神）与民和三川地区的二郎神同源。人们对果木日郎神祈愿甚多，经文提到：

སྐྱེ་བོ་མ་ལུས་བདེ་སྐྱིད་ཅིང་། །སད་སེར་ཐན་པ་དམག་འཁྲུག་དང་། །ལོ་ཉེས་ནད་རིམས་མི་མཐུན་ཕྱོགས། །མ་ལུས་ཞི་བའི་འཕྲིན་ལས་མཛོད། །ཚེ་བསོད་དཔལ་འབྱོར་རིགས་རྒྱུད་སོགས། །འདོད་དོན་གེགས་མེད་འགྲུབ་པ་དང་། །དགེ་བཅུ་ལས་ལ་རབ་སྤྱོད་པའི། །འཕྲུལ་ཕྱུགས་ཕན་བདེ་འགྲུབ་པ་དང་། །ཞི་ཞིང་དུལ་བར་གནས་པ་དང་། །བྱང་ཆུབ་སེམས་མཆོག་ལེགས་བཟུང་སྟེ། །རང་གཞན་དོན་གཉིས་ལྷུན་གྲུབ་པའི། །སངས་རྒྱས་གོ་འཕང་ཐོབ་པར་ཤོག །

〔1〕 采访人：笔者；时间：2004年8月1日；受访人：JM，男，68岁；地点：年都乎JM家中；语言：铎话；翻译：笔者。

译：祈愿世间有情俱安乐，冰雹寒霜干旱与战争，灾年瘟疫诸多不许事，悉数尽消广播福报惠，人间福寿家禄族荫等，所愿咸亨无故悉成就，奉行十善成就两世福，安住平和端执菩提心，利益人我得道登佛果。

人们祈愿果木日郎神能够护佑世间远离冰雹干旱、战争瘟疫，不生事端，福禄人间。

2. 其他依神

年都乎村集体供奉的山神除了果木日郎外，还有阿尼玛卿（ཨ་མྱེས་རྨ་ཆེན། A myes rma chen）及其子扎堆旺秀（དགྲ་འདུལ་དབང་ཕྱུག dgra vdul dbang phyug）、阿尼夏琼（ཨ་མྱེས་བྱ་ཁྱུང་། A myes bya khyung）和阿尼念钦（ཨ་མྱེས་གཉན་ཆེན། A myes gnyen chen）。

阿尼玛卿（ཨ་མྱེས་རྨ་ཆེན། A myes rma chen）。阿尼玛卿为安多地区最大的山神，属于世界形成之九神，其山体在果洛地区的玛卿雪山。据经文，阿尼玛卿有“ཞི། zhi（息）རྒྱས། rgyas（增）དབང་། dbang（怀）དྲག grags（诛）”四种变化形态。年都乎供奉的阿尼玛卿的装束为，红面双臂，头戴五冠帽，身着绸缎，胸带银铜镜。关于阿尼玛卿山神的来源传说有以下几种：

一说，阿尼玛卿为安多土生土长的本地山神，是果洛阿柔部落的祖先。

又一说，阿尼玛卿为坐落于卫藏山南奥卡的奥德贡杰（འོ་དེ་གུང་རྒྱལ། vo de gung rgyal）之第四子，奥德贡杰有八子，其余都分布在卫藏与康区，唯有阿尼玛卿在多思麦地区。

还有一说，阿尼玛卿来源于印度，是魔国的守门人，后变成白毡神。[1]

而年都乎人记忆中的阿尼玛卿相关传说，夹杂着边缘（果洛地区）与中心（卫藏）的隔阂与交流。年都乎人与阿尼玛卿山神有一则这样有趣的传说：

从前，年都乎的几个人徒步去西藏朝圣，由于路途遥远、崎岖，中途迷失了方向，到了一家供奉阿尼玛卿山神的人家借宿。由于卫藏与安多的方言差别，未能很好沟通，年都乎的人说他们是来自信奉阿尼玛卿山神的安多热贡，但这位东家对安多热贡地区信奉阿尼玛卿表示怀疑。于是这位东家与

---

〔1〕 才贝.阿尼玛卿山神研究［M］.北京：民族出版社，2012：83.

朝圣者一同来到年都乎村，让年都乎的拉哇（法师）请神降神，等阿尼玛卿山神附体后，拉哇用卫藏话发出神谕，这些朝圣者也能够直接用卫藏话进行对话，这一举动使这位东家大吃一惊，使得大开眼界。之后拉哇也给这几位朝圣者画了一幅前往西藏的地图，于是这些朝圣者顺利地到达拉萨，朝拜了大昭寺。[1]

克洛德·列维·施特劳斯说过："神话的本质不在于文体风格，不在于叙事手法，也不在于句法，而在于它所讲述的故事。真正构成神话的成分并不是一些孤立的关系，而是一些关系束，构成成分只能以这种关系束的组合的形式才能获得表意功能。"[2]虽然这个传说具有神话色彩，但建构了在他们的来回互动中，代表藏文化中心的西藏对边缘地区阿尼玛卿山神信仰的质疑到认同的这样一个过程，使中心和边缘达到了沟通与联系。

年都乎人喜欢用阿尼玛卿神起誓，作为最具诚信的保证。

年都乎人还信奉阿尼念钦（ཨ་མྱེས་གཉན་ཆེན། A myes gnyan chen）和阿尼达日加（ཨ་མྱེས་དར་རྒྱལ། A myes dar rgyal），其形象装束均与上述沃果日村的一样，在此不再赘述。有阿尼念钦的降神拉哇。

3. 神山——山神　阿尼夏琼

阿尼夏琼山神（ཨ་མྱེས་བྱ་ཁྱུང་། A myes bya khyung）为暴力枣红大鹏鸟的化身，以上身为大鹏鸟、下身为人身的形象问世，双手持长蛇，双脚踩龙怪。其山体坐落在隆务寺以西的高山，为热贡地区的地域神。据经文，莲花生大师将其降伏为保护神。

ཀྱེ། རིག་འཛིན་ཆེན་པོ་པད་འབྱུང་གིས། །བསྟན་འགྲོ་སྲུང་བར་གཉེར་གཏད་པའི། །རལ་གྱི་སྟོང་གི་གཤོག་པ་དང་། །ཆུ་གྲི་སྟོང་གི་མཇུག་སྒྲོ་ཅན། །གཉན་ཆེན་སེ་ཀུ་ག་ཙ་ཏ། །འཁོར་དུ་གཡུ་འབྲུག་ཁྱུང་གསུམ་དང་། །ཡང་རྩེ་ཚེས་རི་སྤྲུན་གསུམ་དང་། ། ཇ་འདྲེན་ཚང་འདྲེན་དམ་འཛིན་དང་། །མཛོད་འཛིན་ལ་སོགས་གཞི་བདག་རྣམས། །བར་སྣང་ཁམས་ལ་གང་བར་བྱོན། །སྙིང་དུ་སྦྱིན་ཕུང་དཀྱིལ་བཞིན་བཞུགས། །

译：护法教主莲花生所封，百剑千刃化作尾翅者，蔡葛夏琼扎念钦大神，

[1] 采访人：笔者；时间：2004年8月1日；受访人：JM，男，68岁；地点：年都乎JM家；语言：铎话；翻译：笔者。

[2] （法）克洛德·列维·施特劳斯著，张祖建译.结构人类学[M].北京：中国人民大学出版社，2006：225–226.

乘坐龙凤狮三种坐骑，麾下聚集孪生三兄弟，酒水差使及两大管家，诸等地祇遍布虚空中。

但修成四业后可变各种不同形象：

ཀྱེ།འཕྲིན་ལས་རྣམ་བཞི་སྒྲུབ་ཙ་ན།།བཅིབས་སུ་རྟ་མཆོག་དང་དཀར་བཅིབས།།ཕྱག་ན་དར་མདུང་མདའ་གཞུ་བསྣམས། །འཁོར་དུ་ལྷ་ཀླུ་སྡེ་བརྒྱད་ཁྲིད། །མཐུ་ཆེ་རྩལ་དྲག་དཔའ་སྟོབས་མངའ། །

译：安住腾腾翻滚云雾间，呜呼待到四大事功毕，乘坐纯白骏马之坐骑，手持长枪旌旗及弓箭，麾下指挥天龙八部神，神通广大英勇武艺高。

身骑白色坐骑，手持旗矛箭，随从天龙八部，慑高术又勇猛；在行息业时，“རེས་དགའ་མདོག་དཀར་འཛུམ་དཀར་འཕྲོ། །ནད་གདོན་ཞི་བའི་འཕྲིན་ལས་མཛོད། ། 时而面色洁白微笑，病痛魔兆俱消除”；在行增业时呈现出“གསེར་ཁྲབ་གསོལ་ཞིང་གསེར་འོད་འཁྱུག། ཚེ་དང་བསོད་ནམས་རྒྱས་པར་མཛོད། ། 身披金甲金光耀灿灿，福寿连绵赐福德”；而在行怀业时，“བྱུ་རུའི་མདོག་ལ་འོད་དཀར་འཕྲོ། །སྣང་སྲིད་དབང་འདུའི་དངོས་གྲུབ་སྩོལ། ། 若有珊瑚色并发白光，愿赐世间诸权力”；在行诛业时又变成“སྐུ་མདོག་དམར་ནག་མཆེ་བ་གཙིགས། །གོ་ཁྲབ་མཚོན་ཆ་སྣ་ཚོགས་བཅས། །དྲག་པའི་ཆོས་ཀྱི་དགྲ་བགེགས་སྒྲོལ། ། 若是通身暗红咬牙切，消弭兵器诸征战”。藏于年都乎神庙里的由夏日噶丹嘉措撰写的阿尼夏琼经文提到：

སྣང་སྲིད་དྲེགས་པའི་སྡེ་དཔོན་མཐུ་པོ་ཆེ། །འཛམ་གླིང་གེ་སར་དམག་གི་རྒྱལ་པོ་ཆེ། །ཕ་མེས་རྒྱུད་ཀྱི་བརྟེན་པ་བསྲུང་མ་མཆོད། །

译：世间神通强大的长老，世界战争之王格萨尔，供奉世代所依护法神。

年都乎男子在每年六月的“鲁如”山神祭祀仪式中，头戴一种与阿尼夏琼同款的高顶红穗白毡帽，据称其因为他们是阿尼夏琼的士兵。其装束为，红面笑脸，头戴红穗白毡帽，耳戴圆形金环，身穿藏袍，胸挂铜镜，左手持剑，右手持宝物，身骑橘色骡子。据经文，阿尼夏琼能够护佑村民健康长寿，五谷丰登。

图58 阿尼夏琼

དཀར་ཕྱོགས་ལྷ་ཡི་དགེ་བསྙེན་ཁྱོད། །ཡུལ་འདིའི་མི་ལ་ཚེ་རིང་ཞིང་། །ལོ་ལེགས་འབྲུ་ཕྱུགས་འཕེལ་བ་དང་། །བདག་ཅག་བསང་མཆོད་ཕུལ་བ་རྣམས། །བདེ་ཞིང་སྐྱིད་པའི་བཀྲ་ཤིས་ཤོག།

译：尔是纯洁善法皈依者，祈愿此方人间福寿延，五谷丰登牛羊俱兴旺，我等敬奉煨桑供品者，祈愿幸福安康吉祥来。

年都乎人于每年农历六月初一要爬到阿尼夏琼神山上进行煨桑祭祀仪式，来确保来自阿尼夏琼山神的护佑。

（二）各个措哇的氏族神

<table>
<tr><th colspan="6">年都乎集体供奉的山神</th></tr>
<tr><td>主神</td><td colspan="5">其他神灵</td></tr>
<tr><td>果木日郎
ཀོ་མོ་རི་ལང་།</td><td>阿尼玛卿
ཨ་མྱེས་རྨ་ཆེན།</td><td>阿尼夏琼
ཨ་མྱེས་བྱ་ཁྱུང་།</td><td>阿尼念钦
ཨ་མྱེས་གཉན་ཆེན།</td><td>扎堆旺秀
དགྲ་འདུལ་དབང་ཕྱུག</td><td>格萨尔
གེ་སར།</td></tr>
<tr><th colspan="6">年都乎每个措哇的氏族神</th></tr>
<tr><td>氏族神</td><td>年都乎拉卡</td><td colspan="4">阿尼玛卿　扎堆旺秀 ཨ་མྱེས་རྨ་ཆེན། དགྲ་འདུལ་དབང་ཕྱུག</td></tr>
<tr><td>氏族神</td><td>西热阿</td><td colspan="4">果木日郎 ཀོ་མོ་རི་ལང་།</td></tr>
<tr><td>氏族神</td><td>尚工麻</td><td colspan="4">阿尼念钦 ཨ་མྱེས་གཉན་ཆེན།</td></tr>
<tr><td>氏族神</td><td>尚秀麻</td><td colspan="4">阿尼夏琼 ཨ་མྱེས་བྱ་ཁྱུང་།</td></tr>
</table>

四、郭麻日和尕撒日的山神：日郎、格萨尔、夏琼、哑

郭麻日的主神为白赫日郎（པེ་ཧུ་རི་ལང་། pe hu ri lang），其他神灵有格萨尔（གེ་སར། ge sar）、夏琼（བྱ་ཁྱུང་། bya khyung）、念钦（གཉན་ཆེན། gnyan chen）等。

（一）郭麻日

1. 郭麻日集体供奉的山神

（1）主神　白赫日郎

郭麻日的主神白赫日郎（པེ་ཧུ་རི་ལང་། pe hu ri lang），据说与尕撒日的万天佐赫日郎（བན་ཐེན་ཚོ་ཤིང་རི་ལང་། ban then tso shing ri lang）、尕泽东的瓦总日郎

(བ་ཙོང་རི་ལང། ba tsong ri lang)为三兄弟。其来源与其他日郎神一样，都是中原皇帝派来的。据郭麻日斗尕老人说：

长兄尕泽东瓦总日郎，二兄尕撒日万天佐赫日郎，小弟郭麻日白赫日郎三人，是贡玛嘉木样（文殊菩萨皇帝）时期被派到了热贡地区。以前降神时拉哇提到白赫日郎是由萨迦哇索杰仲仁波切（ས་སྐྱ་བ་བསོད་རྗེ་དྲུང་རིན་པོ་ཆེ། sa skya ba bsod rje drung rin po che）收伏后成为了保护神。长兄在河东，两弟在河西，因此每年跳“鲁如”时，河西的郭麻日和尕撒日一起举行山神祭祀仪式。据说从前郭麻日和尕撒日有搭桥从河西到河东来祭拜瓦总日郎之俗，后来由于隆务河水的速流急、势头猛，极易出事故，所以慢慢就不去了。[1]

郭麻日的“邦拉哇”与“蔡孜德裕”的其他拉哇一样，由于是加拉（汉神），也诵读汉文经文，只是由于时间久远，语音语调在蒙、藏语言的影响下发生变化，不易甄别，至于汉文经文的内容下节详述。藏文经文中提到：

དབུ་ལ་རིགས་ལྔ་ལྷ་བུའི་རྣ་ཏུ་ཅན། །ཕྱག་གཡས་ལེབ་ཅེང་རྣོ་བའི་རལ་གྲི་དང་། །གཡོན་པས་རིན་ཆེན་ནོར་གྱི་གཞོང་བ་བཀུགས། །སྨིན་མ་སྨ་ར་སྡུག་ཅེང་ཁྲོ་གཉེར་ཅན། །རབ་མཛེས་གོས་ཀྱི་དྲི་མ་དང་བྲལ་བར། །ལྷ་རྫས་ཁ་བཏགས་དཀར་པོས་རྣམ་པར་བརྒྱན། །

译：头戴五种佛智耳坠者，右手持有锋利的宝剑，左手持有聚宝吉祥盆，浓眉重须面作嗔怒相，穿着精美无垢华丽衣，圣洁白色哈达重重围。

图59　白赫日郎

据经文，白赫日郎的装束为：头戴五冠帽，右手持利剑，左手持宝盆，双眉粗壮呈怒相，不披绫罗绸缎，却以圣物哈达作饰物。

郭麻日神殿里的白赫日郎神像为红面黑须三目，头戴文官长翅帽，身骑彩色麒麟，左手持剑，右手持宝物。

---

〔1〕 采访人：笔者；时间：2013年12月23日；受访人：DG，男，63岁；地点：郭麻日DG家中；语言：铎话；翻译：笔者。

（2）其他依神

战神阿尼格萨尔（ཨ་མྱེས་གེ་སར། A myes ge sar）。郭麻日供奉阿尼格萨尔，特别是被郭麻日香勒措哇的香勒尼芒仓与宗哥措哇，乌让措哇的加瓦仓、勒贡仓供奉为氏族神。郭麻日有专门的格萨尔拉康（神殿），牌匾上题有：

རྒྱལ་ཀུན་སྙིང་རྗེའི་རང་གཟུགས་གངས་རིའི་མགོན། །མ་རུང་དགྲ་སྡེའི་གཤེད་དུ་མངོན་བཞེངས་པ། །དྲེགས་བཙན་དགྲ་ལྷའི་རྒྱལ་པོ་གེ་སར་དང་། །བསྟན་དགྲར་ཧམས་པའི་དཔའ་རྟུལ་སུམ་ཅུ་ལ། །ཕྱི་ནང་གསང་བའི་མཆོད་སྤྲིན་རྒྱ་མཚོ་ཡིས། །གདུང་ཤུགས་དྲག་པོས་མཆོད་ཅིང་ཉེར་བསྐུལ་ན། །བསྟན་འགྲོའི་གཤེད་སྲུང་ནག་ཕྱོགས་ཀླ་ཀློའི་དཔུང་། །ད་ལྟའི་ཉིད་དུ་ཐལ་བར་རློགས་ཤིག་ཀྱེ། །

译：诸佛慈悲化身雪山主，摧毁不法魔敌之将军，威猛勇武战神格萨尔，消灭敌人的三十勇士，事以内外不显之密供，必将荼毒佛法之宏业，因故祈求立摧众魔军。

神殿正中间的供台上，最为中间的是阿尼格萨尔的大神像，左右两侧置有其早期的小塑像与其怒相，神殿的左右两侧壁画上画有格萨尔在战场上左手持剑右手持矛、身骑飞驰骏马的叱咤风韵。据格萨尔的祭祀经文，其装束为：

ཀྱེ། སྔོག་ཞགས་ལྟར་འཁྲུག་རྟ་མཆོག་ལ་ཞོན་ཞིང་། །ཕྱག་གཡས་མདུང་རིང་ནམ་མཁའི་དབྱིངས་སུ་བསྒྲེང་། །གཡོན་པས་བདུད་ཞགས་དགྲ་དང་བགེགས་ལ་འདེབས། །དཔའ་བོའི་ཆས་རྫོགས་དགྲ་ལྷ་རྒྱལ་པོ་བསྟོད། །དམར་འཁྲུག་སྤྱན་གསུམ་སྡང་མིག་དགྲ་ལ་གཡོ། །གངས་རི་ལྟར་གཟེང་ཆེ་ངར་མཆེ་བཞི་གཙིགས། །བསྐལ་པའི་མེ་བཞིན་གཟི་བྱིན་རབ་འབར་བའི། །གེ་སར་དམག་གི་རྒྱལ་པོ་ཁྱོད་ལ་བསྟོད། །

译：乘坐霹雳一般骏马来，右手长枪高擎耸云天，左手索套抛向诸敌厄，兵器俱全战神格萨尔，鲜红怒目三睁投恶敌，坐如雪山咬紧四虎牙，荣光燃烧如贤劫烈火，供奉战争之王格萨尔，礼赞征战之王格萨尔。

格萨尔神殿里的大神像被塑造为典型的藏神形象，即：红脸黑胡，粗眉上翘，头戴金盔，身着盔甲披风，左手持剑，右手持宝碗，胸前挂铜镜。格萨尔作为战神，从经文中可以看出信众对格萨尔期望甚多。譬如：

དེ་ལྟར་ལྷ་ཁྱོད་མཆོད་ཅིང་བསྟོད་པའི་མཐུས། །བདག་ཅག་གཞིས་བྱེས་གང་དུ་འགྲོ་བའི་རྫོང་། །ལས་དང་བྱ་བ་བསམ་དོན་ཡིད་བཞིན་འགྲུབ། །ཚེ་བསོད་སྟོབས་རྒྱས་སྙན་གྲགས་རླུང་རྟ་རྒྱས། །མི་འདོད་རྐྱེན་ངན་ཐམས་ཅད་ཞི་བར་མཛོད། །ཕན་བདེའི་འབྱུང་གནས་རྒྱལ་བསྟན་དར་ཞིང་རྒྱས། །ས་ཆེན་མི་རྗེ་གོང་མ་རྒྱལ་པོ་ཡི། །ཆབ་སྲིད་རབ་བརྟན་འཁོར་འབངས་བདེ་ཞིང་སྐྱིད། །བཀྲ་ཤིས་རྒྱ་མཚོ་ཕྱོགས་ཀུན་ཁྱབ་གྱུར་ཅིག།

译：如此这等供奉大神你，保佑我等无论在何方，不论从事何事悉遂心，长寿成功风马名声扬，所有不顺凶兆俱消弭，幸福之源佛法常兴旺，祈愿大地人杰皇帝者，政教稳固百姓享安乐，吉祥海洋遍洒四方土。

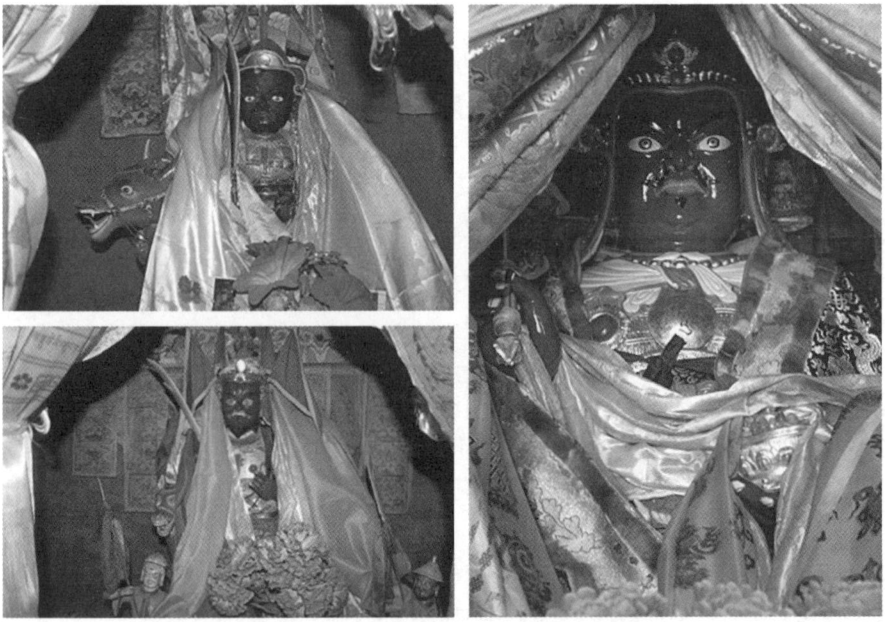

图60　不同时期的阿尼格萨尔神像

阿尼夏琼（ཨ་མྱེས་བྱ་ཁྱུང་། A myes bya khyung）、阿尼念钦（ཨ་མྱེས་གཉན་ཆེན། A myes gnyan chen）。郭麻日供奉的其他山神有阿尼夏琼和阿尼念钦，此二神与上面提及的几个德哇的一样，这里不再详述。

2. 郭麻日每个措哇的氏族神

郭麻日集体供奉的山神				
主神（丹拉）	其他神灵			
白赫日郎 པེ་ཧུ་རི་ལང་།	阿尼夏琼 ཨ་མྱེས་བྱ་ཁྱུང་།	阿尼念钦 ཨ་མྱེས་གཉན་ཆེན།	格萨尔 གེ་སར།	阿尼香香 ཨ་མྱེས་ཤང་ཤང་།

续 表

郭麻日每个措哇的氏族神			
氏族神	德让措哇 དེ་རང་ཚོ་བ།	祖神/将爷木洪	ཙེ་ཧྲུང་། ཅང་ཡེ་དམག་དཔོན།
氏族神	香勒仓 ཤིང་ལུ་ཚང་།	格萨尔	གེ་སར།
氏族神	加瓦勒贡仓 རྒྱ་བ་གླུ་གོང་ཚང་།	格萨尔	གེ་སར།
氏族神	策万仓 ཚལ་བན་ཚང་།	乔炯	ཆོས་སྐྱོང་།

（二）尕撒日

尕撒日村主要信奉的山神是佐赫日郎（ཙོ་ཤིང་རི་ལང་། tso shing ri lang），又称万天佐赫日郎（བན་ཐེན་ཙོ་ཤིང་རི་ལང་། ban then tso shing ri lang），但“咂（གཟའ། gzav）”也是主要神灵，“咂”本属护法神系列，由于尕撒日村常受邻村侵扰，因此迎请厉神“咂”为其保护神。尕撒日村集体供奉的山神还有阿尼念钦、扎堆、格萨尔、白赫日郎等。

1. 尕撒日集体供奉的山神

（1）主神 佐赫日郎

尕撒日的主神为佐赫日郎（ཙོ་ཤིང་རི་ལང་། tso shing ri lang），也属汉神系列，与尕泽东的瓦总日郎（བ་ཙོང་རི་ལང་། ba tsong ri lang）、郭麻日的白赫日郎（པེ་ཧུ་རི་ལང་། pe hu ri lang）为三兄弟。佐赫日郎为手持金刚的化身，其形象为蓝面三目端坐，头戴五冠官帽，身穿绫罗绸缎，左手持法器，右手持宝物。

ལྷ་བན་ཐེན་ཙོ་ཤིང་རི་ལང་། རྒྱལ་པོ་པེན་དཔའ་རི་ལང་། དྲག་པོ་དགྲ་ལ་ཇམ་པའི་སྤྱན་གསུམ་གྱི་བདག་པོ། ཞང་ཐྲི་བྲམས་པ་སྐྱོང་བའི་སྤྱན་གསུམ་གྱི་རྒྱལ་པོ། གཡས་ན་ཤམ་པ་ར་མགོ། དྲང་བདེན་གྱི་གཟུ་པོ། ལེགས་ཉེས་ཀྱི་ཚངས་ཐིག གཡོན་ན་ཤན་པ་ཙུ་ཐུང་། བདེན་རྫུན་ཡིག་ཐོག་ཏུ་འདེབས་མཁན། བརྩོལ་བ་མི་བརྗེད་པར་འཛིན་པ། ཐུ་འགྱུར་རྙིང་མའི་བསྟན་སྲུང་། སྡེ་བརྒྱད་འཁོར་དུ་འདྲེན་མཁན། ཆོས་སྲིད་གཉིས་ཀའི་སྲུང་མ། བསམ་ངན་རྡུལ་དུ་རློག་མཁན། བསྟན་འཛིན་ཆོས་བཞིན་སྐྱོང་མཁན། ཐུགས་རྗེ་སྟོབས་ཀྱི་བདག་པོ། ཕྱག་ན་རྡོ་རྗེའི་སྤྲུལ་པ།

译：万天佐赫日郎，王者白赫日郎，武御外寇三眼之怙主，仁服百姓三眼之明主，左有羊头屠夫喽啰兵，乃是司服公正之证人，评判善恶之准绳规矩，右侧是祖彤屠夫喽啰，乃是记录真假判词者，所报毫厘不爽记忆者，佛法前弘宁玛派护法，天龙八部降为部众者，扶持政教双方大业者，粉碎恶意阴谋使坏者，奉行善戒护持佛法者，推行感恩仁化大力王，种佛金刚持所化身者。

据经文，佐赫日郎是手持金刚的化身，是一个对外奋力抵御、对内慈悲为怀的怙主，成为了宁玛派的护法神，政教怙主。其左置有主持正义、判断好坏的贤巴拉果（ཤན་པ་ར་མགོ། shan pa ra mgo），其右置有记录真假是非、民众诉求的贤巴梓潼（ཤན་པ་ཙི་ཐུང་། shan pa tsi thung），与二郎神的陪神与功能一样。经文最后祈愿部分提到：

ཁྱེད་ལ་བསྟོད་ཅིང་གསོལ་བ་བཏབ་པའི་མཐུས། །བདག་སོགས་གང་དུ་གནས་པའི་ས་ཕྱོགས་དེར། །ནད་དང་དབུལ་ཕོངས་འཐབ་རྩོད་ཞི་བ་དང་། །ཆོས་དང་བཀྲ་ཤིས་འཕེལ་བར་མཛད་དུ་གསོལ། །

译：祈愿我所供奉之功德，保佑我等不论在何地，消弭疾病贫穷与战争，佛法兴盛吉祥显瑞相。

人们祈求怙主，无论在何地都要护佑众生免受灾难、战争、疾病，弘扬佛法，趋吉避险，深刻表达了人们对佐赫日郎的期望。

图61 佐赫日郎

图62 阿尼香香

（2）主神 哑（གཟའ། gzav）

尕撒日主要供奉的保护神之一为“哑（གཟའ། gzav）”，“哑”本属护法神系列，由护法神变为山神。民间有哑果庆毛（གཟའ་རྒོད་ཆེན་མོ། gzav rgod chen mo）之称，原属原始苯教神灵，传说中的“哑”有九个头颅。其形状据经文：

རི་བུམ་པ་འདྲ་བའི་མཐོངས་འོག་ན་བཞུགས་པའི། ཕྱག་ན་རྡོ་རྗེའི་སྤྲུལ་པ། གཟའ་རྒོད་ཁྱབ་འཇུག་ཆེན་མོ། ཁོག་སྟོད་མེ་ལྟར་དམར་བ། ཁོག་སྨད་སྦྲུལ་ལྟར་འཁྱིལ་བ། སྐུ་མདངས་ཤེལ་ལྟར་འཚེར་བ། ཀླུང་ནག་འཚུབ་མའི་ཁ་ རླངས་ཀྱི་རྒྱལ་པོ། ནད་ཡམས་དུག་ཡམས་འབུམ་ཕྲག་གི་བདག་པོ། དྲང་སྲོང་ར་ཧུའི་རྒྱལ་པོ། ལེགས་ཉེས་སྟོན་པའི་ཕོ་ཉ། ལས་ཀྱིས་འཁོར་བའི་སྲུང་མ། གྲིབ་མ་འགྲོགས་པའི་ལྷ་མཆོག ཁ་སྡིག་སྟོང་གི་བདག་པོ། ཁྲོ་རིལ་བརྒྱ་ཡི་བདག་པོ། སྐྱེ་འདིའི་གཞན་ལ་ཤེར་ས། ཕྱི་ཡི་དགྲ་ལ་ངོམ་ས།

译：安住宝瓶一般山脚下，金刚总持种佛所显化。梵天厉煞大遍入天，上身炽热通红如火焰，下身盘绕其间如蟒蛇，通体晶莹透亮如水晶，口喷黑色旋风之大王，万千瘟疫疾病之主神，梵天仙人拉河大王者，乃是明示善恶之使者，守护因果轮回之护法，如影随形守望之大神，千般手眼百十矿藏主，在此世间授业解惑者，抵御外寇张昭恶魔者。

其形象为上身红似火，下身缠如蛇，肤色光如镜。“鲁如”时降“呕”神时，法师头托一副形似蛇、蛙的面具。

至于尕撒日为何供奉“呕”神有一则这样的传说：

以前尕撒日的河滩（གྲམ་པ། gram pa）有一座泉眼。有一天尕撒日的一位老夫人途径泉眼时，看见一条白蛇将要冻死了。这位老夫人看见这一幕心生慈悲，将这条白蛇放进怀里带回了家，蛇就活过来了。蛇为了报答救命之恩，给村民做了不少好事，自此尕撒日人开始供奉它，这条蛇就是现在的“呕却庆毛”。[1]

还有一个版本与此类似，只是这位老夫人救的是一个被隆务河流冲走的有很多眼睛的青蛙。在藏族传统的信念中像蛇、青蛙之类的动物代表着“鲁神”。这个传说略带神话色彩，但实际上表达着藏传佛教的因果报应。还有一种说法比较接近现实：

以前尕撒日是从郭麻日分出去的。尕撒日人想要农田灌溉，就需从郭麻日的水渠引入，因此，每次浇田都要等到郭麻日浇完才能轮到尕撒日，有时还不让引水。为了水利灌溉，两村屡次不和。尕撒日深受欺辱，所以尕撒日人向唯哇·慕潘达娃仓申诉，需要迎请一个厉害的山神击败郭麻日，于是唯哇·慕潘达娃仓将“呕”奉为尕撒日的保护神。[2]

---

〔1〕采访人：笔者；时间：2014年8月11日；受访人：SJ，男，68岁；地点：尕撒日SJ家中；语言：铎话；翻译：笔者。

〔2〕采访人：笔者；时间：2014年8月11日；受访人：SJ，男，68岁；地点：尕撒日SJ家中；语言：铎话；翻译：笔者。

现实生活中尕撒日人深受邻村欺辱，不能敌，遂欲借神灵的力量来抵抗，供奉了比郭麻日人更厉害的神灵。很多民间信仰都兼有选择性和功能性的特点，神灵的供奉并不局限于是否是本族固有的还是外来，只要能够护佑人们达成意愿，就会被供奉。这样就不难理解热贡地区为何也有汉神？尕撒日的老人讲到他们的保护神“咂”的威力时，滔滔不绝：

我们的“咂”非常厉害，据说以前郭麻日和尕撒日为了水源对持时，尕撒日的“咂”跑到郭麻日，顿时郭麻日河滩上的水磨突然倒塌压死了一个人。后来又有一户人家的马掉进深洞解救时，突然山体倒塌，将三人活埋于深洞。由于“咂”神发威致使郭麻日发生了一连串类似的突发事故，于是郭麻日人请求郭麻日活佛来降伏尕撒日的保护神“咂”。当郭麻日活佛念经调伏保护神时，看见墙上的草丛又自燃了，于是发现“咂”神实属难以调伏，遂请求尕撒日的唯哇·穆潘达瓦仓帮忙，经过唯哇仓的调伏，减免了郭麻日的许多灾难。[1]

又说道：

据说当年尕撒日和一个隆务囊索争夺土地，隆务囊索请咒师施法，试图坍塌尕撒日背后的山体，但施咒时由于没有对准，导致其他山体坍塌隔断了隆务河流。虽未能祸害尕撒日人，但由于河流被阻断，遂有水患，这时发现两

图63　神庙里的“咂”神

图64　降神时的“咂”

〔1〕 采访人：笔者；时间：2014年8月11日；受访人：SJ，男，68岁；地点：尕撒日SJ家中；语言：铎话；翻译：笔者。

条蛇将滑坡的土堆弄出了许多蛇洞，使得河水流出，人们认为这是他们的保护神"哑"显灵解救了村民。[1]

（3）其他依神

阿尼香香（ཨ་མྱེས་ཤང་ཤང་། A myes shang shang）。尕撒日人称阿尼香香为"萨德嘉布（ས་བདག་རྒྱལ་པོ། sa bdag rgyal po）"，即土地神，是守护尕撒日一方水土的神灵。阿尼香香的形象为黄面白眉白须，头戴白毡帽，身穿绫罗绸缎，左手持红穗宝剑，右手持山形宝物。阿尼香香的祭祀经文中提到：

ས་བདག་གི་རྒྱལ་པོ་ཨ་མྱེས་ཤང་ཤང་། ས་ཆེན་པོ་སྒར་དུ་བཟུང་མཁན། འབྱུང་བཞིའི་གནོད་པ་སེལ་བའི་སྲུང་མ། ལྷ་ཀླུ་མང་པོས་བཀུར་བའི་གཞན་པོ། བསྟེན་པའི་མི་ལ་ཕྱིར་ཞིང་བརྩེ་བ། བཙོལ་བའི་ལས་ལ་ནར་འགྲུངས་མེད་པ། འདུག་པའི་མཁར་རྫོང་གྱིས་ཞིག ས་དགྲའི་གཞིད་མ་གྱིས་ཞིག ཆུ་དགྲའི་མེ་དཔུང་སྐྱིད་ཅིག

译：土地之王香香土地爷，五指尽攥广阔大地者，消除四大灾害之护法，天鲁两界供奉之共主，加持皈依之人被恩泽，实现祈愿毫厘不爽者，祈愿城墙永固能安居，消弭一切大地之灾害，水灾当头火军来覆灭。

据经文，阿尼香香作为土地神，能够防御山灾、水灾，护佑城中人畜安康。

鲁昂（ཀླུ་དབང་། klu dbang）。或称阿尼鲁王（ཨ་མྱེས་ཀླུ་དབང་། A myes klu dbang），为鲁神之王。"鲁"为苯教神灵"拉、鲁、念"中的"鲁"类神灵。一般在生活在地底界，人们普遍认为"鲁"在有河水或泉水的地面森林或地下水中，所以不让小孩在河边或有泉眼的丛林中大小便，以防触犯"鲁"神而得"鲁"病。将"鲁"神视作守护神供奉祭祀，以免受水灾、洪灾、鲁病等灾难。在经文中提到：

ཀླུ་དབང་ཁྱབ་འཇུག་ཆེན་མོ། །ཕྱི་དགྲ་འཇོམས་པའི་རྒྱལ་པོ། །ནང་དམེ་སེལ་བའི་གཉེད་མ། །ཡོངས་སྤྱོད་གནང་བའི་ནོར་ལྷ། །ཆོས་པ་རྣམས་ཀྱི་སྲུང་མ། །མཐུ་སྒྲུབ་རྣམས་ཀྱི་མཆོད་ལྷ། །ཀླུ་རིགས་རྣམས་ཀྱི་དེད་དཔོན། །གཉོམ་ཆུང་རྣམས་ཀྱི་རྒྱབ་རྟེན། །

译：鲁界大神梵天遍入天，摧毁外敌消除内贫者，赏赐五蕴享受之财神，比丘护法修行者供神，鲁界舵主弱者之依靠。

［1］　采访人：笔者；时间：2014年8月11日；受访人：SJ，男，68岁；地点：尕撒日SJ家中；语言：铎话；翻译：笔者。

据经文，鲁神不仅是抵御外来侵略的守护神，还是消除病魔、赐予财宝的神灵。同时也是修行者的护法、弱者的依靠，众鲁神之王，法力无边，能够赐予黑头百姓无限福泽。

尕撒日的其他依神还有念钦（གཉན་ཆེན། gnyan chen）、扎堆（དགྲ་འདུལ། dgra vdul）、白赫日郎（པེ་ཧུ་རི་ལང་། pe hu ri lang）、格萨尔（གེ་སར། ge sar）等，与上述其他德哇略同，遂不再详述。下表为尕撒日集体供奉的保护神与氏族保护神。

2. 尕撒日每个措哇的氏族神

<table>
<tr><th colspan="7">尕撒日集体供奉的山神</th></tr>
<tr><td>主神</td><td colspan="6">其他神灵</td></tr>
<tr><td>佐赫日郎
ཚེ་ཧུ་རི་ལང་།</td><td>咂
གཟའ།</td><td>香香
ཤིང་ཤིང་།</td><td>念钦/扎堆
གཉན་ཆེན།/
དགྲ་འདུལ།</td><td>格萨尔
གེ་སར།</td><td colspan="2">白赫日郎
པེ་ཧུ་རི་ལང་།</td></tr>
<tr><th colspan="7">尕撒日每个措哇的氏族神</th></tr>
<tr><td>氏族神</td><td colspan="2">杨加仓 ཡང་རྒྱ་ཚང་།</td><td colspan="2">孜总（祖神）ཙེ་ཙོང་།</td><td></td><td></td></tr>
<tr><td>氏族神</td><td colspan="2">郭日豆措哇 འགོར་གདུགས་ཚོ་བ།</td><td colspan="2">孜总（祖神）ཙེ་ཙོང་།</td><td></td><td></td></tr>
<tr><td>氏族神</td><td colspan="2">亚果日措哇 ཡ་སྐོར་ཚོ་བ།</td><td colspan="2">格萨尔 གེ་སར།</td><td></td><td></td></tr>
<tr><td>氏族神</td><td colspan="2">亚果日松家仓 སུན་རྒྱ་ཚང་།</td><td colspan="2">加唐 རྒྱ་ཐང་།</td><td></td><td></td></tr>
</table>

第三节　和而不同：一种非典型的山神信仰

人类学家布朗在论述宗教与社会的关系时指出：“社会人类学的宗教研究就是要把那些大量的宗教和宗教崇拜与它们各自的社会联系起来加以研究。如果不把宗教放到它与其他社会制度的关系中考察，我们就不能很好地理解宗教。”[1]热贡“蔡孜德裕”多元的民间信仰也只能从大的社会

〔1〕（英）拉德克利夫–布朗著，潘蛟等译．原始社会的结构与功能［M］．北京：中央民族大学出版社，1999：182.

背景及文化空间中才能得以解释。“在守护神信仰这种集体表象背后，是社区人民应对现实社会诸多焦虑的一套文化机制和社会对自身的一种分类意识。人们对山神的信仰其目的并不是超自然本身，而是假借超自然的力量观照社会，人们最终所关注的是社会和人事的实际问题。”[1] 索端智教授所述正验证了热贡“蔡孜德裕”山神体系中构建的汉神或“将军神”信仰。

一、赞、念、咂、鲁：兽面人体的苯教神灵

苯教信奉五界神灵：天上有神（ལྷ། lha），空间有垛（གཏོད།），山上有“念（གཉན། gnyan）”，地下有“萨达（ས་བདག sa bdag）”，水里有“鲁（ཀླུ། klu）”。后把天上的神（ལྷ། lha）和空间的垛（གཏོད། gtod）合为“神（ལྷ། lha）”，岩石上的赞（བཙན། btsan）和山上的念（གཉན། gnyan）、地上的“萨达（ས་བདག sa bdag）”合为“念（གཉན། gnyan）”，这五组神灵简称为神（ལྷ། lha）、鲁（ཀླུ། klu）、念（གཉན། gnyan）三界神灵。即，“上空为神（ལྷ། lha）界、中空为念（གཉན། gnyan）界，地下为鲁（ཀླུ། klu）界”。[2]按色彩分为：白色神类、黑色魔类、红色赞类、杂色咂（གཟའ། gzav曜）类、蓝色龙类、黄色念类、紫褐色穆类、绿色土地神类。[3]“蔡孜德裕”的山神谱系中保留了诸多原始苯教神灵。从上部的神、中部的赞/念，下部龙，都在山神信仰中得以体现。譬如桑格雄加仓玛所供奉的红色赞神“赞果（བཙན་རྒོད། btsan rgod）”，沃果日、郭麻日所供奉的念神“阿尼念钦（ཨ་མྱེས་གཉན་ཆེན། A myes gnyan chen）”，尕撒日所供奉的咂（曜）神“咂乔庆毛（གཟའ་མཆོག་ཆེན་མོ། gzav mchog chen mo）”，年都乎、尕撒日、沃果日所供奉的鲁神“鲁昂恰玖庆毛（ཀླུ་དབང་ཁྱབ་འཇུག་ཆེན་མོ། klu dbang khyab vjug chen mo）”，尕撒日所供奉的土地神“阿尼香香（ཨ་མྱེས་ཤང་ཤང་། A myes shing shing）”等。其神像仍保留着典型的兽面人体形象，有狮头人身的“赞果”、有羊头人身的“阿尼羊莱（ཨ་མྱེས་ཡང་ལེ། A myes yang le）”和“贤巴拉果（ཤན་པ་ར་མགོ། shan pa rwa mgo）”、有九头人身的“咂（gzav གཟའ།）”神等。据古藏文文献《五部遗教 · 鬼神部》所载“念”共有七种：（1）人身羯（羊）头的年托杰哇；（2）人身鸡头的年藏托

〔1〕 索端智.藏族信仰崇拜中的山神体系及其地域社会象征：以热贡藏区的田野研究为例[M].思想战线，2006（2）.

〔2〕 苯教信奉五界之说得到兰州大学阿旺嘉措老师指教。

〔3〕（奥地利）勒内 · 德 · 内贝斯基 · 沃杰克维茨著，谢继胜译.西藏的神灵与鬼怪[M].拉萨：西藏人民出版社，1993：357.

杰;(3)人身狼头的年卡羌杰……等人身兽面的神灵。[1]苯教的龙神也并不以某种动物的原形神像,而是半人半兽的形象。苯教典籍《十万龙经》中有人身蛇头、人身马头、人身狮头、人身熊头、人身虎头、人身龙头、人身鼠头、人身羊头、人身豹头、人身猪头、人身孔雀头等图像的记载。[2]此外,《西藏的神灵与鬼怪》一书中提到多种兽首人身的苯教神灵。藏传佛教传入藏区后,将藏族本土文化和苯教神灵以护法神和地方保护神的形式纳入藏传佛教山神体系中,担任护卫佛法、维护教义、守护一方水土之职。赞(bzan བཙན།)神、咂(gzav གཟའ།)神与鲁(klu ཀླུ།)神虽被列为藏传佛教山神体系,但不以山为地标和驻锡,是山神的一种形态。一般被供奉在山神庙里,祭祀时与山神一同祭祀,没有特别的仪轨。

二、拉孜与日桑:以山为坐标的本地或跨地域的山神

在藏族传统文化中,"域拉意达(ཡུལ་ལྷ་གཞི་བདག yul lha gzhi bdag)是以山为附着体,护佑一方水土的地域守护神。藏族神话中俗有"སྲིད་པ་ཆགས་པའི་ལྷ་དགུ། srid pa chags pavi lha dgu",即"世界形成之九大山神"之说。山神之父沃德贡杰及卫藏山南的雅拉香波(ཡར་ལྷ་ཤམ་པོ། yar lha sham po)、藏北的念唐拉(གཉན་ཆེན་ཐང་ལྷ། gnyan chen thang lha)、日喀则的诺金岗桑(གནོད་སྦྱིན་གངས་བཟང་། gnod sbyin gangs bzang)、巴颜喀拉山北玉树的觉卿董热(ཇོ་བོ་སྒྱོགས་ཆེན། jo bo sgyogs chen)、果洛的玛卿邦热(རྨ་ཆེན་སྤོམ་ར། rma chen spom ra)等,形成了青藏高原及其周边的古今山神体系。它们在整个青藏高原及其周边派生了"十二丹玛""长寿五姊妹""四大念青"" 二十一个格年(居士)山神""卫藏四大名山""十一个多康索朵""六岗十二奚达"等千千万万个藏传佛教山神群。[3]它们虽然分布于青藏高原及其周边(包括喜马拉雅南缘与西缘不同地区),但没有地域界限和教派局限,是在"赞布林吉桑"公祭仪式中被迎请、供奉、祭祀的传统的大神。这些山神多半以高山为其附着体,被归为"念"一类的山神。"蔡孜德裕"的山神体系中除保留有以上原始苯教神灵外,还包含典

〔1〕 多识仁波切.藏学研究甘露[M].兰州:甘肃民族出版社,2003:23.

〔2〕 班班多杰.藏传佛教思想史纲[M].上海:上海三联书店,1992:13.

〔3〕 Ncbesky Rene. *Oracles and Demons of Tibet: The Cult and Iconography of the Tibetan Protective Deities*. NewDelhi. Pilgrims Book House, 1998: 203–230. 引自兰州大学英加布的博士论文《域拉奚达与隆雪措哇:藏传山神信仰与地域社会研究》。

型的以山为坐标的真正意义的山神。

拉孜（ལབ་ཙེ། lab tse）。山神祭祀仪式分“集桑（སྤྱི་བསང་། spyi bsang 公祭）”和“格日桑（སྒེར་བསང་། sger bsang 私人祭祀）”两种。公祭山神是藏传山神信仰的主要形式。藏语称之为“赞部林集桑（འཛམ་གླིང་སྤྱི་བསང་། vzham gling spyi bsang 世界公祭日）”，于每年农历五月十五日以部落或村落为单位在自己的祭祀场——“拉孜”举行祭祀仪式。[1]包括“蔡孜德裕”的热贡人，也举行“拉孜”祭祀仪式（有的村落于农历五月九日举行）。“拉孜”一般在山顶或垭口，由一个中心“拉孜（祭坛）”和十三个子拉孜组成。中心拉孜一般为村落或部落的主神，而十三个拉孜据说代表十三位战神。仪式内容包括桑乔（བསང་མཆོད། bsang mchod 煨桑）、达朵巴（མདའ་གཏོད་པ། mdav gtod pa 插箭）、挂经幡、撒隆达（རླུང་རྟ། lung rta 风纸质马）、鸣枪放炮、诵经文、降神等活动。祭祀仪式完毕后，举行露营聚会、赛马、唱歌等活动。像年都乎主祭夏琼山神，当日所有男士肩扛神箭杆和手提祭品爬到热贡境内最高的神山蔡葛夏琼山（སེ་ཀུ་བྱ་ཁྱུང་། se ku bya khyung），举行隆重的山神祭祀仪式。年都乎人还会在藏历马年到玛卿雪山转山朝拜（གངས་སྐོར། gangs skor）。像沃果日、桑格雄主祭阿尼达日加山神，一般以村为单位在本村高山处的祭祀台“达日加拉孜（དར་རྒྱལ་ལབ་ཙེ། dar rgyal lab tse）”集体祭祀。但也有人亲赴甘青界处（西倾山与宗拉山的分界线）的大力加山祭祀，绕转达日加神湖（དར་རྒྱལ་བླ་མཚོ། dar rgyal bla mtsho）朝拜（མཚོ་སྐོར། mtsho skor）。

日桑（རི་བསང་། ri bsang）。于农历大年初三、初十三会到称之为“尼日（གནས་རི། gnas ri）”的神山祭祀，这种祭祀仪式称之为“日桑”。这些“尼日”一般在各个村落附近最高的山峰，每座“尼日”有一位被称为“尼德合（གནས་བདག gnas bdag）”的神山，可理解为本地山神。比如说沃果日人会在村东的也通山（烟墩山），药王山、卡日吉合（铁城山）山进行煨桑祭祀，挂经幡、抛洒“隆达（རླུང་རྟ། lung rta 风马）”、鸣枪放鞭炮，因也通山上有“阿尼也通（ཨ་མྱེས་ཡེ་མཐོང་། A myes ye thong）”护佑村民财产与土地，药王山上有“阿尼曼日（ཨ་མྱེས་སྨན་རི། A myes sman ri）”护佑村民健康长寿；桑格雄的东北角有高高

---

〔1〕 据敦煌古藏文文献ITJ368，“赞部林集桑”系吐蕃夏季大型山神祭祀活动之一，于每年藏历5月15日举行。据说此日期正是松赞干布于公元641年的藏历五月十五日颁布吐蕃法典之日。详见西北民大英加布副教授的博士论文《域拉奚达与隆雪措哇：藏传山神信仰与地域社会研究》。

的玉火塞神山（གཡུ་ཧོ་རྩེ། g・yu ho rtse）及称之为“诺日拉（ནོར་ལྷ། nor lha）”的财神“阿尼玉火塞（ཨ་མྱེས་གཡུ་ཧོ་རྩེ། A myes g・yu ho rtse）”等。

三、“十二个日郎/木洪”：国家权力的介入与“汉神”信仰

（一）十二日郎

民间有“十二日郎，十二武神、十二嘉党”之说。除了十二日郎之称，其余的民众也不知其二。热贡地区的这些日朗神也被称为木洪神（དམག་དཔོན། dmag dpon将军神），据说热贡有十二日郎或十二木洪，这与热贡有十二部落相衬。就如临洮的十八部落与十八位湫神一样。至于是否真正有十二个，没有人能够数全。现存的日郎神有七，即年都乎的果木日郎（ཀོ་མོ་རི་ལང་། ko mo ri lang）、尕撒日的佐赫日郎（ཚོ་ཧུ་རི་ལང་། tso hu ri lang）、郭麻日的白赫日郎（བེ་ཧུ་རི་ལང་། be hu ri lang）、尕泽东的瓦总日郎（ཝ་ཚོང་རི་ལང་། wa tsong ri lang）、哈拉巴图的亥日郎（ཧེ་རི་ལང་། he ri lang）、麻巴冬木干的金泽日郎（ཅིན་ཙི་རི་ལང་། jin tsi ri lang），沃果日唐王家仓的鞑子日郎（ད་ཙི་རི་ལང་། da tsi ri lang）等。

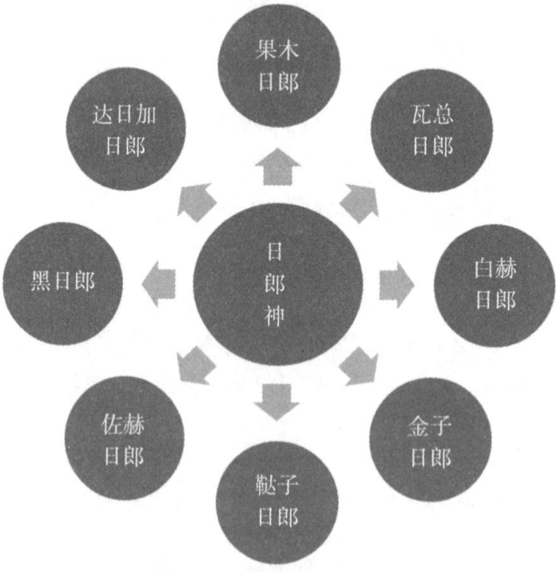

图65　日郎神的多种称谓

关于热贡地区的日郎神的来源，由于附会了本民族的理解与形象的改造，难以定论。但所有“日郎”背后有一个共同特点，即都是中原皇帝派来的，为“加拉（རྒྱ་ལྷ། rgya lha 汉神）”。日郎兄弟中的阿尼瓦总或阿尼木洪，作为十二日郎中的第八个，其来历较为明确。

阿尼瓦总的经文中称：

ཀྱེ། ལྷ་གཉན་ཆེན་པོ་ཁྱོད། ཤར་ཕྱོགས་རྒྱ་ནག་ཕོ་བྲང་དུ། །གོང་མ་རྒྱལ་པོའི་སྤྱན་སྔ་རུ། །བོད་དུ་བྱོན་པའི་ཁས་བླངས་པས། །རེབ་གོང་ཡུལ་འདི་གཉེར་དུ་གཏད། །སྤྱན་སྔར་ཁས་བླངས་དམ་བཅས་བཞིན། །མཚན་ནི་ཝ་ཚོང་རི་ལང་བརྗོད། །
kye/ lha gnyan chen po khyod/ shar phyong rgya nag pho brang du/ bod du byon pavi khas blang bavi/ reb gong yul vdi gnyer du gtad/ spyan sngar khas blangs dam bcas bzhin/mtshan ni wa tsong ri lang brjod/

译：呜呼！念钦大神你乃是，东方汉地皇宫御殿前，曾经发愿到此藏地来，守护热贡这方土地，恪守誓言终无反悔者，众人讳为瓦总日朗。

据经文，“阿尼瓦总（ཨ་མྱེས་ཝ་ཚོང་། A myes wa tsong）”是被汉地皇上派来守护热贡的，所以藏语也叫“阿尼木洪（将军神/军爷）”，以军神的身份被热贡信徒所供奉。专门建有阿尼瓦总神庙，藏语称“（དམག་དཔོན་ཁང་། dmag dpon khang）”，即将军庙。殿内主供“阿尼瓦总”，其左右两侧壁画画有贤巴拉果和贤巴梓潼，门口匾额写有“二郎神殿”四个字。其形象据经文：

ཁྱེད་ཀྱི་སྐུ་ཡི་ཆ་ལུགས་ནི། །བཅིབས་སུ་རྟ་དཀར་གཡུ་རྫོགས་བཅིབས། །གོས་སུ་གསེར་ཁྲབ་སེར་པོ་གྱོན། །ཟས་སུ་ཤ་ཁྲག་ལ་དགའ། །དབུ་ལ་གསེར་གྱི་རྨོག་ཞུ་མནབས། །དཔྲལ་བར་ཤེལ་གྱི་མེ་ལོང་མཛེས། །ཞལ་གཅིག་ཞག་གཉིས་སྤྱན་གསུམ་ལྡན། །ཕྱག་གཡས་མཚོན་ཆ་རྣོན་པོ་ཐོགས། །ཕྱག་གཡོན་སྲབ་མདའ་འཛིན། །འཁོར་དུ་དམག་མི་བསམ་མི་ཁྱབ། །རྣམ་འགྱུར་སྣ་ཚོགས་སྟོན་མཛད་པའི། །དམག་དཔོན་ཝ་ཚོང་འཁོར་བཅས་བསྐོད། །

译：要说尊者体相与穿着，乘坐白毛碧尾一骏马，披金甲喜啖鲜血肉，头戴金盔额头明镜耀，昼夜睁观三眼具神通，左手持刃右手持缰绳，麾下将士百万不可计，显化各种形象无琢磨，供奉瓦总大将众军士。

阿尼瓦总身骑白马，身着黄色金铠甲，头戴金盔，额上镶有玻璃镜，单面双臂三眼，左手持锋利武器，右手持伏法绳索，嗜好血肉，麾下兵千万，息怒表情千万种。毫无疑问，阿尼瓦总为二郎神，民间相传阿尼瓦总的老家在四川，从四川来的。阿尼瓦总的来源及尕泽东的因缘有这样一则传说：

据说以前明朝时期的一个皇帝，命令法力无边的阿尼瓦总天神，在一个昼夜间到达安多多思麦的嘎斯必（གར་རྩེབ་པའི་ས། gar rtseb pavi sa）地方，为佛法和众生服务。于是阿尼瓦总化作一只鸽子，在太阳初升之际消匿在的吉沃卡日（ཇུ་བོ་མཁར། ju bo mkhar）之上方（似为铁城山）。有一天，与一个年轻美貌的女子相遇时，这个吉沃卡尔里的神灵突然说话了，这位女子感到万分神奇，于是把他请到家里供养，大伙儿都将其称之为会说话的吉沃（石头）。后来皇帝派使者来查实，女子如实禀告。得知此事后，使者异常高兴，立刻传信给皇帝。皇帝得知后不但给这位女子很多酬金，还在吉沃卡日城上修建了神庙，供请了神像。这个来自四川的将军与藏区发生联系，至今已历经五代之久，因福泽众神，声名远扬，也因为受了皇帝的命令到达此地，自此这个地方叫尕泽东。[1]

这个传说带有很浓的神话色彩，如果我们像列维斯特劳斯一样将这些神话的外衣剥去、解构深层蕴意时，我们能够发现一些信息：这位阿尼瓦总是四川来的，奉皇帝之令来到热贡，听闻被民间接受、供养后广建神殿、塑神像，发扬传播。这个传说同时也说明了阿尼瓦总身为外来神灵，并非民间自古被供奉，是受皇帝敕令，朝廷出资修建，渐被人们接纳。

至于这十二个日郎有人认为是二郎神的各种变异。其中几个日郎有一个共同的特点是三只眼，但有时阿尼达日加也叫达日加日郎，达日加、鞑子日郎为双眼，与二郎神典型的形象不符，仍以“日郎”称之，所以“日郎”并不特指二郎神，它成了一个代名词。这些日朗神或木洪神有一个共同的来源，即中原皇帝派来的，为战（军）神，但有时也有龙神的功能。日郎神在热贡地区成了一个军神兼龙神的指代词。就像洮岷地区的十八位湫神既为军神，也为龙神。这个日郎代表着国家意志。正如瑞士语言学家费尔迪南·德·索绪

〔1〕 སྙིང་ལྷགས་ཀྱིས་གཙོ་སྒྲིག་བྱས་པའི་རྨ་ལྷོ་ཁུལ་ས་མིང་རིག་གནས་བཤད་འགྲེལ། 娘吉合编著.黄南州地名历史文化释义［M］.兰州：甘肃民族出版社，2011：127.

尔所说："在不同的能指背后又存在着一个共同的所指。"[1]日郎神作为一种神灵的指代词，不同面目的日郎神背后隐藏着不同的特定社会群体，为了满足不同群体的信仰需求，塑造成不同的形象，但有个共同的所指，即作为代表国家权威象征的符号。

依据各个村落的亲属关系，日郎神有其亲属链。有一种说法是，尕撒日的佐赫日郎、郭麻日的白赫日郎、尕泽东的瓦总日郎为三兄弟；另一种说法是，年都乎的果木日郎、尕泽东的瓦总日郎、赤噶尤拉（ཁྲི་ཀའི་ཡུལ་ལྷ། khri kavi yul lha 文昌神）、阿妈贡玛（ཨ་མ་གོང་མ། A ma gong ma）是四兄妹；还有一种说法为尕泽东的瓦总日郎、哈拉巴图的黑日郎、沃果日的阿尼达日加日郎为三兄弟；还有一说为桑格雄的阿尼达日加、阿尼瓦总（瓦总日郎）、赤噶尤拉为三兄弟（见图66—69）。

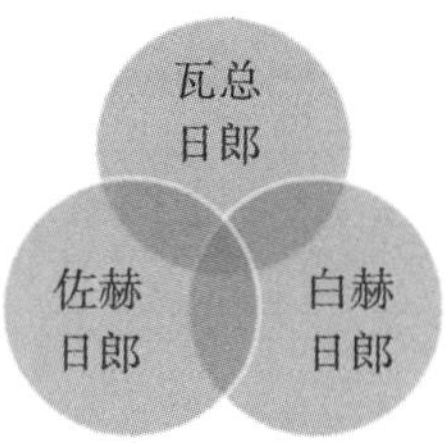

图66　流传于郭麻日的日郎三兄弟

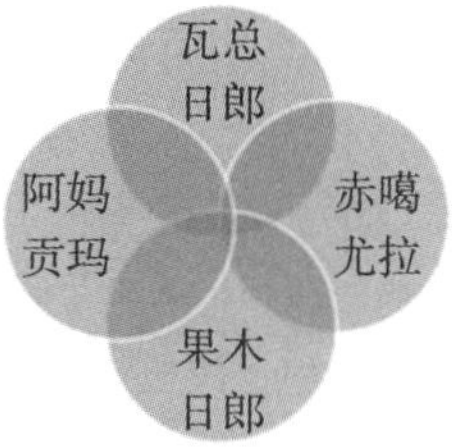

图67　流传于年都乎的日郎四兄妹

图68　流传于沃果日的达日加三兄弟

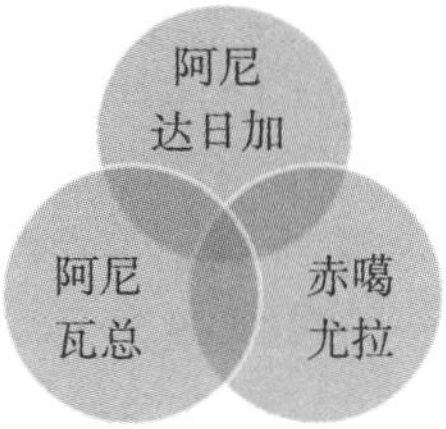

图69　流传于桑格雄的达日加三兄弟

从这些山神亲属链中可以看出，除了二郎神外，还有赤噶尤拉（文昌神）、达日加（五山老爷/常遇春）、将爷木洪（祖神）、阿妈贡玛（娘娘）、格萨尔（关

[1]（瑞士）费尔迪南·德·索绪尔著，高名凯译．普通语言学教程[M]．北京：商务印书馆，2004：100–102．

帝）、孜孜娘娘（送子娘娘）等汉神。这些汉神或为皇帝的将领，或为皇帝身边的“མཛོད་བདག mzhod bdag司库”，或娘娘。在河、岷、洮地区将这些开国功勋及皇亲国戚拥戴为湫神，将所有男性神祇称之为“龙王”，所有女性称之为“圣母/娘娘”。[1]热贡亦如此。

这个还原了一个热贡“蔡孜德裕”信奉汉神（日郎神）、木洪（将军神）信仰的一个原貌。据文献记载：“洪武元年（1368年），朱元璋从统一全国的战略需要出发，为表彰和激励将士，钦定功臣位次，并敕命在江宁府东北的鸡笼山建立功臣庙，序其封爵，立像以祀。在全国统一后，朱元璋又将开国功臣奉于功臣庙，死者塑像，生者序其位，并将其封为神，命全国各地立庙祭祀。”[2]并在其羁縻卫“西番诸卫”内推广传播。明廷为了能够被当地民众所接纳，将这些功臣册封为龙神，迎合当地信众的现实需求（农业灌溉）与原有的“鲁（龙）神”信仰，将不同的羁縻地册封为其封地，并出资修庙。当然朝廷大量出资推广这一信仰本身并非朝廷的首要出发点，而是彰显国家意志与官员功德。到了清代，清廷又极力推崇河源神及其国祭仪式。热贡“蔡孜德裕”作为代表朝廷行事的土官之土兵（保安堡的士兵），代表国家权威象征的“木洪康（dmag dpon khang将军庙）与阿尼木洪（Amyes dmag dpon将军神）”以及一年一度的“皇祀”仪式在当地得以推崇。

热贡为藏族文化的核心地带之一，苯教、藏传佛教为该地区的主体宗教文化。热贡“蔡孜德裕”所供奉的汉神与朝廷的推崇密切相关。当然之所以能够延续至今，其一与藏族原始苯教讲求的万物有灵、多神信仰具有同构性，其二迎合了隆务河谷地带的农业需求，使得“蔡孜德裕”的山神体系更具包容性，呈现多元一体的信仰格局。

（二）从关帝到格萨尔、常遇春到达日加、文昌帝到尤拉：山神的整合与重构

法国藏学家石泰安在谈到山神的象征功能时提到，山神与世族谱系的创立者有密切的联系，人们一般都把它当作“祖父”来供养。[3]热贡的山神也

〔1〕 武沐、徐国.从洮州湫神奉祀看西北屯戍文化的内涵[J].甘肃社会科学，2015(2)：34.

〔2〕（清）张廷玉等.明史[M].北京：中华书局，1974.

〔3〕（法）石泰安著，耿昇译.西藏的文明[M].北京：中国藏学出版社，2005：230.

不例外，山神前冠以“阿尼”，视作“祖父”来供养。但当国家权力介入民间信仰时，如何使外来神灵内化，做到完美的整合呢？以下通过从关帝到格萨尔、常遇春到达日加、文昌帝到尤拉来详述山神的整合与内化过程。

1. 常遇春与达日加

达日加（དར་རྒྱལ། dar rgyal）神信仰在今青海的热贡、循化，甘肃的夏河等藏族聚居区普遍存在，因其山体坐落于今甘肃省临夏县与青海省循化县交界处的达力加山脉，人们常以阿尼达日加（ཨ་མྱེས་དར་རྒྱལ། A myes dar rgyal）呼之。但在调查中又发现，热贡的沃果日老人也将“阿尼达日加”称为“龙爷”，桑格雄人用汉藏混合语称之为“五山老爷”。为了理清“阿尼达日”为何既被称为“五山老爷”，又被称为“龙爷”，调研队前往坐落于甘青交界处的达力加山东西两侧的藏文化圈和汉文化圈内调查。坐落于达力加山脉西侧山脚下的循化·道帏乡德思曼的GBJ老人提到：

道帏乡的霍绒波（ཧོར་རོན་པོ། hor ron po）、霍日卓瓦（ཧོར་གྲོ་བ། hor gro ba）等村供奉阿尼达日加神，毕龙（སྤེལ་ལུང་། spel lung）供奉达日加之子阿尼敖包切（ཨ་མྱེས་ཨོ་པོ་ཆེ། A myes Ao po che）。虽然这些神灵的装束均为藏式山神风格，但阿尼达日加其实是汉神。另，道帏乡的藏人信奉的阿尼贡爷（关羽）也是汉神。据说，从前在加卡尔（རྒྱ་མཁར། rgya mkhar 起台堡）、白庄（循化县白庄乡）、牙子卡尔（ཡ་ཙི་མཁར། ya tsi mkhar 循化县城）等地也建有阿尼达日加神殿。现如今的加卡尔（起台堡）至今仍在供奉阿尼达日加，你们可以到那儿去看看。〔1〕

当调研队到达力加山脚下的加卡尔（起台堡）调研时，当地居民（汉族）称：

我们的五山庙里供奉的是“五山老爷”。“五山”是指达力加山（甘青边界山脉）上有五座耸立的山峰，“五山老爷”据说是明朝开国将领“常遇春”，专司雨泽，镇定宝山，保障一方。当地藏人叫“阿尼达日加”。达力加山上有五山池与五山庙，翻过达力加山，汉族人不再叫“达日加”“阿尼达日加”。〔2〕

---

〔1〕 采访人：笔者；时间：2014年8月29日；受访人：GBJ，男，73岁；地点：道帏乡德思曼GBJ家中；语言：安多藏语；翻译：笔者。

〔2〕 采访人：笔者；时间：2014年8月29日；受访人：WXH，男，52岁；地点：道帏乡起台堡庄五山庙内；语言：安多藏语；翻译：笔者。

图70 起台堡的五山庙

图71 起台堡五山庙内的五山老爷

而翻过达力加山，到了汉文化圈时，常遇春又成了常爷、龙爷。甘肃临潭地区将常遇春称之为“常（shang）爷”。顾颉刚先生于1938年在西北考察时就对洮州的湫神崇拜进行了调查。他在《西北考察日记》中写道：“临潭十八乡有十八龙神，其首座曰‘常爷’，即常遇春。其他亦为明初将领；但有足迹未涉洮州者，而如沐英之立大功于此者转无有。盖此间后人皆明初征人之后裔，各拥戴其旧主为龙王，以庇护其稼穑，与主之职位大小、立功地域无与也。”[1]而卓尼藏人将五山池以“阿妈周措（ཨ་མ་འབྲུག་མཚོ། A ma vbrug mtsho 龙海）”呼之。

这样我们不难理解“阿尼达日加”为何又称“五山老爷、龙爷”。山神阿尼达日加的山体在今甘肃省临夏县与青海省循化县交界处，古时也是汉藏边界的缓冲带，是汉藏文化交流的纽带。坐落于大力加山西侧的藏人将此山脉统称为达日加日（དར་རྒྱལ་རི། dar rgyal ri），将通往甘青的垭口称之为“达日加拉（དར་རྒྱལ་ལད། dar rgyal lad）”，将大力加山上的翠湖之为“达日加拉措（དར་རྒྱལ་བླ་མཚོ། dar rgyal bla mtsho）”，故而，将其山上的守护神称之为“阿尼达日加（ཨ་མྱེས་དར་རྒྱལ། A myes dar rgyal）”。而从达力加山东侧（古河州）向西望去，大力加山上矗立着五座高耸的山体，汉文化圈将其称之为“五山”。因常遇春被封为“五山龙王”，五山池为其封地，故而也称“五山老爷”“常爷”或“龙爷”。

这就是为何同一山脉和山神有着不同称谓之因。关于大力加山上的山神来源，在藏汉文化圈中流传着这样一些传说：

在达日加山西侧的藏文化圈中有这样一则传说，相传，在吐蕃王朝时期，

〔1〕 顾颉刚. 西北考察日记［M］. 兰州：甘肃人民出版社，2002：223.

有一位叫达日加芒布杰的将领受命在此守边，后来逝世后成为了这里的山神。他统领千军万马出征时在此常擂战鼓以振士气之说。

而在达日加山东侧的汉文化圈中，相传，明太祖朱元璋火烧庆功楼，遇难元勋大闹阎王殿，要求还魂再返人间，但诸臣尸骨销化，阎王只好封他们为地方神，常遇春被封为“五山龙王”。五山池是他的封地，成为人们敬仰的一代英豪的化身。

常遇春作为明朝开国功臣，荣享封神立庙之礼，而五山池作为其封，地处汉藏文化交界地带，遂在汉藏民众中得以推崇。但藏文化圈的人们在大力加山上有自己的历史记忆，与常遇春相仿的有曾在大力加山上交战而战死的达日加芒布杰（ད་རྒྱལ་མང་པོ་རྗེ། da rgyal mang po rje）。据老人称，唐时，吐蕃军队在汉藏交界处的达力加山与唐军交战，达日加芒波杰战死沙场，遂变成了那里的山神，这个山脉也因此以达日加的名字命名。这个传说似乎有一定的历史依据，在敦煌出土的古藏文历史文献《吐蕃大事纪年》中载：

ལུགི་ལོ་ལ་བབ་སྟེ། བཙན་པོ་སྤྲགས་ཀྱི་ཤ་ར་ན་བཞུགས་ཤིང་། བློན་ཆེན་སྟོང་རྩན་འ་ཞ་ཡུལ་ན་མཆིས： ད་རྒྱལ་མང་པོ་རྗེས། མཚོ་ནག་སྟོང་རུར། རྒྱ་སེའུ： དེན་པང་ཧྭ་ནོལ་： ཐབས་： བགྱིསྟེ། ད་རྒྱལ་གྱུང་གུམ་ཞིང： བརྒྱད： ཁྲི་སྟོང་ལ་རྡུགས་པར： ལོ་གཅིག

译：至羊年（高宗显庆四年，659年），赞普驻于乍之鹿园。大论东赞驻吐谷浑。达延莽布支于乌海东如与唐廷苏定方交战。达延战死，且以八万败于一千。一年。[1]

吐蕃将领达日加芒布杰（达延莽布支）与唐苏定芳在错那冬日（མཚོ་ནག་སྟོང་རི། mtsho nag stong ru）交战，战死沙场。这里的“མཚོ་ནག་སྟོང་རུ”应为积石山上的孟达天池，因当地藏族人称该天池为“སྟོང་རི་མཚོ་ནག”或“སྟོང་རི་ལྷ་མཚོ”。

明代史料也可说明“大力加”这个山名应在明朝前就存在。《明神宗实录》载：

巡抚陕西侍郎贾待问条上洮、河防御事宜：“一修筑冲边。谓洮河、地方打尔加山等处城堡低塌，宜修筑以资防御。一鼓舞属番。谓哈六束、哈六卜

〔1〕 王尧、陈践践译注．敦煌本吐蕃历史文书·大事纪年［M］．北京：民族出版社，1980.

倾心内附，欲各加职衔以昭激劝。”[1]

此处的“打尔加山”就是现在的“达力加山”，明史中以“打尔加山”称之，而非“五山”。因此，“达力加山”的名称应比汉语的“五山”要早，藏人早已以“达尔加山”呼之。

西北民族大学英加布教授认为，祁连山西北缘古老山神“阿尼坌(ཨ་མྱེས་འབོན། A myes vbon)”与青海省循化县道帏乡境内的阿尼达日加（达力加山神）同用一个藏语姓氏“坌(འབོན། vbon)”字。所以祁连山的主峰阿尼坌同循化道帏乡的“阿尼达日加”一样，或许与阵亡于河西地区的吐蕃大将坌达延有关。因为藏族诸多古老山神与英雄人物及其重大历史事件有密切联系，民间信仰中祭祀的山神及其拉孜通常有纪念祖先和本族英雄的象征蕴意。如果阿尼坌是吐蕃大将坌达延，那么与东纳部落在内的安多华锐部落相传为吐蕃帝国时期的边防“噶玛洛”部队后裔的历史相吻合。[2]

那为什么又说阿尼达日加是汉神呢？这要追溯到明朝皇帝将开国功臣封神立像祭祀运动。那与藏文化圈的循化、热贡、贵德等有何关系呢？是否为普遍认为的“明初征人之后裔，各拥戴其旧主为龙王”呢？ 本文觉得与此无关。据史料，十八龙神中，除邓愈、徐达、常遇春之外，其他被封神的将领都没有到过河、湟、洮、岷地区，所以“拥戴其旧主为龙王”不可信。朝廷推广“封神英雄”这种信仰只是彰显国家意志的一种符号。明时贵德、热贡、循化等河曲之地是通往河州的交通要道，也是防御西蒙古东进的军事要塞，元、明时曾在河州至贵德设纳邻（山后）七站（驿站），明中叶又设起台堡（循化道帏）、保安堡（热贡）、贵德堡（贵德），为了强调其羁縻，显示朝廷在地方的权威与影响，明廷在这些地方出资建庙立像（遂有了木洪康与阿尼木洪），将不同的羁縻地册封为其封地。为了能够使这些军神被民间接受，明廷又将这些将领册封为龙神，迎合其原有信仰和农业需求。那信仰藏传佛教的藏区又如何吸纳的呢？将明廷修建的庙宇与神灵，冠以与之相仿的本族英雄祖先、历史传说人物的名称，从而达到完美的整合与内化。简单地说，给明廷所立的塑像取了藏语名字，以藏神的方式供奉至今。虽然外在符号或神像为汉神，

---

〔1〕《明太祖实录》卷三〇六，万历二十五年正月乙巳，甘肃省图书馆馆藏。

〔2〕 英加布．域拉奚达与隆雪措哇：藏传山神信仰与地域社会研究［D］．兰州大学，2013：293–240.

但所要表达和传承的是本族氏族祖先和历史记忆。当然，这种宗教文化整合的现象背后隐藏着汉、藏民族长期文化交流中的政治、经济、历史等深层因素。故而，将外来文化的内化交融这一现象放在一个政治、经济、宗教、政策等大的社会文化背景中审视就不难理解其深层蕴含。

2. 关帝与格萨尔

在郭麻日村的格萨尔拉康内供奉着3尊格萨尔神像，最为中间为最新供奉的阿尼格萨尔大神像，其造型为典型的藏神形象：红脸黑胡，粗眉上翘、头戴金盔、身穿盔甲披风、右手持金刚杵刀柄的宝刀、左手持如意宝碗、胸前挂“吽（ཧཱུྃ）”字铜镜，颇具藏族特色。两侧置有两尊小型的格萨尔像，据说左侧为1958年前所供的最原始的神像，为格萨尔的和相，右侧也为1958年前所供，为格萨尔的怒相，其左右两侧为格萨尔的将领加查夏尕日（རྒྱ་ཚ་ཞལ་དཀར། rga tsha zhal dkar）和查尚丹玛（ཚ་ཞང་འདན་མ། tsha zhang vdan ma）。[1]这3尊格萨尔神像虽然形象各异，但郭麻日老人称，均为格萨尔，从前就叫格萨尔，现在也叫格萨尔，而汉语叫关老爷。

在调查中也发现了一个既有岭格萨尔，又有关老爷的经文如下：

ཀྱཻ༔ ཡངས་པའི་འཛམ་གླིང་འཁྱོན་ལ་དབང་བསྒྱུར་བའི། །དགྲ་སྡེ་གཞིད་མ་གེ་སར་རྒྱལ་པོ་དང་། །གནམ་བསྐོས་ལྷ་ཡི་དགྲ་ལྷ་བཀྭན་ལོ་ཡེ། །ཡུམ་སྲས་འཁོར་སོགས་གནས་འདིར་གཤེགས་སུ་གསོལ། །

译：统治广阔瞻部洲世界，独宰敌军格萨尔大王，天命所任战神关老爷，携妻带儿现身此方间。

此经文将格萨尔、关老爷都视为“战神”。在另一部经文中又提到：

རྣོ་བའི་མཚོན་ཐོགས་མགྱོགས་པའི་ཞོན་པ་ཅན། །དཔའ་བོའི་ཆོས་རྫོགས་བསྒོ་བའི་ལས་སྒྲུབ་པའི། །བཀའ་ཉན་འཁོར་ཚོགས་འཛིགས་པའི་ཆོ་འཕྲུལ་འགྱེད། །ཅོ་ནའི་དམག་དཔོན་ཚུལ་བཞིན་རྣམས་ལ་བསྟོད། །

译：手持利器骑乘快马者，完备武道安分尽职守，服从王令耀武扬威名，礼赞形似正规支那众将士。

人们希望得到来自格萨尔和关老爷的双重庇佑。

---

〔1〕 采访人：笔者；时间：2014年8月21日；受访人：ཞ X老人，男，75岁；地点：郭麻日格萨尔神殿；语言：铎话；翻译：笔者。

> རྣལ་འབྱོར་བདག་གི་ཚེ་བསོད་དཔལ་འབྱོར་དང་། །ཁ་རྗེ་མངའ་ཐང་སྙན་གྲགས་རླུང་རྟ་བསྐྱེད། །ཕ་རོལ་བསམ་ངན་སྦྱོར་རྩུབ་ཁ་སྨས་དང་། །འཐབ་རྩོད་འཁྲུག་སློང་འདོད་རྐྱེན་ངན་པ་བཟློག །མི་ཤིགས་རྒྱ་ཁྲིམས་དར་གྱི་མདུད་པའི་རྒྱ། །ནམ་ཡང་སྡོད་པ་མེད་པའི་ལས་སྒྲུབ་ཅིག །སྐྱབས་སུ་མངའ་གསོལ་དགྲ་ལྷ་ཕྱེད་རྣམས་ཀྱིས། །བརྩེ་ལྡན་ཕ་མའི་བུ་ཆུང་སྐྱོང་བ་བཞིན། །བདག་ལ་ལེགས་ཉེས་བླང་དོར་གསལ་བར་སྟོན། །གང་བསམ་དོན་ཀུན་འགྲུབ་པའི་ལས་མཛོད་ཅིག།
>
> 译：祈愿我等修行之凡人，寿禄名邑诸等俱显扬，将那恶人恶语诸恶行，纷争祸乱厄运俱消弭，祈愿锦织汉律永不毁，张弛有度恢恢而不漏，往而皈依诸位战神来，如同慈悲父母护亲儿，明示善恶取舍诸宗义，助我心想事成俱遂心。

在经文中提到人们祈求二神庇佑长寿发达、免受战争之祸，像慈父贤母一样关照，明示善恶取舍，如愿以偿。

在热贡“蔡孜德裕”中称格萨尔为关老爷，关老爷变成格萨尔，这种文化现象并不足以为奇，关帝信仰在藏区也普遍存在。如循化道帏地区，直接以阿尼贡余（关羽）呼之。据中央民族大学加央彭措研究，在拉萨的格萨尔庙、玉树的格萨尔庙，夏河的念钦拉康、卓尼的格萨尔拉康，还有蒙古地区的格斯日庙，其实都为关帝庙。[1]据《卫藏通志》卷六记载：

> 拉萨东南噶勒丹寺相近，其楼阁经堂佛像，与大小昭相似，内供关圣帝君像，传云唐以前其方多鬼怪为害，人民不安，帝君显圣处之，人始蕃息，土民奉祀，称尊号曰革塞结波（格萨尔王），达赖喇嘛岁至其地讲经。[2]

说明西藏地区早已以格萨尔的形式将汉神关帝纳入其山神体系。正如关帝信仰在西藏演化成格萨尔崇拜，热贡“蔡孜德裕”在内的甘青地区的藏族群众也普遍将关帝庙称作“格萨尔拉康”，把关帝当作“格萨尔”来供奉。

至于关帝信仰为何能够在藏区生根发芽，都与统治阶层和高僧大德的推崇有关。明成化十七年（1481年），将关羽封为“崇宁义勇武安王”，随后不断提升谥号。万历十年（1582年）封为“协天大帝”、万历二十四年（1586年）封为“三界伏魔大帝神威远镇天尊关圣帝君”等。满清统治者早在关外时就特别崇信关羽，入主中原后，更是利用关羽进行统治。据《清史稿》云：

---

〔1〕 加央平措.关帝信仰在藏传佛教文化圈演化成格萨尔崇拜的文化现象解析[D].中央民族大学，2010.

〔2〕《卫藏通志》卷六，商务印书馆，民国二十五年，甘肃省图书馆馆藏。

清初都盛京，建庙地载门外，赐额“义高千古”。世祖入关，复建庙地安门外，岁以五月十三日致祭。顺治九年，敕封“忠义神武关圣大帝”。雍正三年，追封三代公爵……[1]

后又增加“神勇”“灵佑”“仁勇”“显威”“护国”“保民”等谥号。清朝历代皇帝将关帝视作皇帝及整个清廷的保护神，对其加封谥号，用国祭的方式在全国范围内大力推崇关公信仰。为了能够在藏区更好地传播关帝信仰，满清统治者借用藏传佛教高僧大德来推崇，章嘉活佛就是其中的一位。18世纪中叶，章嘉活佛在喇嘛官济仲呼图克图的倡导下，为关郎老爷写下了藏文祭祀经文，并以蒙、满文字发行。此外，土观洛桑曲吉尼玛（ཐུའུ་བཀན་ཆོས་ཀྱི་ཉི་མ། thuvu bkan chos kyi nyi ma）、阿嘉活佛（ཨ་ལགས་ཨ་ཀྱ་ཚང་། A lags A kya tshang）等都曾写过关老爷的祭祀经文。

纵观关公信仰，汉族的关公被蒙古统治者和满族统治者接纳后传播到包括西藏以内的藏区和蒙古地区。在信仰藏传佛教的蒙藏地区，关公信仰与藏传佛教相融合，以护法神的形式被寺院僧侣接纳，而民众以英雄人物格萨尔的形式接纳。《察哈尔格西·罗桑楚臣传》中详载了这种文化事象：

金兔年（1771年），上师（察哈尔格西·罗桑）三十二岁。此年继续了之前的禅坐。修习了甚深之瑜伽次第。那时，有一段时间，上师的脚跖骨疼痛，感到极不适。上师将此事禀告多伦诺尔寺的翁牛特固实。固实云：“举行格萨尔的熏香供奉吧！”上师心想：“我为何供奉藏族的格萨尔呢？他一定将闻名于世的关老爷视为格萨尔了。”于是，上师举行了关老爷熏香供奉仪式。果然上师的脚蹠骨痊愈。上师从此时起直到圆寂，从未断过关老爷的熏香供奉。[2]

正如加央平措博士所述：“民众给关帝戴上了格萨尔的面具，以格萨尔的名义供奉至今，创造了‘格萨尔即关云长’的信仰方式。”[3]这种文化的整合

〔1〕《清史稿》卷八四，兰州大学西北少数民族研究中心图书馆馆藏。

〔2〕察哈尔格西·罗桑楚臣传略（清代察干乌拉庙蒙古文木刻版文献）[M].内蒙古教育出版社影印版，2008：186—187.引自：董晓荣.察哈尔格西·罗桑楚臣传——以作者、版本、文献价值为中心[C].西北民族大学，2013.

〔3〕加央平措.关帝信仰在藏传佛教文化圈演化成格萨尔崇拜的文化现象解析[D].中央民族大学，2010.

从郭麻日的经文中也能得以体现。

> རྣོ་བའི་མཚོན་ཐོགས་མགྱོགས་པའི་ཞོན་པ་ཅན། །དཔའ་བོའི་ཆས་རྫོགས་བསྙོ་བའི་ལས་སྒྲུབ་པའི། །བཀའ་ཉན་འཁོར་ཚོགས་འཇིགས་པའི་ཆ་འཕྲུལ་འགྱེད། །ཙི་ནའི་དམག་དཔོན་ཚུལ་བཞིན་རྣམས་ལ་བསྟོད། །
>
> 译：手持利器骑乘快马者，完备武道安分尽职守，服从王令耀武扬威名，礼赞形似正规支那众将士。

格萨尔作为藏族传统信念上的战神，形似支那将士。

3. 文昌神与尤拉

桑格雄供奉阿尼尤拉（ཨ་མྱེས་ཡུལ་ལྷ། A myes yul lha），又称赤噶阿尼尤拉（ཁྲི་ཀའི་ཡུལ་ལྷ། khri kavi yul lha）。麻巴宗囊也供奉赤噶尤拉，又称"卡卡帝"。其来源为"赤噶（ཁྲི་ཀ། khri ka）"，即贵（归）德。赤噶尤拉拉康（ཁྲི་ཀའི་ཡུལ་ལྷའི་ལྷ་ཁང་། khri kavi yul lha lhavi khang），即文昌神神殿，为安多地区最著名的一座。色赤二世撰写的阿尼尤拉的经文中提到：

> ཁྲི་ཀའི་ཡུལ་ལྷ་འདི་འཇམ་དབྱངས་ནག་པོའི་ཐུགས་སྤྲུལ་ཡུལ་ལྷ་རྒྱལ་པོ་ལྷུན་ཆང་ལོ་ཡེ།
>
> 译：赤噶尤拉为黑文殊菩萨的化身文昌老爷。

此文中将文昌神化作黑文殊菩萨的化身。还有其他经文中提到他为其他神灵化身，并有神变能力。在民间一些经文中提到：

> གོང་མ་འཇམ་པའི་དབྱངས་ཀྱི་ཐུགས་སྤྲུལ། དྲེལ་དཀར་འཕུར་མ་རླུང་གཤོག་ལ་བཅིབས་པ། དཀར་ནག་བདེན་རྫུན་གྱི་ཤན་འབྱེད་པ།
>
> 译：文殊菩萨皇帝的化身，骑着飞翼白骡，辨认青红皂白、是非真假者。

认为是文殊菩萨皇帝（康熙帝）的化身，骑着飞翼白骡，辨认青红皂白、是非真假者。总之，在藏传佛教山神体系中文昌神以化身的形式融入，有了合理的身份与地位。关于文昌神信仰的起源有这样的传说：

> 塔尔寺寺主阿加活佛，将文昌神供奉为塔尔寺的护法神，自此传入安多地区。

还有一说：

著名高僧色康巴·洛藏旦增嘉措大师在华隆卡夏德坐禅静修时，见到当地人生性懦弱，受敌侵扰，觉得需要一个威力十足、震慑敌人的山神护佑当地百姓，遂从贵德地区将文昌神迎请于此。[1]

不管是哪一种说法，都可以看出汉神纳入到藏传山神体系时，需经藏传佛教高僧大德推崇，在高僧大德的认可与接纳下，才能生存、发展。

从以上范例中可以得出，汉神演化成藏神，纳入藏传佛教山神体系，首先是统治阶层的推崇，其次是高僧大德以各种化身的身份纳入护法神体系，最后民众经由改造以本民族的思维与认知方式供奉为山神。当然更为重要的是，这些神灵与藏族原始民间信仰具有通融性，使得这些外来神灵能够内化，达到文化的共融与整合。

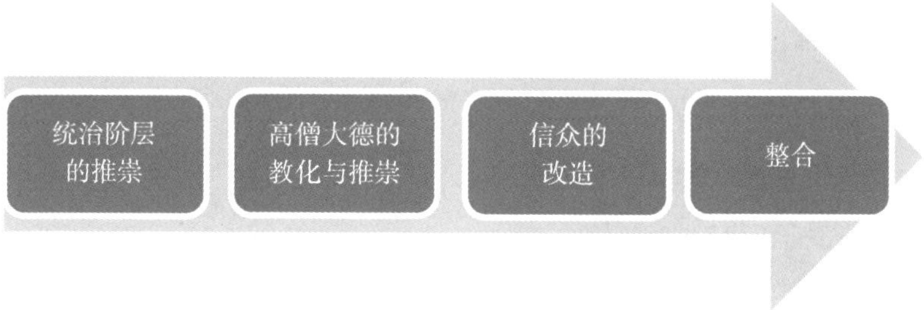

图72　汉神纳入藏转佛教山神体系的进程图

小　结

“蔡孜德裕”的山神谱系以安多地区最大的神山玛卿雪山为最高的守护神，以矗立于热贡境内的蔡葛夏琼为地方守护神，汇聚了大大小小的村落神和氏族神，形成了错综复杂的热贡守护神信仰体系。以下为“蔡孜德裕”山神信仰体系的层级图：

---

〔1〕采访人：笔者；时间：2014年8月11日；受访人：SJ老人，男，68岁；地点：尕撒日SJ老人家中；语言：铎话；翻译：笔者。

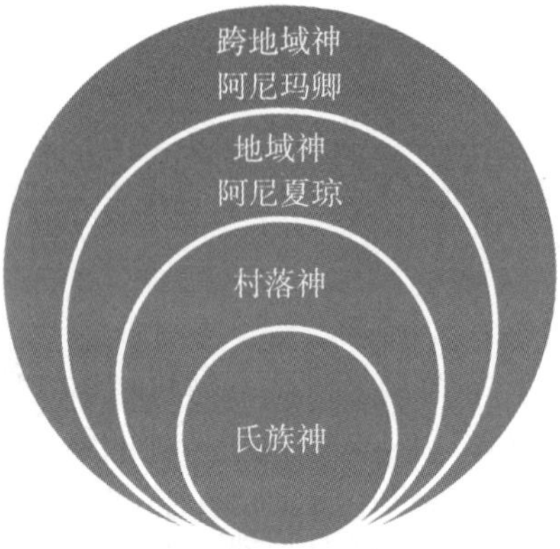

图73 “蔡孜德裕”山神体系层次结构图[1]

“蔡孜德裕”的每个村落，以阿尼玛卿为最高的山神，以阿尼夏琼为地域守护神的同时，也吸取了异质文化的守护神信仰，形成了庞杂的山神体系。每个村落不但有像阿尼烟墩、阿尼曼日、阿尼易火塞、阿尼夏琼等有神山实体的本地山神，还吸纳融合了像赞果、鲁王、咂、夏琼等兽面人体的原始苯教神灵。更为特色的是同时融合了像关爷、文昌、祖师、二郎神等跨族群的神灵，形成了汉藏合璧式的地域守护神。各方神灵和睦共处，协调一致，各显神灵，共佑众生人畜安康、五谷丰登。正如著名的社会学家费孝通先生所言：“各美其美、美人之美、美美与共、天下大同。”是一种非典型的山神信仰体系，可称得上是多元与共荣的典型案例。图74为热贡“蔡孜德裕”村落神结构图。

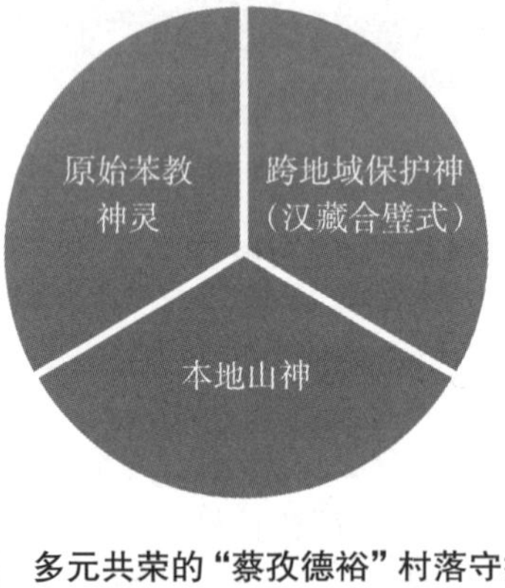

图74 多元共荣的“蔡孜德裕”村落守护神

〔1〕 参考了青海民族大学索端智教授的热贡山神体系层次结构图。

第六章 “肖康”“乌秃”“鲁如”：仪式展演的文化表达

第一节 人神共舞:“鲁如(纳统)”

一、人与神:“鲁如(纳统)”的分布与祭祀对象

“鲁如(གླུ་རོལ། glu rol)”或“宙贝鲁如(དྲུག་པའི་གླུ་རོལ། drug pavi glu rol)”，是藏语对隆务河谷两岸的村民在秋收前期举行的一年一度的祭神娱神仪式的称呼，藏语有“དྲུག་པའི་ལྷ་ཟླ་ཆེན་མོ། drug pavi lha zla chen mo”之称，其意为“六月祭神盛会”，汉语称之为“六月会”。而“蔡孜德裕”中讲蒙藏混合语的人们称之为“纳统(na toŋ)”或“吉日宏策日纳统(tɕər Goŋ tshər六月盛会)”。“鲁如”始于每年农历六月十六日，终于二十五日，为期9天。听老人称，“鲁如”主要是为了防雹、防灾而举行的一种娱神仪式，其目的是护佑庄稼丰收。因为，举行“鲁如”的那几天，每年都会出现暴风雨天气，所以，由寺院的扎巴(གྲྭ་པ། grwa pa)、民间的俄巴(སྔགས་པ། sngags pa)，还有拉哇(ལྷ་པ། lha pa)，实施防雹仪式。其实“鲁如”结束之际，便是丰收庄稼之际，因此人们常说“དྲུག་པའི་ལྷ་ཟླ་ཆེན་མོ། བཏབ་པའི་ལོ་ཏོག་དང་མ་བཏབ་པའི་རྩི་ཤིང་གི་ལོ་ལེགས་རྟེན་འབྲེལ་ཞིག་ཡིན། 六月祭神盛会，乃是庆祝五谷丰登与草木茂盛的典礼”。“鲁如”最先在隆务河西岸的四合吉村拉开帷幕，自16日开始，18日结束。隆务河两岸的其他村庄自18日起相继举行，21日至25日为其顶峰期。在此期间各个村庄均需在其约定俗成的祭祀圈内举行。

在“鲁如”期间所祭祀的神灵，均为热贡地区的地域守护神，其中包括像夏琼、哑、赞果、鲁昂等原始苯教神灵；也包括像阿尼玛卿、阿尼念钦之类的藏传佛教护法神系列神灵；还包括像果木日朗、佐赫日朗、瓦总日郎、龙爷等汉藏合璧的神灵。热贡地区具体的守护神在上一章作了详细的介绍，下表为隆务河谷地区“鲁如”祭祀时间，祭祀对象及分布情况。

<table>
<tr><th colspan="2">村庄
隆务河</th><th>时间</th><th colspan="2">类型
主祭日</th><th colspan="2">陪祭
主祭</th><th>祭祀圈</th></tr>
<tr><td>河西</td><td>四合吉
ས་དཀྱིལ།</td><td>16—19日</td><td>18日</td><td>神舞</td><td>夏琼
བྱ་ཁྱུང་།</td><td>瓦总日郎、热阿总、将爷木洪
བ་ཙོང་རི་ལང་། ར་རྫོང་། ཅང་ཡེ་དམག་དཔོན།</td><td>四合吉德哇单独举行。</td></tr>
<tr><td>河东</td><td>苏合日
སོག་རུ།</td><td>20—25日</td><td>25日</td><td>神舞</td><td>玛卿
རྨ་ཆེན།</td><td>念钦、德合龙、尤拉、贤巴梓潼
གཉན་ཆེན། སྟག་ལུང་། ཡུལ་ལྷ། ཞན་པ་ཙོ་ཐུང་།</td><td rowspan="2">23日铁吾前往苏合日合祭；24日苏合日前往铁吾合祭。</td></tr>
<tr><td>河东</td><td>铁吾
ཐེ་བོ།</td><td>20—25日</td><td>24日</td><td>龙舞</td><td>念钦
གཉན་ཆེན།</td><td>夏琼、玛卿
བྱ་ཁྱུང་། རྨ་ཆེན།</td></tr>
<tr><td>河东</td><td>霍日加
ཧོར་རྒྱ།</td><td>20—25日</td><td>25日</td><td>龙舞</td><td>念钦
གཉན་ཆེན།</td><td>念钦之家眷、夏琼、玛卿
གཉན་ཆེན་གྱི་འཁོར། བྱ་ཁྱུང་། རྨ་ཆེན།</td><td rowspan="3">21日加仓玛前往霍日加合祭；22日桑格雄前往加仓玛合祭；23日霍日加前往桑格雄合祭；25日加仓玛前往桑格雄合祭。</td></tr>
<tr><td>河东</td><td>桑格雄
སེང་གེ་གཤོང་།</td><td>20—25日</td><td>24日</td><td>龙舞</td><td>达日加
དར་རྒྱལ།</td><td>格萨尔、马家老爷、将爷/祖神
གེ་སར། མ་ཅ་ལོ་ཡེ། ཅང་ཡེ་དམག་དཔོན། / ཙོའུ་ཧྲན།</td></tr>
<tr><td>河东</td><td>加仓玛
རྒྱ་ཚང་མ།</td><td>20—25日</td><td>24日</td><td>龙舞</td><td>赞果
བཙན་རྒོད།</td><td>格萨尔、达日加坌孙
གེ་སར། དར་རྒྱལ་སྤུན་གསུམ།</td></tr>
<tr><td>河西</td><td>年都乎
གཉན་ཐོག</td><td>19—25日</td><td>24日</td><td>神舞</td><td>果木日郎
ཀོ་མོ་རི་ལང་།</td><td>夏琼、玛卿、念钦、格萨尔、扎堆、热阿总
བྱ་ཁྱུང་། རྨ་ཆེན། གཉན་ཆེན། གེ་སར། དགྲ་འདུལ། ར་རྫོང་།</td><td>21日为宗喀仓；22日为胡加仓；24日为全村；25日为年都乎拉卡。</td></tr>
<tr><td>河西</td><td>郭麻日
སྒོ་དམར།</td><td>20—24日</td><td>23日</td><td>军舞</td><td>白赫日郎
པེ་ཧུ་རི་ལང་།</td><td>佐赫日郎、夏琼、念钦、格萨尔
ཙེ་ཧུ་རི་ལང་། བྱ་ཁྱུང་། གཉན་ཆེན། གེ་སར།</td><td>23日尕撒日前往郭麻日合祭；24日郭麻日前往尕撒日合祭。</td></tr>
</table>

续 表

隆务河＼村庄		时间	主祭日＼类型		主祭＼陪祭		祭祀圈
河西	尕撒日 ཀ་སར།	19—24日	24日	军舞	佐赫日郎 ཚོ་ཧུ་རི་ལང་།	香香、咂、念钦、格萨尔、白赫日郎 ཤིང་ཤིང་། གཟའ།གེ་སར། གཉན་ཆེན། པེ་ཧུ་རི་ལང་།	
河东	脱加沃果日 ཐོ་ཀྱཱ་བོད་སྐོར།	18—24日	24日	军舞	达日加 དར་རྒྱལ།	念钦及家眷、智僧多杰旺姆、将爷、也通 གཉན་ཆེན། ཐྲག་སྲིན་རྡོ་རྗེ་དབང་མོ།ཅང་ཡེ་དམག་དཔོན། ཡེ་མཐོང་།	21日、22日由哈拉巴图和尕泽东抽签轮流举行，沃果日前往合祭；24日哈拉巴图、尕泽东前往沃果日合祭。
河东	哈拉巴图 ཧ་ར་པ་ཐུ།	20—24日	22/23	军舞	黑日郎 ཧེ་རི་ལང་།	也通 、热阿宗 ཡེ་མཐོང་། ར་རྫོང་།	
河东	尕泽东 གར་རྩེབས་གདོང་།	20—24日	22/23	军舞	瓦总日郎 བ་ཙོང་རི་ལང་།	玛卿、念钦、阿加 རྨ་ཆེན། གཉན་ཆེན། ཨ་རྒྱལ།	
河东	热萨、拉康 རི་རྩ། ལྷ་ཁང་།	19—24日	23日	军舞	曹操 སོ་སེའུ།	华吾紫吉昂丹 དཔའ་བོ་གཟི་བརྗིད་དབང་ལྡན།	热萨和拉康于23日每年轮流举行。
河东	冬木干 སྡོང་སྐམ།	21—25日	25日	军舞	金子日郎 ཅིན་ཙི་རི་ལང་།	白赫日郎、萨龙、措干、加唐、也通 པེ་ཧུ་རི་ལང་།གསལ་ལུང་། མཚོ་ཀན། རྒྱ་ཐང་། ཡུལ་ལྷ། ཡེ་མཐོང་།	冬木干德哇单独举行。
河东	银扎木 འཛམ།	21—24日	24日	神舞	扎堆 དགྲ་འདུལ།	托果 ཐོག་སྐོད།	银扎木德哇单独举行。
河东	朗加 སྤྱིང་རྒྱ།	20—24日	22日	龙舞	拉日 ལྷ་རི།	加唐 毛尕日 克托合、阿妈鲁毛 རྒྱ་ཐང་། སྨག་དཀར། ཁ་ཐོག ཨ་མ་ཀླུ་མོ།	朗加六小庄按年轮流举行。

从上表中可以看出，在热贡举行的“鲁如”的村落均分布在热贡瓦日（རེབ་གོང་བར། re gong bar热贡中部）和热贡麦（རེབ་གོང་སྨད། re gond smad热贡下部）的隆务河谷两岸，也就是说以“蔡孜德裕”为中心向上延伸至隆务部落（隆务七庄），向下延伸至麻巴部落（麻巴七庄），均为谷地农业区。以下为热贡隆务河两岸的“鲁如”分布图。

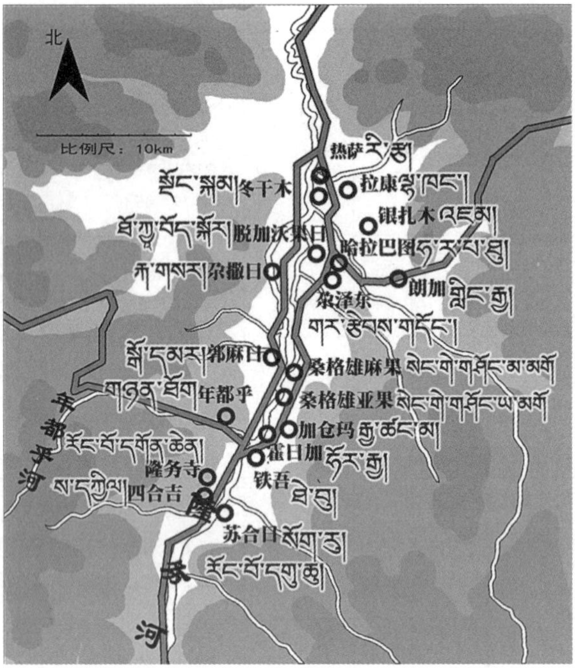

图75　隆务格曲两岸河谷地带的“鲁如”分布图[1]

像隆务河谷地带的扎木、双朋西、兰采、噶尔则等地也有小规模的鲁如仪式，但均在春节期间，一般在农历正月初三至初五左右。

〔1〕 此图由兰州大学2014级博士研究生巨浪绘制。

二、军舞、神舞、龙舞："蔡孜德裕"的"鲁如(纳统)"内容与过程

(一)"蔡孜德裕"之"鲁如(纳统)"内容

“鲁如(གླུ་རོལ། glu rol)”仪式包括请神、降神、祭祀(红白祭)、献舞(包括男、女)、共欢、送神等流程。除祭祀外,献舞是活动的主要内容之一。“鲁如”的娱神舞蹈种类繁多,各显神采,由于祭祀仪式的侧重点不同,学界对隆务河谷地带的鲁如大致分为龙舞、神舞、军舞等类型,至于分类是否精确难以甄别,因为整个仪式过程具有相通性,并非完全不同的类型,但为了便于区分,本书也采用了学界的分类方法。以四合吉村为代表的神舞最为典型,主要以降神、祭祀、跳舞为主;以郭麻日、尕撒日村为代表的军舞,是以军棍、羊皮鼓与木棍为工具,以列队、军训、相互攻击为主要舞蹈内容,充满着军事演习的文化蕴含;龙舞,主要以朗加村为代表,朗加村的男子跳舞时手持形似蛙、蛇类的饰物,具有生殖崇拜的文化迹象。

至于四合吉村的神舞、郭麻日村的军舞、朗加村的龙舞学界均有介绍。本文以脱加沃果日(ཐོ་ཀྱཱ་བོད་སྐོར། tho kyA bod skor)村的主祭日为例,简述“鲁如”仪式过程。脱加沃果日村的“鲁如”自农历六月十八日开始,二十四日为主祭日。因脱加沃果日村与尕泽东(གར་རྩེབས་གདོང་། gar rtsebs gdong),哈拉巴图(ཧ་ར་པ་ཐུ། ha ra pa thu)村同属一个祭祀圈,当日这两个村的村民也会前来共同举行。

(二)仪式过程

1. 准备阶段

(1)前期准备

沃果日村的“鲁如”始于农历六月十八日,之前几日村里的堪果哇(ཁ་འགོ་པ། kha vgo pa 领头者)、丘得合(འཁྱིག་བདག vkhyig bdag 管理者)、拉哇(ལྷ་པ། lha pa 法师)等商议“鲁如”相关事宜。“堪果哇”负责筹募“鲁如”期间的费用,“丘得合”整理年内违反维护庄稼相关禁令(譬如哪家牛羊进入庄稼地、提前收割庄稼等)的家户名单,以备“鲁如”期间予以惩戒,收取罚款。此外,由村内8个未婚女子组成的“阿果尼芒(a guə nimaŋ8个未婚女子)”要收割一定量的“琼航(tɕoŋ χaŋ 马兰花叶)”,作为二十四日大型仪式中客人的坐垫。但须由“丘得合”先割一把“琼航”,以示准许村民从此割草动镰刀,在

此之前决不能在地里随意动镰刀割草、割庄稼。“堪果哇”们组织村民清扫村庙，拉哇将自己的身体清洗干净，住在村庙吃斋念佛，一周之内杜绝与妻同房。“堪果哇”们公布“鲁如”期间需要遵守的相关纪律。劈如：凡15岁以上、50岁以下的男子均要参加“鲁如”的献舞仪式，违者罚款；穿戴传统服饰、靴子、袜子、头帕等，违者受拉哇挨打与罚款；每户需派一名年轻女子为神叩拜献舞。按照旧例，此女子应为举行过成年礼的未婚女子，但如若没有适龄女子，已婚的年轻女子也可，但至少每户需派一名女子参加。像年都乎、桑格雄等村仍然保持着由未婚女子或刚举行成年礼（戴布特者）的未婚女子参加叩拜仪式的习俗。图76为2014年沃果日德哇公布的在“鲁如”期间需遵循的相关纪律条约。

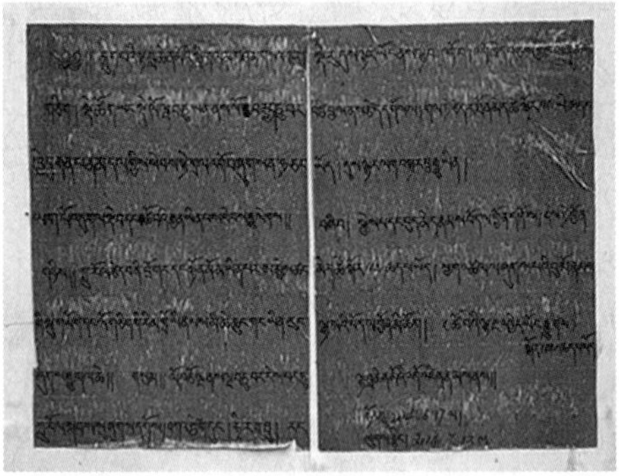

图76 “鲁如”相关的通知公告

图77 小龙爷

（2）迎请阿尼仓（ཨ་མྱེས་ཚང་། A myes tshang）：祭龙神

据称，农历六月十八日为大龙爷的祭日，十九日为小龙爷的祭日。大龙爷、小龙爷没有神像，唯有两副唐卡，大龙爷为红面，小龙爷为黄面，看似与达日加神像略同。也有老人说，达日加神其实就是龙爷，大龙爷为达日加神的和像、小龙爷为其怒相，也有大老爷、小老爷之称。每年农历八月初三（另一说五月十五日）会将龙爷请到一户人家（每年轮换）供养。据说，龙爷非常厉害，特别是小龙爷非常易怒，要小心供养，女子不得靠近。因必须在一处干净的地方供养，一般情况下家户都选择供养在粮仓里。于农历六月十八日、十九日将龙爷请到山神庙里祭祀，主要要给龙爷供奉称之为“大盘、小盘”的盘馍馍，也要给随同的小孩发放“小盘”馍馍。

阿尼仓呢哈姆仔勒(法师给龙爷发面)：祭祀前一日晚，拉哇在供主家为龙爷举行“发面”仪式，以确保次日的“大盘、小盘”馍馍制作顺利，以博龙爷欢喜，从而庇佑全村庄稼丰收。当晚，供主需给前来参加仪式的男士提供晚餐，晚餐后拉哇与其陪同在供奉龙爷的粮仓里开始发面。发面前先要煨桑、磕头、念经，之后在龙爷佛龛(里面供奉着一个插有齐柔的装满粮食的方木盒)前象征性地在水桶里倒面、和面，裹好待发酵；之后敲锣打鼓诵经(经文是用含糊不清的汉语诵读)。据拉哇称，此经文为密咒，不可泄露，故用含糊不清的语音诵读。至于诵读的次数，全由中间劈开的木质或牛角卜卦算定夺：如若落地时显示正反两面表示神满意，可结束诵经；如若显示两个反面表示神不满意，需要继续诵经，直至呈上卦为止。获得上卦后，拉哇及其随从敲锣打鼓走出粮仓，在院内向所有男丁叮嘱神意；最后煨桑诵经结束龙爷的“发面”仪式。举行“发面”仪式期间，女子一律禁止入内。拉哇念诵的经文片段如下：

大郎老爷的耿森玛呀！
二郎老爷呢耿森玛呀！
三郎老爷呢耿森玛呀！
松家子晒呢耿森玛呀！
……

阿尼仓呢把党(龙爷饭)：结束“发面”式后，所有男士跪座在粮舱门口，听拉哇叮嘱相关事宜，之后敲锣打鼓以示仪式结束，解散后到院内的煨桑炉

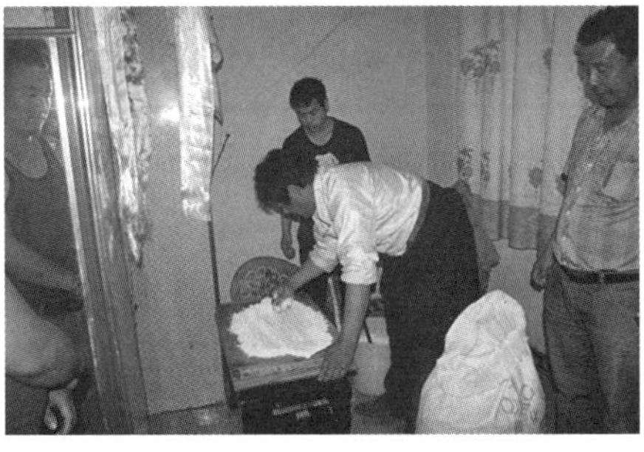

图78 拉哇给龙爷和面

图79 发面时向龙爷诵经祈愿

中煨桑、祭酒、诵经祈祷。当晚，所有来访者方可在供主家用晚餐，当地人称其为“龙爷把党（龙爷饭）”。龙爷饭必须要煮长面，相当于现在的臊子面，条件较好的家户也会煮肉、炒菜、摆瓜果饮品等，但所有来访者必须回到客房吃完龙爷饭后，才可喝酒聊天。

祭祀阿尼仓：次日，约10时拉哇要到供主家印制咒文，制做齐柔（类似道符）。一般情况下共需印制12份咒文，闰月时印制13份。届时，女供主要制做盘馍馍，大盘、小盘分别制作12个。男供主将一蒸笼大小的大盘馍馍放置于蒸笼内，在其上又插几根由刻印的咒文做成的齐柔，再放上各种新鲜的瓜果祭品，作为龙爷的祭品。据说制作大盘馍馍是为了给龙爷尝鲜，理应为用当年新收成的新鲜面粉制成（但实际上此时庄稼还未收割，所以象征性地用鲜花、鲜豆、麦穗等新鲜植物和食物来装饰），寓意着秋收前先给龙爷尝鲜，以表感恩。

图80　拉哇制作“齐柔”

图81　插有“齐柔”的大盘馍馍

约下午4时，拉哇从粮仓内将龙爷的唐卡请出绑在旗杆上，让一名男子高高举起作为领队上山，随后紧跟四个手捧龙爷祭品（盘馍馍）男子和尾随的小男孩们。到了孜孜娘娘神庙后，这些男子先将龙爷的唐卡放在供台上，将盘馍馍做成的祭品供在祭台上，随后走到外面祭祀。拉哇祭酒，男子们煨桑、磕头、念诵祈愿词；之后拉哇又进入神殿，跪坐在供台前诵读经文（用变调的汉语诵读，难以辨认）；经文诵读完毕后，所有随同男子盘坐在神庙内，这时，拉哇将倒在铜锣里的神药水（好像酒里加了醋）挨个传递给随同者享用，据称，此药水为龙爷的灵药，可治百病。同时让大家分享龙爷的小盘馍馍，寓意分享好运；祭祀仪式结束后，男子围圈盘坐饮酒聊天，直至太阳落山时才回家。

图82 供给龙爷的盘馍馍

图83 喝龙爷的神药水

图84 诵经请神

大、小龙爷分别放在不同人家，小龙爷的祭祀流程也如同，于每年农历六月十九日举行，遂不再赘述。由于整个仪式都由拉哇一人操作，村民除了配合供应所需物品之外，其余时间段处于一种失语状态。至于祭祀龙爷的来龙去脉更是知其然而不知所以然，只知这是祖宗留下的一年一度必须举行的祭祀仪式，甚至有的人不知拉哇所诵经文为何种语言，只知道是密咒，拉哇也是照例背诵。

除沃果日外，其他村不见像龙爷、孜孜娘娘的汉语名称及祭祀阿尼仓（龙爷）的仪式。

2. 拉羌卡（ལྷ་ཆོལ་ཁ། lha chol kha）

农历六月二十日，堪果哇们清扫山神庙，并将新鲜的柳枝插在神轿上，据说从前会将阿尼仓抬到河边沐浴，以祈五谷丰登。像郭麻日、年都乎等村至今仍有让神沐浴之俗，将神轿抬到河边，放置于河中，寓意让神沐浴。届时，青年男子们也会将自己清洗干净。现在沃果日人渐渐不举行此仪式了。直接将阿尼仓的神轿从村庙抬出来挨家挨户地入户巡游。每户也会在院子中央摆上各种供品，迎请阿尼仓入户，并根据自己的实力捐献香油钱。其实此次募捐是用来开支“鲁如”期间的各项费用。

3. 布迪纳统（bədi natoŋ）：村内小型祭祀

农历六月二十一日，为“鲁如”开始的第一天，当地人称此日为“奥德赐麦呢纳统”，其意为“上面山神庙的纳统”，届时所有人要到被称为“孜孜娘娘（智僧多杰旺姆）”山的山神庙和被称为“剌麦堂（祭神台）”的祭祀台进行祭祀仪式。据说从前沃果日人居住在今保安城内，明代时因朝廷在那儿驻兵扎营后迁至现址，所以，当日也前往保安城边公路处祭祀。沃果日人将其称之为“工卡阿芒”，即关口，旧时为通往隆务至西宁的公路关卡。据老人称，从前孜孜娘娘山与工卡阿芒、保安城北的山是一条相连的山脉，因逢山开路将其分成两座山，而此处恰恰是沃果日人以前的“赐麦堂”，意为“神滩或神庙所在地”。故于每年农历六月二十一日要到此处请神。此日也有“布迪纳统”之称，意为“小型的鲁如”。

约下午2时，村里所有男子带着煨桑供品在孜孜娘娘神庙山脚下集合，在此集体煨桑、诵经。期间所有年轻男子会爬到山顶环绕孜孜娘娘神庙三圈后返回山下集合，并将孜孜娘娘的神轿、达日加三兄弟的唐卡迎请于此，举行大型隆重的煨桑祭祀仪式。据世袭主持“鲁如”的扎西才让称，从前祭祀时，除了日常的祭品外，还要为阿尼达日加（ཨ་མྱེས་དར་རྒྱལ། A myes dar rgyal）献3只鸡，为阿尼念钦（ཨ་མྱེས་གཉན་ཆེན། A myes gnyan chen）献4只母羊（从前只祭一下鸡毛、鸡头，鸡血洒在齐柔上便可，祭毕后都其肉归献祭者，只需分一份肉给松家仓的曲增仓即可），现如今只献1只鸡即可，将鸡头献上，鸡身可带回家自己享用。这时，所有50岁以下的男子被列成4～6队，一队向前，一队向后，躬身左手抱右手置于膝下等待指令，两名男子举着两根系有芨芨草的旗杆站在队伍前方。主持“鲁如”的人扎西才让站在队伍前头，当他口喊“申申台”时，众人喊：“桂！”并向右转。当他喊“热头吉拉花杆子”时，众人喊：“桂！”并向左转。当他喊“头上戴着花竹子”时，众人喊：“桂！”两队交叉成一队。当他喊“身上穿着拉神袍”时，众人喊：“桂！”并向左转，分开成两队。当他喊“脚里穿着铁字亥（鞋）”，众人喊：“桂！”又向右转。最后当他喊“脚里绞着锁子甲”时，众人喊：“桂！”并挺身举手，高喊：“外哈、外哈，哈药哈药海！桂！桂！”此时站在两队中间的一群手持锣鼓的小孩，敲锣打鼓从队尾走到队前。

依次跳三次，第一次躬身至膝，第二次躬身至腰，第三次躬身至肘。至于主持者口中所喊的汉语蕴意，笔者采访了扎西才让本人，但他讲道：“当我16岁的时候父亲教给我的，至于什么意思我也不太清楚，我现在已经71岁了，更不知其蕴意。好像代表着一种世袭权力。”依次跳完三次后，要从王家、孙家措哇中各选两名青年男丁攀爬旗杆，比赛哪队能够最先到达旗杆顶部，优先者取胜。最后，所有男士排成方型，高喊：“吉拉伊齐幺！”并向前跳三步鞠躬，向后退三步鞠躬，口喊：“外哈外哈，哈药哈药海！”

图85　沃果日人跳列队

年轻男子跳毕后，拉哇邀所有村里老人一同跪坐在神轿前祈福，这时，主持“鲁如”的头人扎西才让诵读藏语经文，最后卜卦请示神意。如若得“香角”（呈正反），寓意神满意了，便可结束；如若是“巴角”（两个反面）或“央角”（两个正面），寓意神很不满意或不太满意，要重复跳至神满意为止。

赢得“香角”后便可离开此地，前往保安城边的公路东侧祭神娱神。先将达日加三兄弟的唐卡置于公路北面，之后集体煨桑、诵经祭祀，拉哇降神宣神谕。据说从前在此地宣神谕时，拉哇会说古汉语。降神宣谕之后，所有男子又开始在公路上跳列队舞，具体的舞姿、流程与前面一致。

男子跳毕，女子上场献舞，本地人将其称之为“赐麦的么日个（cəmɛ də mərgə）”，其意为“给神磕头、叩拜娱神”。传统上，严格意义的献舞叩拜者应为举行过成年礼的未婚女子，但现如今因观念有所改变，年轻的已婚女子可也参加。所有女子身穿藏袍（以前沃果日女子与“蔡孜德裕”的女子穿着一样，共同穿“铎拉”，自改革开放以来改为藏袍，头戴“董”或“梅龙”，很少戴布特）、手持哈达，排成若干列，随锣声叩拜献舞。具体的舞姿如下：锣声一响便磕一下（两手举高、屈膝点一下），先向正前方磕三下，之后向左侧磕三下，再向右侧磕三下。依次向四个方向磕头，最后队形由方形转换成圆形，再磕三下便结束。

图86　沃果日女士叩拜娱神

女子献舞结束后便是拉哇跳神，宣告神谕，最后返回村里。在路口的人家会在门口置一供桌摆供品，迎请阿尼仓入户或给返村队伍分享供品。队伍到达村庙后，先将阿尼仓（神灵）的神轿安置在神庙里，之后老人们在聚在庙前喝酒聊天，直至夜幕降临时各自回家休息。

4. 郭纳统（hgo natoŋ）：沃果日村大型祭祀

农历六月二十二日、二十三日为俗称山神三兄弟之二的哈拉巴图与尕泽东的“鲁如”，届时三个村庄的山神及村民都会到该村合祭。至于二十二日先在哪个村庄举行，每年都要抽签决定，如若二十二日被尕泽东抽到，二十三日为哈拉巴图的“鲁如”。但每年二十四日固定为沃果日的“鲁如”。其因，一说沃果日的山神阿尼达日加是三兄弟之兄或父亲，所以最后一天最隆重的祭祀仪式在沃果日；又说由于沃果日的山神达日加是三兄弟中的幼者，所以最后一天在沃果日举行。不管哪一种说法正确，三村中沃果日的大型“鲁如”自古以来定于二十四日举行。届时尕泽东、哈拉巴图、还有从自沃果日迁走的什哈龙（བྱ་དཀར་ལུང་། bya dkar lung）村的所有男女都要参加。

农历六月二十四日为沃果日的大型“鲁如”，当地人称之为“郭纳统”，意为“大型的鲁如”，是这三个村庄在“鲁如”期间共祭的最后一日，也为最隆重的一日。以下以沃果日的大型祭神仪式为例，详述一天的祭神仪式内容与过程。

（1）清晨红祭（དམར་བསང་། dmar bsang）

当日清晨6时，脱加沃果日村所有男子进庙煨桑。煨桑仪式结束之后进殿诵经助“拉哇”（ལྷ་པ། lha pa 法师）降神，通常情况下当日所降神灵为该村主神阿尼达日加（ཨ་མྱེས་དར་རྒྱལ། A myes dar rgyal），但也有其他神灵降神的时候，主要以其手势、姿势，或神谕来定夺。据当地习俗，每年全村给主神“阿尼达日加”献祭一只活羊，届时“拉哇”当场破腹取出羊心，手握仍然跳动的心脏舞蹈，向四方神灵献祭。自2005年，在高僧大德的倡导下，把活羊改成用糌粑（青稞面）捏成的“假羊”祭祀。据老拉哇称，从前会献祭3只母羊、3只山羊，将一只山羊祭毕后，剩下的羊肉煮熟后大家一起分享。现如今也有将全羊焚烧在红祭煨桑台中，祭祀山神。村里还有求子或求事的人也会自愿献羊给阿尼仓，祈求阿尼仓的关照。有的直接放生献予阿尼仓，属于阿尼的羊角系有哈达，以与其他的羊群相区别。这样的羊不得偷窃、不得驱赶、不得宰杀，流放在村里或山上。有的直接给阿尼仓焚烧红祭。

图87　红祭煨桑炉里的山羊

图88 沃果日拉哇

祭祀仪式之后，神降“拉哇”宣告神谕。首先，告知其功劳。宣告一年之内为民众还原事项：譬如庇佑了多少村民达成心愿；为村民防御了多少天灾人祸；何时何地为谁脱险，等等。在谈到阿尼仓为本村操劳时会说：“为了你们黑头百姓，我穿破了几个铁鞋”等。其次，维持村落秩序。当众批评惩罚常年赌博、行窃、打架者，进献哈达表扬行善积德者。最后，预告全村来年运势、叮嘱注意事项。

以下为沃果日拉哇的神谕片段：

ཨ་ཆུང་ཨ་མགོ་ནག་སྔོན་པོ། ང་དགུན་གསུམ་གྱི་དང་པོར། ཕ་བོང་ལུང་བའི་གུར་ཁང་ནང་ན་བཞུགས་གི་ཡོད་གོ དབྱར་ཟླ་གསུམ་གྱི་དང་པོར། རི་རབ་ཀྱི་རྩེ་མོ་དང་རྒྱ་མཚོའི་གཏིང་ན་བཞུགས་གི་ཡོད་གོ ཕོའུ། ཕོའུ། ཨ་མགོ་ནག་སྔོན་པོ། ངས་སངས་རྒྱས་ཀྱི་བསྟན་པ་དང་། སེམས་ཅན་གྱི་འགྲོ་དོན་ཆེད། ཉིན་རེར་ལྕགས་ཀྱི་ལྷམ་རེ་ཟད་ཀྱི་ཡོད་གོ ཕོའུ། ཕོའུ། ཨ་མགོ་ནག་སྔོན་པོ། ལུས་ནས་ལྕགས་ཀྱི་ལྭ་རེ་ཟད་ཀྱི་ཡོད་གོ ཕོའུ། ཕོའུ། ངས་མི་ཤ་དང་རྟ་ཤ་ཟ་བཞིན་ཡོད་གོ ང་མི་རྟ་གཉིས་ཀྱི་ལུས་ན་རྫུལ་ཙུ་ཚད་རྒྱུ་མེད་གོ ཁྱོད་ད་གོའམ་མགོ་ནག་སྔོན་པོ། ……

译：阿琼黑头百姓，我冬季三月之初居在岩石间，夏季三月之初居在山峰和海底，扑！扑！阿黑头青衣（百姓），为了弘扬佛法、众生义利，每天要磨破一个铁鞋。扑！扑！黑头青衣，每日穿破一件铁衣。扑！扑！阿黑头青衣，我吃的是人肉马肉，你可曾知道黑头青衣？……

ཨ། ཨ་ཆུང་མགོ་ནག་སྔོན་པོ། ང་མིག་གི་རིག་རྒྱུ་མེད་ལ་མཐོང་རྒྱུ་མེད་ར། ཨ། ཨ་ཆུང་མགོ་ནག་སྔོན་པོ། ད་འདང་རྒྱོབ་ར། ཨ། ཨ་ཆུང་མགོ་ནག་སྔོན་པོ། ང་ནམ་ཡང་ཡོད་གོ ཨ་ཆུང་མགོ་ནག་སྔོན་པོ། ཕོའུ། ཕོའུ།

ངས་དོན་ཆེན་པོ་ཁོང་སྒྲུབ་ཐུབ་འ་གོ ཨ་ཆུང་མགོ་ནག་སྔོན་པོ། ཕོའུ། ཕོའུ། ད་ཡར་འ་ཡར་བཤད། མར་ར་མར་མ་བཤད་གོ ཨ། ཨ་ཆུང་མགོ་ནག་སྔོན་པོ། ༢༠༡༦ལོའི་ཟླ་བཅུ་བ་གི་ཚེས་བཅུ་གཅིག་ཁྱོད་སྟོས་འ་སྡོད་གོ ཨ། ཨ་ཆུང་མགོ་ནག་སྔོན་པོ། ཕོའུ། ཕོའུ། ཕོའུ།……

译：啊！阿琼黑头青衣，虽看不见闻不着吾，阿琼黑头青衣，好好考虑一下，阿黑头青衣，吾始终在尔等周围。扑！扑！阿黑头青衣，吾可成就大事啊，阿琼黑头青衣。扑！扑！请勿见人说人话，见鬼说鬼话。扑！扑！阿黑头青衣，2016年10月11日你等着瞧啊！阿黑头青衣，扑！扑！扑！……

ད་དེ་རིང་ཕན་ཆད་ནས། ཨ་ཆུང་མགོ་ནག་སྔོན་པོ། ཕོའུ། ཕོའུ། ད་ནགས་འ་སོང་ནས་ལྕགས་གི་དུ་མོ་གཟིག (མདའ་ཞིག་གམ་ཤུག་པ) ཨ་ཆུང་མགོ་ནག་སྔོན་པོ། གསར་བུ་ཚོས་ཞེ་གི (ཤིན་ཏུ) བསང་ཅིག་ཕུད་ན་ཕུད་དང་ར་ཚོག་འ་གོ ཨ་ཆུང་མགོ་ནག་སྔོན་པོ། སེམས་ནང་མེད་ན་མ་ཕུད་ན་ཚོག་གོ ཨ་ཆུང་མགོ་ནག་སྔོན་པོ། ཡུལ་ནས་ཕུད་ན་ཁོང་། རི་མགོ་ནས་ཕུད་ན། གཙང་འ་ནས་ཕུད་ན། ཁྱད་ར་མེད། གཅིག་ར་གཅིག་ཡིན་གོ ཨ། ཨ་ཆུང་མགོ་ནག་སྔོན་པོ། གང་ནས་ཕུད་ན་མ་སེམས་ཅན་སེམས་ན་བཟུང་གོ ཨ། ཨ་ཆུང་མགོ་ནག་སྔོན་པོ།……

译：从今天开始，阿琼黑头青衣，扑！扑！小伙子们可以从林中取支如铁的（木箭？柏枝？）煨个桑，啊！阿琼黑头青衣，如若心中无诚意，也可不煨桑。

啊！阿琼黑头青衣，在家煨桑、在山顶上煨桑、或在灶台煨桑均可。没有区别，一模一样。啊！阿黑头青衣，无论在哪里煨桑心中要有众生。啊！阿黑头青衣……

此外，主持“鲁如”仪式的头人、村长，公布下午的“鲁如”仪式中需遵守的相关条约、安排请神迎人事宜，之后各自回家吃午饭，准备下午的仪式。

（2）午时煨桑共祭（བསང་མཆོད། bsang mchod）

中午12：00时，俗称“三兄弟”之二的尕泽东，哈拉巴图的村民携各自的村落神，前来参加脱加沃果日村主持的祭神仪式。所有男子将备好的煨桑供品（包括柏枝、面粉、茶叶、酥油、五谷、糖果、哈达、酒水等）携至煨桑台，进行大型的煨桑仪式。祭祀完毕后，列成一队，口喊“外哈、外哈……”，按顺时针方向绕转村庙三圈。三圈之后，先将各村的村落神迎请至村庙前安置供奉。50岁以上的老人先入席就坐，三村青年男子随后按长幼次序依次入座客人席。届时会以烟酒款待，方可畅饮。据说从前每人还可得一块祭神的羊肉，现如今由于提倡禁止杀生，制止了此俗。等三村男子入席后，在长者的诵经声、幼者的呐喊声中，脱加沃果日村的村落神阿尼达日

图89　大型煨桑请神仪式

图90　三村男士宴席台

加附体于“拉哇”，开始主持一下午的“鲁如”仪式与现场秩序。尕泽东村的主神“阿尼瓦总（ཨ་མྱེས་བ་ཙོང་། A myes ba tsong）”、哈拉巴图村的主神“黑日郎（ཧེ་རི་ལང་། he ri lang）”也在脱加沃果日“拉哇”的协助下，降神于该村“拉哇”，共同维持秩序。

（3）献舞娱神

三村男子相继表演各村所特有的娱神舞蹈，完毕后入座就席，饮酒共欢；三村女子及其他观众围圈观赏、共欢。具体的舞蹈类型有以下几项：

当当纳统[1]（daŋ daŋ natoŋ）：“当当纳统”是讲蒙古语族语言的脱加沃果日村的土语，即“击鼓娱乐表演”。此舞队形较简单，由一位手持铜锣的男子领舞，其余手持羊皮鼓的男子排成一个长队，一边击鼓一边踮脚跟跳即可。舞姿全凭敲锣者的节奏变换，一般情况下，男子自15岁就开始参加，基本的跳法都相当娴熟。由于此舞动作、队形简单，五六岁的小孩都会争着参加。在他们观念里能够给各方神灵献舞，是一件非常值得自豪的事。

队结合巴（དུ་འུ་རྒྱག་པ། tuvu rgyag pa）：“队结合巴”系藏语，有汉语“列队”之意，这个舞蹈需要三村男子共同参加，其队形较复杂，需要经过训练后方可参加。具体步骤如下：首先三个村的男子边跳边排成若干行，向前、向后边跳边移动，最后呈方形。其次，根据主持者的指令，向左、向右转身，两队交叉，后又分开。完成一次完整的相互交叉的队形后，手持锣鼓的小孩，从两个队伍中间敲锣打鼓穿过。依次向四个方向跳完。最后又呈方形向前、向后边跳边移动，之后每个村依次跳回自己的席位。

卡么日（ཁབ་དམར། khab dmar）纳统：卡么日系藏语，通常汉语用“上钎”表述。上纤又分上口钎和上背钎。上口钎，是将两根锋利的钢针扎入左右两腮帮，跳舞娱神。上背钎，是青壮男子脱去衣服后，将15 ~ 30根钢针扎入脊背，击鼓跳神舞。当地人将这种祭礼称之为“麻日桥（དམར་མཆོད། dmar mchod）”，即红祭或血祭。据说有些山神嗜好人血，所以用自己的血液祭祀山神，以示对神的虔诚。其实，此祭礼另一蕴意便是展示男子勇气与气魄。如若谁在舞蹈过程中使劲将所有的钢针甩掉，而且神态威武勇猛，谁就会成为被观众夸赞的对象。所以，五六岁的小孩也会在腮上扎一两根钢针，或用牙咬住模仿上口钎，以示其胆魄。

---

〔1〕“纳统”是热贡“蔡孜德裕”中讲蒙古语族语言的人们对“鲁如”的称谓，也是对“娱乐项目”的称谓。“纳特”为动词，指“玩”“娱乐”。“纳统”为其名词，有“娱乐”“娱乐项目”“表演项目”之意。“当当纳统”就是击鼓娱乐项目或击鼓娱乐表演。

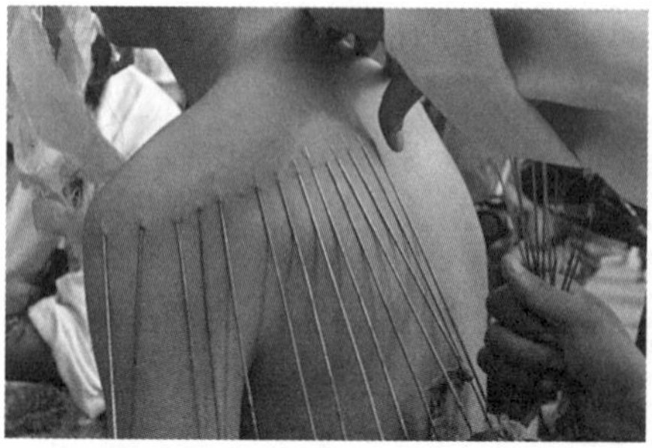

图91　背上插“卡玛日”

图92　插完“卡玛日”后拉哇施法消毒

图93　腮上插“卡玛日”

图94　插满“卡玛日”的舞者

曾庆江（tɕhi dʑən dʑaŋ）纳统：“曾庆江纳统”是每年“鲁如”仪式中不可缺少的一项表演。至于何谓“曾庆”，其来源不得而知，也不知为何种语言？其主要内容为惩处违反田地管理相关条约者。这个仪式须由脱加沃果日松家氏族之曲增仓（ཆོས་འཛིན་ཚང་། chos vdzin tshang）的四个家户世袭表演。具体的跳法为：7个男子绕着摆有一把新鲜麦秆、三对高架、一对木质弓箭的大石磨舞蹈，直至仪式结束。据老“拉哇”称，这是一项田地管理相关事宜的仪式。头戴红

图95　在跳曾庆江纳统

布的男子扮演的是“丘得合（འཁྱིག་བདག vkhyig bdag）”，即“庄稼管理者”，其余为违反保护庄稼相关条约者，演绎的是庄稼管理者处罚放任牛羊进庄稼地者、不按约定时间私自提前收割庄稼者等违反农事相关规章者，以示警诫。据老“拉哇”称，此舞蹈从前有12种跳法，现在年轻人只是简单跳跳应付了事。“鲁如”主持者需给这些“丘得合”发放额外的羊肉和酒水份额。

赐麦的么日格（cəmɛ də mərgə）：系土语，“拜神”之意，三村年轻女子身着传统服饰献舞拜神。通常情况下，由一位敲锣的中年男子掌控节奏，所有女子（一般情况下未婚女子），按年龄顺序依次排队献舞。此舞姿较简单，双手举至同头高，屈膝向左、向右转动即可。舞蹈的节奏、手势、队形均随敲锣者的节奏变换。

岗像（རྐང་ཤིང་། rkang shing）纳统：岗像系藏语，“高架”之意，岗像纳统也是“鲁如”中不可缺少的一项表演。三位男子脚系高架，三对男子左右扶辅。脚系高架的三位男子先后依次转圈，三圈后，最后一位手持弓箭之人举弓射向前面高架上的人。据当地老人称，这是在演绎一段曾经发生过的历史事件。

图96 准备向前方行人射箭的沃果日人

撒果集合巴（ས་བགོ་རྒྱག་པ། sa bgo rgyag pa）：系藏语，“分地”之意，俗称三兄弟的沃果日、哈拉巴图、尕泽东三村划分土地。这也是“鲁如”结束前最后一项表演。具体如下：

分地：所有男子围成一圈，在圈内脱加沃果日村的一位男子手牵哈拉巴图村的一位男子，随后另一位男子手牵尕泽东的一位男子，一对儿一对儿地先后转圈喊道：“桂！沃果日松巴仓！沃果日松巴仓！沃果日松巴仓！”喊上三次后，围观的人们回应：“奥！”然后喊道：

ད་འདི་ནས་ད་ཅེར་མ་ཅེར་སྐྱིད་པའི་རི་མོ་ལྡན་ནས་ཞིན་གར། ཨེ་བོད་སྔོར་སུམ་པ་ཚང་གི་ས་ཡིན།

译：在这吉祥如意的日子，哎这是沃果日松巴家的地。

便躬身用手在地上画一条线，众人齐口喊“奥！”依次叫喊三次“哈拉巴图夏美仓！尕泽东巴佳仓！”后，便说：

ད་འདི་ནས་ད་ཚེར་མ་ཚེར་སྐྱིད་པའི་རི་མོ་ལྷན་ནས་ཉིན་གར། ཨེ་ཧ་ར་ཐར་ཞ་མེད་ཚང་གི་ས་ཡིན།
译：在这吉祥如意的日子，哎这是哈拉巴图夏美家的地。
ད་འདི་ནས་ད་ཚེར་མ་ཚེར་སྐྱིད་པའི་རི་མོ་ལྷན་ནས་ཉིན་གར། ཨེ་གར་རྩེབས་གདོང་འབའ་རྒྱ་ཚང་གི་ས་ཡིན།
译：在这吉祥如意的日子，哎这是尕泽东巴加家的地。

分发种子：两对男子面对面地保持着半蹲坐姿，中间摆放了一付石磨和一把麦秆，其中一位男子喊道："ཀེཽ། ཟར་མ་གི་ས་བོན། 桂！胡麻的种子。"假装从地上往怀里装种子的样子。对方又喊道："ནས་གི་ས་བོན། 青稞的种子。"假装往怀里装种子。依次喊道："སྲན་མ་གི་ས་བོན། 大豆的种子，སྲན་མ་དཀར་ལྷང་གི་ས་བོན། 豌豆的种子，ཡི་བོར་（ཀེ་ཚེ）གི་ས་བོན། 油菜的种子，ཚོ་བ་གི་ས་བོན། 措哇的种子，ཧ་ནས་ཧ་ནས་གི་ས་བོན། 大家伙儿的种子。"然后起身便喊道："ཀེཽ། ཕུན་སུམ་ཚོགས་པའི་ཡར་འོག་གི་ས་བོན། 桂！多彩丰富，积极向上的种子！ཀོཽ། ཕུན་སུམ་ཚོགས་པའི་ཡར་འོག་གི་ས་བོན། 桂！多彩丰富，积极向上的种子！"

播撒种子：两对男子先后假装往地里播撒种子。第一对喊"སྲན་མ་གི་ས་བོན། 大豆的种子"，第二对喊"སྲན་མ་དཀར་ལྷང་གི་ས་བོན། 豌豆的种子"，依次喊"ཡི་བོར་（ཀེ་ཚེ）གི་ས་བོན། 油菜的种子，ཚོ་བ་གི་ས་བོན། 措哇的种子，ཧ་ནས་ཧ་ནས་གི་ས་བོན། 大家伙儿的种子"，假装播撒种子。播撒完毕后喊道："ཀེཽ། ཕུན་སུམ་ཚོགས་པའི་ཡར་འོག་གི་ས་བོན། ཀེཽ། ཕུན་སུམ་ཚོགས་པའི་ཡར་འོག་གི་ས་བོན། 桂！多彩丰富，积极向上的种子！"

犁地：最后，由一位手握系有红色绸缎木犁的男子和两位装扮黄牛拉犁的男子，从摆有石磨和麦秆的地方开始，拉着木犁在地面上绕划一大圈，众人喊："乔！乔！ 乔！"并敲打拉犁者。拉犁者要迅速跑回原点，最后一定要与开头的地方重合，要自然而然地画成一个圆圈。如若重合了说明万事大吉、圆满，来年将五谷丰登；若不能重合，则示不吉。重合后大伙儿敲锣打鼓，叫喊："外哈！外哈！"边跳边在村庙前排成方形，鞠躬起身跳三次，口喊三次"吉拉伊齐幺！桂！"（其意不详，也不知何种语言），便结束分地仪式。

图97　三个兄弟犁地分地

（4）送神：结束阶段

煨13个桑送神：分地仪式结束之际，所有女子回家去取煨桑供品，并在宽敞的麦场备好干草、柏树枝叶、面粉及祭品，置39个小型“桑”堆。每行置13堆小“桑”，代表“十三位战神”，共列三行。等阿刺让（a tsə raŋ扮狮子者）路过时，便点火煨桑。

图98 煨桑送神灵

阿刺让（a tsə raŋ）纳统：“阿刺让”在当地语里意为“狮子”，狮子扮演者也被称为“阿刺让”，狮子舞称之为“阿刺让（a tsə raŋ）纳统”。“阿刺让”共由两名扮演狮子者和一名领狮者组成，均从杨加措哇的男士中选取，“阿刺让”舞者也要从杨加措哇的阿尼曼公神庙出发，跳至村庙。当“鲁如”临近尾声时，“拉哇”会来到阿尼曼公神殿内降神、宣神谕。宣神谕时提到阿尼曼公的来源：“未曾见过达达（鞑靼）蒙古仓仓，但有过耳闻，虽未将阿尼曼公请入村庙内，但对所有神灵一视同仁……”随后拉哇率领两名阿刺让及领狮者从房顶跳至几户相邻的人家，最后从墙壁上跳下来走到村尾，再往村庙方向边走边跳。阿刺让路过“桑（བསང་། bsang）”堆时，村民便点燃桑堆祭品，阿刺让从“桑”堆中跳过走向村庙。阿刺让围绕村庙跳几圈后进入阿尼仓的殿内，卸装休息。

图99 装扮阿刺让的舞者

跳完“阿刺让”舞，“鲁如”仪式也即将落下帷幕了。三个村的男士高举挂有山神画像的旗杆、锣鼓，高喊：“外哈！外哈！”绕转村庙三圈后，将尕泽东的主神阿尼瓦总及随从者、哈拉巴图的主神黑日郎及随从者送至村口。一年一度的六月歌舞盛会也就此结束，所有观众及女士、游客各自回家。拉哇（ལྷ་བ། lha ba）、堪果哇及一些随从们返回村庙，举行最后的祛灾辟邪仪式。

“许晓（zəG ɕoG）”：“鲁如”活动结束后便焚烧“许晓”。“许晓”为当地口语，是指挂在柳枝上刻有经文的符咒，类似于道符。据说此经文是密咒，唯拉哇专有，具有驱邪避灾之效。往年红祭时，还会将羊血洒在该符咒上，听闻此举会使符咒更灵验。拉哇及其随从将所有的“许晓”从村庙中取出来，村民会在村庙前放置一个“勒吉（石磨）”，点燃一堆麦草，届时，拉哇将左腿放在“勒吉”上，左手高举“许晓”符咒，向四方挥洒烟熏后，便冲出村外。一直跑到村外的河滩向着尕撒日方向焚烧，以示从此驱走并消除了全村所有不净之物。此时，如若有意祛邪祛晦的个人，可在庙门前低头跪坐等待“许晓”从头顶经过，从而达到净化作用。也因为人们深信这样的驱邪祛灾仪式的功效，所以，河对面的尕撒日人对沃果日人的此举甚是不满，反过来向着沃果日方向焚烧“许晓”。在谈到沃果日拉哇施咒的“许晓”威力时，流传着这样的一则传说：

据说以前两村为了抵御对方的“许晓”所带来的危害，相互施咒。有一天沃果日拉哇向着尕撒日德哇施咒时，在宴会上喝茶的尕撒日人手里的碗开始震动，随后碗里也落满了灰尘。此时，他们才意识到此举是沃果日拉哇焚烧“许晓”所致，从此领教了沃果日拉哇的威力，不敢招惹。所以，尕撒日人便供奉了厉神“咂”来反击。[1]

烧完“许晓”后，神也离开了拉哇的身体，拉哇顿时晕倒在地上，变回了原来正常人的神色，结束了一天的降神附体任务。

图100　将不净之物吸附于“许晓”拿到村口焚烧

〔1〕 采访人：笔者；时间：2014年12月16日；受访人：NJJ，男，48岁；地点：沃果日NJJ家中；语言：铎话；翻译：笔者。

三、军训、农耕与祭神：“纳统（鲁如）”的起源及其演变、整合

（一）“鲁如”仪式的来源分析

至于“鲁如”这个词，藏语界有不同的解读，有人认为是“གླུ་རོལ། glu rol”，即，“歌乐、娱乐”之意；有人认为是“ཀླུ་རོལ། klu rol”，即娱“鲁（龙）”神。还有人附会为“ཀླུ་རུལ། klu rul”，“ཀླུ། klu”意为“鲁”，“རུལ། rul”为藏语中“སྤྲུལ། sprul”的安多方言，意为“蛇”，所以“鲁如”为包括蛇在内的“鲁”神的祭祀仪式。其实“鲁如”是包括“蔡孜德裕（ཁྲེ་ཙེ་སྡེ་བཞི། khre tse sde vzhi）”[1]在内的隆务河谷中游低洼地带农业区的村民共同举行的一种仪式。“蔡孜德裕”人中讲蒙古语族语言的人称“纳统”，即“玩乐、娱乐”之意。因此，藏语中的“鲁如”这个词，更确切地说应为“གླུ་རོལ། glu rol”，即“歌舞盛会、娱乐”，与蒙古族、土族的“那达慕”“纳顿”意义相投。民间也有谚语言：“དྲུག་པའི་ལྷ་ཟླ་ཆེན་མོ། བདབ་པའི་ལོ་ཏོག་དང་མ་བདབ་པའི་རྩི་ཤིང་གི་ལོ་ལེགས་རྟེན་འབྲེལ་ཞིག་ཡིན། 译：六月祭神盛会，乃是喜庆五谷丰登与草木丰茂的典礼。”当然，其中原始祭祀是一项重要的内容，再者随着藏传佛教在热贡的昌盛其他活动事项渐渐被削弱，以致更多人对于“鲁如”的阐释倾向于类似“ཀླུ་རོལ། klu rol”“ཀླུ་རུལ། klu rul”的宗教性阐释。至于为何在隆务河谷中游低洼地带盛行这样一个“娱乐盛会”，从“鲁如”的分布、祭祀对象、活动内容、来源传说来探究。

1.“鲁如”的分布

首先，从“鲁如”的分布区域来看，在热贡举行“鲁如”仪式的村落均分布于隆务河中游低洼河谷两岸，均为谷地农业区，其余地段罕见。其次，从“鲁如”分布的密集度来看，主要以“蔡孜德裕”为中心向南延伸至隆务部落（隆务七庄）的一些村庄，向北延伸至麻巴部落（麻巴七庄）的一些村庄（见图101）。

---

〔1〕“蔡孜德裕”中有一部分自称成吉思汗军队后裔的讲蒙古语族语言的群体，一部分自称为吐蕃军队后的讲汉藏混合语的群体，民族识别时被统一认定为“土族”。

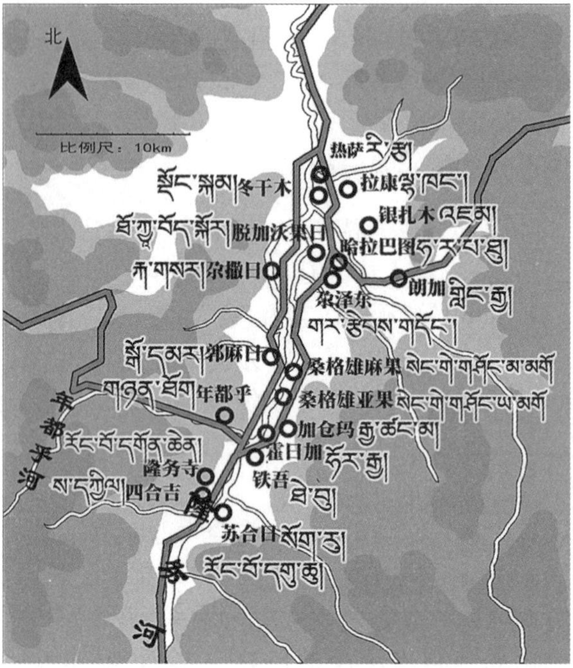

图101　隆务河中游低洼河谷地带的“鲁如”分布示意图[1]

“蔡孜德裕（ཁྲེ་ཙེ་སྡེ་བཞི། khre tse sde vzhi）”，是传统上对坐落于隆务河谷地带的四个寨子的称呼。现已分化成脱加沃果日[2]、上下桑格雄、加仓玛，郭麻日、尕撒日、年都乎等七个行政村。“蔡孜（ཁྲེ་ཙེ། kre tse）”源于汉语的“寨子”，与明时建立的堡寨相关。《大明王廷仪记功碑》载：

如彼中迁义向为屯首，即心怀赤忠，汉番皆并推誉。以是倡议率众，并咨各部院道，筑堡曰保安，设官曰防御，并于计、吴、脱、李四寨选士五百名，均之以月饷。河营协防兵一百名，加之以口粮。[3]

---

〔1〕 此图由兰州大学2014级博士研究生巨浪绘制。

〔2〕 脱加沃果日原属年都乎土把（千）总所统领的“蔡孜德裕（四寨子）”部族，于咸丰年间投靠银扎木洪保（头人），脱离“四寨子”部落加入“麻巴七庄（麻巴德登）”部落。

〔3〕 同仁县志编纂委员会.同仁县志［M］.西安：三秦出版社，2001：1201-1202.

明万历年间，中原王朝为了防御西蒙古入侵中原，在河州以西的循化、热贡、归德等地设立堡寨。自称蒙古后裔的"四寨子"头领（王氏）降明后，于万历年间，从吴（桑格雄）、脱（脱加）、计（年都乎）、李（郭麻日、尕撒日）等四寨子中选士兵500名在脱加（保安）建堡置兵。直至清雍正年间，革除保安堡土兵之前，"四寨子"代表中原王朝行事，屯田戍边，具有"亦兵亦农"的身份。雍正七年，随着改土归流，由"军户"变成"农户"，屯田纳粮。明《边政考》中称"四寨子"为"保安站族"，清朝史料称"四寨子族"或"保安四屯"。雍正十年（1732年），由二世夏日仓活佛阿旺赤烈嘉措与隆务囊索阿旺罗桑协商后，在隆务寺建立了正月祈愿大法会制度，规定隆务寺及其所有子寺的僧人都要一起参加。其后"四寨子"相继融入到隆务寺政教合一系统，成为隆务囊索所属热贡十二部族之一的"蔡孜德裕（ཁྲི་ཙེ་སྡེ་བཞི། khre tse sde vzhi）"部族。

至于"蔡孜德裕（四寨子）"人的族源，《秦边纪略》（1691年）卷一《河州卫》记载：

西南有二十四关。……关之东则河州内地，关之西则小河套，即九曲之地，亦曰河曲。盖黄河曲折傍岸之总名也。起台堡在卫西二百里，保安堡在卫西六百七十里，归德堡在卫西一千二百里，三堡皆在河曲地。各堡仅一守备，其兵民俱非汉人，乃土人也。三堡之兵分地探侦，此旧制也。[1]

又载：

卫，今设副戎一。又起台堡、保安堡、归德堡守备三。土人或云：其先世夷人，居中土已久，服食男女与中国无别，且久与汉人连姻，与汉人言则操汉音，又能通羌夷语，其实心为汉，非羌夷所可及云……保安堡守备一员，马步兵一百二十八名。其地产金、褐子、氆氇。堡皆土人。距捏工川一百五十里。今其兵皆土民，无一汉人者，饷则众共分之，粮即所应输者抵之。[2]

据《秦边纪略》，保安堡的兵民皆是土人，其先世为夷人。民间也有讲蒙古语族语言的年都乎、郭麻日、尕撒日为成吉思汗军队后裔的传说，被当地藏

〔1〕（清）梁份.《秦边纪略》卷一《河州卫》[M].甘肃省图书馆馆藏，38.
〔2〕（清）梁份.《秦边纪略》卷一《河州卫》[M].甘肃省图书馆馆藏，35.

人也称之为“铎日铎（鞑靼？）”或“霍尔（蒙古或北方民族）”。

还有一部分自称吐蕃戍边军队后裔的讲汉藏混合语的桑格雄人，在《循化志》中载：

> 故今有曰吴屯者，其先盖江南人也，余亦有河州人，历年既久，衣服、言语渐染夷风，其人自认为土人，而官亦目为之番民矣。[1]

2. 祭祀对象

在“鲁如”期间所祭神灵，非常繁杂，即包括像夏琼（བྱ་ཁྱུང་། bya khyung）、唝（གཟའ། gzav）、赞果（བཙན་རྒོད། btsan rgod）、鲁昂（ཀླུ་དབང་། klu dbang）等原始苯教神灵；也包括像阿尼玛卿（ཨ་མྱེས་རྨ་ཆེན། A myes rma chen）之类的藏传佛教护法神系列神灵；还包括像果木日朗（ཀོ་མོ་རི་ལང་། komo rilang）、佐赫日朗（བན་ཐེན་ཙོའུ་ཧུ་རི་ལང་། ban then tsovu hu ri lang）、白赫日郎（པེ་ཧུ་རི་ལང་། pe hu ri lang）、瓦宗日郎（བ་ཙོང་རི་ལང་། ba tsong ri lang）、黑日郎（ཧེ་རི་ལང་། he ri lang）、金子日郎（ཅིན་ཙི་རི་ལང་། cin tsi ri lang）、龙爷、娘娘等汉藏合璧的神灵。但每个村落会有一个主祭神灵，这个主祭神灵也是该村落的主要守护神。下表为“鲁如”仪式中各个村落的主祭山神及陪神。

隆务河谷地带各个村落主祭的山神及陪神

隆务河	村落	主祭	陪祭
河西	四合吉	夏琼 བྱ་ཁྱུང་།	瓦总日郎、热阿总、将爷木洪 བ་ཙོང་རི་ལང་། ར་རྫོང་། ཅང་ཡེ་དམག་དཔོན།
河东	苏合日	玛卿 རྨ་ཆེན།	念钦、德合龙、尤拉、贤巴梓潼 གཉན་ཆེན། སྟག་ལུང་། ཡུལ་ལྷ། ཤན་པ་ཙོ་ཐུང་།
河东	铁吾	念钦（太子山） གཉན་ཆེན།	夏琼、玛卿 བྱ་ཁྱུང་། རྨ་ཆེན།
河东	霍日加	念钦（太子山） གཉན་ཆེན།	念钦之家眷、夏琼、玛卿 གཉན་ཆེན་གྱི་འཁོར། བྱ་ཁྱུང་། རྨ་ཆེན།

〔1〕（清）龚景瀚.《循化志》卷四《族寨工屯》[M].西宁：青海人民出版社，1981：163.

续 表

隆务河 \ 村落	主祭		陪祭
河东	上、下桑格雄	达日加（达日加日郎） དར་རྒྱལ།	格萨尔、马家老爷、将爷/祖神 གེ་སར། མ་ཅ་ལོ་ཡེ། ཅང་ཡེ་དམག་དཔོན།/ཚོའུ་ཧྲན།
河东	加仓玛	赞果 བཙན་རྒོད།	格萨尔、达日加坌孙 གེ་སར། དར་རྒྱལ་སྤུན་གསུམ།
河西	年都乎	果木日郎 ཀོ་མོ་རི་ལང་།	夏琼、玛卿、念钦、格萨尔、扎堆、热阿总 བྱ་ཁྱུང་། རྨ་ཆེན། གཉན་ཆེན། གེ་སར། དགྲ་འདུལ། ར་རྫོང་།
河西	郭麻日	白赫日郎 པེ་ཧུ་རི་ལང་།	佐赫日郎、夏琼、念钦、格萨尔 ཙོ་ཧུ་རི་ལང་། བྱ་ཁྱུང་། གཉན་ཆེན། གེ་སར།
河西	尕撒日	佐赫日郎 ཙོ་ཧུ་རི་ལང་།	香香、咂、念钦、格萨尔、白赫日郎 ཤིང་ཤིང་། གཟའ།གེ་སར། གཉན་ཆེན། པེ་ཧུ་ རི་ལང་།
河东	沃果日	达日加（达日加日郎） དར་རྒྱལ།	念钦及家眷、智僧多杰旺姆、将爷、也通 གཉན་ཆེན། བྲག་སྲིན་རྡོ་རྗེ་དབང་མོ། ཅང་ཡེ་དམག་དཔོན། ཡེ་མཐོང་།
河东	尕泽东	瓦总日郎 བ་ཙོང་རི་ལང་།	玛卿、念钦、阿加 རྨ་ཆེན། གཉན་ཆེན། ཨ་རྒྱལ།
河东	哈拉巴图	黑日郎 ཧེ་རི་ལང་།	也通 、热阿宗 ཡེ་མཐོང་། ར་རྫོང་།
河东	热萨、拉康	曹操སོ་སེའུ།	华吾紫吉昂丹 དཔའ་བོ་གཟི་བརྗིད་དབང་ལྡན།
河东	冬木干	金子日郎 ཅིན་ཙི་རི་ལང་།	白赫日郎、萨龙、措干、加唐、也通 པེ་ཧུ་རི་ལང་།གསར་ལུང་། མཚོ་ཀན། རྒྱ་ཐང་། ཡུལ་ལྷ། ཡེ་མཐོང་།
河东	银扎木	扎堆 དགྲ་འདུལ།	托果 ཐོག་རྒོད།
河东	朗加	拉日 ལྷ་རི།	加唐、毛尕日 、克托合、阿妈鲁毛 རྒྱ་ཐང་། རྨོག་དཀར། ཁུ་ཐོག ཨ་མ་ཀླུ་མོ།

从每个村落主要祭祀对象来看，除隆务河中游最南端的四合吉、苏合日村和最北端的郎加、银扎木村之外，其余主祭神灵均为以日郎神（二郎神）为

主的汉神。

热贡俗有“十二日郎”之说。由于本土化过程中，附会了本民族的理解与形象的改造，每位日郎神的名称、形象有所差别，但都有一个共同特征，即均为汉地皇帝（གོང་མ་རྒྱལ་པོ gong ma rgyal po）派遣。至于何故来到热贡？坐落于保安堡南侧铁城山半腰上的瓦总日郎（二郎神）祭祀经文中有较清晰的交代。经文载：

ཀྱཻ། ལྷ་གཉན་ཆེན་པོ་ཁྱོད། །ཤར་ཕྱོགས་རྒྱ་ནག་ཕོ་བྲང་དུ། །གོང་མ་རྒྱལ་པོའི་སྤྱན་སྔ་རུ། །བོད་དུ་ཕྱིན་པའི་ཁས་བླངས་པའི། །རེབ་གོང་ཡུལ་འདི་གཉེར་དུ་གཏད། །སྤྱན་སྔར་ཁས་བླངས་དམ་བཅས་བཞིན། །མཚན་ནི་ཝ་ཚོང་རི་ལང་བརྗོད།།

译：鸣呼！念钦大神你乃是，东方汉地皇宫御殿前，曾经发愿到此藏地来，守护热贡这方土地的，恪守誓言终无反悔者，众人讳为“瓦总日郎”。[1]

据经文，“阿尼瓦总”是向汉地皇帝请愿来守护热贡的，他的身份也较明确，称为“瓦总”，似为“把总”。所以当地藏族信众也称其为（ཨ་མྱེས་དམག་དཔོན། A myes dmag dpon 将军神或军爷），称其庙为“木洪康（དམག་དཔོན་ཁང་། dmag dpon khang）”[2]，即将军庙。

热贡地区除了二郎神外，还有赤噶尤拉（文昌神）、阿尼达日加（五山老爷/龙爷/常遇春）、阿尼念钦（太子山）、将爷木洪（将军/祖神/真武大帝）、阿妈贡玛（娘娘）、孜孜娘娘（送子娘娘？）、阿尼格萨尔（关老爷/关羽）等汉神。这些被称为“加拉（རྒྱ་ལྷ། rgya lha）”的汉神均为“贡玛嘉布（gong ma rgyal po 中原皇帝）”派来的，或为皇帝的将领，或为皇帝身边的掌事（མཛོད་བདག mzhod bdag），或娘娘，或太子。热贡隆务河谷的信众将供奉这些神灵的庙宇均称之为“木洪康”，即“将军庙”。[3]

---

〔1〕阿尼瓦总祭祀经文（木刻影印版）。此经文由尕泽东村庙（二郎神庙）管家提供（2014年7月9日）。

〔2〕尕泽东的村庙藏语叫“木洪康（དམག་དཔོན་ཁང་། dmag dpon khang）”，所供神灵叫“阿尼木洪（ཨ་མྱེས་དམག་དཔོན། A myes dmag dpon）、阿尼瓦总（ཨ་མྱེས་ཝ་ཚོང་། A myes wa tsong）或瓦总日郎（ཝ་ཚོང་རི་ལང་། wa tsong ri lang）”，其实“木洪康”门牌上明确标有“二郎神殿”四个汉字，里面供奉的神灵也被保安（堡）的汉人称之为“二郎神或二郎爷”。常日里保安（堡）附近的汉人也前去祭拜。

〔3〕详见周毛先的博士论文《热贡“蔡孜德裕”：隆务河流域“四寨子”人的身份演变与文化调适研究》，兰州大学，2015年12月，第173—177页。

“木洪康（将军庙）”的原型，即“功臣庙”，可还原热贡地区汉神信仰的缘起。据史料记载，明代开国之初，朱元璋从统一全国的战略需要出发，表彰和激励有功将士，钦定功臣位次，敕命在江宁府东北的鸡鸣（笼）山建立功臣庙，供奉徐达、常遇春、李文忠、胡大海、康茂才等二十一人，“死者肖像祀之，生者虚位以待”。在全国统一后，明太祖朱元璋曾将开国功臣都封为“神”，敕命全国各地立庙祭祀。[1]随后在其羁縻卫，“西番诸卫”中也得以推广传播。明廷为了让当地民众接纳，将这些“功臣”册封为“龙神”，迎合当地信众的现实需求（农业灌溉）与原有的“鲁（龙）神”信仰，且将不同羁縻地册封为其封地，出资修庙。曾实行卫所制度的河、岷、洮地区也将这些开国功勋及皇亲国戚拥戴为湫神，将所有男性神祇称之为“龙王”，所有女性称之为“圣母/娘娘”。[2]清袭明制，广泛推广河源神及其国祭仪式。当然朝廷大量出资推广这一信仰本身并非朝廷的首要出发点，而是为了彰显国家意志与官员功德，遂有了“木洪康（将军庙）与阿尼木洪（军爷）”及“二郎神”等代表国家权威的象征符号。热贡“蔡孜德裕”作为代表朝廷行事的土兵（保安堡的士兵），这些代表国家权威象征的“木洪康（དམག་དཔོན་ཁང་། dmag dpon khang将军庙）与阿尼木洪（ཨ་མྱེས་དམག་དཔོན། Amyes dmag dpon将军神）”“二郎神”以及一年一度的“皇祀”仪式在当地得以继承和发扬。

由此，热贡隆务河谷地带所供奉的汉神与朝廷的推广密切相关，应是随着屯田戍边政策的实施介入的。当然之所以能够延续至今，原因有二：其一，与藏族原始苯教讲求的“万物有灵，多神信仰”具有同构性；其二，迎合了隆务河谷地带的农业需求，使得热贡的山神体系更具包容性，呈现多元一体的信仰格局。

3.“鲁如”的内容

纵观“鲁如”的活动事项，有四项重要内容：一、祭神；二、献舞（军演）；三、农耕表演；四、求子、结伴。

一、祭神。祭神是“鲁如”仪式中最重要的一项内容，一般情况下，祭神仪式也是“鲁如”的开幕仪式，请神祭祀完毕后，才开始举行一系列其他活

〔1〕《明史》卷五十《礼志》“功臣庙”条载：“太祖既以功臣配享太庙又命别立庙于鸡笼山。论次功臣二十有一人，死者塑像，生者虚其位。正殿：中山武宁王徐达、开平忠武王常遇春、岐阳武靖王李文忠、宁河武顺王邓愈、东瓯襄武王汤和、黔宁昭靖王沐英……”八年“增祀鸡笼山功臣庙一百八人”。

〔2〕武沐、徐国：从洮州湫神奉祀看西北屯戍文化的内涵［J］. 甘肃社会科学，2015（2）：34.

动。至于祭祀什么神灵，上述已详述，主要以二郎神为主的从汉地传来的军神兼龙神。据说祭神的目的是答谢这些神灵一年以来庇佑庄稼免遭灾害，五谷丰登。因为举行"鲁如"仪式的村庄均为以"蔡孜德裕"为中心的隆务河谷农业区，而且"鲁如"结束之际便是秋收之际。因此，秋收前举行大型的祭神仪式答谢各方神灵。脱加沃果日村于农历六月十九日举行的"龙爷馒头"仪式，也是为了答谢龙神一年以来庇佑庄稼丰收，专门给"龙爷尝鲜"的仪式。届时脱加沃果日拉哇（法师）亲自发面、制作称之为"大盘小盘"的"盘馍馍"献祭龙爷。这样的仪式也在民和三川地区盛行。据民和三川安愁拉村的法师称，青苗会是祈求二郎神护佑庄稼免遭自然灾害，纳顿节是答谢二郎神一年来护佑庄稼丰收。[1]曾实行卫所制度的河州、岷州、洮州地区都盛行类似祭祀龙神的庙会。

二、献舞。其实就是一种军事演练的延伸。纵观热贡隆务河谷地带盛行的舞蹈类型来看，以脱加沃果日为主的距离保安堡（脱加）越近的地方基本保持着军舞的形式（见下表），其舞蹈中军事演练的痕迹明显，会有明显的列队、方阵、对战等军事演练动作。距离保安堡（脱加）越远的地方其踪迹慢慢淡化，基本形成了形似"龙"一样转圈为主。虽学界将桑格雄、年都乎的舞蹈列为神舞、龙舞，但其中仍有明显的军事演练痕迹。比如年都乎，在果木日朗神殿前献舞时，就会有一人喊口号（几乎听不懂），其余青年男子随着口号列成两队，依次变换队形。桑格雄也是如此。此外，献舞者均为15岁至50岁的年轻力壮的男子，这与从军要求相符合。且"鲁如"中上口钎、上背钎的舞蹈，其实也是展示男子勇气和气魄的一种竞演，象征着身体强壮、刀剑不入，应是为了选举将领而举行的活动。

隆务河谷地带各个村落的舞蹈类型一览表

隆务河	村落	时　间	主祭日	舞蹈类型
河西	四合吉	16—19日	18日	神舞
河东	苏合日	20—15日	25日	神舞

〔1〕 采访人：笔者；时间：2014年8月28日；受访人：安愁拉村法师，男；地点：民和三川安愁拉村村庙；语言：汉语。

续 表

村落 隆务河		时 间	舞蹈类型 主祭日	
河东	铁吾	20—25日	24日	龙舞
河东	霍日加	20—25日	25日	龙舞+军舞
河东	桑格雄	20—25日	24日	龙舞+军舞
河东	加仓玛	20—25日	24日	龙舞+军舞
河西	年都乎	19—25日	24日	神舞+军舞
河西	郭麻日	20—24日	23日	军舞
河西	尕撒日	19—24日	24日	军舞
河东	脱加沃果日	18—24日	24日	军舞
河东	哈拉巴图	20—24日	22/23日	军舞
河东	尕泽东	20—24日	22/23日	军舞
河东	热萨、拉康	19—24日	23日	军舞
河东	冬木干	21—25日	25日	军舞
河东	银扎木	21—24日	24日	神舞
河东	朗加	20—24日	22日	龙舞

三、农事表演。除献舞之外，仪式活动中还会有一些与农事相关的娱乐项目。譬如脱加沃果日的“鲁如”仪式中有一个被称之为“曾庆江（tɕhi dzən dzaŋ）纳统”的表演项目，据称演绎的是庄稼管理者惩戒平日里违反保护庄稼相关条约的人员，以示警诫。仪式即将结束时，还保留了一套完整的农耕程序的表演，包括三兄弟（三个庄子）划分田地、分发种子、撒播种子、犁地等表演项目。郭麻日、尕撒日也有几人背着挂有瓢、壶、桶之类的盛水用具的扁担，进行类似灌溉的表演。上、下桑格雄及加仓玛的仪式中也有几人手持木杈、耙子、扫帚、簸箕、筛子等秋收时的农具，进行表演、取乐。据称，这些表演项目都演绎着农事相关活动。脱加沃果日的“鲁如”中还有一项铁定的规定是“给龙爷尝鲜（农历六月十九日）”前村民不得收割庄稼，也不得在庄稼地

里割草、动镰刀,“鲁如”仪式结束后方可秋收。这标志着“鲁如”与庄稼管理也密切相关。

四、求子、结伴。“鲁如”中像年都乎、郭麻日、尕撒日、桑格雄、脱加沃果日村都有一项“求子”仪式。这个仪式由几名男子男扮女装,抱着小孩进行娱乐表演,求子者可向表演者索要布娃娃,象征不久将会得子。“鲁如”还有一个隐形的内涵便是“情歌会”,是男女结交的最佳时机。据老人说,以前交通封闭、通讯又不发达,村落间联系甚少,唯有“鲁如”时关系好的村落聚在一起,男女结交机会甚多。特别是在女子“拜神”表演时,到了娶亲年龄的男子和其家长会从中选择自己心仪的对象,因为这些女子恰好是刚举行过成年礼的女子或未婚女子,所以,娱神之外,它的另一功能便是择偶。据说从前到了晚上还有情歌会,男女进行对唱,若有情投意合之人便成为情侣,成婚率也甚高。据此,其实同一个祭祀圈,也就是一个通婚圈。

4.“鲁如”的来源传说

至于“鲁如”来源传说有很多,但较权威的说法有以下几种:

传说一:

在吐蕃三贤者时期,吐蕃军队进攻长安。后来由于天气炎热不能适应,大军队撤回卫藏,其中一支被命令守戍汉藏边界,在当地定居下来。在征战中,有一位大将不幸阵亡。将士们将他安葬在高山上,因担心野狼会盗食其遗体,便在坟堆上插上刀剑。此后,每年在将军阵亡的忌日来到墓地聚会,祈求将军的英灵护佑人们平安,后来将军的坟墓演变成拉卜泽(ལབ་ཙེ lab tse 土堆敖包)。[1]

传说二:

据说吐蕃赞布赤热巴巾时期,吐蕃军队和唐军在汉藏交界处(今甘肃与青海交界的大力加山)交战,由于长期对峙不分胜负,在高僧大德的调解下,双方罢战言和。当时看见达日加央措湖里显出一幅虎头与龙头喜舞,军民们认为这是神灵显灵。为了庆祝和平的到来,军民们便在两军对峙的地方,向

〔1〕 采访人:笔者;时间:2014年8月14日;受访人:DJ老人,男,75岁;地点:桑格雄麻果DJ老人家中;语言:安多藏语;翻译:笔者。

山神致祭，献上神舞；向山上达尔加央措湖的龙神致敬，献上龙舞；向双方烈士献上军舞致敬，这几种舞蹈不断流传演变，逐渐形成了今天的热贡“鲁如”。[1]

传说三：

沃果日、哈拉巴图、尕泽东三村的先民为三兄弟，或三父子。吐蕃三圣者时期，吐蕃军队在达力加山之达日加拉措湖战败唐军后，三兄弟来到热贡，见到此处土地肥沃，宜牧宜农，三兄弟留居此地娶妻生子繁衍子孙，“鲁如”之军舞、神舞、龙舞也始于此。[2]

传说四：

元末明初时，元朝的一支军队在高僧大德的劝解下停止了战争，当场销毁了所有的武器。百姓们为了庆祝和平安宁，举行了隆重的祭神活动，祈福求乐，沿袭至今。[3]

虽然这些传说充满着神话色彩，若掀起其神秘的面纱，仍可获得一些重要的信息。从中我们可以看出：时间上最早至吐蕃时期，晚至元末明初；地点主要发生在汉藏边界，特别是在大力加山（河州以西）上；事迹主要叙述两军交战，经由高僧大德的劝解停止战争，为了纪念和平祭神献舞。

热贡为汉藏边界的重要军事要塞之一，自吐蕃时期，在热贡的戍边军队相继驻扎。到了元代，在河州（大力加山以东）设立吐蕃等处宣慰使司都元帅府，统辖藏区事务，自河州至归德设立纳令七站通往藏区，其中在热贡脱加（保安）设立驿站。明袭元制，设立保安站（时废时立）。万历年间，为了防御西蒙古入侵中原，在河州（大力加山）以西设立起台堡（循化）、保安堡（热贡），归德堡（贵德），其中在热贡脱加（保安）设官置兵建堡寨，设立土官土

〔1〕 采访人：笔者；时间：2014年8月20日；受访人：KBJ老人，男，68岁；地点：四合吉SJ老人家中；语言：安多藏语；翻译：笔者。

〔2〕 热贡·卡尔泽杰.世间礼赞：安多热贡地区民间祭祀“六月会”历史文化内涵研究[M].北京：中国藏学出版社，2009：378.

〔3〕 多杰加.热贡旅游手册[M].西宁：青海民族出版社，2011：548.

兵，热贡"蔡孜德裕（四寨子）"成为保安堡的土兵。清袭明制。所以，在当地人眼中河州（大力加）成为了汉藏边界。

若将这些传说从时间上排列出来，最早的便是吐蕃时期，当然这也不是空穴来风，敦煌古藏文文献了也记载了吐蕃时期在错那冬日（མཚོ་ནག་སྟོང་རུ mtsho nag stong ru）坌达延（འབོན་ད་རྒྱལ vbon da rgyal）与唐军交战，坌达延战死沙场的事迹，[1]这可能与热贡最早的戍边者的记忆相关，也解释了最早没有宗教影响下的"拉泽（ལབ་ཙེ lab tse 土堆敖包）"来由。但本文认为传说四在时间上更为接近，更与元末明初，元朝将领武靖王率众归附明朝，于此地屯兵、屯田事件相契合。明史中也载有"大力加山"这个地名，且称该地为大力加部落游牧地。该传说同时也与热贡"蔡孜德裕（四寨子）"的来源，热贡地区与中原王朝的关系相吻合。

（二）"鲁如"的演变与整合

纵观上述分析，热贡地区的"鲁如"既是一种娱神娱人的典礼，也是一种社会治理方式，与蒙古族的"那达慕"、土族的"纳统"意义相投。它是随着"屯田实边"政策的实施而传入热贡，与热贡"蔡孜德裕"有密切联系。

"蔡孜德裕"头领为主的元军后裔降明后，在热贡屯田戍边。随之也带来了蒙人在农历六、七月"水草丰茂、牛羊肥壮"时喜庆的"丰收"的"那达慕"习俗。据称，蒙古族特有的那达慕文化，从12—13世纪初蒙古部落召开的"忽里勒台（大朝会）"开始的。成吉思汗曾祖父合不勒的第四个儿子忽图剌被推立为蒙古可汗时，蒙古各部和泰亦赤兀惕人在斡难河谷召开"忽里勒台"，与会众人歌舞酒宴欢庆，"舞得天旋地转，跳得地动山摇"。[2]成吉思汗被推举为蒙古大汗后，为了祭旗点将、训练士兵、检阅兵力、维护和分配草场，每年7—8月间，将各个部落的首领召集在一起，举行大"忽里勒台"。活动内容起初举行射箭、赛马或摔跤的某一项比赛，后来发展为射箭、赛马、摔跤、祭祀、娱乐结合在一起。蒙古族选举和议事的"忽里勒台"上的"宴乐"，

〔1〕 王尧、陈践践译注.敦煌本吐蕃历史文书·大事纪年[M].北京：民族出版社，1980：12-33.

〔2〕 姜晓珍.成吉思汗时期那达慕考[J].内蒙古师范大学学报（哲学社会科学版），2014（7）：38.

传统“狩猎活动”中的“技能展演”，“祭祀活动”后的娱神和自娱，以及各种“欢庆宴会”是那达慕产生的重要溯源。[1]这些文化遗俗在热贡“蔡孜德裕”的“鲁如”仪式中仍有迹可循，特别是脱家沃果日的“鲁如”更能体现出成吉思汗时期举行“大忽里勒台”的目的“祭旗点将、训练士兵、检阅兵力、维护和分配草场”。当然由于蒙军后裔降明后其“亦兵亦农”的身份，“那达慕”的活动内容与其生计方式相适应。“三分戍守、七分耕种”，戍城需要时常进行军事操练提高士气，屯田纳粮需要农业丰产丰收，而群落发展需要子孙繁衍，因此，“鲁如”仪式中融入了与其生产生活密切相关的军演、农耕、求子、结伴等活动事项。

祭祀作为“那达慕”的前身，[2]自古以来是蒙古文化中的一项重要内容，也是藏人原始信仰的重要组成部分，蒙藏民族有各自崇奉的神灵。但纵观“鲁如”的祭祀对象，蒙藏民族主祭的神灵大部分为称之为“加拉”（རྒྱ་ལྷ། rgya lha）的以二郎神为主的汉神，这与明清朝廷的屯田戍边政策与国家权力的介入密切相关。作为游牧民族的元军后裔归顺明清后，为了适应新的生产方式和身份，将汉地的农耕生产方式随同其民间信仰以及代表国家权利象征的军神河源神融入其文化，所以“鲁如”中融入了祭祀道教神灵、道符驱邪等多元信仰内容和称之为“阿尼木洪（ཨ་མྱེས་དམག་དཔོན། A myes dmag dpon 军爷）”的军神及二郎神祭祀。纵观河曲实行屯田政策的起台堡、归德堡、保安堡、三川堡都盛行类似于“鲁如”的庙会与祭祀仪式，这些以代表国家权利象征的军神与一系列的农业神祭祀仪式，都应随着屯田实边政策的实施与国家权力的介入而介入的。由于隆务河谷地带农业区的生计方式与宗教文化心理的同质性，这种集祭祀、娱乐、农田管理、军事演练相结合的典礼，在隆务河谷中游低洼地带的藏人中得以向南至北的延伸、传播。

当然，所有文化的整合也并非一朝一夕促成，明清实行屯田戍边前，此地有吐蕃时期的戍边军队遗民和元廷派驻军队的残余，他们的军屯文化和原始宗教信仰和节日习俗作为“鲁如”的文化基础，屯田制度又融入了汉族民间信仰、农事文化与国祭文化内涵，丰富了“鲁如”的内容。

---

〔1〕 姜晓珍. 成吉思汗时期那达慕考［J］. 内蒙古师范大学学报（哲学社会科学版），2014（7）：39.

〔2〕 姜晓珍. 成吉思汗时期那达慕考［J］. 内蒙古师范大学学报（哲学社会科学版），2014（7）：39.

第二节 来自众神的庇佑:“肖康”“乌秃”

一、“肖康”:迎请五方神灵

“肖康”为藏语“ཤོག་ཁང་། shog khang”之音译。“肖康”从字面上理解为“纸房子”,很多人不能理解其意。在举行此仪式时,拉哇向五方放置一个不同颜色的纸房子,以示迎请五方神灵入室做客,所以,纸房子其实就是神灵的居所。沃果日人称其之为“许晓”。肖康为“蔡孜德裕”及周边一些村庄举行的一年一度的年底驱邪禳灾仪式。此仪式集中在农历十一月底至十二月初。热贡最早举行“肖康”仪式的便是麻巴宗囊(སྨད་པ་རྫོང་ནང་། smad pa rzhong nang)村,麻巴宗囊的山神为“赤噶尤拉(ཁྲི་ཀའི་ཡུལ་ལྷ། khri kavi yul lha)”,又称“卡卡帝”。于农历十一月四日举行,整个仪式须由脱加沃果日村的拉哇主持。据说其他村庄举行“肖康”仪式时也需要邀请脱加拉哇主持,所以,每年脱加拉哇需从麻巴宗囊开始,到年都乎、四合吉、尕泽东、尕撒日等村轮流主持,最后一站为麻巴银扎木(སྨད་པ་འཇམ། smad pa vjam)村。据老拉哇说,以前老一辈的拉哇需从农历十一月四日开始,在热贡的这几个村庄轮流主持,有时一直忙到大年三十才能回家。从前隆务河谷地带的村落均举行此仪式,但现如今除了脱加沃果日、年都乎、尕泽东、麻巴宗囊等村保留较完整的仪式外,像郭麻日、尕撒日、桑格雄等村庄只是做一些象征性的仪式,几近废弃。下面以脱加沃果日村的“肖康”为例,将整个仪式过程叙述如下:

“肖康”仪式在沃果日人看来是一年一度必须举行的“格仁(སྐུ་རིམ། sku rim)”,即敬事,念经拜忏以消灾祈福。肖康分宁肖(ཉིན་ཤོག nyin shog)和肖康庆毛(ཤོག་ཁང་ཆེན་མོ། shog khang chen mo)。“宁肖”意为一天的祭祀仪式;而“肖康庆毛”为大型的祭祀仪式,共需三天,而且开支较大,若没有一定的经济实力很难办成。因此,现如今多半以“宁肖”为主,举行一天的祭祀仪式。“宁肖”每年由脱加沃果日九个“措哇(ཚོ་བ tsho ba部族)”中的松家(སུམ་ཀྱཱ sum kyA)措哇、王家(བང་ཀྱཱ bang kyA)措哇、杨家(ཡང་ཀྱཱ yang kyA)措哇出资举行。

（一）宁肖（许晓）

每年农历十一月二十三日为王吉王家措哇（བང་ཀླུ་ཚོ་བ 王氏部族）的“宁肖”，据说这一天为王加措哇的氏族神白哈尔日郎（བེ་ཧུ་རི་ལང་། be hu ri lang）的宁噶日（ཉིན་སྐར། nin skar），通俗地说是“主祭日”。由王加措哇的人做东主持，迎请各方神灵享用祭品，向神灵祈愿。每年以两家搭伙作“云德合（ཡོན་བདག yon bdag）”，即“施主”。王吉措哇共有三十几户人家，每十五年才能轮到一次，因而，每一位“云德合”非常重视此仪式，也庆幸能够早日轮到。农历十一月二十七日为杨加措哇的氏族神阿尼曼公的“宁噶日”；农历十二月三日为松家措哇的氏族神“子晒”的“宁噶日”。

1. 准备：剪“肖康”、布置会场

清晨6点多，“云德合”将一间宽敞的房屋腾空、清扫干净，以备布置会场。两家“云德合”及其“帕玉合（ཕ་གཡོག pha gyog 同宗人）”的男士从村庙将“白赫日郎（བེ་ཧུ་རི་ལང་། be hu ri rang）”神轿迎请到“云德合”家，放置在房屋中央；将“阿尼念钦（ཨ་མྱེས་གཉན་ཆེན། A myes gnyan chen）”“阿尼达日加（ཨ་མྱེས་དར་རྒྱལ། A myes dar rgyal）”“阿尼瓦总（ཨ་མྱེས་བ་ཙོང་། A myes ba tsong）”的唐卡画像悬挂在“白赫日郎”神轿后侧墙壁上。在“白赫日郎”神轿前安置供桌，将酥油灯、乔巴（མཆོད་པ། mchod pa 水供）等佛教五供及瓜果、酒水、馒头等祭品摆在供桌上，点香、烟熏柏枝净化。拉哇（ལྷ་པ། lha pa）边督促布置会场，边制作“肖康（ཤོག་ཁང་། shog khang）”。先需剪出五个称之为“罗国（གློ་སྒོ། glo sgo）”的“小门”。“罗国”的制作程序如下：首先将印制好的符咒剪出菱形，三个菱形符咒粘贴成一串。其次，用彩纸剪出红、绿、黄、蓝、黑五种颜色的“小门”，分别粘贴在中间的菱形符咒上。最后在其两侧各粘贴一条长形符咒即可。五个小门按“ཤར་དཀར། shar dkar（东白）、ལྷོ་སེར། lho ser（南黄）、ནུབ་དམར། nub dmar（西红）、བྱང་ལྗང་། byang ljang（北绿）、དཀྱིལ་ནག dkil nag（中黑）”的规律粘贴在墙壁四面，依次称之为“东方门”“南方门”“西方门”“北方门”；剩余的黑色小门粘贴在房屋中间的房梁上，称“中方门”。每个小门下又安置一小祭台，点燃酥油灯，供奉一个插有“旗达日（剪纸）”的大白开花馒头。据拉哇介绍，这五个小门是迎请“五方神灵”入室的大门。细节请神时再叙。

之后，再剪出称之为“颇达日ཕོ་དར། pho dar”“莫达日མོ་དར། mo dar”的“凯伊达日（ki dar）”的剪纸（见图103），粘贴在筷子长短的木棍上，再插入盛

图102　迎请南方神灵的黄色小门

图103　白色长条剪纸为“莫达日”，彩色扇形为“颇达日”

满麦子的盆里，供桌上共需放置四个。据称，这些剪纸为各方神灵的“尼康 གནས་ཁང་། gnas khang”，即栖身处。“颇达日”为“男性”神灵栖身处，而“莫达日”为“女性”神灵栖身处，因为人们相信神灵是飘浮在空中的，降临人间时需要一处落脚点方能留住。“鲁如（六月会）”时旗杆上的芨芨草、柳树枝，还有拉泽（ལབ་རྩེ། lab tse 插箭台）上放置的“赐柔（tsə rəu 灌木）”等，都寓意具有枝叶繁茂的特点，能够成为神灵降临时的栖身处。拉哇比喻道：

就像你做东请客，需要给每个人安排座位，并以最好的食物款待一样。神也需要这样，像招待人一样招待他们，需要给每个神灵安排座位，他们高兴了才愿助你达成心愿。[1]

这虽然看起来像个日常比喻，但也反映了人们最原始的思维逻辑。

正午约12时，“云德合”需要给所有来访者提供午餐。王家措哇的男士们相续手持煨桑祭品和酒水来到“云德合”家，煨桑、磕头，给白赫日郎神献祭酒水。拉哇手工印制符咒[2]，先将印制好的12个符咒粘贴在供桌上；之后12个接12个，共将24个符咒粘贴在用柳枝做成的四角伞状架子上，拉哇称其

〔1〕 采访人：笔者；时间：2014年12月15日；受访人：NJJ，男，48岁；地点：脱加沃果日WMZHX家中；语言：土语；翻译：笔者。

〔2〕 此印版为“木刻版”，只能由拉哇世家专用，师徒相传。据称有近700多年的历史。由于历年久远几乎磨平，不知上面刻画的是经文还是符号，印出来的只是黑墨印记，无法辨认。据笔者提供给老一辈的拉哇的各种符咒样式，老拉哇们认为该符咒与道教的“敕令符咒”近似。

为“许晓（ʑəG ɕoG）”（见图105）。共需制作4个架子，放置在“白赫日郎”神娇两侧；最后将用绸缎剪成的称之为“不无恩（boŋ）”（见图104）的形似胜利幢的东西悬吊在“白赫日郎”神轿上侧房梁上。

图104 用绸缎剪成的“不无恩”

图105 粘贴刻有咒文的“许晓”

约至下午3时，整个会场布置完毕。王家措哇的“卡果哇（ཁ་འགོ་བ། kha vgo ba 头目）”敲锣，告知大家前去参加请神仪式。届时以王家措哇为主，信奉“白赫日郎”神的信众，手持煨桑祭品及各种酒水纷纷来祭拜。

图106 肖康的会场

2. 请五方神灵

拉哇用酒水洗好手、穿好藏服后，拿起羊皮鼓站立在“白赫日郎”神坛前侧，助手有节奏地敲击铜锣；旁边两人端着酒水与牛奶用柏枝向四处抛洒，另一位中年男子烟熏柏枝净化空气。拉哇面向“白赫日郎”神跪拜三次后，向着东方门有节奏地敲击羊皮鼓，开始念诵：

东呢黄（方）呢门上吆呀！
萨拉呀咦，东呢黄（方）呀！
老呀呀咦萨，东呢黄（方）呢门上，
老呀呀咦萨，台（天）面（门）开了。

老呀呀咦萨，地面（门）开了，
老呀呀咦萨，毛（庙）面（门）开了。
老呀呀咦萨，门（明）怎后怎，
老呀呀咦萨，一飞两飞，
老呀呀咦萨，散散三呢黄。
萨拉呀咦，东呢黄（方），
老呀呀咦萨，老爷见了，
老呀呀咦萨，红白（香）献了，
老呀呀咦萨，白盘献了，
老呀呀咦萨，蜡交（烛）代（点）了，
老呀呀咦萨，旗戴强了。
……[1]

以上为请神时给各方神灵禀报所供祭品。之后还要说明用什么马去接（东方用白马接），要走几里路（向西333里路、向东444里路）之类的；最后请愿，祈求各方神灵护佑全村人畜安康、防雹防灾、五谷丰登。在仪式中，由于敲锣打鼓场面喧杂，加之语音极度变调，难以甄别，因此，未能掌握更多的信息。最重要的是“拉哇”不愿透露相关信息，以防失去神秘感，所以仅在私底下给笔者提供了以上祭文内容外，不可透漏更多。

图107　从北门迎请北方神灵

接下来依次请南方、西方、北方、中方的神灵，所诵的祭文也略同。“五方神灵”迎请完毕后，走到厨房，迎请“他乌拉”（ཐབ་ལྷ། thab lha灶神）。将“许晓”摆放在一旁，放上供桌，对着“许晓”念诵咒文。迎请“他乌拉”时需祭肉，所以，一般在锅灶里煮有牛羊肉。请神顺序略同。

3. 降神

将“五方神灵”迎请入室后，让

〔1〕 采访人：笔者；时间：2014年12月15日；受访人：NJJ，男，48岁；地点：脱加沃果日WMZHX家中；语言：土语；翻译：笔者。

“五方神灵”享用供品。拉哇准备降神工作，用酒水洗净双手，将双袖挽至肘关节用哈达绑紧，符咒撕开后绑在腰带的前、后、左、右四个面和中指上，所有男性在室外煨桑、诵经、祭酒。拉哇准备就绪后，所有男性长者入室蹲坐，开始诵读佛经；一位长者用酒水四处抛洒，另一位敲锣打鼓，共助拉哇降神。在众人的高呼声中，拉哇开始颤抖、跳跃，进入神灵附体的癫狂状态，在“白赫日郎”神轿前来回走动。王家措哇的氏族神“白赫日朗”附体成功后，召集所有王家措哇的男性宣告神谕、处理事务。例如：向当年过世的村民家属进献哈达以示哀悼；对一些不称职的儿女和违反规约之事进行训斥；叮嘱王家措哇来年祭祀山神相关事宜及王家措哇内部事宜等；最后预告王家措哇来年的运势、灾祸，以及一些注意事项等。

图108 降神宣神谕

4. 送神

传达完神谕后，“拉哇”面向东门一边挥舞，一边点燃手中的“符咒”及“罗国（小门）”。之后依次焚烧南方、西方、北方、中方的房门，将各方神灵送走。“拉哇”跳完神舞后，取出“许晓”，撒上酒水，围绕煨桑炉在院内转三圈，挨个将“许晓”挥动在门口跪坐等候的村民头上，最后冲出大门到村口无人区焚烧（以示“拉哇”将所有人身上的“不净之物”吸收到“许晓”上焚烧，从此消除不净之物缠身）。焚烧完毕后，拉哇也清醒了，变回常人了，仪式也结束了。拉哇同村里男性一同返回“云德合”家里，吃饭、喝酒、聊天。据说，旧时当晚还可以男女聚会，唱情歌、谈情说爱。现如今女性不参加了，整个仪式变得更加神秘了。

图109 焚烧五方小门送走各方神灵

（二）肖康庆毛（皇孜）

“肖康庆毛（ཤོག་ཁང་ཆེན་མོ། shog khang chen mo）”，是藏语对大型的“肖康”

仪式的称呼，沃果日人也称“皇孜”。据沃果老人称，“皇孜”其实就是“皇祀”的变音。纵观整个仪式过程，“肖康庆毛”很有可能为皇室祭祀或国家祭祀的一种形式。因举行此仪式需要花费近三天的时间，而且开销很大，一般人家很难担负，所以每隔三年才能举行一次，多半由村内较大的措哇（孙家、王家）或全村出资举行。近几年因沃果日村没有举行“肖康庆毛”，故此，引用麻巴宗囊村的“肖康庆毛”详述仪式过程。[1]

1. 准备工作

剪“齐达日（tɕi dar）”：准备工作如同“宁肖”，东家要在前两天准备好所有材料，包括彩纸、柳枝、木棍、筛子、馍馍、绸缎、食材等。沃果日拉哇在仪式前一天，就要到东家印制符咒（木刻的密咒），剪“齐达日”“宝”“呢当”，制造“齐柔”“肖康”“格萨尔”居所等。

图110　制作“齐达日”

图111　制作五方小门

布置会场：当日清晨，拉哇布置会场。将麻巴宗囊村的山神阿尼尤拉（ཁྲི་ཀའི་ཡུལ་ལྷ། khri kavi yul lha 卡卡帝）神轿请至屋内置于中央，将陪神的唐卡也挂在阿尼尤拉神轿后边的墙壁上，其前置供台，摆放佛教五供贡品及其他食物。将神灵栖息地“颇达日”“莫达日”放置在供台上面，并将印制好的“许晓（咒符）”贴在木棍上放置在阿尼尤拉神轿两侧。在房屋四个方向和中央置五个小房门，按“东白、南黄、西红、北绿、中黑”的次序贴放，前置一小供台，小供台上又置一盏酥油灯和插有“齐达日”的盘馍馍，作为五方神灵出入的大门。

〔1〕 部分视频资料由青海藏语电视台拍摄组提供。

安置"格萨尔"居所："肖康庆毛"中需要布置的另一个神灵栖息地为格萨尔的居所。据称，格萨尔属于厉神，不能入室与其他神灵共居，故而须将它安置在房屋以上的高空处。先在院子里放置一个超出房屋的长旗杆，其顶捆绑一条柏枝和白色"齐达日"备用；之后在一个筛子底下用羊毛串一个大烧饼，再将筛子倒扣在其边上挂不同的彩色长条"齐达日"与羊毛，筛子上方置称之为"颇达日（男神居所）"的神灵附着体，挂在旗杆顶上，作为阿尼格萨尔的居所。

图112 制作格萨尔的筛子屋

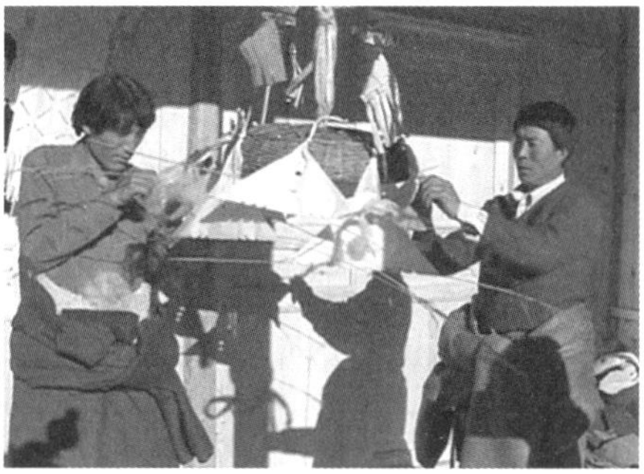

图113 粘贴筛子屋上的纸幡

2. 请神活动

堪果哇们从"云德合"家敲锣打鼓走向山神庙，以示仪式开启。届时，所有男士纷纷来到山神庙煨桑，在白祭煨桑炉内放入三白祭品焚烧，而在红祭煨桑炉内放入整只羊肉和鸡肉焚烧，并在庙门前抛洒酒水、磕头祭拜。据称，

图114 进行红祭、迎请五方神灵

宗囊措哇的主东家每年须祭一只鸡和羊。祭毕后返回“云德合”家，男士们在屋外煨桑、祭酒、诵经，而拉哇及其陪同在屋内祭坛前敲锣打鼓诵经迎请五方神灵，至于迎请方式和祭文内容与上述“肖康”仪式略同，不再赘述。请神程序完毕后，招呼各方神灵享用贡品。拉哇又开始诵经，向五方神灵一一禀报所供祭品、所盖居所，以表虔诚。最后，祈求神灵帮助达成心愿。比如祈求各方神灵庇佑村民五谷丰登、人畜安康、人丁兴旺、平安吉祥。

3. 晚上情歌会

东家需摆晚宴来招呼所有来访者。约傍晚8时，开始进行娱神活动，实际上是情歌会。“云德合”家需提供一间能够容纳村内外所有来访者的房屋，而且需要准备酒水、瓜果等供来访者食用。届时，村内外所有男士分成若干列就地盘坐在房屋正前方，所有女士蹲坐在房屋一角或屋外，开始对唱情歌。一对一对对唱，相互表达爱慕之情，有时一对男女在现场连续对唱好几首情歌，这一对此后很有可能成为情侣。那一夜所有来访者中，如若有相中的对象也可在外面幽会，谈情说爱，无人约束。据老人讲，从前因通讯不

图115 “肖康”或“邦祭”中的情歌会

发达、交通不便利，青年男女相互认识的机遇不多，所以，“肖康”成为了找对象、找情人的一个平台。情歌会接近尾声时，男女依次结群跳唱吉祥歌舞“བཀྲ་ཤིས་འཇོག་པ། bkra shis vjog pa 吉祥歌舞”，来恭祝大家吉祥如意、圆圆满满。

4. 转“不无恩（boŋ）”，请格萨尔

情歌会结束之后，将备好的被称为“不无恩”（簸箕内放置供品，上面反扣一个筛子，上再插了几根“齐达日”，簸箕边上镶有长长的五颜六色的剪纸）的东西挂在房屋中间的房梁上，实际上是给格萨尔做的筛子屋。拉哇和三位手持羊皮鼓的男士绕着这个被称为“不无恩”的东西边跳边转圈。拉哇念诵到：

爱喇叭呢，果的、得要，俄团呀，阿拉哇呢果得呀咦，大郎龙爷请来时，坐坐。阿大得以要团呀，爱喇叭呢，果的呀咦，俄三郎龙爷、俄请来时，红马，阿拉带一要请呀。爱喇叭呢，果的、呀咦，俄阿杨、进尤进，食物呢客上、阿大腾要团呀。[1]

图116　转“不无恩”

由于语音极度变调难以甄别其意，连拉哇自己也无法辨认。但据拉哇陈述，其大意为：“用白马请来东方的阿尼，用黄马请来南方的阿尼，所有神灵降临后，不能相互嫉妒，要团结共处；赞颂地方神灵以往赐福百姓、庇护地方的恩德，并祈求神灵继续护佑一方平安。”

转完三圈、诵完祭文后，拉哇向各方神灵跪拜三次，便开始卜卦请示神意。直至神满意得上卦后，拉哇带领扮演“敦（གདོན། gdon）”的几名男子和鼓手（年都乎有7名於菟扮演者和1名鼓手）绕着“不无恩”边跳神，边诵经。之后，象征性地驱赶这几个反穿皮袄、脸涂黑炭、头披羊皮的“敦”扮演者，当他们跑到门口时又将其堵住，这样来回表演几个回合后结束。据老人讲，此举演绎的是拉哇如何降伏妖魔，替村民祛邪祛病。寓意拉哇将所有妖魔鬼怪

〔1〕　采访人：笔者；时间：2014年12月16日；受访人：NJJ，男，48岁；地点：沃果日NJJ家中；语言：铎话；翻译：笔者。

等不净之物吸附于这几个“敦”扮演者身上(实当替死鬼),并驱赶出去,以示将村里所有不净之物被驱赶,来年将获平安吉祥。最后,拉哇又向神灵献舞、诵经,直至神满意得上卦后,众人始吹口哨、敲锣打鼓,将“不无恩”从房梁拿下来,送至屋外。年都乎人所说的“邦”很有可能就是这个“不无恩”,是同一个仪式的称谓,只是发音有些细微差别。

5. 娱神

在娱神仪式开始前,拉哇先教育村民要行善积德。譬如,叮嘱村民不要打麻将、不要做坏事,要善待父母、妻儿,等待。之后,拉哇在现场找了10名男子,命他们各持锣、鼓、酥油灯、酒水、牛奶、铃铛、茶叶、哈达、烧饼等供品,向方神灵叩拜三下后,便问到:

问:ཡ། ལག་ལ་འཛིན་གོ་ནོ་ཅི་རེད།	呀!你手里拿的是什么?
答:སྤོས་རེད།	拿的是香。
问:ཡ། ལག་ལ་འཛིན་གོ་ནོ་ཅི་རེད།	呀!你手里拿的是什么?
答:ཆང་རེད།	拿的是酒。
问:ཡ། ལག་ལ་འཛིན་གོ་ནོ་ཅི་རེད།	呀!你手里拿的是什么?
答:དཀར་ཡོལ་རེད།	拿的是碗。
问:ཡ། ལག་ལ་འཛིན་གོ་ནོ་ཅི་རེད།	呀!你手里拿的是什么?
答:ཁྲི་རིལ་(དྲིལ་བུ)རེད།	拿的是铃铛。
问:ཡ། ལག་ལ་འཛིན་གོ་ནོ་ཅི་རེད།	呀!你手里拿的是什么?
答:མཆོད་མེ་རེད།	拿的是酥油灯。
问:ཡ། ལག་ལ་འཛིན་གོ་ནོ་ཅི་རེད།	呀!你手里拿的是什么?
答:རྔ་ཇ་རེད།	拿的是鼓。
问:ཡ། ཁྱོད་ཚོ་བདེ་མོ་སྐྱིད་པོ་ཡིན་ནམ།	呀!你们还安康幸福吧?
答:བདེ་མོ་ཡིན།	我们很好!
问:ཡ། ད་སྐོར་བ་ཕེབས།	呀!那先转圈。

之后绕阿尼尤拉的神轿边跳、边转,转完三圈后,拉哇又问:

问:ཡ། སྡུག་ལན་ཆགས་མ་སྒྲོང་ངམ།	呀!你们没吃苦吧?
答:མ་སྒྲོང་།	没有。
问:ཡ། ད་ཁྱོད་ཚོ་(ཐང་)ཆད་ཡོད་དམ།	呀!现在你们累了吧?

答：མི་ཆད་གི།　　不累。
问：ཡ། ད་ཁྱོད་ངལ་གསོས།　　呀！你现在可以休息了。

问答活动结束后，拉哇示意这几名男子休息。拉哇又从左到右的顺序，向在场的每个男子一一问到：

“坚才莫看才？”（其义不详）
答：坚才
问：ཡ། ད་དེ་（དོ）དགུང་ཁྱོད་སུ་ཚང་ལ་ཡོང་ནས།　　呀！你今晚来谁们家？
答：ཕྲུག་རྡོར་ཚང་ལ་ཡོང་ནས།　　来西多日家。
问：ཕྲུག་རྡོར་ཚང་ལ་ཆེད་གི་（ཅི་ཞིག）བྱེད་གི་ཡོང་ནས།　　你来西多日家干什么？
答：ཤོག་ཁང་ཚོགས་གི་ཡོད་གི།　　在举行“肖康”仪式。
问：ཤོག་ཁང་ནང་ན་ཅི་ཞིག་བཤད་གོ་གི།　　“肖康”里讲什么？
答：ཕོ་མོ་གི་བརྩེ་དུང་བཤད་གོ་གི།　　讲男女感情。
问：ཕོ་མོ་གི་བརྩེ་དུང་ཆེ་མོ་（ཇི་འདྲ）རེད།　　男女感情怎么样？
答：སྐྱིད་པོ་རེད།　　很幸福。
问：འཇིག་རྟེན་སྣང་བ་ཨེ་གསོལ་གི།　　情爱生活怎么样？
答：བསོར་གི།　　舒服。
问：ཆེ་མོ་（ཇི་འདྲའི）གསོལ་མོ་རེད།　　怎么个舒服法？
答：བཤད་མི་ཤེས་པ་ཞིག་རེད།　　无法用言语表达。

问毕，拉哇在他的羊皮鼓上卜卦，看神是否满意。如若是香角（一正一反），表示神满意，此人通过神的考验；如若是巴角（两个反面）或央角（两个正面），还要继续唱“拉伊（情歌）”，直至获上卦神满意为止。依次玩乐直至最后一位男士便结束，期间要不断唱情歌、开玩笑。从前还有一项求子仪式，即男扮女装，装扮成夫妻，讲笑话，装扮生孩子等娱乐项目。届时不孕不育的夫妇或想生男孩的夫妇可以献祭品、供食物求子，据说很灵验。

6. 奏响“乔日”铃铛

临近3时，将挂满小铃铛和羊毛的“乔日（ཁྱོ་རིལ། khyo ril铃铛）”的皮绳，沿着房梁绑定在东西两边柱子上，随后迎请山神格萨尔入室，将格萨尔的筛子屋拿进室内放置于祭坛上；场外的男子给山神格萨尔煨桑祭祀，一边白祭，一边红祭，将肉和羊油挂放在煨桑台上焚烧。据称，脱加拉哇迎请山神格

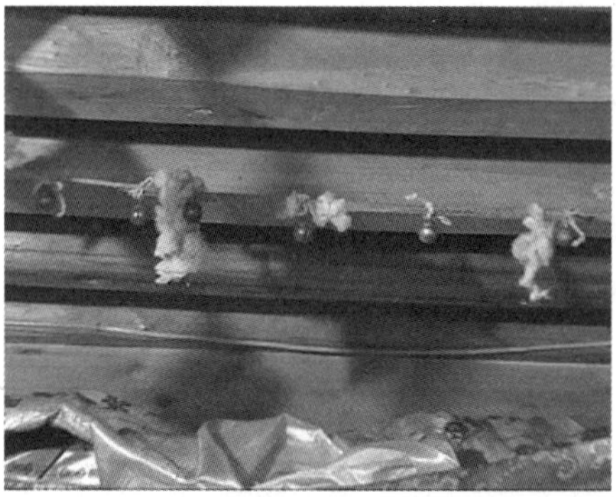

图117　子夜拉哇施法奏响的“乔日”

萨尔时需要红祭一只山羊，届时，东家会将山羊领到祭坛前，拉哇诵经祈祷，并以“凉水洒羊身”来定夺神意，如若山羊颤抖，表示神领受祭品了，当场宰杀山羊进行红祭；反之则示神不愿。

红祭后，拉哇开始念诵经文，到一定时间后，熄灭场内全部灯光，以示拉哇将要借助山神格萨尔的威力现场施法奏响“乔日”。在黑暗中，人们屏住呼吸祈祷，等待“乔日”自发的响声。届时，场内十几个小铃铛自发清脆悦耳的声音，听到响声后，场内所有男士敲锣打鼓、群情激昂、欢呼不止。

施法奏响“乔日”是肖康仪轨中最精彩的部分，也是脱加沃果日拉哇最拿手或得意的绝活，也因此赢得了热贡上层喇嘛的认可。关于脱加拉哇的此项绝招有这样一则传说：

据说热贡夏日仓活佛召集了热贡所有拉哇，举行法术比试，看谁能够将挂在空中的铃铛施法响起。在热贡十二个拉哇中唯有身居后位、极其不起眼的脱加拉哇，用神奇的法力将悬在高梁上的十几个铃铛奏响，还将眼前的哈达从殿堂的椽头缝中吹穿出去。夏日仓看到脱加拉哇技艺高超、威力独特，遂将其任命为热贡地区的总拉哇，负责担任各村的祭祀活动。[1]

也因为如此高超的法力，脱加拉哇成为了热贡地区最权威的拉哇，主持热贡地区各个村庄的“肖康”祭祀仪式。也有一些措哇或德哇是没有“乔日”仪轨的。据说沃果日松家仓就没有“乔日”仪轨，因松家仓的一位老人入赘到四合吉村时，便带走了“乔日”，故而，现如今沃果日松家仓的“肖康”仪式就没有这项仪轨。“乔日”仪轨也有很多禁忌，譬如灯光必须熄灭，必须在黑暗中举行，等等。有的德哇因违反了此禁忌，失去举行“肖康”仪式的权利。据称，年都乎尚工麻的一家女主，因当夜不慎将藏在缸底下的蜡

〔1〕 采访人：笔者；时间：2014年7月10日；受访人：XWNJ，男，78岁；地点：沃果日XWNJ家中；语言：铎话；翻译：笔者。

烛移开，照亮了整个会场，鸽子见光飞走了，自此尚工麻便没有“邦（肖康）”祭仪式了。

恭送格萨尔神。举行完“乔日”仪轨后，一人举着安置格萨尔的筛子屋，其余人拿起自己手中所持物品，靠向拉哇交代自己所管物品。拉哇问到：

问：ཁྱོའི་ལག་ན་ཡོད་ནོ་ཅི་ཡིན།	你手里拿的是什么？
答：སྤོས་ཡིན།	拿的是香。
问：འཕྲོ་མ་ལྷག་མ་ཆེ་མོ་（ག་འདྲ）ཞིག་ཡོད།	剩下多少个？
答：འཕྲོ་མ་ན་བརྒྱ་ལྷག་ཡོད།	剩下一百余个。
问：འཕྲོ་མ་ཅི་ཞིག་བྱེད་རྩིས་ཡོད།	剩下的打算怎么办？
答：འཕྲོ་མ་ཨ་མྱེས་ཚང་ལ་འབུལ་རྩིས་ཡོད།	剩下的要先给阿尼仓。
问：གང་ནས་འབུལ་གྱི་ཡིན།	打算在哪儿献？
答：ལྷ་ཁང་ནང་ནས་འབུལ་གྱི་ཡིན།	在神庙里献。
问：ཨེ་བདེན།	说得是否是实话？
答：བདེན་པ་ཡིན།	是实话。

之后拉哇卜卦看此人言词是否属实，如若羊皮鼓上所显示的是“巴角（两个反面）”，说明他所说不属实。于是拉哇叮嘱：“对阿尼仓不能撒谎，如若撒一点点谎也能被识破。”便令他当场再细数，此人数完后需交代实际数目。拉哇依次审问管理茶叶、酥油灯、馍馍等供品的人，让其禀报所剩供品数量，并卜卦核验。最后，由一人高举安置格萨尔的“筛子屋”，拉哇及几位男士望着格萨尔的“筛子屋”敲锣打鼓、磕头祭拜；之后拉哇喊：“家亚麻海加！གནམ་འཁོར་ལོ་རྩིབས་བརྒྱད། ས་པད་མ་འདབ་བརྒྱད། 译：天上显现八幅法轮；地上绽放八瓣莲花。”众人跟喊：“家亚麻海加！གནམ་འཁོར་ལོ་རྩིབས་བརྒྱད། ས་པད་མ་འདབ་བརྒྱད། 译：天上显现八幅法轮；地上绽放八瓣莲花。”这时，由头顶格萨尔的“不无恩”的人领头转三圈后，走出房屋，再绕屋外旗杆转三圈；最后将安置格萨尔的“筛子屋”，用索绳升至旗杆顶上，众人边喊：“家亚麻海加！”边绕旗杆转圈，恭送格萨尔神。

图118 恭送格萨尔神

7. 黎明前降神烧“许晓”

约黎明5时，拉哇会按照信众的要求降神，主要降本村主神阿尼尤拉（ཨ་མྱེས་ཡུལ་ལྷ། A myes yul lha）。降神后，阿尼尤拉通过拉哇传达神意，预告来年的吉凶。如若来年有不祥之兆，降神后拉哇会告知本村人员，随后需要及时举行禳灾仪式，譬如迎请阿卡诵经祈福、迎请俄巴施咒消灾等活动；如若来年本村无重大灾祸，则可高高兴兴地送神。天亮前拉哇将五方小门烧毁，以示已送走五方神灵。随后拉哇及其随从将“许晓”带至村外烧毁，寓意清除村内所有障碍、灾害、疾病。烧完“许晓”后也就天亮了，队伍返回收摊。

一年一度的“肖康庆毛”仪式全部结束。这些仪式与年都乎的“邦”“乌秃”有相似之处。据老拉哇称，现如今的“肖康”仪式并不完整，省略了很多环节。

二、年都乎的“邦”祭、“乌秃”

（一）“邦”祭

上述沃果日村的“肖康”或“皇孜”仪式，年都乎人称之为“邦（baŋ）”。年都乎人所称的“邦”很有可能是脱加沃果日拉哇举行“肖康”仪式时所用的“布无恩（bon）”的谐音。郭麻日人将其称之为“思琪勒（sə tɕi lə）”。每年农历十一月八日为年都乎恰伊措哇的“邦”祭，十二日为年都乎拉卡的“邦”祭，十四日为戴德末合或尚秀麻（ཧྲང་ཞོལ་མ། hrang zhol ma）的“邦”祭。十九日为“欧乐邦（uə lə baŋ）”，意为“山上的‘邦’祭”，在村北靠山上的果木日郎神庙内举行，为全村的“邦”祭仪式。年都乎的多德末合或尚工麻（ཧྲང་གོང་མ། hrang gong ma）没有“邦”祭仪式，据说从前尚工麻的一家女主因不慎将圈在水缸底下的鸽子放走了，自此尚工麻没有“邦”祭的份。郭麻日的德让措哇也在年底举行类似的仪式。桑格雄，据说以前也有类似的祭祀仪式，现如今慢慢简化成只有焚烧“许晓”的活动。桑格雄人将“许晓”称之为“老汉萨满”。年都乎的“邦”祭中很多议程被简化了。其因，据说以往都是脱加沃果日拉哇亲自主持，而现如今年都乎拉哇象征性地主持一下，整个仪式过程没有那么严谨、有序。下面以十九日的“欧乐邦”为例，详述年都乎村的“邦”祭仪式。

十九日清晨，拉哇将剪好的“齐达日”较为随意地插在供给果木日郎神的祭品上，会场的布置也没有像沃果日那么严谨、复杂。到傍晚时，拉哇、卡果哇和一些孩子，还有一些游客在庙内等待。卡果哇吹海螺来宣告“邦”祭仪式即将开始，届时，村内一些男子相继来到庙内煨桑。待人员聚齐后，拉哇拿着羊皮鼓，在另一位拿着铜锣的随同的配合下有节奏地敲击锣鼓，并向果木日郎神鞠躬叩拜三下。之后，依次向着东、南、西、北四个方向诵咒、叩拜、请神。拉哇所诵咒文，旁人完全听不清。据拉哇称，为了避免让他人知晓，他是刻意念得含糊不清的。据说，此祭文为密咒，拉哇专有，不可泄漏。有时，一些老人还不时地提醒他：“你念得太清楚了，再含糊些。”

图119 年都乎拉哇诵经请神

请神议程完毕后，便让十几个青年男子手持“齐达日”、香柱、酥油灯、“肯子得么（kən zə Gdə mə邦馍馍）”、海螺、酒、羊、哈达、锣、鼓等在殿内跟着锣鼓的敲击声有节奏地跳转，向左转一圈，又向右转一圈。拉哇用无法辨别的口音喊了几声，众人喊“奥佑奥奥佑佑（o yəu o yəu）”，之后停止跳舞就地盘坐。拉哇与现场所有男子一问一答来取乐。拉哇敲三下羊皮鼓后，对着拉哇左侧持哈达的男子问道：

“看才吗？赞才？”（其义不详）
答：“赞才！”
问：“呀！赞才哪里有？”
答：“赞才家里有。”

拉哇又用藏语问：

问：ཡ། ཁྱོའི་ལག་ན་བཟུང་ཡོད་ནོ་ཅི་ཡིན།	呀！你手里拿的是什么？
答：ཁ་བཏགས་དཀར་པོ་ཡིན།	拿的是白哈达。
问：སུ་ཚང་ལ་འབུལ་གི་ཡོད།	白哈达要献给谁？
答：ཀོའུ་མོ་རི་ལང་ལ་འབུལ་གི་ཡོད།	要献给果木日郎。
问：ཁྱོད་ལ་རྒྱ་སྐད་བདེ་གི་ནང་། བོད་སྐད་བདེ་གི	你说汉语顺还是藏语顺？
答：རྒྱ་སྐད་བོད་སྐད་གཉིས་ཀ་བདེ་གི།	汉语、藏语都顺。
问：ཡ། ཁྱོད་སྐྱིད་པོ་གང་ནས་ཡོང་གི	你的幸福是从哪里来？

答：གླད་པའི་གཙུག་ནས་ཡོང་གི།	从脑海里来。
问：འདོད་པ་གང་ནས་ཡོང་གི།	情欲从哪里来？
答：རྐྱི་རྟིང་ཁ་ནས་ཡོང་གི།	从脚底下来。
问：ཡ། ཁྱོད་ལ་རོགས་ས་ཨེ་ཡོད།	呀！你有没有相好？
答：རོགས་ས་ཡོད།	有相好。
问：རོགས་སའི་མྱིང་（མིང）ལ་ཅི་ཟེར།	你的相好叫什么名字？
答：རོགས་ས་གི་མྱིང་མི་ཤེས།	不知道相好的名字。
问：ཡ། དེས་ན་ཁྱོད་ལ་ཅི་ཞིག་དགོ་གི།（དགོས།）	呀！你需要什么？
答：ང་ལ་གཞས་ཤིག་ལེན་དགོ་གི།	我需要唱个情歌。

之后拉哇便应允他唱情歌。待此人唱完情歌后，拉哇便在羊皮鼓上卜卦看神意。如若是“香角（一正一反，上卦）”，便轮到下一位；如若是“巴角（两个反面，下下卦）”或“央角（两个正面，下卦）”，表示果木日郎神不满意或不太满意，此人需要重新唱情歌，直至赢得“香角”为止。依次一一作答，玩乐。

图120　牛角卜卦示神意

至于这样一个神圣的宗教祭祀仪式，怎会有有关“性”的祭礼？带着这样的疑惑询问了年都乎老人。据老人称，此仪式是专门给果木日郎山神找情人的祭礼，通俗一点就是给果木日朗神找伴侣。人们相信人需要伴侣，山神也需要，因为他们仍处于世间神阶段，未能完全解脱，有善恶之分，也有七情六欲。如若不能好生伺候，反而对你不利；如若献媚讨好，会时刻关照你，所以，人们常说“མི་དགའ་ལྷ་དགའ། 人欢神欢，人神同欢”。人喜欢的，神也喜欢；人需要伴侣，神也需要。从前也有女士参加，男女对唱情歌，找相好。在他年轻时当夜还会煮羊肉，去参加“邦”祭的所有男士都有份，仪式结束后男子会把这份肉带给自己的相好。而有相好的女士也专门烧制烧饼送给情人，以示爱意。

迎请阿尼玛卿。娱神仪式结束后，所有男子敲锣打鼓走出庙外，向着南方齐声唱起：

ཨལ་རྨ་ཕྱེ（ཨ་མྱེས་རྨ་ཆེན）ཡ། ཨལ་རྨ་ཡོང་ཡོང་ཡ།	阿勒玛协(阿尼玛卿)呀！ 阿勒玛来自；
ཨལ་རྨ་དབུས་ནས་ཡོང་།	来自阿勒玛卫藏；
སྒ་སྔ་རི་ལ་ག་ཡ། ཨལ་མ་ཉི་མ་ཤར།	鞍前呀，阿勒玛太阳照；
སྒ་ཕྱི་རི་ལ་ག་ཡ། ཨལ་མ་ཟླ་བ་ཤར།	鞍后呀，阿勒玛月亮显；
ཡོབ་ཆེན་ལ་ག་ཡ། ཨལ་མ་སྨིན་དྲུག་ཤར།	马镫上呀，阿勒玛昴宿闪；
ཕྱེ། ཨལ་མ་ཨ་ལ་ལེན།	协！唱阿勒玛阿拉。
ཨལ་རྨ་ཕྱེ་ཡ། ཨལ་རྨ་ཡོང་ཡོང་ཡ།	阿勒玛协呀！ 阿勒玛来自；
ཨལ་རྨ་གངས་ནས་ཡོང་།	来自阿勒玛雪山；
འདི་ཧར་（ཕར）གའི་རི་འདི་ཡ། ཨལ་རྨ་གོས་གི་རི།	这对面的山呀！ 是阿勒玛绸山；
འདི་ཚུར་གའི་རི་འདི་ཡ། ཨལ་རྨ་དར་གི་རི།	这正面的山呀！是阿勒玛丝山；
འདི་གོས་དར་གཉིས་ཀ་ཡ། ཨལ་རྨ་འཛོམས་ས་ན།	这丝绸俱全的阿勒玛；
སྟོད་ལྷ་སའི་ཇོ་བོ་ན། ཨལ་རྨ་ན་བཟའ་འབུལ།	给上部拉萨释迦牟尼供衣物供品。
ཨལ་རྨ་ཕྱེ་ཡ།་ཨལ་རྨ་ཡོང་ཡོང་ཡ།	阿勒玛协呀！ 阿勒玛来自；
ཨལ་རྨ་གངས་ནས་ཡོང་།	来自阿勒玛雪山；
འདི་ཧར་（ཕར）གའི་རི་འདི་ཡ། ཨལ་རྨ་གྲོ་གི་རི།	这对面的山呀！ 是阿勒玛麦子山；
འདི་ཚུར་གའི་རི་འདི་ཡ། ཨལ་རྨ་ནས་གི་རི།	这正面的山呀！是阿勒玛青稞山；
འདི་གྲོ་ནས་གཉིས་ཀ་ཡ། ཨལ་རྨ་འཛོམས་ས་ན།	这麦子青稞俱全的阿勒玛；
སྟོད་ལྷ་སའི་ཇོ་བོ་ཡ། ཨལ་རྨ་མཎྜལ་འབུལ།	给上部拉萨释迦牟尼供曼札供品；
ཕྱེ། ཨལ་རྨ་ཨ་ལ་ལེན།	协！唱阿勒玛阿拉。

图121　迎请阿尼玛卿山神

据说这项唱歌请神仪式是专为迎请山神阿尼玛卿而举行的。年都乎人认为山神阿尼玛卿来自卫藏，所以向着南方用藏语以古老的唱调诵唱，迎请阿尼玛卿光临“邦”祭仪式。“鲁如”时也会唱此颂词迎请山神阿尼玛卿。农历十一月十二日，为阿尼玛卿的“邦”祭。但在十九日的果木日朗神的“邦”祭仪式中，也会迎请阿尼玛卿神做客。迎请完阿尼玛卿神之后，“邦”祭仪式也就结束了。拉哇、堪果哇及相关人士返回神庙，继续饮酒，畅谈。其余村民带着一根“齐达日”回家，插在灶王爷的供台上，据说这样可祛除一年的晦气与不净之物。

（二）“乌秃（གཏོ། gto）”

农历十一月二十日，是年都乎村的“wu tu乌秃”仪式。有些学者将其写成“於菟”。年都乎的“乌秃”与脱加沃果日的“皇孜（皇祀）”略同，是“邦”、“肖康”仪式中的一项“大型祭祀仪轨”。“乌秃”是对仪式中“傩舞者”的称谓，同时也是仪式之名。这个仪式用藏语称之为“朵（གཏོ། gto）”传统上，年都乎共有8个措哇，遂从8个措哇选8名年轻男子来扮演“乌秃”舞者，但因在一次鸣枪驱赶“乌秃”环节中年都乎拉卡的“乌秃”扮演者不慎被枪打死，自此年都乎拉卡不参加“乌秃”仪式。现如今年都乎共有7个“乌秃”，其中2个称之为“果（xko：）乌秃”，意为大“乌秃”；其余5个称之为“尕地（kĄ t i）乌秃”，即小“乌秃”。扮演“乌秃”的人家被免去一年的劳务与课税，而且村民所供祭品均作为酬劳“乌秃”扮演者所有。据年都乎老人说，旧时，“乌秃”扮演者都为家庭条件较差的人，完全是为了获得村民的祭品与酬劳而扮演“乌秃”，但扮演“乌秃”会缩短其寿命。现如今没有这种忌讳。现将年都乎的“乌秃”仪式过程详述如下：

1. 准备阶段

烧制“肯子”：仪式前一天，家里的主妇要烧制“肯子（k‘ən tsə）”。“肯子”为用锅盔烧制的空心圆圈的烧锅馍馍，烧制空心圆圈馍馍是为了方便套在“乌秃”的杆子上随身带走。据老人说以前家里若有久病不治的病人，就会用面团将其身体擦拭，涂上吐沫后烧制成“肯子”馍馍，让“乌秃”带走。这个喻示着将所有的病魔随同“肯子”馍馍让“乌秃”带走，所以以前这个“肯子”馍馍是不能吃的。现如今可能没有人这样做，把肯子馍馍当成是祭品，所以是干净的，但一般情况下本村人不会吃的。

大扫除：11月20日清晨，所有女士进行大清扫，将屋里屋外、巷道内的所有污秽、垃圾清理干净后，把过年时贴在门上的类似符咒的剪纸“咋日那日（tsĄ zə nĄ zə）”撕去一同焚烧，而且所有女士都要梳好头发、清洗自己的身体。随后准备羊肉、瓜果、糖果及酒水，以备“乌秃”入室时招待。

制作“杆子”“齐达日”：早上扮演“乌秃”的人从村北山顶的果木日郎“拉泽（ལབ་ཙེ། lab tse 山神祭祀台）”上取出一些箭杆，每人需准备两根杆子，共制做14根长杆备用。拉哇要剪“齐达日（tɕi tĄr）”、印咒符、做“齐柔（tɕi zəu）”备用。

2. 仪式过程

化妆：午饭后，约12时，所有堪果哇（ཁ་འགོ་བ། kha vgo ba头领）、拉哇和“乌秃”们来到果木日郎（ཀོ་མོ་རི་ལང་། ko mo ri lang）神殿，堪果哇吹海螺告示仪式开始。“乌秃”们将拉哇备好的“齐达日”夹在杆子顶上，脱去衣服、将裤子编至大腿，用炭灰擦拭身体，使整个身体发白，后将全身画成虎纹、豹纹状。头顶上用一条白纸扎上一束头发，游客们将其称之为“兔耳朵”。

图122 “乌秃”们用炭灰涂白

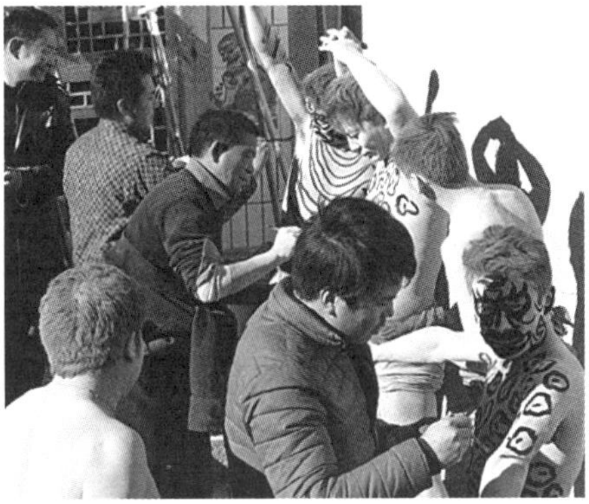

图123 给“乌秃”们化妆

封嘴：七个“乌秃”全部化妆完毕后，拉哇头戴五冠佛帽将其召至神殿门口排成两排跪坐，拉哇在内诵经。诵完经后从果木日郎神殿内拿出酒水给“乌秃”们喝，最后拉哇自己也喝了一口，之后所有人便不能说话，直至仪式结束。

图124 拉哇赐酒封嘴

图125 “乌秃”们手持杆子

村内巡游：“封口”后“乌秃”们两手高举插有齐达日的杆子，绕着果木日郎神殿的广场跳三圈后，称之为“尕地乌秃”的五个“小乌秃”冲到村内，翻墙爬入每家每户，但要绕过拉哇仓（ལྷ་པ་ཚང་། lha pa tshang 法师）。“小乌秃”们可以享用每家准备的鲜肉、酒水等食物，但不能说话，离开时需嘴里含着肉块（据说嘴里含着肉是为了不让其说话），带走村民准备好的“肯子”馍馍；两个“果乌秃”和拉哇跟着锣声与人群慢慢步入村内，在巷道间巡游。届时每户人家从房顶上将烧好的“肯子”馍馍套在“乌秃”的杆子上，有些人家在大门外将准备好的牛羊肉塞到“乌秃”嘴里，将用线穿成一串的水果挂在“乌秃”的脖子上，也有人将整个羊肉后腿挂在“乌秃”的脖子上。一般情况下村民不出门、不开门，若有重病者，将其拖到巷口让“乌秃”跨过（据说这种重病者让“乌秃”跨过后要么就痊愈了，要么就过世，不会再徘徊在生死边缘）。每家在门口煨有“擦色日（ཚ་གསུར། tsha gsur）”。“擦色日”是专门为孤魂野鬼之类的“亦得合（ཡི་དྭགས། yi dwags 饿鬼）”焚烧的青稞面。

图126 小“乌秃”爬墙入内

图127 招待小“乌秃”们

图128 村民寄送“肯子”馍馍

图129 满载而归的“乌秃”

图130 冰水里清洗的“乌秃”

最后“大乌秃”“小乌秃”都在村城门集合，然后一声枪响后冲出村外，跑到河口。

洗身返回。整个仪式的最后一个环节便是洗身。届时“乌秃”们跑到河边，用腊月冰冷的河水将其身上的炭灰及画纹洗净，将少量“肯子”和杆子扔进河内，然后返回。拉哇将在“乌秃”返村的路口焚烧火堆、诵经等待，“乌秃”们需从火堆上跳过，寓意着将所有不净之物，如鬼魂、妖魔之类的东西拒之村外。据说从前这些“乌秃”扮演者当日不能返村，需在河边搭帐篷过夜，待两三日之后才能回家。

第三节 拉哇与傩祭：大小传统的对话与调适

一、拉哇与邦拉哇：拉哇的类型与功能

（一）拉哇的类型与职责

1. 降神拉哇

“拉哇ལྷ་པ།（lha pa）”是对“巫师”的藏语称呼。“蔡孜德裕”人中讲蒙藏

混合语的人将其称之为“拉乌(ལྷ་བུ lha bu)”，是藏语“拉哇”的借词。“蔡孜德裕”的拉哇又分降神拉哇和不降神的拉哇。降神拉哇是指神灵降临人世时的附着体，是人和神之间的沟通者，通过神灵附体的方式将神的旨意转达给人，也将人的祈愿转达给神。降神拉哇是通过神意选取的，即将村内选好的几名候选人携至神灵前，在众人的祈祷声和呼唤声下降神，附体成功者视为该神的降神拉哇。降神拉哇的候选人可从本村每个措哇有资质的男士中随意选取。一般情况下，每个村的主神都会有一个能够附体的“拉哇”。比如：阿尼夏琼、阿尼念钦、日朗神、哑、阿尼达日加都其降神拉哇。也有的德哇其陪神也会降神，所以也会有2 ~ 3位降神拉哇的情况。

2.“邦”拉哇

还有一种拉哇，是不降神的拉哇，主要负责主持“鲁如”“肖康”或“邦”祭仪式，也就是专门主持“加拉(汉神)”相关仪式的人。年都乎人将其称之为“邦”拉哇。为了便于区分，本书也用“邦”拉哇呼之。“邦”拉哇与降神拉哇不同，是专门从被称为“拉哇仓”的氏族中世袭传承，在仪式中主要负责诵祭文、制神符、施咒语、烧咒符等事项，实为一年一度的傩疫禳解者，或防灾、防雹的咒师。“邦拉哇”在仪式中所诵祭文被视为神咒、密咒，不可外传，唯独世袭传承。法国人类学家马塞尔·莫斯提到：“在举行祭祀仪式的场合中所说的一些话语构成了独特的语言体系，祭祀仪式中除了跳法舞、诵经外，神职人员在作法过程中还要念诵大量的神咒，这些咒语‘由特殊的语言，即神和精灵的语言，或者是巫术的语言所组成，性质怪异和奇特的非口头仪式跟口头仪式之谜一般的默诵是相辅相成的’。”[1]这些咒语是神职人员与神灵进行沟通的秘密工具，将仪式行为与神像结合对神圣时空的清楚表述之中。[2]所以，被视为极其神圣、隐秘，不愿透露。

其实，像桑格雄、年都乎、郭麻日村都有个被称为“拉哇仓”的氏族，他们实际上是专门负责“加拉(汉神)”相关仪式的巫师。这些拉哇所诵经文其实就是汉语祭文，只是由于世袭传承背诵，语音语调极度变异、难以甄别而

---

〔1〕(法)马塞尔·莫斯、昂利·于贝尔著，杨渝东、梁永佳、赵丙祥译.巫术的一般理论：献祭的性质与功能[M].桂林：广西师范大学出版社，2007：72.

〔2〕(德)卢克曼著，覃方明译.无形的宗教——现代社会中的宗教问题[M].北京：中国人民大学出版社，2003：51.

已。有些邦拉哇确实只会诵读，不知其意。以下为笔者整理的被称为密咒的稍许祭文。

郭麻日“邦拉哇”在迎请四方神灵时念到：

东黄（方）盖国代（大）王
南黄（方）锁甲代（大）王
四义（西）黄（方）果木代（大）王
北黄（方）多尤代（大）王
……

以下为“将爷木洪”的祭文，据说也是“将爷木洪”的传记，用极度浓郁的藏语口音含糊不清地念道：

一岁来、二岁来了，
三岁来、五岁来，
八岁来赐得马上尊（军）；
二郎老爷红来上，
二郎老爷赐得个红连坐；
三郎老爷白（北）来山，
三郎老爷赐得个北门座；
四郎老爷四（西）来山。
……[1]

在每个村的“邦”拉哇所诵祭文中时常会提到“大郎老爷、二郎老爷、三郎老爷、四郎老爷”等神灵名号。至于所诵祭文其意，“邦”拉哇自己也不知晓。郭麻日“邦”拉哇说到：

至于什么意思，我们也不知道。在他很小的时候他的父亲让他背诵，嘱

[1] 以上祭文均由郭麻日斗尕老人提供。据说他父亲是以前的“邦”拉哇，当轮到他时被他谢绝了。但德让措哇有六七位老人背诵了这些祭文，因为，在六月会或腊月的祭礼中这几位需要为全村念经禳灾。

咐我在举行仪式时照例诵读即可。[1]

年都乎拉哇也提供了类似的祭文，但以藏文记音。据说是拆迁旧房子时，从房梁上发现的，应为上一辈年都乎"邦"拉哇所记祭文。但他自己却不知其为何物（见图131）。

图131 "邦"拉哇所诵用藏文记音的汉语经文

根据笔者分析，应为用藏文记音的汉语祭文。此祭文虽以藏文记音，语音也极度变异，但仍能分辨一二。

དོན་དཔང་ཆོས་ཀུན་ཐེན་བང་། ཉན་དཔང་སོ་ནན་ཐེན་བང་། པེ་དཔང་ཏོ་བན་ཐེན་བང་། དོན་དཔང་པོ་དེ་ལེན་ཐེན་བང་།

东黄（方）齐根（持国）天王，年黄（南方）所见（增长）天王，北黄（方）多闻天王……东方宝得莱恩（？）天王……

ཤི་སོ་རི་ལྷང་། ཨིས་སོ་རི་ལྷང་། ཏུང་ཙེ་རི་ལྷང་། ཏ་ལང་ལོ་ཡིས་བན་ཏེ་ཐུང་ཤིས་རི་ལྷང་། ཧོ་ཡིས་རི་ལྷང་། ཚ་ཡིས་རི་ལྷང་།

西索日郎、爱索日郎、东泽日郎，大郎老爷万天炯西（佐赫）日郎，火义（行业）日郎，擦义日郎……

ཉན་དཔང་ཤིང་ཤིང་ཐེན་བང་། སེས་དཔང་པེ་མ་ཐེན་བང་། དོང་དཔང་འོང་ཤིང་ཐེན་བང་།

年（南）黄（方）香香天王、四义（西）黄（方）白马天王、东黄（方）望香天

---

〔1〕 采访人：笔者；时间：2013年12月23日；受访人：DG，男，63岁；地点：郭麻日DG家中；语言：铎话；翻译：笔者。

王……[1]

上述天王的名称有所不同，但应为四大天王的名称和一些日郎神的名称。其语音与内容都与“蔡孜德裕”的“邦”拉哇们所诵祭文略同。至于为何用汉语诵经，这与“蔡孜德裕”及热贡隆务河谷地带所供奉的“汉神”有关。据《年都乎族谱》，年都乎第一代土把总吐索伦（或奥奇果奇美凌）曾信奉过道教，用道教的威力统治过热贡地区，而且从汉地专门请来道士欲建道观，可惜这位道士突然过世遂未能建成。因此有道教神灵或专门用汉文诵经的“邦”拉哇是可以理解的。“邦”拉哇们所诵的含糊不清的祭文与上述藏文记音的汉语祭文，说明了在信仰道教神灵时需要用汉语诵经，但作为蒙、藏族混居的“蔡孜德裕”只能用藏文记音加以背诵和传承。因此，难以甄别其诵词也是可以理解的。笔者将主持“道教”相关仪式的拉哇称之为“邦拉哇”，以便与藏族的“拉哇”相区别。

现如今沃果日村只有一个拉哇，实为“邦”拉哇，是专门负责“肖康”“格仁”“鲁如”的拉哇，由杨家仓世袭传承，偶尔也可从尤加仓传承，尤加与杨家虽为两个措哇，但关系亲密，可归为一类。据老人说1958年前，除“邦”拉哇之外，沃果日还有其他拉哇，如松家仓的拉哇等共有四五位，皆从村内其他措哇选任。自改革开放后，就由他一人担任“邦”拉哇及其他降神拉哇的职务，一人兼多职，既负责主持“鲁如”“肖康”的诵经活动，也负责降神宣告神谕之职，而且在不同时间可降几个不同的神灵，但主降神灵为沃果日的主神

图132　年都乎“邦”拉哇传承人名单

〔1〕 以上藏文记音的汉文经文由年都乎“邦拉哇”阿吾提供。

阿尼达日加。由于沃果日没有保存拉哇传承人的名单，只能靠记忆回溯三代拉哇的名称。但年都乎保存着历届拉哇传承人的名单。前五代被称为"格隆དགེ་སློང། dge slong"，即比丘；后几代被称为"拉哇（ལྷ་པ། lha pa）"，即巫师，共记录了24位拉哇的名称。但不敢确定是否为世袭传承人名单或共经24代拉哇。

（二）驱鬼、逐疫、厌胜：拉哇的功能

1. 维持社会秩序的"拉哇"

"降神"拉哇，类似于的萨满教、苯教"巫师"，主要功能为传达神的旨意，主持民间宗教祭祀仪式，维护社会秩序。人们相信山神类地方保护神属于世间神，有善、恶之分，降神时也可能会恶神附体来危害人们。因而，被神选定的拉哇均要到活佛跟前进行"དམ་བཅའ། dam bcav 承诺"仪式，承诺将会行正义、走正道、护秩序，得到活佛的认可才能降神。人们深信，神灵是通过拉哇的身体降临于世，所以将拉哇的任何"宣告"视如"神谕"，不管是年长者，还是年幼者均言听计从，毫无猜忌。

神灵附体后，借助拉哇的身体宣称，在一年之内他如何关照全村安全，如何兑现请愿者的愿望，如何惩戒不听神灵旨意的人们，等等，还当众揭发某些村民所行恶事（比如盗窃寺院、家户财物，嗜酒、赌博、打架等不良行为），并当场惩戒。详见以下几个案例：

2011年"鲁如"之际，沃果日拉哇降神后，将村内打麻将、赌博的男青年一一拉到跟前跪坐，扇了几个耳光后，揭发在哪一年、哪一月、在哪个地方赌输了多少钱，又做了多少坏事，麻烦了多少人等糗事；强行让4位年轻男子在神灵、全村老小跟前戒赌，并声明全村男子不得赌博，如若不听神灵旨意再犯，定会受到神灵的严惩（生命受到危险）。

据沃果日老人说，不管你做什么阿尼仓（山神）都收眼于下，无法瞒天过海，异常灵验。他同笔者讲了一个发生在沃果日村的一个实例：

沃果日××家，因其父、其母、其子相继染病，到处就医，但常年久病不愈，大家建议迎请阿尼达日加降神禳解。于是，在"鲁如"当日，阿尼达日加降神附体后，家主向阿尼仓请愿求解，阿尼仓当场拍胸允诺此灾可解。阿尼仓预言家中藏着一个不净之物，是此物物主纠缠不清，致使家人常年邪气缠

身，久病不愈。于是跑到××家，指着他们家粮仓，宣称不净之物藏匿于此，迫使××将此物交出。不料××从粮仓内拿出了一只“陶罐”，交给了拉哇。据说此物为××的先人从墓地挖出来的古董。拉哇宣称，必须将此物返还，并要给物主烧香祭祀，念经禳解，否则会祸事不断。××依拉哇旨意照做了，后来他家人的病也相继痊愈。[1]

总之，拉哇借由神灵附体的名义，使人们深信神灵的存在，从而达到凝聚人心、维护秩序、扬善除恶的目的。

2. 驱鬼祛病的“邦”拉哇

“邦”拉哇，也就是民间主持“加拉（汉神）”相关仪式的拉哇，除主持相关祭祀仪式外，其主要职能便是治病，相当于原始宗教中的“巫医”。人们深信，“邦”拉哇的诵经、施咒等仪轨能够治愈病人。据郭麻日、沃果日村的拉哇说：

“邦”拉哇所诵密咒能够治疗中风、口眼歪斜等心脑血管疾病。如若得了无药可治的疾病时，通过念密咒、施法术能够治好其病。据老人称，从前有个被称为“吴噶拉哇”，即桑格雄（吾屯）的拉哇，专治这类疾病，而且非常有名，也有奇效，治愈了很多病人。[2]

年都乎拉哇AW谈起“乌秃”仪式中的治病功效时说：

以前旧社会，我们的条件艰苦，没有现在这样方便，没有专门的医生、也没有像现在这样的医院，所以遇到久病不起或无药可治的病人时，人们相信此人被“敦（གདོན། gdon 魔）”“斋（འདྲེ། vdre 鬼）”之类不净之物缠身，而“乌秃”可带走家中病魔和不净之物。因此，人们用面团将病人身体擦拭后做成“肯子”馍馍让“乌秃”带走，相信从此以后病人能够脱离病魔。如若家中有长期卧床不起的重病者，或者徘徊在生死边界的人时，也可将他们拖到门外，

〔1〕 采访人：笔者；时间：2014年7月10日；受访人：LB，男，75岁；地点：沃果日LB家中；语言：铎话；翻译：笔者。

〔2〕 采访人：笔者；时间：2013年12月23日；受访人：DG，男，63岁；地点：郭麻日DG家中；语言：铎话；翻译：笔者。

让“乌秃”从其身上跳过，这样有时真能不治而愈，有时也随后升天。[1]

在“乌秃”仪式渊源的传说中也着重强调“乌秃”仪式的祛病功能。据说霍日王的王妃得病，无药可救时，采纳了某人的提议尝试了民间的驱邪祛病仪轨。结果，王妃的疾病痊愈了。从此，每年举行这种禳灾仪式。

3. 助战厌胜的“邦”拉哇

“邦”拉哇的另一个职能类似于咒师。据郭麻日村的“邦”拉哇 ×× 说：

“邦”拉哇就是要念经、施咒保护全村安危。以前主要是抵御外来侵扰，对敌实施咒语，来帮助本村战胜敌人。[2]

沃果日拉哇举出从前“邦”拉哇在热贡助战厌胜的实例：

当年麻巴与朗加不和，在没办法的情况下，麻巴迎请脱加拉施咒，结果战胜了朗加；还有一年，年都乎和曲麻不和，杀死了很多人，年都乎久战不胜，遂迎请了脱加加拉（汉神）降神、施咒，致使曲麻战败。[3]

人们相信汉神（道教神灵）威力强大，遂隆务河谷地带普遍供养汉神，也常常迎请脱加“邦”拉哇施咒禳灾。在谈到其威力时，人们说得活灵活现：

据说尕撒日和沃果日不和，两村拉哇相互施咒制敌。沃果日拉哇向尕撒日施咒，将在宴席上的尕撒日人手中的碗被震裂，自此尕撒日人被震慑了。[4]

年都乎的“邦”拉哇向着隆务河焚烧“许晓（符咒）”时，坐落在年都乎

〔1〕 采访人：笔者；时间：2013年12月25日；受访人：AW，男，57岁；地点：年都乎AW家中；语言：铎话；翻译：笔者。

〔2〕 采访人：笔者；时间：2013年12月23日；受访人：DG，男，63岁；地点：郭麻日DG家中；语言：铎话；翻译：笔者。

〔3〕 采访人：笔者；时间：2014年12月16日；受访人：NJJ，男，48岁；地点：沃果日NJJ家中；语言：铎话；翻译：笔者。

〔4〕 采访人：笔者；时间：2014年12月16日；受访人：NJJ，男，48岁；地点：沃果日NJJ家中；语言：铎话；翻译：笔者。

对面的霍日加，常常会放置几个背篓面向年都乎，据说是为了抵御年都乎的咒法。[1]

人们相信这些“邦”拉哇的施咒、施法，会影响到自己村庄的安危，所以采取相应的防御措施。这也恰恰说明了这些“加拉（道教神灵）”的威力强大，“邦”拉哇的法术高超。在谈到脱加“邦”拉哇独到的威力时，民间流传着这样一则传说：

据说夏日仓召集了热贡所有拉哇比试法术，看谁能够用法力将挂在房梁上的铃铛奏响。在热贡十二个拉哇中身居后位、极其不起眼的脱加拉哇，用神奇的法力将悬在高梁上的十几个铃铛奏响，还将眼前的哈达从殿堂的椽头缝中吹穿出去。夏日仓见脱加拉哇威力强大、技艺高超，遂将脱加拉哇任命为热贡地区的总拉哇，担任各村的祭祀活动。[2]

这也就是为何脱加拉哇从农历十一月初四至大年三十前不能回家，在各村主持“肖康”祭祀仪式的缘由。

二、祭神之外：结伴与求子

纵观“邦”祭与“鲁如”仪式，除祭神之外，另一项重要环节是结伴与求子。在年都乎“邦”祭中有专门给山神“找情人”的祭礼，沃果日的“肖康”或“皇祀”中也有男女唱情歌娱神的祭礼，“鲁如”仪式中朗加等村有类似生殖器崇拜的舞蹈，还有其他村也有求子相关仪式。据年都乎老人说，“邦”祭其实是一项求子仪式，专为这些不孕或未婚的人们而举行的仪式，其目的是为了繁衍子孙。因当夜参加仪式的均是青年男女，仪式中有唱情歌、说荤话，给神找情人等活动，家中老人会自觉回避。藏传佛教讲求信佛者远离“贪、嗔、痴、慢、疑”五毒，能否“禁欲”为衡量是否忠诚的标准，“性欲”尤为避讳的。但结伴与求子是人类生存繁衍的根本，作为未能超脱世俗的人们最关注

〔1〕 采访人：笔者；时间：2013年12月25日；受访人：AW，男，57岁；地点：年都乎AW家中；语言：铎话；翻译：笔者。

〔2〕 采访人：笔者；时间：2014年7月10日；受访人：XWNJ，男，78岁；地点：沃果日XWNJ家中；语言：铎话；翻译：笔者。

的也是能否人丁兴旺，繁衍子孙。所以，在这些仪式中借由神灵名义来满足人们人丁兴旺的欲望。

三、驱鬼逐疫消灾：“肖康”“乌秃”的来源及其整合

（一）“肖康”仪式的渊源及其功能

“肖康”为藏语“ཤོག་ཁང་། sho khang”之音译。“肖康”从字面上理解为“纸房子”，很多人不能理解其意。在举行此仪式时，拉哇（ལྷ་པ། lha pa）在堂屋四面墙壁和房梁上安置“五个”不同颜色的“纸房子”，代表迎请各方神灵入室的“大门”，还有用彩纸制作的神灵栖身处，统称为“肖康（纸房子）”。“肖康”是隆务河谷地带的藏人对仪式中“纸房子”的称呼，也是对整个仪式的称呼。“蔡孜德裕”中讲蒙藏混合语的脱加沃果日人称之为“许晓”，年都乎人称之为“邦”，郭麻日人称之为“思琪乐”；讲汉藏混合语的桑格雄人称之为“喜乐”。“肖康”仪式中最大型的祭祀仪轨被脱加沃果日人称之为“皇孜”，据说是“皇祀”的变音，应类似于皇室祭祀或国家祭祀。专门主持“肖康”仪式者被年都乎人称为“邦拉哇”，与祭祀藏传佛教地域守护神的降神“拉哇”相区别。至于隆务河谷地带为何要举行这样一个特殊的祭祀仪式，可从仪式的分布区域、祭祀对象、祭祀目的等几个方面来探究。

1. 仪式分布区域

“肖康”自每年农历十一月初四开始，从麻巴宗囊措哇到脱加沃果日、年都乎、四合吉、尕泽东、尕撒日等村依次举行，最后一站为麻巴银扎木村（见图133）。自北向南，方框里的保安古城曾是中原王朝在热贡的军事要地，方框里的隆务大寺曾是政教合一的地方政权中心。标有大头针的村庄均为举行“肖康”仪式的村庄，而标有圆圈大头针的村庄曾为保安堡的土兵“蔡孜德裕（四寨子）”，包括脱加沃果日、尕撒日、郭麻日、上下桑格雄、加仓玛、年都乎等村。从分布区域来看，“肖康”如同“鲁如（གླུ་རོལ། glu rol 六月会）”[1]，皆由“蔡孜德裕”为中心向隆务河谷南北方向延伸。而且，相传热贡所有村庄的“肖

〔1〕“鲁如（གླུ་རོལ། glu rol）”是藏语对隆务河谷地带的村民为“喜庆丰收”而举行的一年一度的庆典仪式的称谓，由于此仪式在农历六月份举行，故也有“六月歌舞盛会”之称，简称“六月会”。“蔡孜德裕”中讲蒙古语族语言的部分群体称之为“纳统”。

康”仪式，旧时均由脱加（保安）沃果日的拉哇主持。[1]因而，这个仪式应以脱加（保安堡）为中心向“蔡孜德裕”（保安堡的土兵）及其周边村庄扩散，其传播范围均为隆务河谷低洼农业区。

图133　肖康仪式的分布区域示意图

〔1〕 采访人：笔者；时间：2014年7月10日；受访人：老“拉哇”XWNT，男，78岁；地点：沃果日XWNT家中；语言：土语；翻译：笔者。

2. 主祭神灵

“肖康”仪式中设置东、南、西、北加中方门共“五方门”，是为了献祭“五方神灵”，但每个部落又会有一个主祭神灵。在“肖康”仪式中，麻巴宗囊措哇主祭神灵为“赤噶尤拉”，又称“卡卡帝”，实为道教神灵“文昌神”；年都乎主祭神灵为“果木日郎”，实为“二郎神”；尕泽东主祭神灵为“阿尼瓦总”或“阿尼木洪”，实为“二郎神”；脱加沃果日之王家措哇主祭神灵为“白赫日郎（པེ་ཏུ་རི་ལང）”、唐王家仓主祭神灵为“鞑子日郎”，均为“二郎神”；松家措哇主祭神灵为“将爷木洪”或“子晒”，应为“祖师”（真武大帝）[1]。虽然各个部落主祭神灵各不相同，但都有一个共同特点，均是以二郎神为主的“道教神灵”，且为中原皇帝所遣（据祭文），被当地人称之为“加拉（རྒྱ་ལྷ། rgya lha汉神）”或“木洪（དམག་དཔོན། dmag dpon将军）”（见下表）。

热贡“肖康”仪式中的主祭神灵一览表

村庄名称	主祭神灵（藏语）	主祭神灵（汉语）
麻巴宗囊	赤噶尤拉（ཁྲི་ཀ་ཡུལ་ལྷ）	文昌神
年都乎	果木日郎（ཀོའུ་མོ་རི་ལང）	二郎神
尕泽东	阿尼木洪（ཨ་མྱེས་དམག་དཔོན）	二郎神
脱加沃果日王家措哇	白赫日郎（པེ་ཏུ་རི་ལང）	二郎神
脱加沃果日唐王家措哇	鞑子日郎（ད་ཙི་རི་ལང）	二郎神
脱加沃果日松家措哇	将爷木洪（ཅང་ཡེ་དམག་དཔོན）/子晒	祖师（真武大帝）
郭麻日	佐赫日朗（ཙོ་ཏུ་རི་ལང）	二郎神
尕撒日	白赫日朗（པེ་ཏུ་རི་ལང）	二郎神
四合吉	将爷木洪（ཅང་ཡེ་དམག་དཔོན）	祖师（真武大帝）

〔1〕 脱加沃果日村的孙家措哇供奉的氏族神称之为“子晒（ཙི་ཧྲེ tsi hre）”，理应为汉语“祖师”的变音。根据其“披发跣足”的神像特征应为“真武大帝”。“子晒”又被当地人称之为“将爷木洪（ཅང་ཡེ་དམག་དཔོན། jang ye dmag dpon）”，应为汉语的“将爷”和藏语的“木洪（དམག་དཔོན། dmag dpon 将军/将爷）”的混合体。

3. 祭祀语言

整个祭祀仪式使用藏语和藏文经文，但邀请五方神灵时，拉哇诵读的祭文为重度变音的汉语。除了拉哇本人，很多村民其实不知其义，甚至不知何种语言。其语音、语调在藏、蒙语言的影响下极度变异、变调，但仍能辨别一二。

东呢黄（方）呢门上吆呀！
萨拉呀咦，东呢黄（方）呀！
老呀呀咦萨，东呢黄（方）呢门上，
老呀呀咦萨，台（天）面（门）开了。
老呀呀咦萨，地面（门）开了，
老呀呀咦萨，毛（庙）面（门）开了。
老呀呀咦萨，门（明）怎后怎，
老呀呀咦萨，一飞两飞，
老呀呀咦萨，老爷见了，
老呀呀咦萨，红白（香）献了，
老呀呀咦萨，白盘献了，
老呀呀咦萨，蜡交（烛）代（点）了，
……〔1〕

以上为邀请东方神灵时诵读的祭文，可识别的语句有：“东方门上，天门开了，地门开了，庙门开了，老爷见了，白盘献了，蜡烛点了……”显然为汉语。

此外，年都乎“邦”拉哇也提供了类似的祭文，据说是拆迁时在房梁上发现的，而他自己却不知其为何物（见图134）。

---

〔1〕 采访人：笔者；时间：2014年12月15日；受访人：NJJ，男，48岁；地点：脱加沃果日WMZHX家中；语言：土语；翻译：笔者。

图134　藏于年都乎“邦”拉哇家房梁上的用藏文记音的汉语祭文

此文虽看似藏文，但内容为汉语祭文，更确切地说应为用藏文记音的汉语祭文。见下文：

དོན་དཔང་ཆོས་ཀུན་ཐེན་བང་། ཉན་དཔང་སོ་ནན་ཐེན་བང་། པེ་དཔང་ཏོ་བན་ཐེན་བང་། དོན་དཔང་པོ་དེ་ལེན་ཐེན་བང་།

东黄（方）齐根（持国）天王，年黄（南方）所南（增长）天王，北黄（方）多闻天王，东方宝得莱恩（？）天王……

ཤི་སོ་རི་ཟླང་། ཨིས་སོ་རི་ཟླང་། དུང་ཚེ་རི་ཟླང་། ཏ་ལང་ཟློ་ཡིས་བན་ཏེ་ཙུང་ཤིས་རི་ཟླང་། དཔོ་ཡིས་རི་ཟླང་། ཚ་ཡིས་རི་ཟླང་།

西索（?）日郎、爱索（?）日郎、东泽（?）日郎，大郎老爷万天炯西（佐赫）日郎，火义（行业）日郎，擦义（？）日郎……

ཉན་དཔང་ཤིང་ཤིང་ཐེན་བང་། སེས་དཔང་པེ་མ་ཐེན་བང་། དོང་དཔང་འོང་ཤིང་ཐེན་བང་།

年（南）黄（方）香香（?）天王、四义（西）黄（方）白马天王、东黄（方）望香（？）天王……[1]

据笔者分析，理应为年都乎老一辈的“邦”拉哇迎神献祭时诵读的祭文。祭文中提到“四大天王”“大郎老爷”和一些“日郎神（二郎神等）”的名称。其语音和内容都与脱加沃果日“拉哇”迎请五方神灵时念诵的祭文略同，专为祭祀汉神（道教神灵）时诵读的用藏文记音的汉语祭文。

〔1〕 以上用藏文记音的汉文祭文，由年都乎“邦”拉哇阿吾提供。

4. 祭祀目的

举行“肖康”仪式的目的，其实是向各方神灵嘱托来年庄稼免遭旱涝冰雹之灾。所以，与其说是年底的消灾仪式，不如说是年前的祈福仪式，内容上更多的是祈求来年“风调雨顺、五谷丰登”。脱加沃果日拉哇向笔者透露了“肖康”仪式中的祭文大致内容：

> “肖康”仪式中迎请各方神灵时所诵祭文都是汉语，没有一句是藏语念诵的。迎请五方神灵后，首先要给各方神灵禀报所献供品，如给他供奉了什么样的祭品、给他造了什么样的房子、请了什么样的木匠、用了什么样的木材等，都要交代清楚。最后，向各方神灵嘱托要护佑全村人畜安康、风调雨顺。特别是后半部念诵的都是各方向神灵诉说的话，如用什么样的牛犁地、撒了什么样的种子等，以祈求神灵护佑百姓五谷丰登，免受旱涝之灾。简单地说就是，迎请各方神灵享用最好的供品，感谢各方神灵以往的关照，嘱托各方神灵护佑来年庄稼丰收、人畜安康。就如同现在的人给领导年前拜年一样，为的是来年得到他们的关照。农民要来年丰收，就要祈求神灵护佑，免遭冰雹旱涝之灾。[1]

从仪式内容上，“肖康”实为以祈求庄稼丰收为主题，同时体现热贡人时间观念的祭祀。农历腊月初八之际，“蔡孜德裕”人有门前放置大冰块之俗。据说此俗为推算春耕时间的标志，也就是说当此冰块融化之际，便是春耕之时。其实此俗与“肖康”仪式是相呼应的。以“蔡孜德裕”为中心的隆务河谷地区为农业区，庄稼的丰产与否直接关系到民众的生活、财产保障，春耕前迎请各方神灵，献祭供品以保来年庄稼免受旱涝之灾，五谷丰登。因此，从时间上，“肖康”实际上是春耕前的一个准备阶段，而“鲁如”则是秋收前的准备阶段。正如文化人类学家拉尔菲·比尔斯所述：“一年一度举行的宗教仪式，很可能是为了标出一年中的特殊时刻，如收获的完成或冬季的来临，届时群体及其成员的活动可能发生明显的转变。”[2]

---

〔1〕 采访人：笔者；时间：2014年12月15日；受访人：NJJ，男，48岁；地点：脱加沃果日WMZHX家中；语言：土语；翻译：笔者。

〔2〕 （美）拉尔菲·比尔斯等著，骆继光、秦文山等译．文化人类学［M］．石家庄：河北教育出版社，1993：431.

综上，在热贡盛行的这些道教神灵信仰与一系列的农业神祭祀仪式，应该与明代“屯田戍边”政策的实施与国家权力的介入密切相关。纵观“肖康”仪式的分布，其辐射区域在以“蔡孜德裕”为中心的隆务河谷地带的农业区。而“蔡孜德裕”在历史上曾是中原王朝在热贡的重要军事要地。据《大明王廷仪记功碑》载：

陇西郡属河州卫境外，保安建堡设官增兵饷，得彼人王仪抚番立功授官实迹，特以碑志拜祭云：

……夫保安者为三秦之咽喉，挟九边之鼎峙，□地东□边多□□，西接讨来、归德，南邻捏工、莽剌，北抵果木黄河。然而番部□□□□□□□□□□□杰恣无时□□，以故是地无官守防，无军所恃。如彼中廷仪，向为屯首，即心怀赤忠，汉番皆并推誉。以是倡议率众，并咨各部院道，筑堡曰保安，设官曰防御，并于计、吴、脱、李四寨选士五百名，均之以月饷。河营协防兵一百名，加之以口粮。〔1〕

隆务河谷两岸的年都乎（计）、桑格雄（吴）、脱加（脱）、郭麻日/尕撒日（上、下李）等“蔡孜德裕（四寨子）”土人自明代成了保安堡的土兵，直至清雍正七年，革除保安堡土兵〔2〕之前，代表中原王朝行事，担任“屯田戍边”之职。然而，随着“屯田戍边”政策的实施，汉地的农耕文化与民间信仰也随着国家权力的介入传播到热贡地区。这些有利于农业灌溉的神灵得到推崇，〔3〕

〔1〕 同仁县志编纂委员会.同仁县志[M].西安：三秦出版社，2001：1201-1202.

〔2〕《循化志》所载《循化厅卷》曰：“雍正初年（应为雍正七年），土千户王喇夫旦渐肆猖獗，经总督岳提调河州副将冒大同参将马步兵进剿抵其巢穴，生擒王喇夫旦，始将土兵革除，于原额一百二十名之外，皆于内地募补。土兵即不食饷，又当纳粮。”雍正七年革除保安堡的土兵，另从内地招募200人（现如今保安城的汉族为其后裔），“蔡孜德裕（四寨子）”人自此从军户变成农户，纳粮。

〔3〕 明太祖朱元璋从统一全国的战略需要出发，为表彰和激励将士、钦定功臣位次，建立功臣庙，并将“开国功臣”尊封为“神”，命全国各地立庙祭祀。明廷为了在其羁縻卫“西番诸卫”内推广传播，将这些功臣册封为“龙神”来迎合当地信众的现实需求（农业灌溉）与原有的“鲁（龙）神”信仰，又将不同的“羁縻地”册封为其“封地”，出资修庙，从而热贡地区有了“军神兼龙神”的“阿尼木洪（军爷/将爷）”与其“木洪康（将军庙）”。详见：周毛先.热贡“蔡孜德裕”：隆务河流域“四寨子”人的身份演变与文化调适研究[D].兰州大学，2015.

特别是以二郎神（兼龙神）为主的，文昌神、祖师等道教神灵成为祭祀对象。在春耕前，举行“肖康”仪式祭祀各方神灵，祈求神灵护佑来年庄稼丰收；而在秋收之际，也就是农历六月份，举行盛大的歌舞盛会“鲁如（གླུ་རོལ 六月会）”，以答谢各位神灵，给各位神灵尝鲜。这种以村庙祭祀时间与生产周期相契合，用宗教祭祀与农田管理相结合的方法维持村庄生产、生活秩序的习俗，均在曾实行“卫所制度”[1]的河州、岷州、洮州，以及民和、归德、保安等地盛行。当然，之所以能够延伸至隆务河谷地区其他藏族村庄，并能够长期与当地主流宗教“和谐共融”，与明清以来宽容的宗教政策、藏传佛教的包容性与道教神灵的功能性密切相关。

总而言之，“肖康（ཤོག་ཁང་། shog khang）”如同“鲁如（གླུ་རོལ། gla rol）”，它是随着明代屯田戍边政策的实施，汉地的农耕生产方式和地方神信仰传入热贡地区后与当地的山神信仰相融合而成的。它最初是以保护农业生产和田地管理为主旨的集体性农事祭祀仪式，当然，在历史发展过程中其内涵有所转变，其农事祭祀意识逐渐淡化，驱邪避灾的蕴意被强化，在一定程度上传递着热贡地区的历史演进和文化变迁。

（二）“替死鬼”到“净化者”：“乌秃”仪式的渊源及功能

1. 学界对“乌秃”的不同解释

“乌秃”是继“邦”祭或“肖康”之后的年底禳灾驱邪仪轨之一。至于何谓“乌秃”，学界各说其词，主要有楚风说、古羌俗说。下面将学界各项中解释做一简单的回顾。

---

〔1〕“卫所制度”是明太祖朱元璋模仿北魏隋唐的府兵制、又吸收元朝军制的某些内容而制定的一种寓兵于农、守屯结合的建军制度。军队组织有卫、所两级。一府设所，数府设卫。卫设指挥使，统兵士五千六百人，其下依序有千户所、百户所、总旗及小旗等单位，各卫所都隶属于五军都督府亦隶属于兵部，有事调发从征，无事则还归卫所。西番诸卫是从洪武四年（1371年）至洪武十二年（1379年）间陆续设立的，各卫管土领民，都是军政兼摄的军民卫。其中，河州卫最先建立。洪武十年该卫分为左、右两卫，十二年调左卫至洮州，设洮州卫军民指挥使司，而以右卫为河州卫军民指挥使司；西宁卫设立于洪武六年，宣德七年升格为军民指挥使司；岷州卫洪武十一年设立，于洪武十五年升格为军民指挥使司。上述各卫中，河州卫统领7个千户所，西宁卫统领6个千户所，洮州卫和岷州卫各领5个千户所。西番诸卫建立后，先后委任、封授一批当地少数民族上层作为土官进入卫所，形成土、汉官混编参用的格局。河州、岷州两卫属下有大量土千百户所。

（1）楚风说

最早提出“乌秃”为“於菟”的是乔永福先生，在他的《楚风土舞跳於菟》（1989年10月）中提到：据《左传》“楚人谓虎於菟”之说，认为乌秃舞属于楚风古舞，是楚人信巫崇虎的遗痕。他从“虎”的别称“於菟”入手论证了年都乎的“乌秃”与古代楚地巫风之间的联系，并提出同仁地区古时为边关要地，自秦汉以来多有军队戍边屯田，明初又有江南移民移居此地，“於菟”是随历史的变迁从江南楚地流传而来。[1]支持这种观点的有秦永章（2000年）[2]、马盛德（2003年）[3]等，但马盛德先生又质疑既然“於菟舞”是内地人带来的，为什么同样有内地移民的其他村落不跳於菟舞呢？

（2）古羌俗说

以刘凯先生为代表的一些学者认为，年都乎的“乌秃”仪式是古羌人虎图腾遗俗。他在《跳“於菟”——古羌人崇虎图腾意识的活化石》（1993年）中提出：“青海是古羌人的主要活动区域，年都乎是在明代进入同仁藏区的，他们与藏族通婚，生活习俗、宗教信仰与藏族相近，自然会受到羌文化的影响。因此‘乌秃’是古羌人氏族部落崇虎图腾意识的曲折反映，是古代羌族文化的遗存。”[4]

以上观点，不管是古羌人崇虎文化遗迹也好，楚人信巫崇虎遗俗也好，都源于对“乌秃”一词的曲解。其实都忽略了年都乎人不仅将画有虎纹的人称之为“乌秃”，还将画有豹纹的也称之为“乌秃”，“乌秃”泛指装扮成虎、豹者。这种仪式在其他村落中也盛行，有装扮成反穿皮袄脸涂黑炭的怪物形象，也有装扮成九头唖的形象。因此，将“乌秃”理解为“虎”有些牵强附会，且有挑精拣肥之嫌。而且，以上学者在描述仪式过程时都用“驱赶於菟（乌秃）”这样的字句。既然崇虎，又为何驱赶“虎（乌秃）”呢？即崇虎又如同病魔邪气一样驱赶，不合乎逻辑。“乌秃”理应为替村民吸纳病魔邪气者，所以被驱赶。对“乌秃”一词的曲解影响着整个仪式的文化蕴涵与渊源。笔者

---

〔1〕 此文原载《青海日报》1989年10月8日，14日第四版，12月23日第二版，分三次发表。

〔2〕 秦永章．江河源头话“於菟”——青海同仁年都乎土族“於菟”舞考析［J］．中南民族学院学报，2000（1）．

〔3〕 马盛德、曹娅丽．“於菟”舞祭：重视远古图腾［J］．中国西部，2005（9）．

〔4〕 刘凯．跳“於菟”——古羌人崇虎图腾意识的活化石［J］．民族艺术，1993（3）．

从苯教的“朵（གཏོ། gto）”文化视野解读年都乎的“乌秃”仪式，认为年都乎的“乌秃”与苯教的“朵”文化有一定的渊源。

2. 从苯教的“朵”文化解读“乌秃”仪式

（1）从朵（གཏོ། gto）到“乌秃”：语义、语音的对比

“乌秃”是继“邦”祭或“肖康（ཤོག་ཁང་། shog khang）”仪式的一个祭礼，也是年底禳灾仪轨之一。“乌秃”仪式看似年都乎村专有，且看似是一种独特的、单一的文化遗存，但实际上“乌秃”在“蔡孜德裕（四寨子）”及其周围的其他村庄皆盛行，只不过现如今慢慢淡化而已。“乌秃”是与“肖康”“邦”等禳灾仪式相关联的一个祭礼。可以说，“肖康”或“邦”是“乌秃”的序幕，而“乌秃”则应为仪式的尾幕。如若脱离“乌秃”之前的一系列禳灾仪式，在外人看来的确一种“独特”的文化遗存，因为年都乎的“乌秃”仪式中的失语状态更加增添了几分神秘感。据桑格雄（吾屯）老人说，以前在桑格雄（吾屯）也举行过类似的驱邪祛病的禳灾仪式，只是将这些“傩舞者”称之为“托”。这些“托”会装扮成哑（གཟའ། gzav 九头曜星）的形象，有五托、九托、七托之称。这个使作者倍感兴趣，在追问下，老人说若是五个傩舞者叫“五托”；若是九个傩舞者叫“九托”；七个则“七托”，其中最大的叫“托阿娘”。照此看来，“托”应为一个固定词汇。尽管几个村落间发音有别，有“乌秃/欧都/托”等，但均为对“傩舞者”的称呼。且被称为“乌秃/欧都/托”的“傩舞者”，即可为年都乎所画的“虎”“豹”形象，也可为桑格雄所装扮的“哑（九头耀星）”的形象，还可为沃果日等周围村庄所装扮的反穿皮袄、脸涂黑炭的“敦（གདོན། gdon 妖魔）”的形象。因此，从语义上讲，“乌秃”并不专指“虎”，泛指包括虎、豹、哑、敦之类的“替身物”，这个“替身物”被统称为“托/乌秃/欧都”。而这个“托/乌秃/欧都”无论从名称，形式、内容来看，都与苯教的“朵（གཏོ། gto）”相吻合。

从语音上讲，讲蒙藏混合语的年都乎人将这些“傩舞者”称之为“乌秃/欧都”，而讲汉藏混合语的桑格雄人称之为“托”。尽管几个村庄的发音有别，有“托/乌秃/欧都”等发音，但其基字应为一个字“托/秃/都”，与苯教的“朵”相吻合。因为t和d在古音中有互换关系。至于年都乎人为何发“乌秃/欧都”的音，可能与阿尔泰语系蒙古语族的发音惯例有关。讲蒙古语族的人们往往在单词前附带“乌、阿、俄、奥”之类的前元音。譬如“水”为“乌丝（usə）”，“他”为“乌姜（udzɑŋ）”，“去”为“奥德（otə）”，“吃”为“艾德（eitə）”等。所以，讲蒙古语的人们在发藏语词汇时往往也惯带前元音。如

藏语的儿子“吾(བུ། bu)”被借用时称为“奥吾(ɔwu)”,天空“纳木(གནམ། gnam)”被称为“乌纳木(unĄm)”,从前“纳(གནའ། gnav)”被称为“乌纳(unĄ)”,等等。据此,“乌秃”很有可能为藏语借词“朵(གཏོ། gto)”的转音。“朵”前面的“乌”很有可能是语言转借过程中所带的惯音。

(2)朵(གཏོ། gto)与“乌秃”:仪式内容、形式的对比

从“乌秃”的内容上讲,称之为“乌秃”的几个傩舞者将全村所有疾病、邪魔、不净之物随身带出村外消除,来还村民以洁净和安详。这种仪式在原始苯教中被称为“朵(གཏོ། gto)”,是一种禳灾仪轨。至于何谓“朵”,卡尔梅·桑木旦(མཁར་རྨེའུ་བསམ་གཏན། Samten G.Karmay)在他的《ཞང་བོད་གནའ་རབས་ཀྱི་བརྡ་ཆད་ཚིག་མཛོད།》中做了较为清晰的解释:

像神(ལྷ། lha)、鲁(ཀླུ། glu)、念(གཉན། gnyan)之类无形的具有神力的生灵被称为“垛(གཏོད། gtod)”,当人们触怒这些生灵而危及人体被称为“敦(གཏོན། gton)”,而消除“敦”的方法与知识统称为“朵(གཏོ། gto)”。[1]

由此可见,“朵”是消除危害人的“敦”的仪轨。“朵”文化的历史悠久、文化底蕴深厚。原始苯教数百年前的佛陀为顿巴谢日(སྟོན་པ་ཤེས་རབ། ston pa shes rab),千年前的佛陀为朵加耶庆(གཏོ་རྒྱལ་ཡེ་མཁྱེན། gto rgyal ye mkhyen),之所以被称为“朵加(གཏོ་རྒྱལ། gto rgyal)”,是由于他的教义主要以“朵”为理论基础,形成了“禳灾理论(གཏོ་གཞུང་། gto gzhung)”“禳解术(གཏོ་བཅོས། gto bcos)”“禳灾仪轨(གཏོ་ཆོག gto chog)”“送祟(གཏོ་སྐྱེལ། gto skyel)”等“朵”文化。原始苯教中有禳解“朵(གཏོ། gto)”、供施的代替品“堆(མདོས། mdos)”、赎命物“勒(གླུད glud)”等术语,想要消除危害(གནོད། gnod)、魔障(བགེགས། bgegs)、邪魔(གདོན། gdon)的缠绕,就要举行称之为“朵”的禳解仪式,即将家里的不净之物,如病魔、鬼怪、魔障等以“替代品(གླུད། glud)”的形式送离。譬如做成食品或衣物,或直接以人替身当“替死鬼”,将这些病魔、鬼怪、障碍附着于这些物品或人身上带离家门,替人消除障碍、赎回性命,使生者安详、病者痊愈。

这个仪式在民间普遍存在,像青海省循化县道纬乡一带,也于大年初七、初九举行类似的仪式。即将一个称之为“阿伊伯玛”的、用糌粑捏成的一位头戴皇冠的女性人像要从村庙抬到村外十字处(鬼道)丢弃。届时,人群站

〔1〕 མཁར་རྨེའུ་བསམ་གཏན། ཞང་བོད་གནའ་རབས་ཀྱི་བརྡ་ཆག་ཚིག་མཛོད་ལས་བཏུས།(སྒྲིག་རྩལ་པར་གཞི།)

在巷道口高呼“乔乔（驱赶声）”，手持瓜果向阿尼毕玛及其抬运者投郑，以示驱赶村内鬼怪、邪魔、精灵等不净之物。此外，在藏区盛行的农历十二月二十九日的“古突（དགུ་ཐུག dgu thug）”及“朵玛（གཏོར་མ། gtor ma）”之俗也都源于原始苯教的“朵”文化。不仅民间保留着原始苯教遗俗，藏传佛教也吸纳了原始宗教之神、鬼祭祀，“拉泽（山神）”祭祀，烧香祭祀，红、白“色日”祭祀，敲锣打鼓、反穿皮袄献舞祭祀，制造“朵玛”祭祀等原始苯教遗俗。从前大昭寺抛“朵玛”送鬼时，将两位反穿皮袄装扮成替死鬼（གླུད་འགོང་། glud vgong 替人受灾）的人送往不同方向，将一个送往桑耶方向，另一个送往彭布方向。据说，那两个反穿皮袄的勒贡是达赖喇嘛的“替死鬼”，替达赖喇嘛受灾受厄的替身。这个被称为“鲁贡嘉布（གླུད་འགོང་རྒྱལ་པོ། glud vgong rgyal po）”的仪式是在五世达赖喇嘛阿旺洛藏嘉措时，西藏政府举行的一种大型的宗教仪轨。沃果日拉哇也提到，“肖康”的历史悠久，之所以西藏大昭寺前也举行“肖康”仪式，因为宗喀巴大师去西藏时怀念家乡，遂在大昭寺跟前跳在家乡举行的“鲁如（གླུ་རོལ། glu rol）”，“肖康”仪式。照此看来，沃果日拉哇所讲的应该不仅仅是传说。在甘南地区的拉卜楞寺举行达日“二月祭礼（གཉིས་པའི་ཚོགས་མཆོད། gnyis pavi tshogs mchod）”也有“送祟（གླུད་རྫོང་། glud rzhong）”仪式。[1]据说，从前有真人当替身“勒（གླུད། glud）”之俗。当替身“勒”的人，一般是家庭条件较差者，因为仪式结束后民众向河水抛洒的钱币，以及所有祭品作为补偿“替身”可持有。但据称，这个“替身”的寿命会缩短，现如今改用糌粑捏成的人形替代。类似的驱邪祛病、送瘟神的仪式在塔尔寺周围、白马藏族、迭部、文县等藏区均盛行，只是形式各异。

此外，在民间也将这些“替身物”称之为“朵”，当有些人骂不顺眼的人别矗在那儿时会说：“别像个‘朵’一样矗在那儿，碍眼。”“朵”不仅仅是对仪式的称呼，也是对仪式中“替身物”或“牺牲品”的称谓。因此，年都乎的“乌秃”，不管是装扮成虎、豹，还是像桑格雄一样装扮成“咂（གཟའ། gzav）”、沃果日一样反穿匹袄脸涂黑炭装扮成“敦（གདོན། gdon）”，都为“替身物”或“替死鬼”，将村内所有的疾病、鬼怪、不净之物带到河边随河流飘走。在谈到

---

〔1〕 据传，於菟（乌秃）仪式传到忽必烈统治青海时却忽然取消。因清嘉庆年间，发生了一场大瘟疫，死了很多人，拉卜楞寺第三世嘉木样大活佛为拯救百姓摆脱邪魔苦难，倡导恢复於菟（乌秃）祭祀活动。拉卜楞寺第三世嘉木样大活佛诞生在年都乎村。所以，拉卜楞寺的“送祟（གླུད་རྫོང་། glud rzhong）”仪式也可能与此有关。

“乌秃”的渊源时，有这样一个传说，笔者觉得较为可信：

据说霍尔王妃得了重病，一直昏迷不醒，迎请医生治疗、法师做法都未见效。霍尔王忽然想到民间驱逐邪魔的习俗，便决定一试。于是，命手下的几个军士脱掉衣服，身上画上虎豹斑纹，仿照民间的形式，在宫中跳舞驱魔，不料妃子的病还真好了。霍尔王深信於菟（乌秃）的神力，下令民间每年要跳一次於菟舞（乌秃），以驱魔逐鬼，安顺国家和百姓，就这样於菟舞（乌秃）在民间流传了下来。於菟（乌秃）仪式传到忽必烈统治青海时却忽然消失了。到清朝嘉庆年间，发生了一场大瘟疫，死了很多人。出生于年都乎村的拉卜楞寺第三世嘉木样大活佛为拯救百姓摆脱邪魔苦难，倡导恢复於菟（乌秃）祭祀活动，并把年都乎村从隆务河边迁到了山根高地，此后200多年来，年都乎的於菟（乌秃）仪式一直传承下来，这里果真没有再发生过灾难和魔疫，村安民祥，一片太平。[1]

上述传说，结合地域历史、民俗事项，可反映出民俗演变历程。“乌秃”最早应为替人受灾（灾害、疾病、邪魔）的赎命物或替死鬼。在整个仪式中，人们会在家门口煨“擦色日”。“擦色日”是专门为孤魂野鬼之类的生灵所供祭品。不知是否属实。据沃果日拉哇说，最初这几个“乌秃（替死鬼）”会被枪打死，随同“肯子（行者的信息物/缘起信息物）”扔到河里，从此与鬼怪邪魔一同消失。所以，为了补偿这些“乌秃”扮演者，将免去家人一年的劳务与课税，并将村民所献的所有祭品赐予这些人家。其实这种祭礼不失为一种最原始的“人祭”，或者说“红祭”。从前这些赎命替身可能是“真人”，慢慢改成“牲畜”，年都乎的这一习俗可能为“替身人祭”到“替身牲祭”的转变阶段，将人装扮成虎豹形状进行禳灾赎命。现如今随着藏传佛教的信仰，一些地方改成白祭，即替身“朵玛”，用糌粑捏成人形、动物形状、五脏六腑的形状等赎命物来代替人或动物。这一转变也能在上述传说中得以体现，忽必烈之前民间盛行的“乌秃（赎命替身）”这种原始祭礼，之所以忽必烈时期突然中断，可能与蒙古王室信仰藏传佛教有关。

纵观年都乎的“乌秃”仪式，年都乎的“乌秃”相当于其他藏区盛行的

---

〔1〕 范静、文忠祥.同仁年都乎庄土族“於菟”仪式舞蹈的文化蕴涵[J].青海民族大学学报，2010(36)：4.

“送祟（གླུད་རྫོང་། glud rzhong）”仪式。从仪式中“寄送病人擦拭的‘肯子’；村民谢绝开门、‘乌秃’爬墙入内；从屋顶上稍‘肯子’；焚烧‘擦色日’；绕行拉哇家；最后水中冲洗、跳火堆；留居河畔、当日不能返村”等民俗事项说明村民没有将“乌秃”视为崇拜的对象，而将其视为替村民带走“病魔、鬼怪、邪魔”之类的不净之物者。因此，“乌秃”可能为最初的“替死鬼”转变成现代意义的“净化者”。

年都乎的“邦”祭、“乌秃”与脱加沃果日的“许晓”“皇祀”实际上大同小异，实为一种古老禳灾仪轨。不管是道教的“邦”“皇祀”仪式，还是苯教的“朵”仪轨，都有同质性。人们在面临生老病死、自然界的变化时，按自己的文化、知识与理解采取了一些相应的对抗、禳解措施。所以在热贡，特别是“蔡孜德裕”，自农历十一月中旬至十二月由不同教派、不同教门的人士各期所能、各显身手禳解来年全村的一切障碍与不祥。在“蔡孜德裕”中所有称之为“邦”拉哇的以他们的方式进行禳灾仪式，格鲁派的寺院里也在通过诵经放“朵玛”进行禳解，而宁玛派的俄巴也在施咒作法禳解。就连村里的男士也不会闲着，集体在嘛呢康或俄康里集体诵“斗尕（གདུགས་དཀར། gdugs dkar）”经、念平安经进行禳解。

年都乎，除“邦”拉哇进行的禳解仪式外，冬月十九、二十二日全村所有“洪”（དཔོན། dpon俄巴咒师，以前17人，现有30余人）要念诵两天的“桑东”经；二十九日放“གཏོར་ལྡོག gtor ldog”；腊月十三、十四、十五日全村男士念“རིག་འཛིན་ཆེན་མོ། rig vzhin chen mo”经禳灾祈福。[1]

桑格雄，自腊月由6～7位宁玛派的俄巴（咒师）在俄康（密咒房）进行为期9天的“སྔགས་འགྲུབ། sngags vgrub施咒禳灾”仪式；格鲁派的高僧们自腊月初三至初九，由13位喇嘛闭关修持进行为期6天的五护法，为全村念经禳灾；初九举行一场大型的“朵供”仪式；民间“邦”拉哇于腊月九日举行“乌秃”仪式，与年都乎德哇的一样，据说以前有9个“乌秃”装扮成“九头哑”，进行祛病驱邪仪式。[2]

---

〔1〕采访人：笔者；时间：2014年7月15日；受访人：JL先生，男，64岁；地点：年都乎JL先生家中；语言：铎话；翻译：笔者。

〔2〕采访人：笔者；时间：2014年8月14日；受访人：DJ老人，男，75岁；地点：桑格雄麻果DJ老人家中；语言：安多藏语；翻译：笔者。

郭麻日，自农历十一月初一至初六德让措哇的6 ~ 7位男士在念经文禳冬季之灾；这时村里的“洪（咒师）”们在俄康（སྔགས་ཁང་། sngags khang）念“岗哇（བསྐང་བ། bskang ba）”禳灾祈福，而称之为拉哇仓（邦拉哇）的人们在山神庙念经祈福；十一月二十五日为德让措哇的“肖康”或“邦”祭。同时全村男士在诵“斗尕”经禳灾祈福。各派各显身手，为全村禳灾祈福，以保来年全村安康兴旺。[1]

图135　沃果日的僧人施法禳灾

图136　桑格雄的僧人焚烧朵玛

图137　桑格雄的僧人制作“拉协 ”

图138　桑格雄的僧人从寺院送“朵日杜合”

〔1〕 采访人：笔者；时间：2013年12月23日；受访人：DG，男，63岁；地点：郭麻日DG家中；语言：铎话；翻译：笔者。

因此，当某种异质文化的传播能够充分地满足一个群体客观需要和文化心理需要时，该群体对异质文化的态度是积极的，乐意吸收与自己有益的成分。百姓所关注的或所敬仰的都与他们的实际生活息息相关，能够五谷丰登、平安吉祥、人畜兴旺是百姓所期望的，将这些期望嘱托于神灵，希望借助神灵的力量达成他们的愿望，从而一系列的祭神、娱神、敬神的仪式相继形成。当然，为了达到目的，不管是道教神灵、苯教神灵、佛教神灵，只要灵验，并能够实现其愿望的，都被供奉、信仰。自此，民间形成了兼有原始苯教、道教、佛教相融的信仰模式。

结论：多元·互动·调适

一、历时与共时：热贡“蔡孜德裕”人的历史与文化发展特点

（一）“蔡孜德裕”之身份演变与文化调适特点

至于“蔡孜德裕”的族源，由于时间久远无法追溯其确切的历史根源，但结合零散的汉、藏史料记载与民间传说，认为“蔡孜德裕”群体由两大部分组成：一部分为早在吐蕃时期来戍守安多的包括松巴（སུམ་པ། sum pa）、董擦（ལྡོང་ཚ། ldong tsha）、朵霍尔（སྟོད་ཧོར། stod hor）或木雅（མི་ཉག mu nyag）在内的藏缅族群；另一部分为元、明时期来热贡戍边的蒙古族族群。这两大系统的部族于明、清时期联结成以年都乎部落酋豪为首领的“蔡孜德裕（四寨子）”联盟，代表统治阶层统辖热贡。这个群体（大多数）以蒙古语为其内部通行语言，以“四寨子”为其军事据点，在热贡繁衍生息。然而，在长期的历史发展过程中既面临代表当地主流文化“藏文化”，又面临代表统治阶层的“主流文化”双向冲击时，通过吸纳、采借、调适、整合而形成了独具特色的“蔡孜德裕”文化。从“蔡孜德裕”现存的文化迹象来看，在拉杰智纳哇（ལྷ་རྗེ་བྲག་སྣ་བ། lha rje brag sna ba）为代表的萨迦款氏（ས་སྐྱ་འཁོན་རྒྱུད། sa skya vkhong rgyud）未到热贡传教前，“蔡孜德裕”以原始宗教（苯教、萨满）为主要信仰，兼信宁玛派（རྙིང་མ། rnying ma），其文化底层为古羌藏文化。随着萨迦派与格鲁派的兴盛，特别是历代统治者推行的政教合一制度下，藏传佛教信仰在“蔡孜德裕”中占主导地位。“蔡孜德裕”全民信仰藏传佛教，并先后扩建寺院、改宗派别，藏传佛教深入到生活的各个方面。当然历代统治者在推行藏传佛教信仰的同时，对其属民实施多元宗教信仰政策。历代地方酋豪（土千总或土把总）为了巩固自己的地位、扩大其威望，在接受藏传佛教的同时，也吸纳了汉文化的要素，包括代表统治阶层的大传统（封神英雄）和民间小传统（民间信仰），

在其属众内推崇。据《年都乎寺志》，年都乎土千/把总曾崇信过道教，并用道教的法力统治过热贡。1399年，大明（རྒྱན་བིན། gyan bin）皇帝登基后，年都乎土把（千）总前往内地袭任返回时，从内地迎请了一名道士，试图在热贡修建道观。1401年，因这位道士选址后突然逝去，未能建成。[1]但之前年都乎土把（千）总及其部众的迁徙、庙宇的修建都与此道士的预言息息相关。依此可以推定明时曾接纳过道教信仰。此外，大明皇帝朱元璋给开国英雄封神祭祀，敕令在全国州府立庙祭祀。随着国家权力的介入，包括“蔡孜德裕”的热贡隆务河谷地带也建立“木洪康（དམག་དཔོན་ཁང་། dmag dpon khang）”，即将军庙，以“阿尼木洪（ཨ་མྱེས་དམག་དཔོན། A myes dmag dpon 军爷）”的形式将汉神纳入到藏传佛教山神体系中。到清代，统治者亦极力推崇河源神与汉神信仰。譬如二郎神与关帝信仰，为了能够在藏区传播，满、蒙统治者借助藏传佛教高僧大德来推崇，高僧大德以护法神的形式吸纳汉神，信众以日郎神和格萨尔的名义接纳供奉。所以，除这些山神祭祀仪式之外，与道教相关的一系列仪式，如贴门神、对联，祭灶神、傩疫等也渗入到日常生活中。当然，这些汉文化要素的采纳并非全盘接受，而是经过调适、整合，从而达到内化。

（二）主体性的选择：多向调适与生存策略

由于“蔡孜德裕”在历史发展过程中的特殊身份（土官土兵），使其与中央王朝发生联系，受代表中央王朝的主流文化，即汉文化（强势文化）的影响。特别体现在“军神”信仰与语言中。当然，也不是生搬硬套的过程与结果，而是在接受强势文化时经过“调整”使之适应本民族文化传统。此外，“蔡孜德裕”中又由于地位的不对等，处于底层的藏缅族群受制于政权上处于强势的蒙古上层，尽管藏缅族群占多数，但也受到蒙古文化因子的影响，其中语言为最典型。这种汉、蒙文化的影响与其“土官土兵”的身份有一定的联系。然而，随着政权的演变，“蔡孜德裕”身份的转变（撤出土兵），加之隆务寺的政教合一系统的兴盛，主动融入政教合一体系，成为隆务囊索（རོང་བོ་ནང་སོ། rongbo nangtso）的属部热贡十二雪喀（རེབ་གོང་ཤོག་ཁ་བཅུ་གཉིས། reb gong shog kha bcu gnyis）之一，这时藏传佛教成为了文化核心。因此，“蔡孜德裕”的文化不是单一地向“汉”或者向“藏”调适，而为“多向调适”的结果。

---

〔1〕 བློ་བཟང་སྙན་གྲགས་ཀྱིས་བརྩམས་པའི་གཉན་ཐོག་བྱམས་པ་གླིང་གི་ལོ་རྒྱུས། 洛桑年智.年都乎简志[M].西宁：青海民族出版社，2000：25–26.

自然环境、社会环境与政权统属的变化，以及各民族间的频繁接触，是促使“蔡孜德裕”要进行多向文化调适的主要原因。同时，我们也不能忽视文化变迁与调适的内在动因，由于外部社会环境的压力和对于先进文化的追求，在“蔡孜德裕”内部产生一种奋起之力，这种内生力量正是“蔡孜德裕”社会文化发展的主动适应能力，为一种多元文化视野下的生存策略。人的主体性是促进文化演化的内在动力，一旦这种主体性与新的文化资源，新的价值观念相结合，就形成新的文化调适能力。正如英国人类学弗思所说：“人类不是消极地住在世界各地，而是改变环境的积极因素。任何民族，不论是野蛮的还是文明的，都曾在某种程度上改造过环境……这种努力和成就表明，支配一切的不是环境而是文化。”[1]社会文化正是通过这种不断形成和增强的调适能力得以丰富和发展。从“蔡孜德裕”几百年的文化调适历程来看，面对外来文化的冲击，关键在于能否在各种文化互动中进行文化扬弃、采借与创造，从而丰富和发展自己的文化。

二、多元与共存：“蔡孜德裕”的文化模式

（一）古羌藏文化：文化遗迹

屈肢（སྒོམ་ཆིངས། sgom chings）、火化（སྦྱིན་སྲེག spyin sreg）、二次葬（瓶罐葬）：“蔡孜德裕（ཁྲེ་ཙེ་སྡེ་བཞི། khre tse sde bzhi）”的文化中保留了众多古羌藏文化遗迹，特别是体现在丧葬文化上。虽然“蔡孜德裕”是虔诚的佛教徒，但丧葬仪式上依然保留着古老的传统习俗。屈肢葬是藏缅民族古老的丧葬习俗，是藏缅语族群体的一个特殊文化现象，即在人死亡或即将死亡时把上下肢屈曲，将尸体处理成卷曲状，再行土埋、火化、饲鸟等各种处理。屈肢葬被广泛发现于今西藏自治区、甘青、川西阿坝、甘孜州等地区（即整个吐蕃高原及其周缘地区）的新石器、铜器、铁器时代考古文化遗迹中。[2]此外，瓶葬或罐葬也是古羌藏的一种葬具。一般将贵人的尸体处理后纳入容器再埋葬。[3]“蔡孜德

〔1〕（英）雷蒙德·弗思著，费孝通译.人文世界[M].北京：商务印书馆，1991：40.

〔2〕宗喀·漾正冈布.公元10世纪以前吐蕃（西藏）医学史研究[D].中国中医研究院，1995.

〔3〕宗喀·漾正冈布.公元10世纪以前吐蕃（西藏）医学史研究[D].中国中医研究院，1995.

裕”人所盛行的丧俗，即人死后将尸体屈曲成胎儿形状装入白布做成的布袋进行火化，择日又将骨灰装入瓶罐再次埋入，起马蹄形小坟堆。不管是葬具，还是葬式，都保留着古羌藏文化遗俗，而且对尸体的两次处理，与流行于黄河上游的二次葬相吻合。

白石崇拜：白石崇拜也是古羌藏文化的一个重要特征。除在寺院附近、山上堆白石外，白石也作为盟誓时的信物（盟石）。这种白石崇拜在丧俗上也有所体现。“蔡孜德裕”进行火葬、二次起坟后，还会将三个白卵石贴在坟堆上，再插一根树枝（后插旗）。据称，这三块白石是盟石，死后放在坟土上以示信守承诺。此俗的起源在敦煌文献中也有记载，赞布（བཙན་པོ། btsan po）与其大将义擦（གཡུ་ཚ། gyu tsha）盟誓时，义擦为表忠诚将手中的盟石（白石）献给赞布，说死后此白石乃营建义擦坟墓之奠基石。赞布见义擦忠心耿耿便对义擦亲族盟誓，死后亲自营建坟墓，杀马百匹陪葬。

羊文化：羊是古羌藏文化的一个标志。吃羊肉、穿羊皮袄，祭神时用羊，占卜时用羊臂骨。在甘州发现的一块西夏碑中提到一位羊头人面的神（《仁恕堂笔记》34页）。[1]羊涉及到古羌藏文化的方方面面。“蔡孜德裕”文化中，羊文化也渗透到了生活的各个层面。作为物质基础的羊肉、羊皮袄、羊毛毡、涂油用的羊尾；咒师及跳“鲁如（གླུ་རོལ། glu）”时用的羊皮鼓；连用作娱乐的“莫尕（མོ་སྒལ། mo sgal）”也是用羊的骨节做成的。此外，羊文化也上升到精神文化层面。如山神中有羊头人面的神灵；祭神时的活羊祭祀、掏羊心红祭，占卜用的羊角、羊心、羊肩胛骨；婚礼时的“吉合（ལྕག lcag羊腿骨）”、给舅家的聘礼“仓拉（ཚང་ར། tshang ra羊臂骨）”；出嫁时梳妆时铺的羊毛毡，诵祝词时吉祥碗上的酥油羊毛；寿宴上的全羊宴，都成为了一个文化符号。

苯教文化：苯教文化是藏缅人群的文化底蕴。“蔡孜德裕”的文化中渗透着很多古老的苯教文化习俗。如山神信仰，神灵中有很多称之为“赞བཙན། btsan）”“念（གཉན། gnyan）”“鲁（ཀླུ། klu）”“咂（གཟའ། gzha）”的兽面人体的神灵。拉哇（ལྷ་པ། lha pa）既为人神之间的沟通者、祛病禳灾的巫医、预知未来的决策者（占卜），也是防雹防灾的咒师、社会秩序的维持者，有明显的社会控制与社会调适功能。在神灵祭祀仪式上仍保留着古老的红祭习俗，直至2004年，沃果日村举行的“鲁如（གླུ་རོལ། glu rol）”仪式中还保留着拉哇（巫师）活掏

〔1〕（法）石泰安著，耿昇译.汉藏走廊古部族神［M］.北京：中国藏学出版社，2013：143.

羊心占卜的习俗，根据羊心的收缩与裂痕来占卜来年运势。还有焚烧羊肩胛骨占卜、给神灵献祭活羊等习俗。桑格雄村的男士至今仍用刀划破自己的头，用鲜血娱神祭祀之俗。在沃果日、年都乎村也有男子在身上、腮上插卡玛日（钢钎）红祭之俗。此外，还有年底驱邪驱鬼的“朵（གཏོ། gto）”文化；过年期间男士玩的“骰子游戏”，等等。无论是民间信仰仪式，还是娱乐游戏活动，都无不体现着古老的羌藏文化。这些古羌藏文化要素，随着藏传佛教的影响在其他藏区渐渐消失，但在“蔡孜德裕”中仍得以存留，这与其历史上的身份（土官土兵）有一定的关系。在历史上“蔡孜德裕”人作为代表中央王朝的土官土兵，在很长一段时间与隆务寺的政教合一系统保持相对独立的关系，不受其政权的完全支配，所以至今仍能在“蔡孜德裕”中看到这些古藏羌文化遗留，而在其他藏区几近消失。比如火葬、瓶罐葬、祭神时的红祭等俗，随着信仰藏传佛教而改为“天葬”“白祭”等。

（二）藏传佛教文化：文化核心

随着藏传佛教的兴盛，特别是格鲁派的兴盛，藏传佛教文化成为了“蔡孜德裕”的文化核心。“蔡孜德裕”中有继隆务大寺之后热贡地区规模最大的桑格雄寺（སེང་གེ་གཤོང་། seng ge gshong）、年都乎寺（གཉན་ཐོག knyan thog）、郭麻日寺（སྒོ་དམར། sgo dmar）、沃果日寺（བོད་སྐོར། bod skor），佛塔、拉康（ལྷ་ཁང་། lha kang）、拉泽（ལབ་ཙེ། lab tse）等藏传佛教标志性文化要素。佛教仪轨、节日等宗教活动也融入到人们的日常生活中，基本上每家有一位扎巴（གྲྭ་པ། gra pa），每个琼盖亚（ཁྱིམ་བགོས་ཡ། kyim bgos ya三四户）有一位阿巧（ཨ་མཆོད། A mchod 经忏和尚）；每个家户有一间乔康（མཆོད་ཁང་། mchod khan佛堂），每日行五供，磕头、念经、煨桑；农历每月初一、初五、初八进寺煨桑、磕头、转经。每个宗教节日都会隆重庆祝，尤其是正月神变祈愿大法会，每个村庄在自己寺院内举行，其规模宏大、仪轨繁杂、仪式隆重。此外，从生到死的每个阶段的人生礼仪中都有深深的佛教烙印，更为重要的是藏传佛教的核心价值观渗入到了人们的思想意识、道德规范、风俗习惯、行为方式中，影响着人们的人生观、价值观、生死观。人们相信因果报应，相信生死轮回，相信邪不胜正，无形中形成了一种以不信佛为异、以不忠佛为辱的思想观念。

（三）统治阶层的意志与蒙古文化因子：文化基质

“蔡孜德裕”中也有蒙古文化的烙印。尤其体现在语言上，像蒙、藏混合的铎话，其基础语言（语法、词汇、语音）为古蒙古语，除藏语借词外，现保留的基础词汇、语音都与13世纪古蒙古语相吻合。在《华夷译语》《蒙古秘史》《突厥语词典》中能够找到现如今使用的词汇与发音。此外，在隆务河谷地带举行的“鲁如”或“纳统（na toŋ）”，从其词义（均为娱乐之意）、形式上也与蒙古的“那达慕（na dəm）”密切相关，只是内容上融合了热贡地区原有的原始苯教信仰和明清时期介入的农耕文化和汉文化要素（将军神），其性质与民和地区的土族纳顿节具有同质性。

“蔡孜德裕”人中的蒙古血统，即霍尔多日达纳布后裔年都乎土千/把总，处于权力的最高层，为统领“蔡孜德裕”的酋号或土官，在“蔡孜德裕”中三个村庄皆以蒙古语为通行语言，实为其权力的一种象征。

（四）汉藏合璧：国家权力的介入与汉文化要素

明廷将开国将领、有功之臣等纳入国家祭祀，并诏令在全国各地立庙祭祀，从而推广国家奉祀的各位神灵。清代继续沿用明代策略，继续将符合国家意识形态、有利于维护国家秩序的地方神灵纳入官方祭祀体系。热贡作为青藏高原与黄土高原缓冲带的重要军事要地，随着明清两朝统治者的推广，出现了称之为“贡玛嘉布（中原皇帝）派来”的十二位木洪（将军）、十二位日朗神，以及祭祀这些神灵的“皇孜（huaŋ dzə皇祭）”或“邦（baŋ）祭”仪式及专司这些汉神的“邦”拉哇等神职人员。祈求风调雨顺、庄稼丰收的“鲁如/纳统”中也渗入了祭祀龙神、二郎神等汉族农耕文化要素。因热贡有十二族，遂出现了皇帝派来的十二木洪（དམག་དཔོན། dmag dpon）或十二日朗（རི་ལང་། ri lang）；临洮有十八族，遂有皇帝册封的有十八位龙神。这些都体现了国家意志在民间信仰中的介入。另在河湟流域设立的起台堡、归德堡及三川堡等地区都有类似的文化现象。譬如，起台沟，即今青海省循化县道帏乡境内供奉汉神阿尼贡余（གུང་ཡེ། gong ye关羽）、达日加（དར་རྒྱལ། dar rgyal常遇春）；在今青海省贵德县供奉汉神阿尼尤拉（ཨ་མྱེས་ཡུལ་ལྷ། A myes yul lha文昌神）、二郎神；在今青海省民和县三川地区也供奉二郎神，等等。这些地区在吸收、采纳汉文化要素时，做到了汉、藏文化的调适与整合，恰如清代推崇的关帝信仰，民众以阿尼格萨尔的名义接纳，达到格萨尔与关公的完美整合。

综上，“蔡孜德裕”文化中既有古老羌藏文化遗迹，亦有蒙古文化的若干特质；在与周边汉人以及中央、地方政权的接触中，以民间信仰为特色的汉文化融入其中；藏传佛教的蓬勃发展使得“蔡孜德裕”也并无例外地纳入到

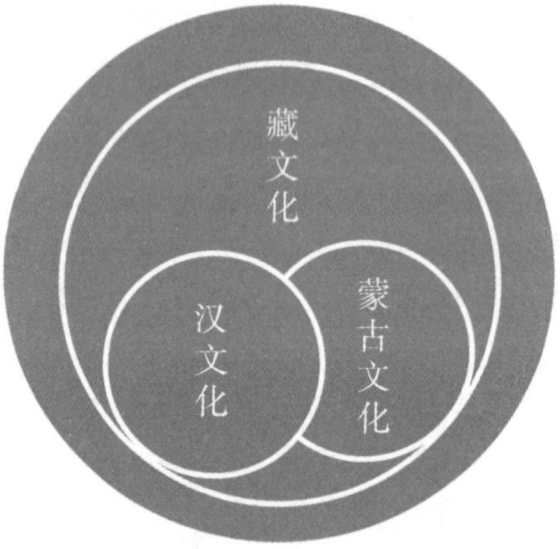

图139　蒙、汉、藏文化涵化下的“蔡孜德裕”文化模式

隆务寺信仰体系当中，成为他们精神世界的“上层建筑”。在“蔡孜德裕”所呈现的文化模式当中，文化的交融实质上反映着不同群体的接触和融合。若按文化划分，“蔡孜德裕”文化有藏文化、蒙古文化和汉文化三种，藏文化在“蔡孜德裕”的生存场域中逐渐上升为主流强势文化。若按文化所处的层级在来划分，“蔡孜德裕”后来的文化面貌呈现出这样一个层级体系：藏传佛教文化处于这个层级体系的顶端，居于主导性，任何其他文化的存在须得到这一主导性文化的“默许”；以语言为特色的蒙古文化因子以及藏、汉等民间信仰处于这一文化的底层，它的生命力极其强大，弥漫在本地群体的日常生活当中。但也应当看到，这些底层文化逐渐被限定在某个时空中，其场域受到了藏传佛教主导文化的限制。譬如当前“蔡孜德裕”的拉哇（巫师）需得到活佛的认证才可降神，“乌秃”等仪式在特定的时间段举行，等等。正是这种多元文化的交合中，“蔡孜德裕”的文化模式和层次呈现出上述特征，这一群体的文化面貌也才表现得既有独特的特点，又有模糊性。“蔡孜德裕”人的多种他称——“番民”“土人”“夷人”“霍尔”“铎日铎”——是这一文化面貌的集中反映。

以上对“蔡孜德裕”文化的描述中，笔者小心地使用不少时间性的限定词。也就是说，在这一群体的生存场域里，多元族群文化的互动当然要考虑到这一文化的历时角度的演变，从而在不同时间层次呈现中“蔡孜德裕”的不同文化特征。

三、“文化共享”：“多元共融”的整合机制与田野启示

“蔡孜德裕”头领为主的元军后裔降明后，在热贡屯田戍边。随之也带来了蒙古高原文化、中原汉地的农耕文化及其民间信仰，长期与藏地游牧文化的接触整合过程中形成了多元共融的文化体系。当然，这种融合不是基于

一种主流文化对弱势文化的同化，而是基于“文化共享”理念上的资源整合。社会学家通常认为，资源整合是对不同来源、不同层次、不同内容的资源进行识别与选择、汲取和有机融合，使其具有较强的柔性、系统性和价值性，并创造出新的资源的一个复杂的动态过程。进行资源整合的目的是为了实现文化资源优势互补，从而提高文化资源的整体效益和利用率。游牧为热贡藏区传统的生计方式，随着明代“屯田戍边”政策的实施，隆务河畔两岸的“蔡孜德裕”人开始借鉴、汲取中原汉地先进的农耕技术和农耕文化，藏地佛教文化，来促进农业丰产，推动社会发展。尤其将一些有利于农业灌溉的道教神灵及一系列祈谷求雨的祭祀文化有效地整合到当地的山神信仰体系，从而到达“佛、苯、道神灵和睦共处、各显神力，共佑众生人畜安康、五谷丰登”的目的。所以，这种整合其实就是“借力”，就是“优化”，善用优质资源，创造共同利益。这种基于利益互补的文化整合，是“蔡孜德裕”文化多元共融的现实基础与内在逻辑，它不仅推动了当地的农业和社会发展，协调维持了中原王朝和地方社会的关系，同时有力地推动了汉、藏、蒙文化的交流与融合。

文化交往交流交融，是社会发展进步的重要力量源泉。当今世界各种文化间冲突不断，究其根源，是在文化的交流互动中寻找不到和平共处的支撑点。如何使各种文化相互促进，在当今文化世界中，民间的文化交流不无借鉴作用。热贡地区的“蔡孜德裕”文化是汉、藏、蒙多元文化接触、传播、影响、融合的结果，是汉、藏、蒙文化交流交融的一个典型案例。从中我们认识到，不同文化交流交融的关键是“文化共享”，只有“资源互补、互通有无”，才可能从整合到融合，最后达到契合，实现“你中有我，我中有你”的多元共融格局，从而减少文化的差异性，增进共同性，增强共同体意识，才能把握历史规律，增强铸牢中华民族共同体意识的自信自觉。

附 录

一、藏文拉丁转写对照表

ཀ ka	ཁ kha	ག ga	ང nga
ཅ ca	ཆ cha	ཇ ja	ཉ nya
ཏ ta	ཐ tha	ད da	ན na
པ pa	ཕ pha	བ ba	མ ma
ཙ tsa	ཚ tsha	ཛ dza	ཝ wa
ཞ zha	ཟ za	འ va(')	ཡ ya
ར ra	ལ la	ཤ sha	ས sa
ཧ ha	ཨ A		
◌ི i	◌ུ u	◌ེ e	◌ོ o

说明：其中gyu ≠ g · yu。

二、山神祭祀经文与高僧传记木刻版影印版

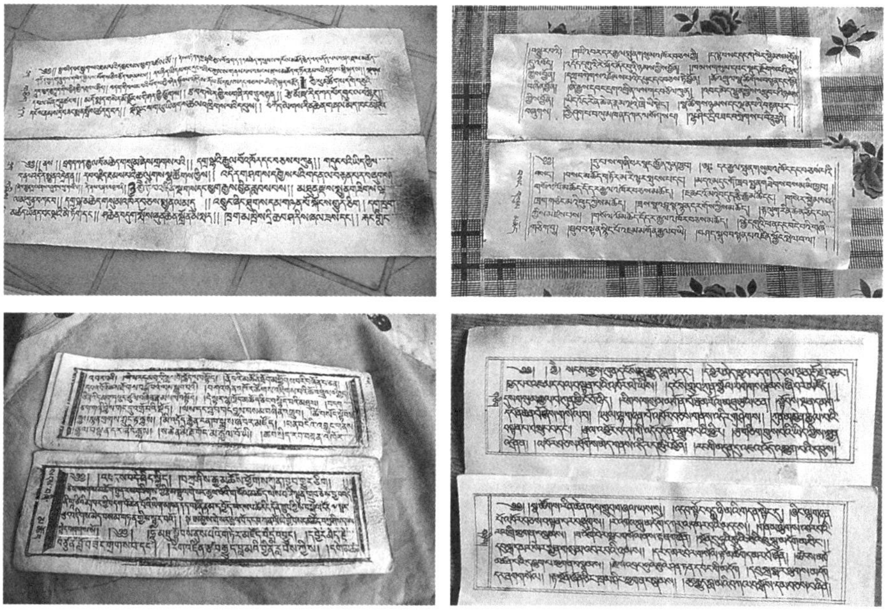

夏日噶丹嘉措传记木刻影印版

夏嘎巴传记木刻版

三、婚礼颂词（སྟོན་བཤད་ཐོས་པ་འཇུམ་སེར།）、庆宴颂词（མག་བཅིངས་ཐོས་པ་འཇུམ་སེར།）

སྟོན་བཤད་ཐོས་པ་འཇུམ་སེར།

ཡ། ད་དེ་རིང་གི་ཉི་མ་བཟང་པོ། སྐར་མ་བཟང་པོ། བཀྲ་ཤིས་པའི་ཉི་མ། དོན་འགྲུབ་པའི་ཉི་མ། ཕུན་སུམ་ཚོགས་པའི་སྐར་མ། བདེ་ལེགས་འབྱུང་བའི་དུས་བཟང་གི་ཉིན་མོ་འདི་ལ། གནམ་གི་སྐར་མ་བཟང་གི ས་ཡི་སྐར་རྩིས་ཡག་གི བར་གཟའ་སྐར་གྱི་རྒྱུ་བ་བཟང་གི གནམ་ལ་བཀྲ་ཤིས་པ་འདི་གནམ་འཁོར་ལོ་རྩིབས་བརྒྱད་ཤར་ནི་ཉི་མ། ས་ལ་བཀྲ་ཤིས་པ་འདི་ས་པདྨ་འདབ་བརྒྱད་བཞད་ནི་ཉི་མ། དགོས་འདོད་ཀྱི་ཆར་ཆུ་འབབ་ནི་ཉི་མ། འཇའ་ཚོན་གྱིས་ནམ་མཁའ་ཁེབས་པའི་ཉི་མ། མེ་ཏོག་གིས་ས་གཞི་གཡོགས་ནི་ཉི་མ། རྟགས་དང་རྟེན་འབྲེལ་གྱི་ངོ་མཚར་རྨད་དུ་བྱུང་བའི་ཉིན་མོ་འདི་ལ། རྒྱ་གར་དོ་རྗེ་གདན་གྱི་བྱང་ཕྱོགས། རང་རི་ཁ་བ་ཅན་གྱི་ཕ་ས། རིབ་གོང་རིག་པ་འབྱུང་བའི་གྲོང་ཁྱེར། སྤྱི་ཚོ་ཆེན་མར་ཁུ་འཁྱིལ་འདྲའི་དབུས་སུ། འདི་ལྷ་ཁྱིམ་གཡང་ཁྱིམ་གུར་ཁྱིམ་ནང་ནས། བཀྲ་ཤིས་རྟགས་བརྒྱད་འདྲ་བའི་མགྲོན་ཚོགས་གི འཇའ་ཚོན་སྣ་ལྔ་འདྲ་བའི་གོས་གོན་གི ཁུ་བྱུག་གསུང་སྙན་འདྲ་བའི་གླུ་ལེན་གི རྨ་བྱའི་སྒྲོ་གུར་འདྲ་གི་གར་འཆམ་གི རོ་བརྒྱའི་བདུད་རྩི་འདྲ་གི་ཆང་འཐུང་གི འདིར་བཞུགས་ཀྱི་གཞི་མགྲོན་གཉིས་ཀའི་ཕུན་སུམ་ཚོགས་པའི་ཡན་ལག་བཟོ་རེད་ལ་ཟེར་རྒྱུ།

ཡ། ད་སེངྒེ་དཀར་མོ་གངས་ཀྱི་རྒྱན་རེད། གངས་རྩེ་མོ་རི་ལ་འཁྱིལ་ཚུལ་ཡག་གི རྒྱ་སྟག་དམར་པོ་ནགས་ཀྱི་རྒྱན་རེད། ནགས་རྒྱ་རྫོང་ཁོག་ནས་གཤར་ཚུལ་ཡག་གི ཉི་ཟླ་ཟུང་འདི་ཨ་སྔོན་རྒྱན་རེད། ཨ་སྔོན་དབྱིངས་ནས་ཤར་ཚུལ་ཡག་གི མི་གྲལ་གྲལ་ལ་འཚོགས་ནི་སྟོན་མོ་རྒྱན་རེད། ཕ་ཨ་ཁུ་གྲལ་ནས་བཞུགས་ཚུལ་ཡག་གི གྲལ་མགོ་གྲལ་ལ་གསེར་གཞོང་མུ་ཏིག་གང་འདྲ། གྲལ་གཡས་གྲལ་ལ་གཡུ་ཡི་མཚོ་མོ་འཁྱིལ་འདྲ། གྲལ་གཡོན་གྲལ་ལ་མེ་ཏོག་པདྨ་བཞད་འདྲ་ཡིན་ནོ། བོད་སྐོར་ཚོ་བ་དགུ་པོ། སུམ་ཀྱུ་ཕ་བརྒྱ་བུ་སྟོང་། རྒན་གི་ཚེ་ཐག་རིང་ངོ། སྲོག་ལུས་དབང་ཐང་དར་ངོ། སྐལ་བ་བསོད་ནམས་ལྡན་ནོ་གི ད་བོད་ཁ་བ་ཅན་གྱི་ལུགས་སྲོལ། སྤྱི་པ་གཡང་སྤྱིའི་འགྲོ་ཚུལ་ལྟར་དུ། ཕ་སུམ་ཀྱུ་ཚོ་བའི་རིགས་རྒྱུད། རྒན་ཚེ་ཐག་རིང་བའི་སྦྱིན་བདག ལོ་དྲུག་ཅུ་ཅན་གྱི་རྒན་པོ་གི ད་འདིའི་དོན་ལ་ཆེ་གི་དྲུག་ཅུ་ལོ་སྟོན་སྟེང་ལ། ངས་དོན་ལ་ཆུང་གི་སྟོན་བཤད་རེ་བཤད་དགོས་ནོ་འདི། ངས་པ་ཨ་ཁུའི་བཀའ་མ་བཅག མ་དང་སྤུ་མོའི་ངོ་མ་ཆོད་ནས། ད་ཚིག་ཞུང་ཚིག་ལ་བསྡུས། མདོར་བསྡུས་དོན་ལ་དྲིལ། རྟེན་འབྲེལ་དགུང་ནས་འཕྱུར་ན། ད་དེ་རིང་ཚོགས་གི་ཁྲིམ་པ་འཛོགས

ཆེ་གི   བཤད་གི་ཞི་ལུ་སླིང་ཆུང་གི   ང་གནའ་གཏམ་བཤད་གི་གནའ་མི་མ་རེད། ད་གཏམ་བཤད་གི་མཁས་པ་མ་རེད། ང་སྐྱེས་སྟོབས་ཀྱི་ཤེས་རབ་མེད་གི སྦྱང་སྟོབས་ཀྱི་ཡོན་ཏན་ཞན་གི   མཐོང་རྒྱུད་སྐྱུད་ལས་ཐྲ་གི   ཐོས་རྒྱུ་ཨ་ལོང་ལས་དོག་གི   སྤོབས་པ་གཡང་དཀར་ལས་ཆུང་གི   དང་པོ་བྲིས་པའི་ཡིག་ཆ་མེད་གི བར་དུ་འདོན་པའི་བྱང་ཆ་མེད་གི ཐ་མར་བཤད་པའི་སྨྲ་སྟེ་མི་བདེ་གི་ར། ད་ངས་དེ་རིང་སྤོབས་པ་དཀྱུང་ལ་བསྐྱེད་ནས། གཉོམ་ཆུང་ངག་ལ་བཀུག་ནས། ཕྱག་ཟུང་ཐལ་མོར་སྦྱར་རེ། བཀྲ་ཤིས་ཚིག་གི་གཏམ་རེ་བཤད་ན། ཕ་མ་འདྲ་གི་ཨ་པ་ཨ་ཁུས། ངའི་ཚིག་ལ་བཀའ་བསྐྱོན་རེ་མ་གནང་། གཞི་བདག་འདྲ་བའི་སྟག་ཤར་རྣམས་ཀྱིས། ངའི་ཚིག་ལ་འཕྱ་སྨོད་རེ་མ་གཏོང་། མཁའ་འགྲོ་འདྲ་བའི་མ་སྲུ་ཚང་མས། ངའི་ཚིག་ལ་ལོག་དགོད་རེ་མ་བྱེད་ཟེར་རྒྱུ།

ཡ།   ད་ངའི་ལག་གི་ལྷ་དར་དཀར་པོ་འདི།   དང་པོ་རྒྱ་ནག་ཡུལ་ནས་དར་ཟིག   བོད་ཁ་བ་ཅན་གྱི་གཉེན་དར་ཡིན་ནོ།   བླ་མ་གོང་མའི་མཇལ་དར་ཡིན་ནོ།   སྤུང་མ་དགའ་བའི་ལྷ་དར་ཡིན་ནོ། མགྲོན་པོ་བསུ་བའི་གཡང་དར་ཡིན་ནོ།   ལུས་བཟང་པོ་གངས་རི་འདྲ་བའི་མཚོན་བྱེད།   སེམས་བཟང་པོ་དུང་དཀར་འདྲ་བའི་མཚོན་བྱེད།   གཏམ་བཟང་པོ་འོ་མ་འདྲ་པོ་འདིའི་མཚོན་བྱེད་ཡིན་ནོ་འདི།   ད་དེ་རིང་འདི་ཚོགས་རྟེན་འབྲེལ་གི་ལྷ་དར་གཡང་དར་བཟོ་ཉན་ག་ཟེར་རྒྱུ།

ཡ།   ད་ངའི་ལག་གི་བདུད་རྩི་ཆང་དཀར་འདི།   ཁ་ན་མི་འཛིགས་གཡུང་དྲུང་ཡོད་གི   སྙིང་ན་བཀྲ་ཤིས་རྟགས་བརྒྱད་ཡོད་གི   ཞབས་ན་པདྨ་འདབ་བརྒྱད་ཡོད་གི   ནང་ན་བདུད་རྩི་བསིལ་མ་ཡོད་གི   འདི་ལོ་ལ་བསླལ་བའི་ལོ་ཆང་ཁམ་པ།   ཟླ་ལ་བསླལ་བའི་ཟླ་ཆང་བསིལ་མ།   ཞག་ལ་བསླལ་བའི་ཞག་ཆང་འཁྱིལ་བ།   བོད་ཁ་བ་ཅན་གྱི་ནས་བཅུད་ཡིན།   འཇིག་རྟེན་སྲིད་པའི་སྨན་ཆང་ཡིན།   མཁས་པ་རྣམས་ཀྱི་གཏམ་ཆང་ཡིན།   གཉེན་པོ་རྣམས་ཀྱི་གཏམ་ཆང་ཡིན།   དཔའ་པོ་རྣམས་ཀྱི་དཔའ་ཆང་ཡིན།   ན་གཞོན་རྣམས་ཀྱི་རྩེད་ཆང་ཡིན།   མགྲོན་ཚུར་ཡོང་གི་བསུ་བ་ཉན་ན།   མགྲོན་ཕར་འགྲོ་གི་རྫོང་བ་ཉན་ན།   གཏམ་ཀུ་རེ་འབྱེད་གི་ལྡེ་མིག་ཉན་ན།   སྙོམ་རྟགས་ལ་སྟོན་མོའི་རྒྱན་ཆ་ཡིན།   ཉིན་དེ་རིང་མགྲོན་པོའི་གསོལ་ཆང་ཡིན་ནོ།   སྟེང་ལྷ་ལ་མཆོད་ན་མགོན་སྐྱབས་ཡིན།   བར་བཙན་ལ་མཆོད་ན་སྡོངས་གྲོགས་ཡིན།   འོག་ཀླུ་ལ་མཆོད་ན་ཕྱྭ་གཡང་སྐྱོལ།   ཕ་ཨ་ཁུས་འཐུང་ན་དགྲ་ལྷ་འཁོར།   སྟག་ཤ་རས་འཐུང་ན་དཔའ་རྩལ་རྒྱས།   མ་བུ་མོས་འཐུང་ན་ཟས་ལྷ་འཁོར།   གཏམ་བཤད་དུས་འཐུང་ན་ཁ་སྟེ་བདེ།   སེམས་སྐྱིད་དུས་འཐུང་ན་ཚེ་ཐག་རིང་།   ད་ངའི་ལག་གི་བདུད་རྩི་བསིལ་མ་འདི།   དང་པོ་ནམ་མཁའི་ལྷ་ལ་མཆོད།   མི་མགོ་ནག་རྣམས་ལ་བདེ་སྐྱིད་སྐྱོལ།   དེ་ནས་གཉན་པོ་བཙན་ལ་མཆོད།   མི་མགོ་ནག་རྣམས་ལ་སྡོངས་གྲོགས་མཛོད།   དེ་ནས་གདེངས་ཅན་ཀླུ་ལ་མཆོད།   མི་མགོ་ནག་རྣམས་ལ་ཕྱྭ་གཡང་སྐྱོལ། སྐྱེས་ལྷ་ཨ་མྱེས་ད་རྒྱལ་མཆོད།   བརྟེན་ལྷ་ཨ་མྱེས་གཉན་ཆེན་མཆོད།   སུན་ཀྲཱུ་ཙོན་ཧྲེ་ཙོང་ཡེ་དམག་དཔོན་མཆོད།   ཞི་རྒྱས་དབང་དྲག་གི་འཕྲིན་ལས་མཛོད།   དེ་ནས་ཁྲོམ་པའི་གྲལ་ལ་དྲངས་ན།   སྐྱིད་གླུ་ལེན་གར་རྩེ་རེ་གི་བཀའ་དྲིན་སྐྱོང་ཟེར་རྒྱུ།

ཡ།   ད་རང་རེའི་རིག་པ་འབྱུང་བའི་གྲོང་ཁྱེར།   ཕན་བདེ་འབྱུང་གནས་གསེར་མོ་ལྗོངས་འདིའི།   ཕྱིའི་སྣོད་ཀྱི་འཇིག་རྟེན་ཆགས་ཚུལ།   ནང་བཅུད་ཀྱི་སེམས་ཅན་བྱུང་ཚུལ།   སངས་རྒྱས་ཀྱི་བསྟན་པ་དར་ཚུལ།   དམ་པའི་ཆོས་ཀྱི་འཁོར་ལོ་བསྐོར་ཚུལ་སོགས་མདོར་བསྡུས་རེ་བཤད་ན།   ད་རེབ་གོང་གསེར་མོ་ལྗོངས་ཟེར་ནོ།   བཀྲ་ཤིས་དགེ་བཅུ་ཚང་བའི་ས་གཞི།   བཤད་སྒྲུབ་དམ་པ་དར་བའི་ཡུལ་གྲུ།   ཟས་ནོར་བསོད་ནམས་འཛོམས་པའི་ཞིང་ས།   ཤར་ཕྱོགས་ས་པདྨ་འདབ་བརྒྱད་ཀྱི་སྟེང་ན།   བཀྲ་ཤིས་པའི་རྟགས་བརྒྱད་ལྷུན་གྱིས་གྲུབ་ཡོད།   དགེ་བའི་རྟགས་མཚན་མངོན་པར་བཀྲ་བ།   རྒྱལ་སྲིད་སྣ་བདུན་གྱི་རི་མོ་བཀྲ་ཡོད།   ལྷོ་ཕྱོགས་ན་ལྷ་ཤིང་གི་ནགས་ཚལ་འཁྲུངས་ས།   རྩ་རྩེ

ཤིང་གི་འདབ་མ་རྒྱས་ས། མེ་ཏོག་སྣ་བརྒྱའི་དྲི་ཞིམ་འཐུལ་ས། རི་དྭགས་གཅན་གཟན་མང་པོ་གནས་ས། བྱ་རིགས་སྣ་ཚོགས་སྐད་སྙན་སྒྲོག་ས། ལུག་གཡང་དཀར་གྱི་འབབ་སྒྲ་གྲགས་ས། མཛེ་ཁྲུང་དཀར་གྱི་ར་ཁ་འགྲན་ས། ཛ་ཆུ་བསིལ་མ་འཁྱིལ་ས་ཡིན་ནོ། ལྷ་ཆབ་སྔོན་མོའི་འབྱུང་གནས་ཡིན་ནོ། ནུབ་ཕྱོགས་ན་མུ་ཏིག་གངས་དཀར་དགུང་ལ་སླེག་འདུ། གངས་ལ་སེང་གེ་འགྱིང་འདུ། ཛ་སྙིད་ཐམས་ཅད་བྲག་གིས་འཛིན་ས། བྲག་ལ་འཕྲོང་མོ་གཤར་ས། རི་ཞོལ་ཐམས་ཅད་སྤང་གི་འཛིན་ས། སྤང་སེར་པོ་མེ་ཏོག་བཀྲད་ས། འདབས་ཞོལ་ཐམས་ཅད་ཞིང་གི་འཛིན་ས། ཞིང་ལ་འབྲུ་དྲུག་གི་ལོ་ཏོག་སྨིན་ས། བྱང་ཕྱོགས་ན་ན་བུན་གྱི་དར་སྐུད་འཐེན་འདུ། རྨ་ཀླུང་རིང་མོ་མར་ཁུ་ལྟར་འཁྱིལ་ས། དགུ་ཆུ་སྔོན་མོ་ལྷུང་ལྷུང་བཞུར་ས། དཔྱིད་ན་དར་ཚོན་སྣ་ལྔའི་སྐྲ་རགས་བཅིངས་འདུ། གཡུ་འབྲུག་སྔོན་མོ་ས་ལ་བབས་འདུ། ཛ་སྟག་སེང་གཉིས་ཀྱི་སྒྲ་མོ་སྒྲུང་འདུ། ནང་སྐོར་རེ་མཆོད་རྟེན་ཆོས་བུ་བཀོད་འདུ། ཕྱི་སྐོར་རེ་གྲུབ་གནས་བརྒྱད་གི་བསྐོར་གི སྟོད་ནས་གུར་དཀར་པོ་སོག་པོ་མན་ཆད། སྨད་ནས་རྨ་ཆུ་སྔོན་མོའི་ནང་ཀླུང་ཚུན་ཆད་ན། སྦྲ་རོག་རོག་ཅན་གྱི་ཁྱི་སྡེ་འདིའི། སྦྲ་མཐིང་སྨུག་གི་ཕ་རི་སྤང་ལ་བསྟད་ས། སྤང་སེར་པོ་མེ་ཏོག་བཀྲད་ས། ཞོ་འོ་མའི་མཚོ་མོ་བསྐྱིལ་ས། མར་ཕྱུར་གྱི་རི་རབ་སྤུངས་ས། རྟ་ནོར་ལུག་གསུམ་གྱི་གཡང་ཁ་འཕེལ་ས། རིན་ཆེན་སྣ་དགུའི་གཏེར་ཁ་འབྱེད་ས་ཡིན་ནོ། འདིའི་བར་ཕྱོགས་ཐམས་ཅད་གཙང་ལ་སྟོད་ནས་ཆད་ནོ་ལྷ་བཟོ་སྟོང་སྡེ། སྨད་ཕྱོགས་ཐམས་ཅད་ཁང་སྐྱ་ལེབ་ཅན་གྱི་རོང་བ་ཁྲི་སྡེ། སྟོད་ན་ནགས་རྩེ་མོ་དགུང་ལ་སླེག་འདུ། བར་ན་སྤང་སེར་པོ་མར་ཁུས་བཀང་འདུ། འདབས་ན་ཞིང་ལོ་ཡག་གི་སྙེ་མ་འཁྲུངས་ས། འབྲུ་རིགས་སྣ་ལྔའི་བང་མཛོད་བཀང་ས། ཞལ་ཟས་རོ་བརྒྱའི་མཚོ་མོ་འཁྱིལ་ས་ཡིན་ནོ་འདི། རབ་གོང་གསེར་མོ་ལྗོངས་བདེ་བ་ཅན་གྱི་ཞིང་ཁམས་བཟོ་རེད་ཟེར་རྒྱུ།

ཡ། ད་འདིའི་ཕྱི་སྐོར་རེ་ཕྱི་ཤོག་ཉེར་ལྔ། བར་སྐོར་རེ་བར་ཤོག་བཅོ་བརྒྱད། ནང་སྐོར་རེ་ནང་ཤོག་བཅུ་གཉིས། དབུས་ན་ཉི་ཟླ་བཞིན་དུ་གསལ་ནོ་རོང་པོ་བདེ་ཆེན་ཆོས་འཁོར་གླིང་། ནོར་བུ་བཞིན་དུ་སྐོར་ནོ་སྒྲུབ་སྡེ་བཅོ་བརྒྱད། སྐར་ཚོགས་བཞིན་དུ་བཀྲ་ནོ་དགོན་མ་ལག་སུམ་ཅུ་སོ་ལྔ། མུ་ཏིག་བཞིན་དུ་བཀོད་ནོ་ལྷ་སྡེ་སྟོང་སྡེ། དེའི་མཐའ་འཁོར་ན་དཔའ་དང་ཡོན་ཏན་ལྡན་པའི་མཁས་པ། མཛེས་སྡུག་ལང་ཚོ་ལྡན་པའི་གཞོན་ནུ། རྒྱ་སྐར་གྱི་ཕུང་པོ་མཁའ་ལ་དཀྲིགས་པ། དཀྱིལ་འཁོར་གྱི་འདབ་མ་རབ་ཏུ་ཡངས་ས་བཟོ་རེད་ཟེར་རྒྱུ།

ཡ། ད་སྔོན་གྱི་བསྐལ་བ་ཐོག་མ། རབ་བྱུང་ལྔ་བའི་སྟོད་ལ། ས་སྐྱའི་འཁོན་གྱི་གདུང་རྒྱུད། རོང་ཆེན་ཐུགས་རྗེ་ཅན་གྱི། ཆོས་རྒྱལ་འཕགས་པའི་བཀའ་ལུང་བཞིན་དུ། ལྷ་དང་བླ་མའི་ལུང་བསྟན་ལྟར་དུ། ཨ་མདོ་མདོ་སྨད་ཕྱོགས་སུ་ཕེབས་ནས། རི་བོ་ཆེ་ལ་རྒྱབ་གཏད། གདོང་རིང་སྣ་ནས་གཞི་བཟུང་། ས་རྡོ་རྗེ་འདྲ་བའི་སྙིད་པ་དེ་ནས། རྒྱལ་ཐང་ཕྱོགས་ནས་གཞི་ཕབ། རིགས་རྒྱུད་ཀྱི་ཐོག་མ་ལྷ་སྲས་མདོ་སྡེ་འབུམ་བྱུང་ཟེར། སྲས་ཀྱི་ཐོག་མ་བླ་མ་བསམ་གཏན་རིན་ཆེན་འཁྲུངས་ཟེར། ཆོས་རྗེ་དོན་གྲུབ་རིན་ཆེན་བླ་མའི་གཙུག་ཏུ་བཀུར་ནས། རོང་པོ་བདེ་ཆེན་ཆོས་འཁོར་གླིང་འདིའི་ཐོག་མའི་གཞི་བཏང་ཟེར། དེ་ནས་སྐུ་མཆེད་རྣམ་གསུམ་རིང་ནས། སངས་རྒྱས་བྱང་སེམས་ཀྱི་སྤྲུལ་པ་དགུ་འཁྲུངས་ནོ། ཉི་ཟླ་བཞིན་དུ་ལང་ཚོ་མཛེས་པ། ཚངས་པ་བཞིན་དུ་ཐུགས་དགོངས་ཟབ་པ། ལྷ་དབང་བཞིན་དུ་གཟི་བརྗིད་ཆེ་བ། དབང་ཕྱུག་བཞིན་དུ་ཁ་དྲག་བཙན་པ། ཁྱབ་འཇུག་བཞིན་དུ་དཔའ་རྩལ་ཆེ་བ། ཆོས་སྲིད་གཉིས་ཀྱི་འཕྲིན་ལས་རྒྱས་པ། རོང་པོ་བླ་མ་བསམ་གཏན་རིན་ཆེན་གྱིས། ས་རྡོ་རྗེ་འདྲ་བའི་སྙིད་པ་ནས། མི་ཁྱོད་ཀྱིས་སྒྲུབ་བརྒྱུད་བསྟན་པ་སྤེལ། ཞེས་བཀའ་དང་ལུང་གིས་ཟིན་པའི་ས་གཞིར། རོང་པོ་བདེ་ཆེན་ཆོས་འཁོར་གླིང་འདི་གསར་དུ་བཏབ་ཟེར། ཆོས་འཆད་ཉན་གྱི་ཆར་བ་དགུང་དུ་ཕབ་ཟེར། སྟོང་ཉིད་ཀྱི་ལྟ་བ་མངོན་པར་རྟོགས་

ཟེར། པོ་ཏི་ལྔ་པོ་ཁོང་དུ་ཆུད་ཟེར། འཆད་པའི་གློག་དམར་དེ་ནས་འཁྱུག་ཟེར། རྩོད་པའི་རལ་གྲི་དཀྱུང་དུ་འཕྱར་ཟེར། རྩོམ་པའི་ཆུ་རྒྱུན་དེ་ནས་བཞུར་ཟེར། རྒྱ་ནག་རྒྱལ་པོས་དབུ་བླ་བཀུར་ཟེར། ཆོས་སྲིད་གཉིས་ཀྱིས་རྒྱལ་ཁམས་བསྐྱངས་ཟེར། ཁམས་གསུམ་སེམས་ཅན་བདེ་ལ་བཀོད་ཟེར། སྐུ་གསུང་ཐུགས་རྟེན་གདན་འདྲེན་ཞུས་ཟེར། དེ་ནས་མེ་ཏོག་ཐོག་པའི་ལྷ་སྐལ། འཕགས་མཆོག་ཕྱག་ན་པདྨོའི་རྣམ་སྤྲུལ། ཡབ་རྗེ་སྐལ་ལྡན་རྒྱ་མཚོ་འཁྲུངས་ཟེར། ཆོས་སྲིད་གཉིས་ཀྱི་བདག་པོ་ཡིན་ནོ། ཐབས་ཤེས་ཉི་ཟླ་ཟུང་གཅིག་ཡིན་ནོ། གྲུབ་མཐའ་གངས་ལ་ཐུག་ས་ཡིན་ནོ། སྒྲུབ་བརྒྱུད་བསྟན་པའི་བདག་པོ་ཡིན་ནོ། དེ་ནས་མི་ལ་འཐབ་རྩོད་མེད་གི ཕྱུགས་ལ་གོད་ཀ་མེད་གི གཞན་ལ་རིགས་རྒྱུད་ཀྱི་འཕེལ་ཁ་ཆེ་གི ཀན་ལ་ཚེ་ཐག་གི་ཆུ་རྒྱུན་རིང་གི འཁོར་བ་ལང་ཚོ་རྒྱ་མཚོ་འཁྱིལ་ཟེར། སྙན་གྲགས་ཀླུང་ཧ་དཀྱུང་ལ་རེག་ཟེར། དེ་ནས་བྱམས་སྙིང་རྗེ་ལྡན་པའི་བླ་མ་དམ་པ་རྣམ་པ། བསྟན་ལ་མཁས་བཙུན་བཟང་གསུམ་གྱི་མཁས་པ་ཆེན་པོ། ལུང་རྟོགས་ཀྱི་ང་རོ་སྒྲོག་པའི་བཤེས་གཉེན་དམ་པ་སོགས་རྒྱ་སྐར་གྱི་ཕྲེང་བ་བཞིན་དུ་བྱོན་ནས། ཉི་མ་དང་ཟླ་བ་བཞིན་དུ་ཤར་ནོ། སེམས་ཅན་སྤྱི་དང་སྒོས་སུ་རེབ་གོང་སྐྱ་སེར་ཕོ་མོ་རྣམས་ཀྱི་བསོད་ནམས་སྐལ་བ་དང་ལྡན་པ་རེད་ཟེར་རྒྱུ།

ཡ། ད་བོད་སྐོར་སྡེ་བ་གཡང་སྡེ་འདི་བཟོ། ཐོག་མ་རིགས་རྒྱུད་གང་ནས་ཆད་ནོ། བླ་མས་ལུང་བསྟན་ཇི་ལྟར་གནང་ནོ། སྤྱི་ཆེན་གྲགས་ཆེན་གང་གང་བྱོན་ནོ། ཨེ་ཕྱི་སྙིང་འདི་ཇི་ལྟར་བཏབ་ནོ་འདི་དག་བཟོ། ད་བསྐལ་བ་སྟོང་གི་སྤྱི་མེད་ཙང་། བསྐལ་བ་སྟོང་གི་ཚིག་ཟེར་ནོ་ལྟར་ར། ད་རང་གི་སྐྱེས་ས་སྐྱེས་ཡུལ། ཕ་རིང་བུ་རྒྱུད་ཀྱི་ལོ་རྒྱུས་མདོར་བསྡུས་ཙམ་ཟེར་བཤད་ན། ཡ། ད་བསྐལ་བ་རབ་བྱུང་གཉིས་པའི་ལོ་རབས་བདུན་པ། སྤྱི་ལོ་1093ལོ་ཡི་དུས་སུ། སྟོད་དབུས་གཙང་ཡུལ་གྱི་སྐྱེ་བོ་གྲགས་ཆེན། སྒྲུ་རངས་བཙན་གྲགས་ཐུགས་རྗེ་ཟེར་ནོ་དེར། བཀའ་གདམས་པའི་བླ་མ་ཆེན་མོ། གླང་ཐང་རྡོ་རྗེ་སེང་གེ་ཡིས། ལུང་བསྟན་འདི་ལྟར་གནང་ཟེར། བཙན་གྲགས་མིང་ཅན་བདག་ལ་གསོན། མདོ་སྨད་བྱང་གི་ར་བ་ན། ཡུལ་གྱི་ཆུ་བོ་དགུ་འདུས་གནས། སྤྲིན་མ་དཀར་པོས་རྒྱན་པའི་ཐང་། དུང་དཀར་ཆུ་བོའི་མིང་ཅན་ཡོད། ས་དེར་ཁྱོད་ཀྱིས་མི་རྒྱུད་སྤེལ། མི་རིགས་གསུམ་གྱི་དཔོན་དུ་བཀུར། ཞེས་ལྷ་དང་བླ་མའི་ལུང་བསྟན་ལྟར་དུ། དགུ་འདུས་ཆུ་བོའི་ཤར་འགྲམ། ལྷ་རི་ཨ་མྱེས་ཡེ་ཐོའི་ནུ་མ་འགྲམ། སྤྲིན་དཀར་ནགས་ཚལ་ཐང་གི་སྔོ་སྟོད། དུང་དཀར་ཆུ་མིག་ལུང་བ་ཞེས་པའི་ནང་དུ། སྟོད་དབུས་གཙང་ཕྱོགས་ནས་བྱོན་པའི། བོད་སྐོར་སྡེ་བ་ཞེས་པ་ཞིག་ཆགས་སོ།། དེ་ནས་སྒྲུ་རངས་བཙན་གྲགས་ཐུགས་རྗེ་དེ་ཉིད་དང་སྲས་རྣམ་པ་བཞི་ཡོད་ནོ། དབུས་གཙང་ཆོས་ཀྱི་ཞིང་ཁམས་ཕྱོགས་ནས། མདོ་སྨད་ཨ་མདོ་ཕྱོགས་སུ་ཕེབས་ཏེ། བོད་སྐོར་སྡེ་བའི་གཞི་འཛིན་གྱི་ཐོག་མ། ས་འཛིན་གྱི་བདག་པོ་ཆེན་པོ་ཡིན་ནོ་མཁས་པ་ཆེན་པོའི་ལོ་རྒྱུས་ཀྱི་ཁུངས་བཟོ་ཡོད་ཁུ་ཟེར་རྒྱུ།

ཡ། དེ་ནས་སྒྲུ་རངས་བཙན་གྲགས་ཐུགས་རྗེ་དེ་ནས་བཟུང་། མི་རབས་ལྔ་ཡི་འཕྲོ་ནས། བོད་སྐོར་དཔོན་ པོ་སྦྱིན་པ་རྒྱ་མཚོ་འཁྲུངས་ཟེར། བོད་གངས་ཅན་གྱི་མཁས་པ་ཆེན་པོ། ཆོས་སྲིད་གཉིས་ཀྱི་བདག་པོ། ས་སྐྱ་པཎྜི་ཏ་ཀུན་དགའ་རྒྱལ་མཚན། བོད་སྐོར་སྦྱིན་པ་རྒྱ་མཚོ་ལ་བརྒྱ་དཔོན་ཟེར་གི་བཀའ་ཤོག་གནང་ཟེར། བོད་སྐོར་བརྒྱ་དཔོན་དེ་ནས་གྲགས་ཟེར་ཟེར་རྒྱུ། ཡ། ད་དེ་ཚ་པོ་བདུད་འཇོམས་རྒྱལ་ནི། བོད་སྐོར་དཔོན་རབས་གསུམ་པ་ཡིན་ནོ། སྤྱི་ལོ་1265ལོར་འགྲོ་མགོན་འཕགས་པ་བོད་དུ་བྱོན་སྐབས། ཞོན་གྱི་ལུགས་སྲོལ་ལྟར་དུ་བོད་སྐོར་བརྒྱ་དཔོན་ཞེས་པའི་ཐོབ་གནང་ཟེར། སྐབས་དེར་ཧོར་སེར་ཆེན་རྒྱལ་པོའི་བཟུང་དམག་སོགས། བོད་སྐོར་སྡེ་བའི་ཙ་སྡེ་ཙ་ཕྱུལ་ནས། རིམ་བཞིན་མི་རིགས་མི་འདྲ་བ་གསུམ་སྡེ་བ་གཅིག་དང་དཔོན་མགོ་གཅིག་ཏུ་བསྒྱུར་བའི་མགོ་བཙུགས་ནས། བོད་སྐོར་སྡེ་བ་འདི་ཕ་འོག་གསུམ་དུ་བསྒྱུར་ཟེར་ཟེར་རྒྱུ།

ཡ། དེ་ནས་འཆད་རྩོད་རྩོམ་གསུམ་ལ་མཁས་པའི་བོད་སྐོར་བསྟན་འཛིན་རྒྱ་མཚོ་ཞེས་པ། སྤྱི་ལོ་1369ལོར། ཤར་ཕྱོགས་པ་རིག་པའི་དཔའ་བོ། བླ་མ་ཆོས་རྗེ་དོན་གྲུབ་རིན་ཆེན་མཆོག བྱ་ཁྱུང་ནས་སྤྱན་དཀར་ཐང་དུ་བྱོན་པའི་སྐབས་སུ། བོད་སྐོར་བསྟན་འཛིན་རྒྱ་མཚོའི་ཁྱིམ་དུ་ཞག་བཞུགས་གནང་སྟེ། བླ་མ་ཁོང་ཉིད་ཀྱི་དབུ་ཞྭ་དང་ཕྱག་འཁར། ལྷུང་བཟེད་སོགས་གནང་ནས། རྗེས་སུ་བོད་སྐོར་དགོན་པའི་ནང་རྟེན་དུ་བཞུགས་པར་གྲགས་སོ།། དེ་ནས་བཟུང་ཁྱིམ་དེ་ནི་བོད་སྐོར་སྡེ་བའི་ཕ་ཁྱིམ་ལྷ་བུར་གྱུར་པའི་ལོ་རྒྱུས་ཡང་ཡོད་ག་ཟེར་རྒྱུ། ཡ། དེ་ནས་བོད་སྐོར་དཔོན་རབས་བདུན་པ་འཇམ་དབྱངས་ཤེས་རབ་ནི། རྒྱ་བོད་ཡིག་རིགས་གཉིས་ལ་ཤིན་ཏུ་མཁས་པ། སྤྱི་ལོ་1452ལོར། དུང་དཀར་ཆུ་མིག་སྟེང་ལ། ཀླུའི་ཁ་གནོན་དུ་བྱམས་པའི་ལྷ་ཁང་བཞེངས་ནས། ནང་གཞུག་ཏུ་བྱམས་པ་གཙོ་འཁོར་གསུམ་དང་དཔལ་ཡི་དམ་འཇིགས་བྱེད། དམ་ཅན་ར་ཞོན་སོགས་བཞུགས་པ་དང་། བྱམས་པའི་སྐུ་བརྙན་ལ་ས་རྡུལ་མི་ཆགས་པ་དང་། མཚན་མོར་ཆོས་སྐྱོང་དམ་ཅན་གྱི་ར་སྐད་འདོན་པའི་ལོ་རྒྱུས་ཡང་ཡོད་པར་གྲགས། ཡ། དེ་ནས་འཇམ་དབྱངས་ཤེས་རབ་དགུང་ལོ་རེ་བརྒྱུད་སྟེང་། རྒྱལ་པོ་ཏཱ་མིང་ཁྲིན་ཏྲས་བཀའ་ཡིག་གནང་ནས། ས་ཆུའི་བདག་པོ་བོད་སྐོར་སྡེ་བར་གཏོགས་པའི་རྒྱ་བོད་ཡིག་རིགས་གཉིས་ལྡན་གྱི་རྡོ་རིང་བཙུགས་པའི་ལོ་རྒྱུས་ཡང་ཡོད་གི་ཟེར་རྒྱུ།

ཡ། དེ་ནས་བོད་སྐོར་དཔོན་རབས་བཅུ་བཞི་བ་བསོད་ནམས་རྡོ་རྗེའི་རིང་ལ། སྤྱི་ལོ་1690ལོར། ཀ་སར་མར་སྟེང་རྒྱ་སོག་དང་བོད་སྐོར་རྒྱ་སོག་གཉིས་རེབ་གོང་དང་མ་མཐུན་པས། རྒྱ་སོག་རྣམས་གླིང་རྒྱ་སྡེ་བ་དང་འབྲེལ་བ་བཙུགས་ནས། མཚན་མོ་བྲོས་བྱོལ་བྱས་ནས། ཤར་ཕྱོགས་ཀ་ཀྲིག་ཕྱོགས་སུ་སོང་སྟེ། པོ་ནན་ཞེས་པའི་སྡེ་ཆེན་ཞིག་ཆགས་སོ། །དུས་དེ་ནས་བཟུང་བོད་སྐོར་སྡེ་བ་ནང་དུ་རྒྱ་སོག་གི་སྐོར་མེད་པར་གྱུར་ཞིག་ཟེར་རྒྱུ། ཡ། ད་དེ་ནས་རབ་བྱུང་བཅུ་གསུམ་པའི་ལོ་རབས་ཉེར་དྲུག་པ་ཆུ་འབྲུག་ལོར། སྤྱི་ལོ་1772ལོར། བོད་སྐོར་དཔོན་རབས་བཅོ་བརྒྱད་པ་རིན་ཆེན་རྡོ་རྗེའི་རིང་ནས། བོད་སྐོར་སྡེ་བ་འདི་སྨད་པ་སྡེ་བདུན་གྱི་གྲས་སུ་གཏོགས་པའི་ལོ་རྒྱུས་ཡང་ཡོད་ག་ཟེར་རྒྱུ།

ཡ། གོང་གི་ལོ་རྒྱུས་བསྡུས་པ་འདི་བཞིན། ངས་མཇུབ་མོས་རི་སྟོན་ཙམ་བྱས་ནོ། ངའི་སྐྱེས་ལྷ་བསྟེན་ལྷ། ཨ་ཕ་ཨ་ཁྱུ། ཁ་ཡ་ན་བླ་ཚང་མས་མི་དགའ་དང་ལྷ་དགའ་གི་ཐུགས་རྗེ་ཞིག་སྐྱོང་ཟེར་རྒྱུ།

ཡ། ད་རྒྱབ་རི་ལ་སེར་ལམ་མེར་ཉི་མ་འདྲ་ཞིག་ཤར་ནོ། བརྗིད་ཆགས་སེ་ནོར་བུ་འདྲ་ཞིག་འཁྱིལ་ནོ། གནས་བྱིན་རླབས་ཀྱི་ཚན་ཁ་ཆེ་ས། ཆོས་ཉམས་ལེན་གྱི་རྟོགས་པ་མཐོ་ས། ཨེ་ཝཾ་བཀྲ་ཤིས་ཆོས་འཕེལ་གླིང་འདི། ཡབ་རྗེ་སྐལ་ལྡན་གཉིས་པས་བྱིན་གྱིས་རླབས་ཡེ། མཁན་པོ་སྐུ་ཕྲེང་གོང་མས་རྗེས་སུ་བཟུང་ཡེ། ལྷ་བླ་མ་ཡི་དམ་ལུང་བསྟན་གནང་ནས། གནས་གླང་ཆེན་འདྲ་བའི་རྒྱབ་རི་བསྟེན་ནས། མདུན་རི་གསེར་མོ་ལྡོངས་ལ་དམིགས་ནས། དགོན་པའི་གནས་ས་སྒྲོར་བ་འདི། ལོ་དང་དུས་རབས་འགྱུར་ཐོག གནམ་དང་ས་ཡི་ཁྱད་པར། སེམས་ཅན་ཀུན་གྱི་ལས་དབང་ཡིན་ནོ། གསེར་མོ་ལྡོངས་ཀྱི་ཁ་ཞབས་ཡིན་ནོ། མུ་སྟེགས་བཙོམ་པའི་མཁར་རྫོང་ཡིན་ནོ། ཀླ་ཀློ་ཟིལ་གྱིས་མནན་ས་ཡིན་ནོ། མུ་སྟེགས་གྲོགས་ལ་འགུག་ས་ཡིན་ནོ། མཁས་པ་མང་པོ་འཁྲུངས་ས་ཡིན་ནོ། བླ་མའི་ཞབས་ཀྱིས་བཅགས་ས་ཡིན་ནོ། དད་པ་ཅན་གྱི་ཡིན་སྨོན་འཚོར་ས། རྒན་གཞོན་རྣམས་ཀྱིས་སྐྱབས་གནས་བཙོལ་ས། བླ་མ་མང་པོས་བཀའ་ཆོས་གནང་ས། ཚེ་འདི་ཕྱི་གཉིས་ཀྱི་དགེ་བ་སྒྲུབ་ས། སྐུ་སེར་རྣམས་ཀྱི་གསོན་དགེ་བཅའ་ས། སྐྱིད་ཆོས་དགེ་ལ་འཛོམས་ས། སྡུག་ཆོས་སྐྱབས་ལ་བཙོལ་ས། ཨེ་ཝཾ་བཀྲ་ཤིས་ཆོས་འཕེལ་གླིང་འདི། སངས་རྒྱས་བསྟན་པའི་རྒྱལ་མཚན་བཙུགས་ནས། དམ་པའི་ཆོས་ཀྱི་དུང་སྒྲ་གྲག་ནས། ས་ལ་བཀྲ་ཤིས་མཚན་མ་འབྱུང་ཡེ། མི་ལ་དགེ་སྡིག་སྤང་བླང་བྱས་ཞིག སེམས་ཅན་བློ་ཁ་ཆོས་ལ་བསྒྱུར་ནས། ཆོས་ལ་མི་ཕྱོག་དད་པ་ཐོབ་ཞིག ངན་སོང་གི་སྒོ་མོ་དེ་ནས་བཅད་ཞིག བདེ་འགྲོ་གི་ཐེམ་སྐས་དེ་ནས་བཙུགས་ཞིག བཀྲ་ཤིས་ཆོས་འཕེལ་གླིང་གི་མཚན་སྙན་དེ་ནས་གྲགས་ཞིག་ཟེར་རྒྱུ།

ཡ། ད་བོད་སྐོར་ཚོ་བ་དགུ་པོའི་སྐྱེས་ལྷ་བསྟེན་ལྷ་འདི་བཟོ། བླ་མའི་བཀའ་སློབ་དམ་བཞག་ཡེས་ནོ། དཀར་ཕྱོགས་སྐྱོང་བའི་ལྷ་རིགས་ཡིན་ནོ། རྒྱ་བོད་གཉིས་ཀྱི་སྲུང་མ་ཡིན་ནོ། སངས་རྒྱས་བསྟན་པའི་བཀའ་སྲུང་ཡིན་ནོ། བཙན་པོའི་མགོ་ནས་གནོན་པའི་གཉའ་ཤིང་ཡིན་ནོ། ཉམ་ཆུང་འདབས་ནས་སྐྱོང་བའི་དཔུང་གྲོགས་ཡིན་ནོ་འདི་བཟོ། ཡུལ་ལྷ་གཉན་པོ་སྐྱེས་ལྷ་བསྟེན་ལྷ་བཟོ་རེད་ཟེར་རྒྱུ། ཡ། ད་བོད་སྐོར་སྡེ་བ་གསུམ་ཁ་ཟེར་ནོ་འདི། གསོལ་བ་འདེབས་སའི་སྲུང་མ་གཅིག་ནོ། བསང་མཆོད་སའི་གཞི་བདག་གཅིག་ནོ། སྐྱབས་ཞུ་སའི་བླ་མ་གཅིག་ནོ། ཆོས་འདོན་སའི་དགོན་པ་གཅིག་ནོ། ཁྲིམས་བཅོ་སའི་དཔོན་མགོ་གཅིག་ནོ། རི་རྒྱུད་གཅིག་གི་པང་འདབས་ཡིན་ནོ། ཆུ་བོ་གཅིག་གི་གཡས་གཡོན་ཡིན་ནོ། སྐྱིད་པའི་དུས་ལ་རྩེད་རོགས་ཉན་ནོ། སྡུག་གི་ཉེ་མར་སྐྱོ་རོགས་ཉན་ནོ། དགྲ་ལ་ཐུག་དུས་དཔུང་རོགས་ཉན་ནོ་འདི་བཟོ་བོད་སྐོར་སྡེ་བ་གསུམ་ཁ་བཟོ་རེད་ལ་ཟེར་རྒྱུ།

ཡ། ད་བོད་སྐོར་ཚོ་བ་དགུ་པོ་འདི་བཤད་ན། ཤར་ན་བྲག་རི་དམར་པོ་ལྷ་སྐུ་བཞེངས་འདྲ། ལྷོ་ན་ལྷ་ཤིང་ནགས་ཚལ་རྩེ་མོ་དགུང་ལ་རེག་གི ནུབ་ན་གཡུ་འབྲུག་སྔོན་མོ་ས་ལ་བབས་འདྲ། བྱང་ན་ཨེ་ཕྱི་བཀྲ་ཤིས་ཆོས་འཕེལ་གླིང་འདི་ཆགས་ཡོད་གི རྒྱབ་རི་ཁྲུང་ཆེན་འདྲ་བ་ལྡིང་ན་མཐོ་གི མདུན་རི་གཡུ་འབྲུག་འདྲ་བ་འཁྱིལ་ན་དཔའ་གི གཡས་རི་ཉི་མ་ཤར་འདྲ། གཡོན་རི་ཟླ་བ་ཚེས་འདྲ། སྨད་ན་བདུད་རྩི་འཁྱིལ་ས། བར་ན་ཞིང་ས་སྨིན་པོ། བཀྲ་ཤིས་རྟགས་བརྒྱད་ཀྱི་དགེ་མཚན་ཤར་བའི་ས་ཆ་འདི་བཟོ། དྲོད་གསལ་ཉི་མ་འཆར་ས། དཀར་ཕྱོགས་ཡུལ་ལྷ་གནས་ས། རིག་བཟང་ཁྲིམ་པར་འཚོགས་ས། རྒྱལ་ཆེན་འདོ་བ་རྒྱུགས་ས། འཛམ་གླིང་སེང་ཆེན་གྲགས་ས། གཡུ་འབྲུག་སྔོན་མོ་ལྡིར་ས། སྤྲང་ཆར་བསིལ་མ་འབབ་ས། ཁྲུ་ཐྲུག་གསུང་སྙན་སྒྲོག་ས། ས་ལ་མེ་ཏོག་བཞད་ས། ཞིང་ལ་འབྲུ་དྲུག་སྨིན་ས། ཁམས་གསུམ་དབང་ལ་བསྡུ་བའི་དཔོན་པོ་འཁྲུངས་ས། སྐྱེ་དགུ་འགྲོ་བ་སྐྱོང་བའི་བླ་མ་འཁྲུངས་ས། མདོ་སྔགས་བཤེས་གཉེན་དམ་པ་འཁྲུངས་ས། རྒྱལ་དྲུག་ལུས་ལ་ཚང་བའི་དཔའ་པོ་འཁྲུངས་ས། འཛོ་སྒེག་ཡིད་དུ་འོངས་པའི་བུ་མོ་སྐྱེས་ས། ཕོ་ཕོན་རྒན་པ་རྣམས་ཀྱི་མ་ཎི་འདོན་ས། ཕོ་ཆུང་གཞོན་ནུ་རྣམས་ཀྱི་ཡོན་ཏན་སྦྱོང་ས། སྟག་ཤར་རྣམས་ཀྱི་དཔའ་རྩལ་ངོམ་ས། མ་སྲུ་མོ་རྣམས་ཀྱི་གཡུ་བྱུར་འདོགས་ས། གཞོན་ལ་རིགས་རྒྱུད་ཀྱི་འཕེལ་ཁ་རྒྱས་ས། རྒན་ལ་ཚེ་ཐག་གི་ཆུ་རྒྱུན་རིང་ས། ཆོས་འཇིག་རྟེན་གཉིས་ཀྱི་བྱ་བ་ལས་ས། ཐག་རིང་རྣ་བས་གོ་ན་སྨོན་པ་འཚོར་ས། ཐག་ཉེ་མི་ཡིས་མཐོང་ན་ཡིད་དབང་འགུགས་ས་བཟོ་རེད་ཟེར་རྒྱུ།

ཡ། ད་བོད་སྐོར་ཚོ་བ་དགུ་པོ་འདིའི་ནང་ན། བརྩིགས་པའི་རི་འདྲ་བ། བརྟུངས་པའི་མཁར་འདྲ་བ། བཞེངས་པའི་ལྷ་འདྲ་བ། གཡུ་འབྲུག་བཞིན་དུ་ངར་སྐད་དགུང་ན་མཐོ་གི སེང་གེ་བཞིན་དུ་གཡུ་རལ་ཐག་ན་འཁྱོར་གི ཁྲུང་ཆེན་བཞིན་དུ་གཤོག་སྒྲོ་མཐའ་ནས་རྒྱས་གི རྒྱ་སྟག་བཞིན་དུ་དཔའ་རྩལ་ལུས་ལ་ཚང་ནི། བརྩད་ན་ལུང་རིགས་ཀྱི་ངར་ཡོད་ནི། རྩོམ་ན་སྙན་ངག་གི་ཚིག་སྦྱོར་ཡོད་ནི། མཁས་པ་ཤེལ་དཀར་གྱི་མེ་ལོང་ཕྱིས་ན་གསལ་ནི། གཞོན་ནུ་དཔའ་རྩལ་གྱི་སྐྱེན་པའི་ཕྱོགས་བཞིའི་དགྲ་འདུལ་ནི། གངས་སེང་གི་གཡུ་རལ་ལྟར་འཇིགས་ཆེ་ནི། སྟག་མོའི་འཛུམ་དྲུག་ལྟར་བཀྲ་མང་ནི། མཐོན་པོའི་མར་ལ་འགུག་པའི་ཤེད་ཡོད་ནི། དམའ་མོ་དགུང་ལ་འཛོག་པའི་ཤེས་རྒྱུ་ཡོད་ནི། ལངས་ན་གནམ་གྱི་ཀ་བ་ཉན་ནི། བསྡད་ན་ས་གཞིའི་དཀྱིལ་འཁོར་ཉན་ནི། སྐུ་རི་རབ་ལས་མཐོ་ནི། གསུང་པི་ཝང་ལས་སྙན་ནི། ཐུགས་མེ་ལོང་ལས་གསལ་ནི། དགེ་བཤེས་ཆོས་གཡང་གི་བདག་པོ། ཕྱུག་པོ་ནོར་གཡང་གི་བདག་པོ། གཞོན་པ་དཔའ་གཡང་གི་བདག་པོ། འདོ་བ་མགྱོགས་གཡང་གི་བདག་པོ། འདི་བཟོ་ང་བོད་སྐོར་ཚོ་བ་དགུ་པོའི་རྒྱལ་ཏུ་བརྒྱད་ཅུ་ཐམ་པ་བཟོ་རེད་ཟེར་རྒྱུ།

ཡ། ད་སྟོད་རྨ་ཆེན་འདི་གངས་ཀྱི་བདག་པོ། ཕྱི་རྒྱ་མཚོ་འདི་ཆུ་ཡི་བདག་པོ། ས་དོག་མོ་འདི་གཏེར་གྱི་བདག་པོ། བོད་གངས་ཅན་འདི་རྟེན་འབྲེལ་གྱི་བདག་པོ་ཡིན་པས། ངས་རྟེན་འབྲེལ་གྱི་ཁ་གཡང་རེ་བོས་ན། རང་ཅག་ཁ་བ་ཅན་གྱི་ཡུལ་གྲུ། མདོ་སྨད་ས་ཡི་ལྟེ་བ་རེབ། གོང་གསེར་མོ་ལྗོངས་འདིའི་ས་གཞི་ཐམས་ཅད་བྱིན་ཆགས་པ། ཕྱི་ནང་ཐམས་ཅད་བཀྲ་ཤིས་

པ། ཆར་རྒྱུ་དུས་སུ་འབབ་པ། ལོ་ཕྱུགས་རྟག་ཏུ་ལེགས་པ། མི་མཐུན་པའི་འཐབ་རྩོད་མེད་པ། མི་འབྱོར་གྱི་དཔལ་ཡོངས་གྲོལ་བ། ཕྱི་ན་སྙན་གྲགས་འབྲུག་སྒྲ་ལས་ཆེ་བ། བར་ན་བཙན་བརྗིད་དཔག་བསམ་ལས་རྒྱས་པ། ནང་ན་དགའ་བདེ་རྒྱ་མཚོ་ལས་འཕེལ་བ། ཅི་བསམ་ཐམས་ཅད་ཡར་ངོའི་ཟླ་ལྟར་འཕེལ་བ། བདེ་སྐྱིད་ཕུན་སུམ་ཚོགས་པའི་བཀྲ་ཤིས་བདེ་ལེགས་ཀྱི་སྨོན་འདུན་ཞུ།

译：今天时光美好，良辰吉日，吉祥如意；天上吉祥，八幅法轮显现的日子；地上吉祥，八瓣莲花绽放的日子；方位吉祥，四面八方被山岳围绕的日子；吉祥空中，如愿的雨水洒落的日子；彩虹高挂的日子；鲜花开满大地的日子；祥瑞不断的日子啊！这是远古天竺的北方，这是雪域高原的故地，这是热贡金色的故乡，这是油茶碗中一般的村！在温暖的家园里，会聚吉祥八宝般各方贵客，穿起五彩鲜艳华丽衣裳，唱起布谷鸟般婉转的歌曲，跳起孔雀般婀娜的舞蹈，喝起甘露般香甜的酒水。这一切都是宾主双方宴会丰盛圆满的预示啊！

呀！洁白的狮子是雪山的佳配，它屹立在雪山顶上姿势优美啊！彪悍猛虎是森林的佳配，它行走在森林中威严美啊！日月辉煌装饰了苍穹，它们在空中光彩夺目啊！宾客众多装饰了宴会，他们齐聚此地多么开心啊！先行的客人像那珍珠盛满碗中，右行的客人像那玉石倒满湖中，左行的客人像莲花开满水中。如此般盛大的聚会啊！沃果日九大部落，松家百父千子。

在这里老人长寿百岁，天干地支盛胜，皆为多福多德。依着我雪域民族的传统，以及部落传统的继承，在松家部落的子民中这位长寿有福的长辈老人六十大寿的宴会上，接受叔父前辈们的委托，接受小妹嫂子们的请求，我为此进行这番祝福演说，简练言之，因缘说起。原本宴会丰盛如这般，而我并非能说会道之人，陈述过往历史我不比祖先故人，谈论当今非时事我不比学识渊博之人；与生俱来的天赋不够，后天学习的智慧也不足；没有宽广的视野，也无多闻得来的知识；胆魄真是好比羊羔！没有先人的文献去借鉴，又没有熟悉的读物去参考，也没有那演讲的口才。虽然我是这个样子，还是要鼓起勇气，提高嗓门，双手合十，奉献吉祥的话语。所以叔叔伯伯们，请您们不要责怪晚辈；健强壮志的青年们，请您们不要蔑视同辈；美貌如仙的姑嫂们，也不要嘲笑侄子啊！

呀！我手中的圣洁哈达呀！最初来自汉地，后来象征雪域因缘，它是拜见喇嘛的信物，它是欢喜护法神的圣物，它是迎接贵客的礼品啊！哈达象征自己自身的纯洁，象征心性如同海螺，象征佳句如同牛奶，正是象征今天的盛宴吉祥良辰的神圣哈达啊！

呀！我手中的精美花碗呀！上面有永恒的万字符，中间有吉祥八宝，下面有八瓣莲花，里面有甘醇的美酒啊！这碗酒是陈年酿成的美酒，正月酿成的甘露，连夜酿成的好酒，雪域高原的精华，是世间修行者的用酒，是贤者圣人饮用的酒，是强者富人们饮用的酒，是英雄畅饮的酒，青年笑饮的酒。这碗酒若是成为迎客酒，若是成为送客酒，若是成为演说的酒，那它就是喜宴的佳配啊！今天这碗酒水，正是迎接贵宾的饮料，祭祀天神你会得到护佑，祭祀赞神你会得到庇护，祭祀龙神你会得到福气；父辈们喝起来犹如战神附体，青年们喝起来勇猛无敌，妇女们喝起来犹如食神附体；演说时喝起来能说会道，高兴时喝起来会长寿啊！今天我手中的美酒，第一向着天神供奉，祈愿给黑头人们赐福气；第二向着赞神供奉，祈愿给黑头人们增战友；第三向着龙神供奉，祈愿给黑头人们降财气；第四向着达日加老爷供奉；第五向着念钦山神供奉；第六向松家子晒将爷供奉；祈求赐文武全才啊！最后邀请诸神赴今日盛宴，一起唱歌又跳舞吧！

呀！我们金色智源故乡，是一切福气的来源啊！这里地貌景色的形成，有情众生的来历，弘扬佛教文化的过程等我也简单来说一下：这金色谷地啊！具有十大吉兆，盛行佛教妙法，粮食财宝滚滚来，东迎八宝莲花自然之地，各种吉兆处处显，七政宝图案自然成；南临神木之林，草木丰富花朵芬芳，各种野生动物遍地，鸟语羊叫牦牛欢。这里的泉水真清澈，江河是神水啊！西方耸立珍珠般的雪山，雪山顶上似有狮子咧；雪山半腰都是石坡，那里野牦牛在栖息；雪山脚下绿茵草地，那里格桑花在开放；土地都是肥农田，那里播种六谷类；北方飘动哈达般的云雾，那里流淌着酥油般的黄河；九曲河流潺潺不停，如同系上五彩的腰带，又如青龙下凡，又如猛虎狮子防城门；里面点缀了各种佛塔，外面围绕着八圣地；上游的白帐篷蒙古之下，下游的黄河接壤之上，就是黑帐篷里住的万户，黑帐篷后靠绿地，绿地开满格桑花；酸奶牛奶如海洋，酥油奶酪如山峰，牛羊马等好自在，各种珍宝生产之地啊！这中间居住的家户，来自后藏拉朵的画家千户；这下游的土木房屋人家，是农家万户；上游的树林高耸顶天，中间的绿地像玉石聚集，下游的农田丰收六谷。六谷装满粮仓之地，美食如同海洋般的地方，这就是热贡如意净土啊！

呀！外二十五雪喀，中十八雪喀，内十二个雪喀，中央如太阳一般明亮的是隆务大寺，环绕周围珠宝一般的是十八圣地，像星星一样遍地闪烁的是母子寺院三十五个，像珍珠一样坐落的是施主千户，在里面居住众多贤者都是犹如繁星般的有为青年。这是一个富饶的土地啊！

呀！从前最初时候，在第五饶迥上半叶，萨迦昆氏之后裔隆务大师智纳哇，肩负八思巴之重托，按着天和喇嘛之神谕来到安多富饶地，背靠巍峨不催的高山，环绕象鼻般的山脚所在加唐长住，从此诞生了祖先神子多德本；诞生佛子喇嘛三木旦仁青，他拜师法王曲杰顿智仁青，初次广建隆务寺。从三父子时期起，降生了佛陀的九大转世，他们像日月一样光亮无比，像大梵天一样智慧无穷，像玉皇一样相当威武，像大自在天王一样整肃，像遍入天一样豪气十足，政教两面成就出众啊！由隆务喇嘛三木旦仁青授记：像金刚杵一样的山腰上，您会建寺弘扬佛法！这片土地是由神谕有记，修建了隆务寺德庆法轮院，推广了讲授佛法的传统，显见了性空自如观点，精练了五部大论内容；那里讲授佛法如同闪电，辩论佛经如同挥刀，著作经典如同河流；汉地皇帝拜为国师，政教合一统治此地，三界众生脱离困境，广进佛像、佛经及佛塔；坐在莲花上的神佛，就是观世音的化生，根本上师噶丹嘉措，就是政教两方的主人，就像智慧方便日月同在，所有教派的源头，修习佛法的上师啊！这里的人们没有争执，这里的牛羊没有灾殃，这里的子孙儿女满堂，这里的老人长寿百岁，这里的财物犹如海洋，这里的龙达满空飘扬啊！大慈大悲的喇嘛上师，精通佛法的贤者学者，以及通佛教证的讲师就像满天的星星，就像日月明亮在空中啊！所以一切众生尤其热贡人们就是好福气啊！

呀！那么沃果日大庄，首先从部落的来源讲起，其次上师喇嘛如何预言讲起，再次何等名人出生讲起，最后艾吾林寺怎样修建讲起！俗话说得好啊，没有千年的老人，但有千年的美语呢！我自己出生的故乡，以及祖先历代的历史：呀！在第二饶迥的第七年代(1093年)，卫藏地区的有名人士，号称布嚷赞智合上师，是一位噶当派的喇嘛，受到朗塘多杰桑格的命令：赞扎您听我说，在那多麦北方之地，九条河水汇聚地，白色柽柳满地长，有泉名叫东嘎尔，此地有您的徒众，三大民族任你管！按着神与喇嘛之预言，九曲河畔之东，神山烟墩爷脚下，白色柽柳林之南，在那东嘎尔泉水旁，来自卫藏之上部，形成沃果日之德哇！尔后布嚷赞智合有子四位。从卫藏来到安多，变成了沃果日最初的居民，世世代代繁衍生息于此地，这就是有名贤者们的历史啊！呀！后来布嚷赞智合起，时至第五代人，出生了沃果日金巴降措大师。他就是雪域世间的学者，政教合一的主人，萨迦班智达更嘎坚参，寄给沃果日金巴降措为百户的诏书，从此有了沃果日百户的名称！呀！其侄儿德迥杰：是沃果日第三代百户。1265年，萨迦八思巴回到西藏时，依照前列赐予沃果日百户之官，那时蒙古俘虏编制于沃果日，逐渐三个民族融合于一庄，由同一个百户统治，形成上下三个部落。

呀！后来诞生了精通辩论、讲授、著作的沃果日丹增嘉措。在1369年，东方大学者喇嘛曲杰顿智仁青，从夏琼寺到白柽柳滩的时候，曾经留宿于沃果日丹增嘉措家中，赐予喇嘛本身的法帽、法杖与法钵等，后来变成了沃果日寺的主要圣物。从那时候起，沃果日丹增嘉措的家园变成了沃果日德哇的祖先之家！沃果日第七代百户嘉杨喜饶是精通藏汉双语的大学者，1452年，东嘎尔水泉上，为了镇定龙族，修建了弥勒佛殿，内供弥勒师尊三徒、本尊大威德、大明法王等。传说这弥勒佛像从未落上灰尘，夜晚能够听到大明法王的坐骑山羊的声音等奇事！呀！其后嘉杨喜饶年至六十八岁时，大明皇帝赐予千户之头衔，为了确保其所辖地有赐立碑文的历史！呀！沃果日第十四代官人索南多杰时期，1690年，尕撒日下庄的保安族和沃果日的保安族与热贡起争执，保安族们在朗人加的帮助下夜间逃脱，来到东方的临夏一带，形成了叫保安的大德哇，从此沃果日德哇也没有保安族人！呀！后来藏历第十三饶迥二十六年代水龙年，1772年，沃果日十八代官人多杰仁青起，沃果日德哇也正式编入麻巴七庄的一员！呀！上述简短历史，仅属抛砖引玉。我所供众神、在座的叔叔伯伯以及亲朋好友们，让我们一起欢天喜地起来吧！

呀！背靠的山峰犹如太阳升起，又像珠宝堆积的山峰啊，那里便是无比加持的圣地，也是修行佛法的重地；这艾吾扎西林寺院，便在第二夏日仓活佛加持下，前世堪布主持下，大师喇嘛们预言下，寺院迁至像大象般的山峰为靠山，面朝热贡金色谷地的地方。啊！这风风雨雨中的变化，以及天时地利的变化，一切变化都是众生之因缘。圣神寺院是金色故乡之根基，打败外道之城堡，消除愚昧之圣地，蒙昧思想开导之地，许多贤者出生之地，喇嘛大师亲临之地，善男信女向往之地，男女老少寄托之地，喇嘛上师讲经之地，世世轮回积善之地，僧俗提倡向善之地，行善积德之地，恶行忏悔之地。这就是艾吾扎西林寺。啊！此地修建寺院弘法，佛法之声海螺般响起，地上出现十吉兆，人们深知取舍之道，众生一心向佛法，得到一颗虔诚之心，关闭恶道之大门，摆设善道之梯子，扎西弘法寺之美誉从此四方传开啊！

呀！那么沃果日九大措哇之生神与祭拜之神，得到了上师的开示，都是保护善道之神，藏汉两族之护法神，藏传佛教之护法者，摆平强者的强者，救助贫困的恩人，这就是山神、生神以及祭拜之神啊！呀！那么沃果日三大德哇，祈祷的是同一个护身佛，祭祀的是同一个山神，皈依的是同一个上师，念经在同一个经堂里，遵守的是同一个法律，坐落在同一个山脉下面，都在一条河的左右，幸福的时候一起享福，苦难的时候一起受苦，遇敌的时候一起抗敌的正是沃果日三大德哇啊！

呀！那么沃果日九大措哇，其东面的红岩像自然形成的佛像，其南面的柏树像森林顶尖直捣空中，其西面的九曲河像青龙下凡显卧姿，其背面的艾吾林寺靠山像大琼鸟展翅起飞；前山就像青龙下凡，右面山就像太阳升起，左面山就像月亮升起；下游就像潴聚甘露，中游就是宽广的平田，吉祥八宝吉兆满地的地方啊！这里太阳温暖照耀，是神仙居住的地方，是贤者聚会的地方，是跑马比赛的地方，世界雄狮吼叫的地方，青龙空中翩舞的地方，雨水滋润大地的地方，百灵鸟自由鸣叫的地方，芸香花朵盛开的地方，六谷粮食丰收的地方；这里诞生统治三界的大王，诞生救助众生的上师，诞生精通显密的大师，诞生六技熟练的英雄，诞生美丽动人的姑娘，年老长者念经的地方，年幼青年学习知识的地方，勇猛青年施展气魄的地方，嫂子姐妹秀美争艳的地方，子孙满堂的地方，老人长寿的地方，圣神与世俗成就的地方，远人听闻仰慕的地方，近人目睹着迷的地方啊！

呀！那么我们沃果日九大措哇，就像高高的谷堆，就像坚不可摧的城堡，就像新修的佛像啊！他们青龙一样雷鸣声响，狮子一样鬃毛飘扬，大琼鸟一样展翅飞翔，大虫一样英勇无比，辩论经文格外聪慧，著作诗文格外优美，学者心如明镜，青年勇猛镇四方，像雪山鬃狮一般威猛，像猛虎一般花斑显目；有抵挡强者的能耐，有援助弱者的力气，立如天柱，坐如地轮，身比山高，声比琴脆，心如明镜。格西弘佛，富人招财，青年奋进，骏马迅驰，这是我们沃果日九大措哇的八十个青年啊！

呀！上部玛卿是雪山之主，外部海洋是河水之主，辽阔大地是矿物之主，雪域吐蕃是祥瑞之主啊！那么由我来礼赞祝福：我们的雪域高原，多麦地区之中心，这金色的热贡将会满地成金，里里外外吉祥如意，风调雨顺，丰收大年，和和睦睦，没有穷苦，在外名扬四方，中途强盛如意，在内众生幸福安康，所有梦想成真，祝愿大家幸福美满，扎西德勒！

མག་བཅིངས་ཐོས་པ་འཛུམ་སྐོར།

ཡ། ད་དེ་རིང་གི་ཉི་མ་བཟང་པོ། སྐར་མ་བཟང་པོ། བཀྲ་ཤིས་པའི་ཉི་མ། དོན་འགྲུབ་པའི་ཉི་མ། ཕུན་སུམ་ཚོགས་

པའི་སྐར་མ། བདེ་ལེགས་འབྱུང་བའི་དུས་བཟང་གི་ཉིན་མོ་འདི་ལ། གནམ་གི་སྐར་མ་བཟང་གི ས་ཡི་སྐར་རྩིས་ཡག་གི བར་གཟའ་སྐར་གྱི་རྒྱུ་བ་བཟང་གི གནམ་ལ་བཀྲ་ཤིས་པ་འདི་གནམ་འཁོར་ལོ་རྩིབས་བརྒྱད་ཤར་ནི་ཉི་མ། ས་ལ་བཀྲ་ཤིས་པ་འདི་ས་པདྨ་འདབ་བརྒྱ་བཞད་ནི་ཉི་མ། ཕྱོགས་ལ་བཀྲ་ཤིས་པ་འདི་ཕྱོགས་མཚམས་ཀྱི་ར་བ་རྒྱས་པའི་ཉི་མ། བཀྲ་ཤིས་ཀྱི་བར་སྣང་བཀང་ནི་ཉི་མ། དགོས་འདོད་ཀྱི་ཆར་ཆུ་འབབ་ནི་ཉི་མ། འཇའ་ཚོན་གྱི་ནམ་མཁའ་ཁེབས་ནི་ཉི་མ། མེ་ཏོག་གི་ས་གཞི་གཡོགས་ནི་ཉི་མ། འདི་ལ། ངས་རྟགས་དང་རྟེན་འབྲེལ་གྱི་སྒོ་ནས་བདུད་རྩི་ཆང་གི་མཆོད་ཀ་རེ་འཕེན་ཟེར་རྒྱུ།

མཆོད་ཨོཾ་ཨཱ་ཧཱུྃ། མཆོད་ཨོཾ་ཨཱ་ཧཱུྃ། མཆོད་ཨོཾ་ཨཱ་ཧཱུྃ། མཆོད་བླ་མ་ཡི་དམ་མཆོད། སངས་རྒྱས་བྱང་སེམས་མཆོད། དཔའ་བོ་མཁའ་འགྲོ་མཆོད། ཆོས་སྐྱོང་སྲུང་མ་མཆོད། སྐྱབས་བསླུ་བ་མེད་པའི་སྐྱབས་གནས་ཀྱི་དཀོན་མཆོག་གསུམ་པོ་མཆོད། ཨ་མྱེས་ཕྱ་ཚོང་མཆོད། སྐྱེས་ལྷ་དར་རྒྱལ་མཆོད། བསྟེན་ལྷ་གཉན་ཆེན་མཆོད། ཚོང་པེ་དམག་དཔོན་བཟོ་མཆོད་ཟེར་རྒྱུ།

ཡ། ད་འཛིག་རྟེན་མི་ཡི་འགྲོ་ལུགས་ལྟར་ར། ཁ་བ་ཅན་གྱི་ལུགས་སྲོལ་ལྟར་ར། ཨ་བ་ཨ་ཁྱུའི་རེ་བ་ལྟར་ར། ད་སྐྱིད་གི་མག་གཞིས་ཁྲ་ལོ། གཡང་དར་སྐེ་རགས་ཤིག་བཅིངས་དགོས་ནོ། བོད་ཁ་བ་ཅན་གྱི་ལུགས་སྲོལ་ཡིན་ནོ། ཨ་ཞང་ཚང་གི་ཕྱག་སྲོལ་ཡིན་ནོ། ཕྱི་དགྲ་ལྷ་འཁོར་གི་རྟེན་འབྲེལ་ཡིན་ནོ། ནང་བུ་རྒྱུ་འཛོམས་གི་གཡང་ཁ་ཡིན་ནོ། ད་ངས་གཡང་དར་འདིའི་རྒྱུ་མཚན་བཟོ་བཤད་ན། འདི་རང་གི་གོས་དང་མི་འདྲ་ཟེར་གི སྟོད་ལྷ་ཡུལ་ཁམས་ཀྱི་ལྷ་དར་ཡིན་ནོ། སྨད་ཀླུ་ཡུལ་ཁམས་ཀྱི་ཀླུ་དར་ཡིན་ནོ། བོད་ཁ་བ་ཅན་གྱི་བཅིངས་སྐག་ཡིན་ནོ། ཨ་ཞང་ཚང་གི་གཡང་དར་ཡིན་ནོ། མག་གཞིས་ཁྲ་ལོའི་སྐེད་འཆིང་ཡིན་ནོ། སྟོད་ཀྱི་མ་ཡིན་སྨད་ཀྱི་ཡིན། སྨད་རྒྱ་ནག་གོས་ཁང་ནང་གི་ཡིན་ནོ། སྟོད་ལྷ་མོ་བརྒྱ་ཡིས་བཀལ་ནས་ཡིན་ནོ། སྨད་ཀླུ་མོ་བརྒྱ་ཡིས་འཐག་ནས་ཡིན་ནོ། དར་ཚོན་སྣ་ལྔའི་རི་མོ་ཡིན་ནོ། འདི་རྒྱ་ནག་ཡུལ་ལ་གོང་ཆེ་གི སྐུ་རྒྱལ་བོད་ལ་མིང་ཆེ་གི དེ་རིང་ཉི་མ་མདོག་ཆེ་གི བཅིངས་གི་མག་གཞིས་དོན་བཟོ་ཆེ་གི་ཟེར་རྒྱུ།

ཡ། ད་སྐྱིད་གི་མག་གཞིས་ཁྲ་ལོ། ཁྱོད་གནམ་འཁོར་ལོ་རྩིབས་བརྒྱད་འོག་ནས། ས་པདྨ་འདབ་བརྒྱད་སྟེང་ནས། སྐྱིད་གི་གཡང་ཁང་གྲུ་བཞིའི་ནང་ནས། འཛོམས་གི་ཁྲིམ་པ་གྲལ་གྱི་དཀྱིལ་ནས། བལ་གྱི་གདན་དཀར་གྲུ་བཞིའི་སྟེང་ནས། ལུས་མདའ་སྨྱུག་འདྲ་པོ་ཡར་ལ་ལོངས་དང་། ཞལ་དུང་ཟླ་འདྲ་པོ་ཕྱུར་ལ་འཁོར་དང་། ད་ཁྱོད་ངོ་མ། ཁྱོད་ཁོག་སྟོད་སེང་གི་འགྱིང་འདྲ། ཁྱོད་སྐུ་ལུས་པདྨ་འདབ་བརྒྱད་ཡིན་ནོ། སྐེད་པ་རྡོ་རྗེ་བཞེངས་འདྲ་ཡིན་ནོ། ནང་སེམས་རྒྱ་དར་སྐུད་ཕྱོད་འདྲ་ཡིན་ནོ། ཡར་དཀོན་མཆོག་གསུམ་ལ་དད་པ་ཡོད་ནོ། ལས་རྒྱུ་འབྲས་ཕྱོགས་ལ་ཡིད་ཆེས་ཡོད་ནོ། ཡར་དྲིན་ཆེན་ཕ་མར་བརྩེ་ཞེས་ཆེ་ནོ། མར་དབུལ་ཕོངས་རྣམས་ལ་སྙིང་རྗེ་ཆེ་ནོ། ཆེ་བ་རྣམས་ལ་བཀུར་སྙོམ་ཆེ་ནོ། ཆུང་བ་རྣམས་ལ་བྱམས་སྐྱོང་ཆེ་ནོ། ནང་ཉག་མེད་བསྐོར་ན་བཟོད་པ་ཆེ་ནོ། ཕྱི་དགྲ་ལ་བསྐོར་ན་ཞེ་སྡང་ཆེ་ནོ། ཕོ་ལྷ་དགྲ་ལྷ་རང་འཁོར་ཡིན་ནོ། ཞི་རྒྱས་དབང་དྲག་གི་འཕྲིན་ལས་རྒྱས་ནོ་འདི་བཟོ། ཁྱོད་མག་གཞིས་ཁྲ་ལོའི་དབང་ཐང་ལོས་ཡིན་འདྲ་ར་ང་ཨ་ཞང་ཚང་གི་རྒྱན་བཟོ་ར་ཅིག་རེད་ཟེར་རྒྱུ།

ཡ། ད་དེ་རིང་སྐྱིད་གི་ཉི་མ་འདི་ལ། སྟོན་མོ་མར་ཁུ་འཁྱིལ་འདྲ། རྟེན་འབྲེལ་དཀྱུང་ནས་ཤར་འདྲ། སྟག་ཤ་ར་རྣམས་ཀྱི་འགྲིང་ཚུལ་ཡག་གི སྨན་བུ་མོ་རྣམས་ཀྱི་རྩེ་ཚུལ་ཡག་གི ཕ་ཨ་ཁྱུ་རྣམས་ཀྱི་བཞུགས་ཚུལ་ཡག་གི ངས་མག་གཞིས་ཁྲ་ལོ་སྐེ་རགས་ཞིག་བཅིངས་ན། ཡ། ད་དར་ཚོན་སྣ་ལྔའི་སྐེ་རག་འདིའི། ཁྱུག་མགོ་དཀྱུང་སྟོན་གནམ་ནས་འཛོག་ཡ། དཀྱུང་ཨ་སྟོན་འདྲ་གི་མདོག་ཞིག་ལྡན་ནས། དུང་ཟླ་བ་མག་པ་དཔེ་ཞིག་འཛོག་ནས། ནམ་སྐྱ་རེངས་འདྲ་གི་སྐེ་རགས་ཞིག་བཅིང་ཡ། སྐེད་པ་བར་སྣང་ཁམས་ནས་འཛོག་ཡ། སྤྲིན་དཀར་པོ་འདྲ་གི་མདོག་ཞིག་ཡོད་ནས། འབྲུག་ཕོ་སྐྱོང་འདྲ་བའི་མག་པ་ལ། གློག་དམར་འདྲ་གི་སྐེ་རགས་ཞིག་བཅིང་ཡ། ངས་ཁ་མཚར་ཏོག་མོ་ས་ནས་འཛོག་ཡ། གསེང་མེ་ཏོག་འདྲ་གི་མདོག་ཞིག་དགོས་ནས། རི་མཐོན་པོ་མག་པ་དཔེ་གཞིག་འཛོག་ནས། གངས་དཀར་པོ་འདྲ་གི་སྐེ་རགས་ཞིག་བཅིང་ཡ། ཕ་ཨ་ཁྱུའི་

དཀྲ་ལྷ་བཅུ་གསུམ་བསྟོད་ཡ། ད་སྐེ་རགས་བཅིང་བཅིང་སྐེད་གི་བཅིང་ཡ། སྐྱིད་མག་པ་ཚེ་རིང་ལོ་བརྒྱ་བསྟོད་ཡ། ངས་སྐེད་ནས་བཅིངས་ནས་གཡས་ནས་ལེན་ཡ། གཡས་ནས་ལེན་ནས་གཡོན་ནས་མདུད་ཡ། སྟོད་དབུས་གཙང་བླ་མའི་ཆོས་མདུད་ཡིན་ནོ། ཕྱུགས་ཁྲ་ཁྲ་ར་ལ་བསྐྱིལ་ཚུལ་ཡིན་ནས། ངས་གཡོན་ནས་ལེན་ནས་གཡས་ནས་མདུད་ཡ། སྨད་རྒྱ་ནག་རྒྱལ་པོའི་ཁྲིམས་དར་ཡིན་ནས། ངས་བུ་དཔའ་བོའི་རལ་གྲི་ཕྱར་ཚུལ་ཡིན་ནས། གཞུག་ནས་ལེན་ནས་སྔོན་ནས་མདུད་ཡ། མ་སྲུ་མོའི་ཟས་ལྷ་འདྲེན་ཚུལ་ཡིན་ནས། ངས་སྔོན་ནས་ལེན་ནས་གཞུག་ནས་མདུད་ཡ། འདི་སྐུ་རྒྱལ་བོད་ཀྱི་བཅིངས་ཚུལ་ཡིན་ནས། ལག་གཡས་ཕྱོགས་ཡར་ལ་གསེག་གསེག་ཅིག་བྱོས་ར། མདའ་མོ་རྩེ་དགུ་སྐེད་ལ་བཅིངས་འདྲ་ཡིན་ནས། ལག་གཡོན་པ་འཁྱིལ་འཁྱིལ་ཞིག་བྱོས་ཡ། སྟོང་ལུག་ལྷས་ལ་བསྐྱིལ་འདྲ་ཡིན་ནས། རྒྱ་ནོམ་པ་མཛོད་ལ་བརྩིགས་འདྲ་ཡིན་ནས། བུ་བུ་ཕྱུག་སྟེང་ལ་བརྒྱབ་འདྲ་ཡིན་ནས། སྤྱིར་ཁ་བ་ཅན་གྱི་དར་ཚུལ་ཡིན་ནས། ནང་རིབ་གོང་ཁོག་གི་བཅིངས་ཚུལ་ཡིན་ནས།

ཡ། ད་ངའི་ལག་གི་དཀར་ཡོལ་འབྲུག་མ་འདི། སྟོད་ནས་མ་བྱུད་སྨད་ནས་བྱུད་ཟེག སྨད་རྒྱ་ནག་རྒྱལ་པོའི་རྟེན་ནས་བྱུད་ཟེག གོང་ཆེན་ཁྲིད་ནས་ཉོས་ནས་ཡོང་ཟེག དར་ཚོན་སྣ་ལྔས་བཏུམ་ནས་ཡོང་ཟེག འདིའི་ཁ་ལ་འཁོར་ལོ་རྩིབས་བརྒྱད་ཡོད་ནས། ཞབས་ལ་པདྨ་འདབ་བརྒྱད་ཡོད་ནས། བར་ན་བཀྲ་ཤིས་རྟགས་བརྒྱད་ཡོད་ནས། ནང་ན་བདུད་རྩི་བསིལ་མ་ཡོད་ནས། འདི་ལོ་ལ་བསྟུལ་བའི་ལོ་ཆང་ཁམ་པ། ཟླ་ལ་བསྟུལ་བའི་ཟླ་ཆང་བསིལ་མ། ད་ནངས་གི་ཕོ་རེངས་སྐར་ཆེན་ཡིན་ནོ། དེ་རིང་གི་ཉིན་ཆང་དྲོན་མོ་ཡིན་ནོ། ཕ་ཨ་ཁུས་འཐུང་ན་དགྲ་ལྷ་འཁོར་ནོ། མ་སྲུ་མོས་འཐུང་ན་ཟས་ལྷ་འཁོར་ནོ། སྟག་ཤར་རས་འཐུང་ན་དཔའ་རྩལ་རྒྱས་ནོ། འདི་ཁ་རུ་སོང་ན་ཁ་ལས་དགེ་ནས། ཞབས་ལ་སོང་ན་ཞལ་ངོ་དྲོ་ནས། ལུས་ལ་སོང་ན་ཚེ་ཐག་རིང་ནས། གྲོད་བཤད་ན་སློག་དམར་འཁྲུག་འཁྲུག་ཡིན་ནས། སྤོབས་པ་རྒྱ་སྟག་ལས་དཔའ་ནས། ཁ་ཕོ་འབྲུག་སྒྲ་ལས་ཆེ་ནས། ད་ཁྱོད་སྐྱིད་གི་མག་གཞིས་ཁྲ་ལོ། ཡ་ཁ་གསེར་ལོ་ཡིན་པས་འཛིབ་ཤེས་བྱོས། མ་ཁ་དངུལ་ལོ་ཡིན་པས་སྐྱོར་ཤེས་བྱོས། རྒྱ་མ་བཀྲ་ཤིས་ཡིན་པས་འཁྱིལ་ཤེས་བྱོས། རྩ་ལམ་རིན་ཆེན་ཡིན་པས་འདྲེན་ཤེས་བྱོས་ར། ངས་སྐྱིད་གི་མག་གཞིས་ཁྲ་ལོ་ཁྱོད་ལ་བཀྲ་ཤིས་ཁ་གཡང་ཞིག་འབོད་ཡ། ང་དགུང་ཨ་སྔོན་འདྲ་གི་ཨ་ཞང་གི འབྲུག་ཕོ་སྒྲོང་འདྲ་གི་མག་པ་ལ། ཟས་ཕྱང་དཀར་འདྲ་གི་གཡང་ཟེག་སྟེར། ནགས་རྒྱ་རྫོང་འདྲ་གི་ཨ་ཞང་གི སྟག་དམར་ཡག་འདྲ་གི་མག་པ་ལ། ཤིང་སིལ་རྟོག་འདྲ་གི་གཡང་ཟེག་སྟེར། རྫ་ཁྲ་ཡག་འདྲ་གི་ཨ་ཞང་གི རི་འབྲུ་མར་འདྲ་གི་མག་པ་ལ། འབྲུ་སྣ་ལྔ་འཛོམ་གི་གཡང་ཟེག་སྟེར། རྒྱ་གར་ཡུལ་གྱི་ཆོས་གཡང་སྟེར། གངས་ཅན་བོད་ཀྱི་ནོར་གཡང་སྟེར། རྒྱ་ནག་ཡུལ་གྱི་གོས་གཡང་སྟེར། སོག་པོའི་ཡུལ་གྱི་དཔའ་གཡང་སྟེར། བསམ་དོན་ཡིད་བཞིན་འགྲུབ་གཡང་སྟེར། སྟེང་ཕྱོགས་ལྷ་ཡུལ་ཁམས་ཀྱི་བསོད་ནམས་ཕྱྭ་གཡང་སྟེར། ཁྱོད་མངོན་མཐོ་ལྷ་མིའི་གོ་འཕང་ཐོབ་པ། འོག་ཕྱོགས་ཀླུ་ཡུལ་ཁམས་ཀྱི་དཔལ་འབྱོར་ནོར་གཡང་སྟེར། ཁྱོད་ས་འོག་ཐམས་ཅད་གཏེར་གིས་བཀང་ང་། བར་གྱི་མི་ཡུལ་ཁམས་ཀྱི་གསེར་དང་དངུལ་གཡང་སྟེར། ཁྱོད་ས་ཁ་ཐམས་ཅད་རྒྱུ་ཡིས་བཀང་ང་། ད་ཁྱོད་བུ་ཚ་འཛོམ་གི་གཡང་ཟེག་སྟེར། ཁྱོད་རིགས་རྒྱུད་ཅན་གྱི་རིགས་སྲས་འཁྲུངས་ང་། ད་ཁྱོད་ཐོས་གསུམ་སྒོམ་གསུམ་གྱི་གཡང་ཟེག་སྟེར། ཁྱོད་རྟོགས་པ་བརྙེས་ནས་གྲུབ་པ་ཐོབ་པ། ཁྱོད་འཆད་རྩོད་རྩོམ་གསུམ་གྱི་གཡང་ཟེག་སྟེར། ཁྱོད་ཆོས་ར་རྩོད་གི་དགེ་བཤེས་ཉན་ན། ད་ཁྱོད་མཁས་བཙུན་བཟང་གསུམ་གི་གཡང་ཟེག་སྟེར། ད་ཁྱོད་བླང་དོར་འབྱེད་གི་མཁས་པ་ཉན་ན། ད་ཁྱོད་སྐད་རིགས་འཛོམ་གི་གཡང་ཟེག་སྟེར། ཁྱོད་སྐད་རིགས་བརྒྱ་ཡི་ལོ་ཙཱ་ཉན་ན།

ཡ། ད་ངའི་ལག་གི་ཕྱག་གཡས་བསམ་པའི་དོན་འགྲུབ་ཟེར་ནོ་འདི། སྟོད་རྒྱ་གར་རྒྱལ་པོའི་མདུན་དུ་ཕྱེར་ཟེག སྟོད་རྒྱ་གར་རྒྱལ་པོས་མིང་གི་འདོགས་གི ཕྱག་རྒྱལ་བ་བཀྲ་ཤིས་དོན་འགྲུབ་ཟེར་གི སྨད་རྒྱ་ནག་རྒྱལ་པོའི་མདུན་དུ་ཕྱེར་ཟེག སྨད་རྒྱ་ནག་རྒྱལ་པོས་མིང་གི་འདོགས་གི ཕྱག་རྒྱལ་བ་བཀྲ་ཤིས་འཁྱིལ་བ་ཟེར་གི སྟོད་དབུས་གཙང་བླ་མའི་མདུན་དུ་ཕྱེར་ཟེག སྐུ་རྒྱལ་བོད་ཀྱིས་མིང་ཞིག་འདོགས་གི ཕྱག་རྒྱལ་བ་ཡིད་བཞིན་ནོར་བུ་ཟེར་གི ཕྱག་མགོ་

ཐུང་ཟད་གུག་ནོ་འདི། སྟོད་རྒྱ་གར་རྒྱལ་པོའི་ཆོས་གཡང་འགུག་པའི་རྟེན་འབྲེལ། ལྷག་ཇ་ཐུང་ཟད་འཁྱིལ་ནོ་འདི། སྨད་རྒྱ་ནག་རྒྱལ་པོའི་འབྲས་གཡང་འགུག་པའི་རྟེན་འབྲེལ། ལྷག་སྐེད་ཐུང་ཟད་སྒོམ་ནོ་འདི། སྐུ་རྒྱལ་བོད་ཀྱི་ནས་གཡང་འགུག་པའི་རྟེན་འབྲེལ་ཡིན། ལྷག་སྣེ་ཐུང་ཟད་རིང་ནོ་འདི། སྐྱིད་གི་ཚེ་ཐག་རིང་བའི་རྟགས་ཡིན། ལྷག་གི་ཁོད་ག་འབུར་ནོ་འདི། བུ་དཔའ་རྩལ་ཅན་ཞིག་སྐྱེས་པའི་རྟགས་ཡིན། ལྷག་མགོ་ཤུག་པ་བཏགས་ནོ་འདི། ཕྱུགས་ཁྲ་ཁྲ་ལྷས་ར་བཀང་བའི་རྟགས་ཡིན། ལྷག་སྐེད་བལ་ཞིག་བསྐྱིལ་ནོ་འདི། མི་སྟེང་བལ་ལས་མཐུག་པའི་རྟགས་ཡིན། ལྷག་ལྟེ་ནས་ཞིག་བརྩིགས་ནོ་འདི། འབྲུ་བང་མཛོད་ནས་གི་བཀང་བའི་རྟགས་ཡིན། ད་ལྷག་མགོ་ལྷགས་ཀྱིས་ཕ་ལམ་ཡིན་ནོ། ལྷག་ཇ་གསེར་གྱི་ནོར་གཞོང་ཡིན་ནོ། ལྷག་སྐེད་ནོར་གྱི་བང་མཛོད་ཡིན་ནོ། འདི་ལག་ངར་མ་རེད་དཔའ་ངར་ཡིན་པས། དཔའ་ངར་ཐམས་ཅད་མག་གཞིས་ཁྱོད་ལ་གནང་ནས་ཟེར་རྒྱུ།

ཡ། ད་ངའི་མག་གཞིས་ཚེ་རིང་ལོ་བརྒྱ། བློ་རིམ་པ་ཤུག་པ་སྐྱེས་སྐྱེས་བྱེད་ལ། གཏམ་ཁ་ལྷེ་མེ་ལྷེ་འབར་འབར་བྱེད་ལ། ཁྱོད་སོང་ས་ནས་ཁ་ལས་དགེ་འ། བསྡད་ས་ནས་ལྡུང་རྟ་རྒྱས་འ། ཁྱོད་ས་ཁ་ཐམས་ཅད་རྒྱུ་ཡིས་བཀང་ང་། ས་འོག་ཐམས་ཅད་གཏེར་གྱིས་བཀང་ང་། ཡོན་ཏན་རིག་པའི་གནས་ལ་མཁས་འ། སྒྱུ་རྩལ་དྲུག་ཅུ་རྩ་བཞིར་མཁས་འ། བླང་དོར་གཉིས་ཀའི་བློ་ཁ་གསལ་ལ། ཁྱོད་མཁས་པའི་གོ་འཕང་ཐོབ་བ། དཔོན་པོའི་གོ་ས་རྙེད་ལ། སྙན་གྲགས་དགུང་ནས་གྲགས་འ། ལོངས་སྤྱོད་མངའ་ཐང་དར་ར། ལས་དང་བསོད་ནམས་ལྡན་ན། ལས་བཞིའི་འཕྲིན་ལས་རྒྱས་འ། ཁྱོད་ཅི་བྱས་ན་བྱ་བ་ལམ་ལ་འགྲོ་བ། ཅི་བསམ་ན་བློ་ལ་འགྲོ་བ། ཁྱོད་བསམ་པའི་དོན་འགྲུབ་བ། འདོད་པའི་རྫེ་བཀང་ང་།འདི་ལ་ང་ཨ་ཞང་གི་ཁ་གཡང་བཀྲ་ཤིས་བཟོ་རོས་ནི་ཡིན་ཟེར་རྒྱུ།

译：今天时光美好，良辰吉日，吉祥如意；天上吉祥，八幅法轮显现的日子；地上吉祥，八瓣莲花绽放的日子；方位吉祥，四面八方被山岳围绕的日子；吉祥空中，如愿的雨水洒落的日子；彩虹高挂的日子；鲜花开满大地的日子；在这鲜花开满大地的日子。我借助这良缘用美酒，献几句祭祀祝辞：祭上师、至尊、空行母、护法神、三宝；祭阿尼瓦总、生神、念神、将爷将军。啊！按世间人的风俗，雪域藏族的习俗；按父伯们的意愿，给今天的女婿，系个招央的腰带。这是雪域藏族的习俗，也是舅家的仪式；这是战神护佑的征兆，也是招财进宝的征兆；现在我述说一下这个央带的来历，这和我们雪域藏族的布不一样，是仙界的神布，是龙界的龙布，便是我雪域藏族的腰带，舅家的央带，英俊女婿的腰带。不是来自上部，而是来自下部汉地的布坊。它是一百个仙女驮来，一百个龙女纺来的，它在汉地价值连城，在藏地家喻户晓，今天的太阳绚丽，对英俊的女婿意义重大。

啊！欣喜的英俊女婿，你在九重天下，八瓣莲花之上，在喜庆的四方房子里，亲朋聚集的宴席间，白羊毛毡之上，身如竹箭的你起来，请把你皎洁的脸转过来，你上身如狮子奋讯，身如八瓣莲花，腰如金刚竖立，内心缜密如丝，对三宝虔诚，信因果，孝顺父母；对穷人善良，对长者尊重，对晚辈慈爱；对弱者忍耐，对外敌同仇敌忾，阳神与战神常陪伴，息增怀伏四业。

啊！今天是幸福的日子，宴席上酒肉如海如山，吉祥的征兆从天洒落，如虎的男子们看得尽兴，如仙的女子玩得尽兴，父伯们的坐姿雅致，我给英俊的女婿系个腰带。啊！这个五彩缤纷的腰带，第一个弯在天上，像蔚蓝的天空，给如月亮般的女婿，系个如黎明的腰带；第二个弯在空中，像白白的云朵，给如龙的女婿，系个如闪电般的腰带；第三个弯落到地上，如原野的鲜花，给高山般的女婿，系个如雪山的腰带，我等父伯礼赞十三战神等。现给女婿系腰带，祝愿女婿健康长寿。从右向左系，然后系在左边，这是卫藏喇嘛的佛结，如同牲畜围在门口；从左向右系，这是汉地国王的法结，如同挥舞的利剑；从后面向前面系，这是女子呈食物的样子；从前面往后系，这是雪域藏地的系法，左手向上稍稍抬，右手稍稍弯曲，如同千只羊围在门口，如同宝库中堆满财富，这是雪域藏地的习俗，特别是隆务河谷的系法。啊！我手中的这个龙碗，不是出自上部，而是下部汉地皇宫，用高价买回来的，用五彩的锦缎包着来的，上面绘有八幅法轮，底有八瓣莲花，中有吉祥八瑞图，里有仙饮的佳酿，这是酿了几年的陈酒，酿了几个月的新酒，是今曦，是高挂的太阳，父伯们喝了能唤战神，女子们喝了能引灶神，男人喝了更加勇猛，喝了还能好运到来，气色红润，长寿康健，舌战群雄，勇猛如虎，龙声轰鸣。欣喜的女婿，上唇是金叶要吸食，下唇是银元要懂得珍惜，肠子是吉祥要懂得，经脉是珍宝要懂得。我给英俊的女婿献上吉祥的祝辞，我宽广如蓝天的舅父，给生龙活虎的女婿，土丘一样的食物央；我茂密如森林的舅父，给如虎的女婿，瓜果丰盛的央；我巍峨如高山的舅父，给酥油如山的女婿，五谷丰登的央，给天竺佛法的央，给雪域藏地的牦牛央，给下部汉地的丝绸央，给蒙古高原的勇猛央，给诸事如意的央；给上面仙界的福分央，你会得到高贵仙位；给下面龙界的财宝央，你会财源广进；给中间人界的金银央，你的领地遍地黄金；给你儿孙满堂的央，你会生出家族的英才；给你闻思修的央，你会成为大成就者；给你讲辩著的央，你会成为雄辩四方的大格西；给你贤正善良的央，你会成为精于取舍的智者；给你通晓各种语言的央，你会成为大翻译家。

啊！我手中的这个"佳亦称心如意"，给上部天竺的国王上呈过，上部天竺的国王取名"佳亦吉祥如意"；给下部汉地的国王上呈过，下部汉地国王取名"佳亦吉祥汇聚"；给卫藏的喇嘛上呈过，卫藏的喇嘛取名"佳亦如意宝"。"佳亦"的头部稍微弯曲，是招上部天竺佛央的祥瑞；"佳亦"的尾部稍微弯曲，是招下部汉地国王米央的祥瑞；"佳亦"的腰部稍微粗大，是招雪域藏族青稞央的祥瑞；"佳亦"的一端稍微长点，是幸福长久的祥瑞；"佳亦"稍微凸起,是诞生勇猛男儿的祥瑞;“佳亦”的头部绑个柏树枝,是牲畜满院的祥瑞;“佳亦”的腰部缠绕羊毛,是家族根基比羊毛厚重的祥瑞;“佳亦”的上面放点青稞,是青稞丰收的祥瑞。“佳亦”的头部是铁的金刚石,“佳亦”的尾巴是金子的宝盆;“佳亦”的腰部是财富的宝库。啊!愿我的女婿长寿康健,智慧如柏树增长,口才如火焰汹汹,走过的地方口碑皆好,待过的地方好运连连,地上尽是财富,地下尽是矿藏,学富五车,精于取舍,身居高位,声名远扬,四业发达,事事顺心,如上,是我舅父献上的吉祥祝词。

参考文献

一、藏文文献类

（一）藏文原典

[1] གུ་རུ་ཨུ་རྒྱན་གླིང་པས་ཡར་ཀླུང་ཤེལ་གྱི་བྲག་ཕུག་ནས་བཏོན་པའི་བཀའ་ཐང་སྡེ་ལྔ། 五部遗教[M]. 北京：民族出版社，1997.

[2] ཆོས་རྒྱལ་སྲོང་བཙན་སྒམ་པོ་སོགས་ཀྱིས་མཛད་པའི་མ་ཎི་བཀའ་འབུམ། 松赞干布等著.嘛呢全集[M].拉萨：西藏人民出版社，2008.

[3] འགོས་ལོ་གཞོན་ནུ་དཔལ་གྱིས་མཛད་པའི་དེབ་ཐེར་སྔོན་པོ། 郭·循努白.青史[M]. 成都：四川民族出版社，1985.

[4] དཔལ་འབྱོར་བཟང་པོས་བརྩམས་པའི་རྒྱ་བོད་ཡིག་ཚང་ཆེན་མོ། 达仓宗巴·班觉桑.（印）汉藏史集[M]. 成都：四川民族出版社，1985.

[5] མཁས་དབང་དགེ་འདུན་ཆོས་འཕེལ་གྱིས་མཛད་པའི་དེབ་ཐེར་དཀར་པོ། 更敦群培. 白史[M]. 北京：民族出版社，1981.

[6] ས་སྐྱ་བསོད་ནམས་རྒྱལ་མཚན་གྱིས་མཛད་པའི་རྒྱལ་རབས་གསལ་བའི་མེ་ལོང་། 萨迦·索南坚赞.西藏王统记[M].北京：民族出版社，1981.

[7] དཔའ་བོ་གཙུག་ལག་ཕྲེང་བས་མཛད་པའི་དམ་པའི་ཆོས་ཀྱི་འཁོར་ལོ་བསྒྱུར་བ་རྣམས་ཀྱི་བྱུང་བ་གསལ་བར་བྱེད་པ་མཁས་པའི་དགའ་སྟོན། 巴俄·祖拉陈瓦.贤者喜宴[M].北京：民族出版社，2006.

[8] ཏུན་ཧོང་ནས་ཐོན་པའི་བོད་ཀྱི་གནའ་ཡིག་ཞིབ་དཔྱད་ཕྱོགས་བསྒྲིགས། 王尧、陈践.敦煌古藏文文献探索搜集[M].上海：上海古籍出版社，2008.

[9] སུམ་པ་ཡེ་ཤེས་དཔལ་འབྱོར་གྱིས་མཛད་པའི་ཆོས་འབྱུང་དཔག་བསམ་ལྗོན་བཟང་། 松巴·益西班觉.如意宝树史[M].兰州：甘肃民族出版社，1992.

[10] སུམ་པ་ཡེ་ཤེས་དཔལ་འབྱོར་གྱིས་མཛད་པའི་མཚོ་སྔོན་ལོ་རྒྱུས་ཚངས་གླུ་གསར་སྙན་ཞེས་བྱ་བ་བཞུགས་སོ།། 松巴·益西班觉.青海史[M].西宁：青海民族出版社，1982.

[11] བྲག་དགོན་པ་དཀོན་མཆོག་བསྟན་པ་རབ་རྒྱས་ཀྱིས་མཛད་པའི་མདོ་སྨད་ཆོས་འབྱུང་། 智观巴・贡却乎丹巴绕吉.安多政教史(藏文)[M].兰州：甘肃民族出版社,1982.

[12] དུང་དཀར་བློ་བཟང་འཕྲིན་ལས་ཀྱིས་མཛད་པའི་བོད་ཀྱི་ཆོས་སྲིད་ཟུང་འབྲེལ་སྐོར་བཤད་པ། 东嘎. 洛桑赤列. 论西藏政教合一制度[M]. 北京：民族出版社,1981.

[13] དམུ་དགེ་བསམ་གཏན་གྱིས་མཛད་པའི་བོད་ཀྱི་ལོ་རྒྱུས་ཀུན་དགའི་མེ་ལོང་ཞེས་བྱ་བ་བཞུགས་སོ།། 毛儿盖・桑木旦.藏族史・齐乐明镜[M].北京：民族出版社,2010.

[14] དཔང་ཆེན་སྐྱབས་ཀྱིས་བརྩམས་པའི་མེས་པའི་ཞལ་ལུང་། 仲优・昂青嘉布.先祖言教[M].手抄本.

[15] རྒྱ་བཟའ་དགེ་བཤེས་འཇམ་དབྱངས་གྲགས་པས་མཛད་པའི་རེབ་གོང་རུས་མཛོད་ལྷ་བ་མཁའ་ཁྱབ་ཕྱོགས་བྲལ། 嘉扎・格西嘉木样智巴.热贡族谱[M]北京：民族出版社.2010.

[16] ཞབས་དཀར་ཚོགས་དྲུག་རང་གྲོལ་གྱི་གསུང་འབུམ། 夏嘎巴文集[M].木刻影印版.

[17] ཤར་སྐལ་ལྡན་རྒྱ་མཚོའི་གསུང་འབུམ། 夏日・噶丹嘉措文集[M].木刻影印版.

[18] འཇིགས་མེད་ཐེག་མཆོག་གིས་བརྩམས་པའི་རོང་པོ་དགོན་ཆེན་གྱི་གདན་རབས། 吉迈特却.隆务寺志[M]. 西宁：青海民族出版社,1988.

[19] རྫོང་ཆུང་འཇིགས་མེད་ལུང་རིགས་རྒྱ་མཚོས་བརྩམས་པའི་རེབ་གོང་ཆོས་འབྱུང་གདན་ས་གསུམ་གྱི་གདན་རབས་བཞུགས། 宗琼・吉美隆仁嘉措.热贡隆务寺简史[M].北京：中国藏学出版社,2010.

[20] གླིང་རྒྱ་བ་བླ་མ་ཚེ་རིང་གིས་བརྩམས་པའི་རེབ་གོང་གསེར་མོ་ལྗོངས་ཀྱི་ཆོས་སྲིད་བྱུང་བ་བརྗོད་པ་འདོད་འབྱུང་གཏེར་གྱི་བུམ་བཟང་། 腊玛才让.腊玛才让文集(热贡政教史)[M].香港天马有限公司,2002.

[21] རེབ་གོང་པ་འཇིགས་མེད་བསམ་འགྲུབ་ཀྱིས་བརྩམས་པའི་མདོ་སྨད་རེབ་གོང་ལོ་རྒྱུས་ཆེན་མོ་ངོ་མཚར་གཏམ་གྱི་བང་མཛོད་ཅེས་བྱ་བ་བཞུགས།吉美桑珠.安多热贡历史广说[M].北京：民族出版社.2013.

[22] ལྷེ་ནག་ཚང་ཧཱུྃ་ཆེན་དང་ཡེ་ཤེས་འོད་ཟེར་སྒྲོལ་མས་བསྒྲིགས་པའི་རེབ་ཀོང་ཐུགས་མང་གི་ལོ་རྒྱུས་ཕྱོགས་བསྒྲིགས། 荒弃、益西卓玛. 热贡阿芒[M]. 北京：民族出版社,2004.

[23] སྙིང་སྟག་ཀྱིས་གཙོ་སྒྲིག་བྱས་པའི་རྨ་ལྷོ་ཁུལ་ས་མིང་རིག་གནས་བརྡ་འགྲེལ། 娘吉合主编.黄南州地名历史文化释义[M]. 兰州：甘肃民族出版社,2011.

[24] ཚེ་ཏན་ཞབས་དྲུང་གིས་མཛད་པའི་བྱ་ཁྱུང་གདན་རབས་བཞུགས་སོ།། 才旦夏茸. 夏琼寺志[M]. 西宁：青海民族出版社,1984.

[25] ཚེ་དཔང་རྡོ་རྗེས་བསྒྲིགས་པའི་བསང་མཆོད། 才项多杰.黄南祇敬词[M].兰州：甘肃民族出版社,2012.

[26] བློ་བཟང་སྙན་གྲགས་ཀྱིས་བརྩམས་པའི་གཉན་ཐོག་བྱམས་པ་གླིང་གི་ལོ་རྒྱུས། 洛桑年智.年都乎简志

[M].青海民族出版社,2000.

[27] རེབ་གོང་པ་འཇིགས་མེད་བསམ་འགྲུབ་ཀྱིས་བརྩམས་པའི་རེབ་གོང་སེང་གེ་གཤོང་གི་ལོ་རྒྱུས་གངས་རིའི་ཆུ་རྒྱུན་ཞེས་བྱ་བ། 久美桑珠.热贡桑格雄部落研究[M].北京：民族出版社,2005.

[28] མཁར་རྩེ་རྒྱལ་གྱིས་བརྩམས་པའི་འཇིག་རྟེན་མཆོད་བསྟོད། 热贡 · 卡尔泽杰.世间礼赞：安多热贡地区民间祭祀“六月会”历史文化内涵研究[M].中国藏学出版社,2009.

[29] དགེ་འདུན་འོད་ཟེར་གྱིས་བསྒྲིགས་པའི་གཏོ་རིགས་ཕྱོགས་བསྒྲིགས། 更登.藏传佛教仪轨汇编[M].北京：民族出版社,2004.

[30] དྲང་རྗེ་བཙུན་པས་མཛད་པའི་མདོ་གཟེར་མིག 章杰增巴.赛米[M].北京：中国藏学出版社,1998.

[31] བློ་བཟང་དགེ་འདུན་གྱིས་བརྩམས་པའི་ཀ་སར་འདུས་བཟང་ཆོས་གླིང་གི་ལོ་རྒྱུས། 洛桑更登.尕沙日寺简志[M].西宁：青海民族出版社,2002.

[32] འབྲུག་ཐར་དང་སངས་རྒྱས་ཚེ་རིང་གཉིས་ཀྱིས་བརྩམས་པའི་མདོ་སྨད་རྨ་ཁུག་ཚ་འགྲམ་ཡུལ་གྲུའི་ལོ་རྒྱུས་དེབ་ཐེར་ཆེན་མོ། 洲塔、桑杰才让.甘青藏族部落社会文化史研究[M].北京：民族出版社,2005.

[33] རྒྱ་བཟའ་དགེ་བཤེས་འཇམ་དབྱངས་གྲགས་པས་མཛད་པའི་རེབ་གོང་རུས་འཛིན་ལྟ་བ་མཁའ་ཁྱབ་ཕྱོགས་བྲལ་ལས་རེ་སྐོང་ཐོ་རྒྱའི་བོད་སྐོར་གྱི་རུས་མཛོད་རང་གསལ་མེ་ལོང་ཞེས་བྱ་བ་བཞུགས་སོ།། 嘉扎 · 格西嘉木样智巴.热贡族谱之脱加沃果日族谱[M].手抄本.

(二) 译著(藏译汉)

[34] 巴卧 · 祖拉陈瓦著,黄颢、周润年译注.贤者喜宴[M].北京：中央民族大学出版社,2010.

[35] 廓诺 · 迅鲁伯著,郭和卿译.青史[M].拉萨：西藏人民出版社,2003.

[36] 达仓 · 班觉桑布著,陈庆英译.(印)汉藏史集[M].拉萨：西藏人民出版社,1986.

[37] 班钦索南查巴著,黄颢译.新红史[M].拉萨：西藏人民出版社,2002.

[38] 智观巴 · 贡却乎丹巴绕吉著,吴均等译.安多政教史[M].兰州：甘肃民族出版社,1989.

[39] 松巴堪布 · 益西班觉著,蒲文成、才让译.松巴佛教史[M].兰州：甘肃民族出版社,2013.

[40] 第五世达赖喇嘛阿旺洛桑嘉措著,陈庆英、马连龙、马林译.五世达赖喇嘛传[M].北京：中国藏学出版社,2006.

[41] 仲优・昂青嘉布著，多杰仁青译.先祖言教[M].西宁：青海人民出版社，2008.

二、外文文献类

(一) 原著

[42] William Woodville Rockhill, *The Land of The Lamas*, Notes of A Journey Through China Mongolia and Tibet[M]. NEW York: The CENTURY CO, 1891.

[43] Chrisropher I・Beckwith. *The Tibetan Empire in Central Asia*[M]. Pricetom: Princeton University Press,1987.

[44] Chrisropher I・Beckwith.*Warriors of the Cloisters*[M]. Pricetom: Princeton University Press, 2012.

[45] Robert B. Ekvall, *Fields on the hoof: Nexus of Tibetan Nomadic Pastoralism*[M]. NEW York: Waveland Press, 1968.

[46] Melvyn C. Goldstein, *Nomads of Western Tibet: the Survival of A Way of Life*[M]. Berkeley: University of California Press, 1990.

[47] David Snell grove, Hugh Richardson. *A Cultural History of Tibet*[M]. PRAJÑÁ Press, 1980.

[48] Herodotus. *Histories*[M].Wordworth Editions limited, 1996.

[49] Sapir. E. Language, A*n Introduction to the Study of Speech*[M]. New York: Harcourt Brace & Co, 1921.

[50] Barth, Fredrik. *Ethnic Groups and Boundaries: The Social Organization of Culture Difference*[M]. Boston, MA: Little Brown, 1969.

[51] Gordon, Milton M. *Assimilaiton in American Life*[M]. Oxford: Oxford University Press, 1964.

[52] Simpson, G. E. and Yingger, J. M. Racial and Cultural Minirities: *An Anallysis of Prejudice and Discrimination.*[M]. New York and London: Plenum Press, 1985: 154.

[53] Barfield, *Thomas editor, The Dictionary of Anthropology*[M]. Blackwell Publishers, 1997.

[54] Marx Weber: *"The Ethnic Group", In THEORIES OF SOCIETY Parsons*

and Shils etal (eds.)[M].Vol.1 Gleercol Illinois, The Free Press, 1961.

(二) 译著

[55](法) 石泰安著,耿昇译.西藏的文明[M].北京:中国藏学出版社,1999.
[56](法) 石泰安著,耿昇译.汉藏走廊古部族神[M].北京:中国藏学出版社,2013.
[57](意) 图齐著,向红茄译.喜马拉亚的人与神[M].北京:中国藏学出版社,2005.
[58](瑞士) 米歇尔· 泰勒著,耿昇译.发现西藏[M].北京:中国藏学出版社,1999.
[59](意) 图齐、(西德)海西希著,耿昇译.西藏和蒙古的宗教[M].天津:天津古籍出版社,1989.
[60](法) F·W·托玛斯著,李有义、王青山译.东北藏古代民间文学[M].成都:四川民族出版社,1981.
[61](法) 勒内·格鲁塞著,蓝琪译.草原帝国[M].北京:商务印书馆,1957.
[62](法) 古伯察著,耿昇译.鞑靼西藏旅行记[M].北京:商务印书馆,2005.
[63](法) 雷纳·格鲁塞著,龚钺译.蒙古帝国史[M].北京:商务印书馆,2005.
[64](美) 摩尔根著,马巨等译.古代社会[M].南京:江苏教育出版社,2005.
[65](英) 布朗著,梁粤译.安达曼岛人[M].桂林:广西师范大学出版社,2005.
[66](法) 爱弥尔·涂尔干著,渠东、汲喆译.宗教生活的基本形式[M].上海:上海人民出版社,2000.
[67](美) 本尼迪克特·安德森著,吴睿人译.想象的共同体:民族主义的起源与散布[M].北京:北京大学出版社,2004.
[68](美) 露丝·本尼迪克特著,王炜译.文化模式[M].北京:生活·读书·新知三联书店,1988.
[69](英) 普理查德著,褚建芳等译.努尔人:对尼罗河畔一个人群的生活方

式和政治制度的描述[M].北京：华夏出版社，2002.
[70]（英）玛丽·道格拉斯著，黄剑波、柳博赟、卢忱译.洁净与危险[M].北京：民族出版社，2008.
[71]（美）贾雷德·戴蒙德著，谢延光译.枪炮、病菌与钢铁：人类社会的命运[M].上海：上海译文出版社，2006.
[72]（法）马塞尔·莫斯著，汲佶译.礼物[M].上海：上海人民出版社，2002.
[73]（法）马塞尔·莫斯、昂利·于贝尔著，杨渝东、梁永佳、赵丙祥译.巫术的一般理论：献祭的性质与功能[M].桂林：广西师范大学出版社，2007.
[74]（英）弗雷泽著，徐育新、王培基等译.金枝[M].北京：大众文艺出版社，1998.
[75]（英）维克多·特纳著，黄剑波、柳博赟译.仪式过程[M].北京：中国人民大学出版社，2006.
[76]（美）C·恩伯、M·恩伯著，杜彬彬译.文化的变异[M].辽宁人民出版社，1988.
[77]（美）威廉·费尔丁·奥格本著，王晓毅、陈育国译.社会变迁[M].浙江人民出版社，1989.
[78]（美）克洛德·列维–斯特劳斯著，周昌忠译.神话学：生食与熟食[M].北京：中国人民大学出版社，2007.
[79]（美）玛格丽特·米德著，周晓红、李姚军、刘婧译.萨摩亚人的成年[M].北京：商务印书馆，2008.
[80]（美）卢克·拉斯特著，王媛、徐默译.人类学的邀请[M].北京：北京大学出版社，2008.
[81]（美）威廉·A·哈维兰著，瞿铁鹏、张钰译.文化人类学[M].上海：上海社会科学院出版社，2011.
[82]（美）克利福德·格尔兹著，纳日碧力戈等译.文化的解释[M].上海：上海人民出版社，1999.
[83]（美）大卫·费特曼著，龚建华译.民族志：步步深入[M].重庆：重庆大学出版社，2011.
[84]（奥）约翰·特纳著，杨宜音、王兵、林含章译.自我归类论[M].北京：中国人民大学出版社，2011.

[85]（挪威）佛里德里克·巴斯主编，高崇译. 族群与边界——文化差异下的社会组织[M]. 北京：商务印书馆，2014.
[86]（美）保罗·康纳顿著，纳日碧力戈译.社会如何记忆[M].上海：上海人民出版社，2000.
[87]（法）莫里斯·哈布瓦赫著，毕然、郭金华译.论集体记忆[M].上海：上海人民出版社，2002.
[88]（德）哈拉尔德·韦尔策主编，季斌等译.社会记忆：历史、回忆、传承[M].北京：北京大学出版社，2007.
[89]（美）罗伯特·芮德菲尔德著，王莹译. 农民社会与文化：人类学对文明的一种诠释[M]. 北京：中国社会科学出版社，2013.
[90]（美）斯蒂文·郝瑞著，巴莫阿依、曲木铁西译.田野中的族群关系与族群认同——中国西南彝族社区考察研究[M].桂林：广西人民出版社，2000.

三、汉文文献类

（一）典籍

[91]（南朝宋）范晔.后汉书·西羌传[M].北京：中华书局，1962.
[92]（后晋）刘昫.旧唐书·吐蕃传[M].北京：中华书局，1975.
[93]（北宋）欧阳修.新唐书·吐蕃传[M].北京：中华书局，1974.
[94]（宋）李远.青唐录[M].兰州：甘肃人民出版社，1998.
[95]（明）宋濂等.元史[M].北京：中华书局，1976.
[96]（明）张雨.边政考[M].兰州：西北少数民族研究中心馆藏.
[97]（明）魏焕.黄明九边考[M].兰州：西北少数民族研究中心馆藏.
[98]（明）明太祖实录[M].兰州：甘肃省图书馆馆藏.
[99]（明）明神宗实录[M].兰州：甘肃省图书馆馆藏.
[100]（清）张廷玉等.明史[M].北京：中华书局，1974.
[101]（清）大清世宗宪皇帝实录[M].兰州：甘肃省图书馆馆藏.
[102]（清）祁韵士.西陲要略[M].北京：中华书局，1985.
[103]（清）那彦成.那彦成青海奏议[M].西宁：青海人民出版社，1997.
[104]（清）梁份.秦边纪略[M].西宁：青海人民出版社，1987.
[105]赵尔巽.清史稿[M].兰州：甘肃省图书馆馆藏.

（二）地方志

[106]（明）刘敏宽，龙膺．西宁卫志［M］．西宁：青海人民出版社，1993.
[107]（明）吴祯．嘉庆《河州志》［M］．兰州：甘肃省图书馆馆藏．
[108]（清）苏铣．西宁志［M］．西宁：青海人民出版社，1987.
[109]（清）杨应琚．西宁府新志［M］．西宁：青海人民出版社，1988.
[110]（清）龚景瀚．循化志［M］．西宁：青海人民出版社，1981.
[111] 中国西北文献丛书［M］．兰州：兰州大学西北少数民族研究中心资料室藏．
[112] 青海省民委少数民族古籍整理规划办公室．青海地方旧志五种［M］．西宁：青海人民出版社，1989.
[113] 王昱．青海方志资料类编［M］．西宁：青海人民出版社，1988.
[114] 黄南州文史资料编委会．黄南州文史资料（第六辑）［C］．黄南州档案局，2006.
[115] 同仁县志编纂委员会．同仁县志［M］．西安：三秦出版社，2001.
[116] 政协同仁县委员会．同仁文史资料（第一辑，第二辑）［C］．同仁县档案局藏，2014.

（三）专著

[117] 陈庆英．中国藏族部落［M］．北京：中国藏学出版社，1991.
[118] 恰白・次旦平措等．西藏通史［M］．拉萨：西藏古籍出版社，1996.
[119] 藏族简史编写组．藏族简史［M］．拉萨：西藏人民出版社，1985.
[120] 宗喀・漾正冈布等．卓尼生态文化［M］．兰州：甘肃民族出版社，2007.
[121] 才让．藏传佛教信仰与民俗［M］．北京：民族出版社，1999.
[122] 崔永红．青海通史［M］．西宁：青海人民出版社，1999.
[123] 陈光国．青海藏族史［M］．西宁：青海民族出版社，1997.
[124] 黎宗华、李延恺．安多藏族史略［M］．西宁：青海民族出版社，1992.
[125] 青海省志编纂委员会．青海历史纪要［M］．西宁：青海人民出版社，1987.
[126] 汤开建．宋金时期安多吐蕃部落史研究［M］．上海：上海古籍出版社，2007.

[127] 芈一之.黄河上游地区历史与文物[M].重庆：重庆出版社，2006.
[128] 芈一之.《青海土族社会历史调查》之《同仁四寨子土族历史调查》[M].北京：民族出版社，2009.
[129] 蒲文成.甘青藏传佛教寺院[M].西宁：青海人民出版社，1990.
[130] 蒲文成.青海佛教史[M].西宁：青海人民出版社，2001.
[131] 王明珂.华夏边缘——历史记忆与族群认同[M].北京：社会科学文献出版社，2006.
[132] 格勤.藏学·人类学论文集[M].北京：中国藏学出版社，2008.
[133] 格勒等.藏北牧民——西藏那曲地区社会历史调查[M].北京：中国藏学出版社，1993.
[134] 杨建新.中国西北少数民族史[M].北京：民族出版社，2009.
[135] 费孝通.江村经济——中国农民的生活[M].北京：商务印书馆，2001.
[136] 费孝通、王同惠.花篮瑶社会组织[M].南京：江苏人民出版社，1988.
[137] 费孝通.文化与文化自觉[M].北京：群言出版社，2010.
[138] 费孝通.乡土中国[M].北京：生活·读书·新知三联书店，1985.
[139] 林耀华.金翼[M].北京：生活·读书·新知三联书店，2007.
[140] 林耀华.凉山夷家[M].昆明：云南人民出版社，2003.
[141] 凌纯声.松花江下游的赫哲族[M].北京：民族出版社，2012.
[142] 凌纯声、林耀华等. 20世纪中国人类学民族学研究方法与方法论[M].北京：民族出版社，2004.
[143] 庄孔韶.银翅：中国的地方社会与文化变迁[M].北京：生活·读书·新知三联书店，2000.
[144] 王明珂.华夏边缘——历史记忆与族群认同[M].杭州：浙江人民出版社，2013.
[145] 王明珂.英雄祖先与兄弟民族[M].北京：中华书局，2009.
[146] 周大鸣.多元与共融：族群研究的理论与实践[M]. 北京：商务印书馆，2011.
[147] 马戎. 西方民族社会学的理论与方法[M].天津：天津人民出版社，1997.
[148] 何明.全球化背景下少数民族农村变迁的符号表征——以云南为例[M].北京：民族出版社，2009.

[149] 王铭铭.社区的历程：溪村汉人家族的个案研究[M].天津：天津人民出版社，1997.
[150] 王铭铭.村落视野中的文化与权力：闽台三村五论[M].北京：生活·读书·新知三联书店，1997.
[151] 徐平.文化的适应和变迁：四川羌村调查[M].上海：上海人民出版社，2006.
[152] 李立.寻找文化身份：一个嘉绒藏族村落的宗教民族志[M].昆明：云南大学出版社，2007.
[153] 孙林.西藏中部农区民间宗教的信仰类型与祭祀仪式[M].北京：中国藏学出版社，2010.
[154] 陈默.空间与西藏农村社会变迁：一个藏族村落的人类学考察[M].北京：中国藏学出版社，2013.
[155] 李志农、丁柏峰.融痕——滇西北汉藏文化边缘奔子栏藏族村落民族志[M].昆明：云南人民出版社，2009.
[156] 刘华芹.变与不变——21世纪一个中国村落的民族志研究[M].天津：南开大学出版社，2013.
[157] 车文博.弗洛伊德文集：自我与本我[M].长春：长春出版社，2010.
[158] 车文博.弗洛伊德主义原著选辑[M].沈阳：辽宁人民出版社，1988.
[159] 王霄冰.信仰与仪式[M].北京：民族出版社，2008.

（四）论文

1.期刊论文：

[160] 宗喀·漾正冈布、刘铁程.复活的记忆：却西德哇传统村运会的应用人类学研究[J].民族研究，2009(3).
[161] 魏贤玲、洲塔.唃厮啰及其政权考述[J].中国边疆史地研究，2006(4).
[162] 索端智.青海黄南藏族村落祭神仪式分析[J].青海民族大学学报(社会科学版)，2010(1).
[163] 索端智.信仰与仪式中的文化、权力和秩序——隆务河流域"六月勒如"仪式发微[J].青海民族学院学报，2008(1).
[164] 索端智.元明以来隆务河流域的民族融合与文化共享[M].青海民族研究，2001(3).

[165] 索端智.藏族信仰崇拜中的山神体系及其地域社会象征——以热贡藏区的田野研究为例[J].思想战线,2006(2).
[166] 唐仲山.同仁县年都乎村落山神信仰与村落民俗的民族志分析[J].西北民族研究,2012(3).
[167] 祁进玉.“五屯”土族的族群认同[J].青海民族学院学报,2005(3).
[168] 菅志翔、马艾.四寨子的族群演变——一项族群社会学的历史研究[J].青海民族研究,2006(2).
[169] 吕霞.热贡艺术的历史渊源及发展分期[J].青海民族研究,2008(1).
[170] 白果.从年都乎寺的清代壁画看早期热贡佛画艺术的风格特征[J].青海民族研究,2008(3).
[171] 海寿.黄南同仁“六月会”的巫文化浅释[J].青海民族研究,2003(4).
[172] 张海云.虔信与热情——热贡的六月会[J].青海民族研究,2004(1).
[173] 当增吉.隆务昂索考述[J].青海民族研究,2005(4).
[174] 王继光.青海隆务河流域藏族来源的社会考察[J].西藏研究,1998(2).
[175] 王越平.敬神与狂欢——白马藏族三个村落“跳曹盖”仪式的比较研究[J].中南民族大学学报,2008(2).
[176] 李静,杨须爱.现代化背景下白龙江流域藏族社会文化的变迁——甘肃大河坝社区的田野调查[J].西北民族大学学报,2006(1).
[177] 徐刚强、徐君、尹婷.移民搬迁与社会重构:基于一个藏地村落的实地调查[J].藏学学刊,2008.

2. 硕博学位论文:

[178] 加央平措.关帝信仰在藏传佛教文化圈演化成格萨尔崇拜的文化现象解析[D].中央民族大学,2010.
[179] 交巴才让.热贡隆务囊索及其制度研究[C].中央民族大学,2012.
[180] 杨文法.热贡赛莫炯宗教信仰类型与功能研究[C].兰州大学,2009.
[181] 陈乃华.略论热贡唐卡艺术的文化展演及对周围族群多元文化的影响[C].中央民族大学,2004.

图书在版编目(CIP)数据

热贡"蔡孜德裕"的历史文化研究 / 周毛先著. —
上海：上海古籍出版社，2024.5
ISBN 978-7-5732-1024-1

Ⅰ. ①热…　Ⅱ. ①周…　Ⅲ. ①藏族–民族历史–研究–黄南藏族自治州②藏族–民族文化–研究–黄南藏族自治州　Ⅳ. ①K281.4

中国国家版本馆CIP数据核字(2024)第076276号

热贡"蔡孜德裕"的历史文化研究
周毛先　著
上海古籍出版社出版发行
（上海市闵行区号景路159弄1-5号A座5F　邮政编码201101）
（1）网址：www.guji.com.cn
（2）E-mail：guji1@guji.com.cn
（3）易文网网址：www.ewen.co
上海商务联西印刷有限公司印刷
开本710×1000　1/16　印张22.75　插页2　字数373,000
2024年5月第1版　2024年5月第1次印刷
ISBN 978-7-5732-1024-1
K·3543　定价：118.00元
如有质量问题，请与承印公司联系